글로컬 시대 아시아여성학과 여성운동의 쟁점

이 도서의 국립중앙도서관 출판예정도서목록(CIP)은 서지정보유통지원시스템 홈페이지(http://seoji.nl.go.kr)와 국가자료공동목록시스템(http://www.nl.go.kr/kolisnet)에서 이용하실 수 있습니다.
CIP제어번호: CIP2016015698(양장), CIP2016015699(반양장)

| EGEP BOOK 시리즈 |

글로컬 시대 아시아여성학과 여성운동의 쟁점

Asian Feminisms and Transnational Activism

장필화 외 공저
이화여자대학교 아시아여성학센터 기획

한울
아카데미

펴내는 글

이화여자대학교 아시아여성학센터는 2012년부터 아시아-아프리카 NGO 여성활동가를 위한 여성학 교육사업인 '이화 글로벌 임파워먼트 프로그램(Ewha Global Empowerment Program: EGEP)'을 시작해 2016년 여름 현재, 제10기 교육을 맞이하는 성과를 내게 되었다. 이 책은 'EGEP Book 시리즈'의 일환으로, 그간의 EGEP 교수진 강의와 국제포럼에서 발표한 아시아 여성학 연구자들의 원고를 묶은 것이다. 일차적으로 EGEP 교육 참가자들을 위한 아시아여성학 교재가 필요하다는 인식에서 영문판 교재를 준비하는 과정에서, 한국의 여성주의 커뮤니티와 공유하고자 우리말 번역본을 먼저 출판하게 되었다. 여기에 아시아여성학센터가 발간하고 있는 아시아여성학 국제학술지, *Asian Journal of Women's Studies* (Routledge, Taylor&Francis 발행)에 게재된 일부 원고도 우리말로 실을 수 있게 되었다.

국내에서 아시아여성학은 여전히 낯선 개념으로 받아들여지고 있다.

1990년대 중반 이후 본 센터가 아시아의 많은 여성학자들과 긴밀한 연대와 협력에 기초해 '아시아여성학'을 이론적, 실천적 개념으로 발전시켜왔음에도 불구하고, 아시아여성학은 '아시아'라는 지리적, 물리적 지역에 기반을 둔 '지역여성학' 정도로 이해되고 있는 것이 사실이다. 그러나 이 책에서 주장하고자 하는 아시아여성학은 고정된 어떤 개념이라기보다 아시아여성학자들의 지식 공동체를 중심으로 새롭게 구성되어온 여성주의 이론이자 여전히 진행 중인 과정으로서의 개념이다. 아시아여성학은 국가의 경계를 넘어서 함께 연대하며 여성에 대한 억압에 저항하고 지역적/지구적 변화를 만들어가는 실천이다. 아시아여성학이 아시아라는 지역적 개념을 넘어서 초국적 여성연대와 여성주의의 실천 공간이 될 수 있는 이유이기도 하다.

이 책은 국내 여성학계에 다양한 지역의 아시아여성학 연구와 여성운동의 성과와 쟁점 들을 소개하는 우리의 첫 작업이자, 동시에 초국적 아시아여성학 연구를 위한 도전이기도 하다. 제1부는 "아시아여성학 연구의 역사와 도전"을 주제로 아시아여성학은 무엇인가에 관한 개념과 이론화, 그리고 한국, 중국, 일본에서의 여성학 연구의 제도화 경험을 비교해볼 수 있는 글들을 포함한다. 특히 1장, 2장, 3장의 글은 지식 생산의 새 패러다임으로서 여성학, 아시아여성학의 개념화, 한국여성학에서 아시아 범주의 논의에 관한 것으로, 아시아여성학 개념의 이론적 발전 과정의 궤적을 잘 보여준다. 장필화의 논문(1장)이 이화여자대학교 여성학과의 사례를 중심으로 한국여성학의 제도화 과정에 관한 연구라면, 이상화(2장)는 본격적으로 아시아여성학 개념의 이론화를 시도하며, '아시아'의 의미를 차이의 생성과 연대에 대한 페미니스트적 철학 사유를 통해 재개념화하고 있다. 또한 김은실(3장)은 한국여성학의 맥락에서 아시아여성학 논의의 등장을 분석한다. 4장과 5장은 일본 여성학/젠더학과 초국적 아시아 여성운동(하라 히로코)과 중국의 여성주의 연구와 실천 동향(두팡친)에 관한 연구로서 각각 일본과 중국에서 여성학 연구의 역사적 경험과 맥락을 드러내준다. 6장에서 이명선은 앞에서 다룬 아시아여성학 논의를 토대로 아시아여성주의 페다고지에 대한 이론화를 시도하고 있다.

"아시아 여성운동의 쟁점"을 주제로 하는 제2부는 성 정치, 재생산, 여성운동, 반성폭력운동, '일본군 위안부' 문제 등의 주제를 중심으로 다양한 여성운동의 쟁점과 초국적 여성운동의 가능성을 탐색하는 논문들을 포함하고 있다. 사스키아 위어링가(7장)는 인도네시아의 사례를 중심으로 아시아 지역에서 국가가 여성의 몸과 섹슈얼리티, 그리고 동성애를 어떻게 억압하고 정치화하는가를 분석한다. 조스나 굽타(8장)는 인도 사회의 맥락에서 여성의 몸과 재생산 기술에 관한 페미니스트 윤리의 문제를 논의하고 있고, 말라 쿨라(9장)는 인도와 다른 아시아 지역의 경험에 기초해 사회 변화를 위한 여성운동과 여성학 연구, 그리고 출판의 중요성을 분석한다. 마지막으로 10장, 11장, 12장은 한국 여성운동의 사례를 중심으로 이미경(10장)은 한국 사회에서 반성폭력 운동이 여성의 역량 강화에 어떻게 기여해왔는지, 정경자(11장)는 한국과 호주의 사례를 비교 연구하여 보수 정부 하에서 여성운동이 어떤 변화를 겪게 되는지를 분석하고 있다. 12장에서 안연선은 '군 위안부' 사례를 중심으로 초국적 여성운동의 개념과 역사, 그리고 초국적 여성운동과 여성연대의 문제를 논의하고 있다.

한국 여성학사의 관점에서 아시아여성학과 여성운동에 대한 연구를 담고 있는 이 책의 출판은 국내에 아시아여성학을 소개하는 최초의 이론서라는 점에서 매우 큰 의미가 있다. 무엇보다 이 책이 국내의 여성학도와 여성활동가 그리고 여성학자 들에게 여성학에 대한 이해의 지평을 넓히고, 초국적 여성연대를 통해 아시아여성주의 공동체를 형성해갈 수 있는 이론적·실천적 플랫폼이 될 수 있기를 기대한다.

끝으로, 이 책이 나오기까지 함께해 주신 많은 분들의 열정과 노력에 감사한다. 무엇보다 원고를 집필하고 수정하느라 귀한 시간을 내어주신 저자들께 깊이 감사드린다. 이 책이 나올 수 있게 기획부터 함께해 준 아시아여성학센터의 이명선 특임교수와 노지은 수석연구원, 그리고 편집업무를 진행해준 이은희 연구원의 노고에 감사의 마음을 전한다. 쉽지 않은 번역을 맡아서 수고해준 엄연수, 이현정, 최형미 씨에게도 고마움을 전한다. 더불어 지난 5년 동안 뜨거운 열정과 헌신으로 EGEP 사업을 함께해온 아시아여성학센터의 모든 연구원과 스태프들, 출판을 맡아준 한울엠플러스, 그리고 현재의 EGEP의 성공적 결실이 있기까지 물심양면으로 전폭적인 지원을 아끼지 않은 본교에 깊은 감사를 드린다.

2016년 6월

이화여자대학교 아시아여성학센터 소장

장필화

차례

제 1 부

아시아여성학 연구의 역사와 도전

제1장

여성학 지식 생산의 새 패러다임*

이화여자대학교 사례를 중심으로

장필화

1. 서론

수천 년 동안 가부장제 역사 속에서 살아온 여성들은 차별과 억압을 받아온 희생자인 동시에 인류의 생존과 존속을 위해 절대적으로 필요한 무수히 많은 다양한 역할의 수행자이기도 하다. 여성들은 어머니로서, 생산자·노동자로서 주체적인 존재로 역사 발전에 기여해왔다. 공동체를 세우고

---

* 이 글의 일부분은 "Feminist Consciousness and Women's Education: The Case of Women's Studies, Ewha Womans University," *Asian Journal of Women's Studies*, Vol.14 No.2(2008), pp.7~29 논문을 한국어로 옮긴 것이고, 일부분은 "여성주의연구: 미래를 위한 지식 생산과 도전,"『한국여성연구원 30년: 1977~2007』, 한국여성연구원 30년 편찬위원회(미간행, 2007), 이화여자대학교 한국여성연구원에서 발췌한 것이다. 또한, "Women's Studies in Korea, Asia," *The future of Asian feminisms: confronting fundamentalisms, conflicts and neo-liberalism*(2012)의 원고의 일부도 발췌 번역하였음을 밝힌다.

유지하는 데 강한 힘을 쓰고 중요한 역할을 담당해왔지만 여성들이 권력의 정점에서 지배적인 권력을 행사한 사례는 극히 드물다. 역사를 기록해온 사람들이 주로 지배지 관점에서, 따라서 남성을 표준으로 하여 지배적 가치관을 중심으로 일관되게 기술해온 결과, 여성들은 수동적 객체로 의존적 존재로 간주되어왔다. 역사가 선별적으로 축적해온 지식은 학문과 교육의 장에서 배포·유통되어왔다. 유럽에서 10세기 가까이 발전시켜온 대학을 모태로 하여 발전해온 현재 지구 상 모든 대학은 서구가 쌓아온 지식체계와 교육제도를 중심으로 운영되고 있다. 대학이 여성들에게 문호를 개방한 것은 제일 빨랐던 미국의 경우에도 채 200년도 되지 않는다. 여성들에게 고등교육 기회가 열리고도 '여성학'이 교과목으로 만들어진 것은 불과 50년도 지나지 않았다.

한국의 경우 여성학 교과목은 전 세계적으로 가장 규모가 큰 종합대학의 하나로 성장한 이화여자대학교(이하 이화여대)의 선도적 노력에 힘입어 1977년에 출발했다. 여성학이 대학과 학문의 지식체계에 주류화되려면 아직 더 많은 시간이 필요하다. 여전히 여성학을 교육체계에 도입하지 못한 무수한 국가와 대학이 있기 때문에 한국에서 이화여대를 중심으로 어떻게 여성학이 출발했는지에 대한 역사적 기술은 참고할 만한 가치를 지닌다. 물론 지금 여성학을 새롭게 시작하고자 하는 학자와 기관 들이 처한 시대적 상황과 맥락이 그때와 매우 다른 것은 사실이지만 그럼에도 한국의 사례에 대해 더 많이 알고 싶어 하는 아시아, 아프리카 지역 학자와 활동가들의 관심은 지속적으로 표명되고 있다(이명선의 글, 장필화 외, 2015). 더구나 교육 원조를 주요 방향으로 모색하고 있는 현재의 국가 국제개발협력(ODA) 정책 상황에서 발전도상국가의 여성들을 발전의 주체로 상정하기 위해서 이 글은 참고할 만한 시사점을 제공할 것이다.

이화여대는 아시아에서 처음으로 여성학을 제도화했을 뿐만 아니라 아시아여성학이라는 개념을 시도하고 검증하는 주도적 역할을 했다. 아시아는 전 세계 인구의 2/3가 거주하는 지역으로 가장 다양한 역사 문화를 유구한 세월동안 발전시키고 그 명맥을 유지해온 지역이다. 그러나 아시아 지역의 많은 나라들은 서구가 주도해온 근대화 과정을 (대부분) 식민화라는 다른 경로를 통해 경험해왔다는 공통점이 있다. 그 과정에서 각 나라들이 가꾸어온 매우 다양한 문화적 전통은 급속한 지구화가 실어온 서구 물질문명의 강한 위력 앞에서 고유한 다양성을 유지하기에 역부족인 상태이다. 결과적으로 지배적인 지구화 과정에서 소위 '발전'된 사회를 지향하는 국가들은 근대적 성 역할 이데올로기가 지시하는 틀을 받아들이게 된다. 그럼에도 아시아 지역의 많은 공동체들은 여전히 가부장적 자본주의의 영향을 상대적으로 덜 받은 상태에서 일상을 영위하고 있다. 이화여대는 1970년대 중반에 여성학이라는 학명을 만들고 새로운 과목을 개설했고 1980년대 초반에는 대학원 직속 학과를 설립해서 여성학 석사 및 박사과정을 운영하기 시작했다. 그리고 1990년대 중반에 이르러서는 아시아여성학센터를 설립하고 아시아 여성학자들의 연구 공동체를 형성하고 지원해왔다. 아시아 지역의 연구는 아시아 지역에서 진행하고자 하는 결의로 현재까지 20년 넘게 공동 작업을 수행해오고 있다. 한국에서 여성학 역사가 이제 40주년을 바라보고 있지만 여전히 시작점에 있는 것은 확실하다 (Miske, 1998, 1999; Kim and Kang, 2001). 이 글에서 여성 근대 교육을 처음 시작한 이화여대의 경험을 중심으로 한국여성학의 발전을 개관하고 그 과정에 대해 다시 한 번 성찰하는 기회를 가지고자 한다.[1] 여성교육, 여성학, 제도화와 관련한 이화의 초기 경험을 살펴보기 위해 우선 1886년에 설립

1 한국에서 근대 여성교육을 시작하고 여성학을 최초로 개설한 대학이 이화여대라서이기도 하지만 필자가 경험하고 이해한 곳이기 때문이다.

된 이화학당 초기 몇 년 간의 배경을 검토하고, 한국여성연구원의 설립과 여성학 개발 과정을 볼 것이다. 그 과정에서 여자대학이 제공하는 여성 공간, 여성운동, 여성정책, 리더, 리더십 문제 등 오늘날 살아 있는 논점이 떠오르는 것을 볼 수 있다.

2. 여성교육을 요구하고 여성운동이 시작되다

한반도에 세워진 최초의 여학교인 이화학당은 근대적 여성교육을 처음 시작하고 그 결과로 여성운동을 촉진하는 역할도 했다. 가부장제 사회에서 130년 넘는 세월 동안 여성 교육기관으로서 그리고 처음의 목표를 유지하면서 세계에서 가장 큰 여자대학 중 하나로 성장했다. 신옥희(2000)는 이화여대의 첫 한국인 총장인 우월 김활란에게 여성해방과 여성교육은 따로 떼어서 생각할 수 없는 것이었다고 보았다. 여성해방은 곧 여성교육의 목표이고, 여성교육은 여성해방의 수단이요 통로라고 보았기 때문이다. 그가 겪은, 젊은 시절에 "저 소리가 들리는가?"라는 목소리를 들었던 신비한 경험은 한국여성을 구하라는 신의 소명으로 해석되어 삶의 지표가 되었다.[2]

---

2 김활란 박사는 자서전에서 자신의 인생에서 가장 중요한 순간이 14세 때였다고 하면서 다음과 같이 썼다. "한 목사님이 '너의 죄를 고백해라. 그러면 하나님의 사랑을 찾을 것이다'라고 설교하시는 것을 들었다. 나는 '나는 고백할 만큼 죄를 많이 저지르지 않았는데' 하는 생각이 들었다. 그래서 그 설교에 반발하는 마음이 들었다. 내가 신앙을 포기하든지 아니면 신앙의 참된 의미를 깨쳐야겠다고 결심하고 여러 날 밤낮으로 기도를 했다. 어느 날, 이런 목소리를 들었다. '저는 저 울음소리가 들리지 않느냐? 저것은 한국 여인들의 울음소리다. 어떻게 여기 가만히 앉아서 편안하게 저 울음소리를

1) 한국 여성교육의 시초

미국의 선교사 매리 스크랜턴(Mary Scranton) 여사가 1885년 조선에 도착하여 여자 아이들을 위한 학교를 설립하고자 했으나 1년이 지나도록 입학생이 없었다. 이것은 연세대학교의 전신인 배재학당이 문을 열자마자 곧 남학생을 받아들여 개교할 수 있었던 것과 대비되는데, 그만큼 딸, 여자가 밖으로 나오기 어려웠던 시대상을 보여주는 것이다. 재학생 수가 1890년 28명에서 1901년 76명으로 늘어났지만 처음으로 졸업식을 거행할 수 있었던 시기는 1908년으로 23년이 걸렸다. 이는 당시의 조혼 습속을 보여주는 것이다(Kim, 1976: 219). 그러나 교육을 받은 학생들은 교생으로서 가르치는 일도 했으며 졸업 후에는 이화학당에서 또는 이화 매일학교(Day School)[3]에서 교사로 활동했다. 이화 매일학교는 1890년대부터 서울 곳곳에 그리고 지방 도시에 많이 생겨났다.

20여 년이 지난 뒤 1908년 첫 공립 여학교인 한성고등학교가 세워질 때까지 이화 졸업생들은 교사, 전문직 여성으로 활동하는 유일한 인력 자원이었다(Kim, 1976). 그들의 선구적인 활동은 최초 여성운동의 시작에 주춧돌이 되었다. 그들의 활동은 여성도 남성처럼 일을 할 수 있다는 것을 보여주었고 여성 인권, 성 평등, 시민의 자율성과 그것이 민주 사회를 가능하게 한다는 깨달음을 얻게 하는 첫 번째 조건을 만들어냈다. 한국 여성운동의 첫 번째 요구가 여성교육이었다는 사실은 이 맥락에서 이해되어야 한다.

듣고 있을 수 있느냐?'"(김활란, 1965: 58).

3 이화학당에서 교육받을 수 있는 여학생이 극히 제한적이었다. 더 많은 소녀들에게 교육의 혜택을 주기 위해 각처의 교회를 중심으로 여학교를 개설했다. 이 학교들은 기숙학교였던 이화학당과 달리 통학하는 학교였기 때문에 매일학교(Day School)라고 했다(이화100년사편찬위원회, 1994: 82).

2) 여성운동의 시초: 여성교육에 대한 요구

여성들도 교육을 받을 수 있게 해달라는 요구로 시작된 여성운동은 당시 유행한 근대화 담론을 활용했다. 여성과 남성이 다르지 않고 동등한 권리를 가진다는 주장이 근대화 담론 중 하나였다. 그것은 남녀유별의 유교 이데올로기에 대한 직접적인 도전이었다. 다음으로는 외국에는 여학교가 있어서 교육을 통해 자유와 평등을 담보한다는 주장으로 그 요구의 정당성을 추구했다. 그리고 마지막으로, '나라를 살린다'는 기치를 가지고 폭넓은 공감을 얻을 수 있는 명분을 내세웠다. 인구의 절반을 차지하는 여성을 교육해야 나라를 구하고, 새로운 문명을 건설하여 비로소 다른 나라와 어깨를 나란히 하는 나라를 세울 수 있다는 주장이었다.[4]

> 비록 여자라도 또한 깨우치는 법에 있어 내칙과 규범 등 선훈이 갖추었으며 구미 각국으로 말씀하여도 녀학교를 설립하고 각항지예를 배워 개명 진보에 이르러온즉, 어찌 우리나라에만 여학교 명색이 없습니까?(≪독립신문≫, 1898년 10월 13일 자)

조선의 조정은 이 호소에 즉각 답을 하지 않아서 첫 공립 여학교가 세워질 때까지 11년이 더 걸렸다. 다른 한편으로 찬양회(순성학교 후원회) 회원들이 같은 해에 여학교를 설립했는데 재정난으로 2년 만에 문을 닫을 위기에 놓였다(Choi, 1986).

---

4 1898년 9월 서울 북촌에 사는 양반 부인들이 발표한 탄원서. 그들은 한국 여성운동의 역사에서 처음으로 집단적 행동을 벌인 최초의 여성단체였으며 그들이 요구한 것은 여성교육이었다. 이들 '찬양회' 회원들은 1898년 고종 황제에게 상소를 올리기도 했다 (Choi, 1986).

교육받은 여성 인구의 증가는 정기간행물과 논문의 출판으로 이어졌고, 곧 여론을 주도하는 역할이 시작되었다. 최초의 여성 잡지인 ≪여자지남≫이 첫 공립 여학교가 개교하기 1년 전인 1907년에 발간되었다. 그 잡지에 글을 기고한 사람들 중 많은 이들이 여학생들이었고 많이 다루어진 주제는 '여성교육의 해방적 성격'과 '여성이 사회에 기여하는 것이 남성이 기여하는 것과 다를 수 없다' 등이었다.[5]

3) 구국운동과 독립운동으로서의 여성운동

조선왕조가 막을 내린 것은 주권 상실의 위기와 함께 일어났다. 이 같은 상황에서 여성들이 교육을 요구하는 것은 민족의 관심과 이익에 직접 연결될 수밖에 없었다. 여태까지 여성을 가정에만 묶어놓은 속박을 제거할 필요성을 남녀 모두에게 설득하는 논리 전개의 과정에서, 남녀의 동일성이 강조되었던 점을 볼 수 있다. 그와 동시에 주요하게 제기된 관점은 여성들도 교육을 받아서 나라를 구하는 일에 참여하기 위해서 성 역할에서 벗어나 독립운동에 참여해야 한다는 것이었다. 여성들이 벌인 구국 운동은 국채보상을 위한 쌀이나 패물 모으기 등 다양한 형태를 띠었다. 한일합방을 체결한 당사자들이 조선이 일제에 진 채무 때문에 합병되었다고 선전했던 당시의 상황에서 여성들이 국채를 갚기 위해 다양한 운동을 벌인 것이었

5 양규의숙 학생이었던 이용자는 그 잡지 기고자들 중 가장 논리정연하게 글을 쓰는 사람들 중 하나였다. 그녀는 이렇게 썼다. "다만 남자는 학문이 있고 여자는 학문이 없음으로 고금천지에 다수한 인물을 살펴보면 큰 사업을 성취한 여자의 영웅은 적으니 남녀가 인물은 서로 같건만 지식의 정도로 등급이 한 위치를 잃어버렸다." 그리고 여성에게 교육 기회를 주는 것이 중요하다며 여자들이 앞으로 나아갈 길을 제시하는 ≪여자지남≫을 모든 사람들이 읽을 것을 권했다(≪여자지남≫, 1908).

다. 여성들이 왜 운동에 참여해야 하는가에 대해 이들이 제시한 논리는 동일성과 행위성을 중요하게 포함하고 있다. 일례로 1907년에 결성된 대구 패물폐지부인회 선언문을 들 수 있다.

> 무릇 하나님께서 만드신바 사람은 남녀가 동일하다. 우리는 한국의 여자로 학문을 배우지 못하고 다만 길쌈에 골몰하고 반찬 만드는 일에 분주하여 사람의 의무를 알지 못했다.…… 오늘날 이 중대한 일을 성취하려고 예비한 것임을 알겠다. 이렇게 국채를 갚고 보면 국권만 회복할 뿐 아니라 우리 여자들이 한 일이 세상에 전파되어 남녀의 동등권을 찾을 것이다.…… 우리가 반지를 빼는 것은, 수천 년간 이어진 예속을 제거하는 것이다(≪대한매일신보≫, 1907년 4월 23일 자).

이 후에 펼쳐지는 한반도와 만주 등지에서 모든 연령층의 여성들이 다양한 형태로 항일 운동에 가담한 사례들은 새로운 세계를 향한 적극적 행위성의 예이다.

4) 남성 중심 성 도덕 비판

비슷한 시기에 신문, 잡지에서는 남녀 간 논쟁이 많이 이루어진 것을 볼 수 있다. 그중 가장 격렬한 논쟁 가운데 하나는 성 도덕의 이중 규범 문제에 관한 것이었다(이명선, 2002). 여성에게만 강요되는 정절에 대해 몇몇 용기 있는 여성들이 공개적으로 분명한 비판 의견을 냈다. 대표적 신여성 중 하나였던 나혜석은 줄곧 자신의 사생활을 통해 경험한 부당함과 상처를 과감하게 드러냈다. 나혜석은 이렇게 썼다. “조선 남성 심사는 이상하외다. 자기는 정조관념이 없으면서 처에게나 일반여성에겐 정조를 요구하고 또 남의 정조를 빼앗으려 합니다." 그리고 다음과 같은 급진적인 말로 결론을 맺었다. "종종 방종한 여성이 있다면 자기가 직접 쾌락을 맛보면서 간접으로 말살시키고 주작시키는 일이 불소하외다. 이 어이한 미개명의 부도덕이냐"(나혜석, 1932). 여성이 교육을 받으면서 자기 주변의 세상에 비판의식을 갖고 문제를 분석하고 이를 논리적으로 전개할 수 있는 논쟁의 능력이 강화된다.

3. 여성주의 교육과 여성학

이화의 교육 목표이기도 한 '여성 지도자' 육성은 여성조직이나 여성들이 설립·운영하는 기관의 특징을 이루는 것이다. '여성 지도자' 자체가 가부장제에는 낯선 개념이었고 여성 교육기관이라는 개념도 마찬가지였다. '여성 지도자'의 정의는 시대와 상황, 그 사회의 가치관에 따라 다를 수밖에 없다. 여성 교육기관은 억압적인 가부장제 사회에서 저항에 부딪히고 기존 질서가 허락하는 어떤 한계선을 넘으려 할 때 제약이 강화될 수 있다. 아래에서는 여성 교육기관으로서의 이화의 역사를 개관하고 어떤 배경에서 여성학이 하나의 교과목으로 발전하게 되었는지 평가해보고자 한다.

1) 한국 '지도 여성' 양성

이화 초기의 교육 목표는 다음과 같다.

우리의 목표는 한국 소녀들로 하여금 우리 외국 사람들의 생활, 의복, 환경에 맞도록 변화시키는 데 있지 않다. 우리는 한국인을 보다 나은 한국인으로

> 만드는 데 만족한다. 우리는 한국적인 것에 긍지를 갖는 한국인이 되기를 희망한다. 나아가서 그리스도의 교훈을 통하여 완전무결한 한국인을 만들고자 희망하는 바이다. 한국인으로서 자긍심을 갖는, 보다 나은 한국인을 만드는 것 …… (이화100년사, 1994: 78).

한국인들을 위한 교육이 목표임을 강조한 것은, 당시 많은 사람들이 선교사에 대해 가지고 있던 불신을 극복하기 위함이었기도 하지만 이러한 분명한 정체성을 천명한다는 것이 지닌 힘을 무시할 수는 없을 것이다.

핵심 교육 목표에서 찾을 수 있는 또 다른 중점은 가난과 무지, 그리고 악습을 극복하는 것이었다. '한국인들을 만들기 위한 교육'이라는 것과 '한국 관습에 도전한다'라는 두 가지 목표가 서로 모순된다고 보일지도 모르겠으나, 그러한 모순은 '지도 여성' 양성을 통해서만 양립 가능한 목표였다고 주장할 수 있을 것이다. 한국 여성들이 사회에 기여하는 새로운 길을 개척하고 사회개혁을 추진하고자 할 때 그 두 가지 목표가 한 곳으로 수렴되는 것이 가능해진다. 이런 의미에서 지도 여성 양성이라는 목표는 매우 중요한 것이었다. 지도 여성 양성의 구체적인 방안 중 하나는 교사 양성이었는데, 앞서 언급한 바와 같이 이화 출신 교사들은 한국의 여성운동 등장에 큰 기여를 했다.

그러나 이러한 교육 목표는 문화적인 장애물에 의해, 그리고 일제 지배 아래서 생겨난 정치 변화로 인해 저항에 부딪혔다. 1910년 대학 교육이 시작되자 교육 기간이 연장되었고 스무 살이 넘은 여자들이 학교를 계속 다니는 것에 대해 사람들의 시선이 곱지 않았다. 가정에 그리고 사회에 고등교육을 받은 여자들이 생긴다는 변화는 매우 생경했다. 그보다 훨씬 더 심각한 걸림돌은 일제 정부에 의해 생긴 것이었는데, 일제는 한국의 교육을 일제 치하로 수렴하는 정책을 추진하기 위해 행정적인 통제를 가했다. 이와 같은 역사적인 조건을 보건대, 김활란 박사가 이화(이화여자전문학교 시절) 최초의 한국인 여성 총장으로 임명된 1930년대 후반기는 일본이 앞뒤를 분간하지 못하는 광란기로 전쟁 도발을 일삼고 아시아와 태평양 일대를 휘저어 놓던 시기였다(이화100년사, 1994: 263).

"저 소리가 들리는가"는 김활란이 여성 억압의 원인 분석과 여성해방의 길 모색에 헌신하게 만든 하나의 상징이었다. 김활란은 소명 의식을 가지고 "농촌 마을의 문제와 계몽"을 박사논문 주제로 정했으며, 1960년대 중반까지도 인구 대다수가 거주하던 농촌생활 개선을 위한 열의를 놓지 않고자 노력했다. 이 같은 개인사를 대략이나마 알고 있어야, "이화는 이화를 위해 존재하는 것이 아니라 모든 한국 여성들을 위해 존재한다"고 한 그녀의 신념을 이해할 수 있다. 이것이 김활란이 '여성 지도자'라고 말할 때 의미하는 것이었고, 그래서 이화의 학생들에게 이 메시지에 응답하여 자신의 소명을 택하라고 이야기했다. 김활란은 다음과 같이 썼다. "이화는 이화를 위한 이화가 아니라 한국 여성을 위한 이화가 되어야 한다"(장상의 글, 정의숙 외, 1996: 194).

2) 여성 교육기관의 필요성

19세기 말 조선 사회에서 여성은 마음대로 문밖에 나갈 수도 없었다. 남녀가 학교에서 함께 공부할 수 없었던 것은 말할 것도 없다. 남녀공학은 허용되지 않았다. 그러나 여자들만의 교육기관을 설립한 것은 그러한 외부적인 제약 때문만은 아니었다. 이화의 경우, 여자대학으로 계속 남기로 결정한 것은 중대한 사명감과 숙고의 결과였다. 그것은 이 땅의 성 평등 실현을 위해서는 여자대학이 꼭 필요하며 그때까지 이화는 여자대학으로 있어야 한다는 판단에 바탕을 둔 사명감의 발로였다.

해방 이후 미군정 시기에는 남녀공학이 더 바람직하다고 생각하는 것이 유행처럼 번졌다. 어떤 의미에서 이것은 근대화의 상징이었고 해방된 한국이 지향해야 하는 방향이었다. 특히 선교지원단체들은 이화가 남녀공학이 되어야 한다고 압박하기 시작했다. 김활란은 전체 교직원과 학생 회의를 소집해서 이렇게 선언했다.

> 학생 여러분, 나는 지금 우리 학교를 후원하고 있는 미 선교부로부터 이화여전과 연희전문학교와 세브란스 의전이 통합하여 하나의 종합 기독교 대학을 만들라는 강력한 압력을 받고 있습니다. 그러나 내가 분명히 말씀드리는 것은 나는 절대로 이 압력에 굴복하지 않겠다는 것입니다. 이 땅에 완전한 남녀평등이 실현되는 날까지 나는 기필코 이화를 여자대학으로 키워 나갈 것을 선언합니다(김현자의 글, 정의숙 외, 1996: 196).

'이화는 왜 여자대학으로 남아 있는가'라는 물음은 그 후로도 자주 제기되었다. 가끔 김활란은 이렇게 답하기도 했다. "국회 의사당에 여자가 반 정도 차면 그 때 가서 이화를 남녀공학으로 전환할 것을 한번 생각해보지" (장상의 글, 정의숙 외, 1996: 194). 특히 이 이야기는 나중에 그의 통찰력을 뼈저리게 실감하게 만들었다. 2000년대 초까지도 국회의원으로 선출된 여성의 수가 1950년대에 비해 늘어나기는커녕 오히려 줄어들었기 때문이다. 이 문제에 관한 그의 판단은 여성 교육기관을 운영하면서 겪은 어려움에 바탕을 두고 나왔을 것이다. 그런 어려움은 도리어 여성 교육기관을 존속시켜 여성들을 뒷받침하고 여성들이 자율적이 되게 만들어야 할 필요성을 확신하게 만들었을 것이다. 여성 교육기관이라는 점이 갖는 여러 가지 불이익을 가장 분명하게 보여주는 예는 제2차 세계대전 종전 후 종합대학 지위를 갖기 위해 지원했을 때 겪은 일이다. 그 과정에서 마주친 가장 큰 장애물은 여자대학이 한국 최초의 종합대학교로 등록되는 것은 부적절하다고 생각하는 관료들이었다. 이것은 남성 우월주의를 떠받치는 뿌리 깊은 가부장제 문화라는 빙산이 그 일부를 살짝 드러낸 일이었을 뿐이다. 그러나 이때 부당한 대우를 받은 경험은 여성주의 의식을 오히려 강하게 만들어주었고 여성 지도자 양성과 여성 역량 강화의 필요성을 더욱 확실히 보여주었다. 그뿐 아니라 김활란은 평소 여성해방을 말하면서 한국 농촌에 관한 그의 관심을 피력했다. 한국 여성의 해방과 농촌 진흥을 위한 실천에 그 초점이 있었던 것이다(서광선의 글, 정의숙 외, 1996: 157~158). 또한 여성해방과 여성교육은 따로 떼어서 생각할 수 없는 것으로 여성해방은 곧 여성교육의 목표이고 여성교육은 여성해방의 수단이자 통로라고 보았다(신옥희의 글, 정의숙 외, 1999).

김활란의 여성주의 의식은 여성과 남성이 같은 인간으로서 같은 권리를 가진다는 믿음에서 출발했지만 점차 여성의 차이를 정의하는 것이 필요하다는 생각으로 발전해갔다. 김활란의 다음 발언에서는 남성적 문화에 대한 비판과 여성에 대한 대안적인 비전이 뚜렷이 나타난다.

> 인류의 역사는 여성이 이끌어왔으며 앞으로도 더 뚜렷한 힘으로 여성이 이끌어갈 것이라고 본다. 물론 문명의 이기를 파멸로 몰고 간 전쟁 등은 남성의 명민한 두뇌, 억센 힘으로 이루어졌다. 그러나 남성을 존재케 하고 성장시킨 것은 여성의 힘이었다. 이렇듯 여성에게는 남성이 갖지 못한 창조의 힘이 내재되어 자녀 생산에서 한 가정의 운명에 이르도록 여성이 하는 일은 하나님이 여성에게만 주신 능력이다(정의숙 외, 1996: 78).

이러한 새로운 관점은 여성 지도자의 필요성에 대한 의식과 결합하여 '슈퍼우먼'을 1960년대의 이상적인 여성상으로 제안하게 만드는데, 그것은 다음 기회에 더 자세히 논의할 필요가 있다. 어쨌거나 김활란이 이화여대의 총장으로 재직하는 동안 주요 출판물과 교육 활동 들에서 다룬 주제는 '여성의 힘', '여성운동', 그리고 여러 분야에서 여성들의 기여 등이었다. 요약하자면 이화는 '세계 여성의 해' 같은 역사적인 순간을 변화를 위한 기회와 전환점으로 활용할 줄 아는 일군의 여성들, 그리고 남성들을 양성했다.

4. 여성학: 지식 생산의 체계화

1) UN '세계 여성의 해'와 여성주의의 성장

1970년대 중반의 한국 사회에 대한 시대적 평가는 매우 논쟁적일 수밖에 없다. 한편으로 군사독재가 거의 말기로 치달으면서 유신체제, 긴급조치 등이 횡행한 탄압 때문에 언론과 학문의 자유가 말살되었고, 노동운동이나 민주화운동이 반국가적 이념, 이적 행동으로 규정되었던 시대였기 때문에, 그 시기를 겪은 세대의 회고는 짙은 잿빛으로 재현되곤 한다. 그럼에도 그 안에서 오늘날 국민 대다수가 향유하는 경제 성장의 불씨가 타올랐고, 탄압의 얼음장 밑에서 여성학이 태동되고 민주화 세력이 성장하고 있었다는 역사의 아이러니는 미래를 조망할 때 기억해봄직한 일이다.

이화여대가 1977년에 한국여성연구소를 설립한 배경에 대해 다양한 논의가 가능하겠으나 우선 1975년을 UN이 '세계 여성의 해'로 명명한 것이 큰 역할을 했다. 이것을 계기로 하는 프로그램은 많았지만 크게 두 가지를 꼽을 수 있다. 그 하나가 당시 강원용 목사가 이끄는 크리스찬아카데미가 이 역사적 계기를 통해 몇 년간 프로그램을 기획하여 여러 대학의 교수, 여성단체 지도자, 활동가, 언론인 들이 한 자리에 모일 수 있는 구심점 역할을 한 것이고, 다른 하나가 이화여대에서 여성연구모임이 만들어졌다는 것이다. 마침 1975년에 김활란 박사 5주기를 맞았고 이를 계기로 한국여성연구협의회의 이름으로 두 차례의 학술대회가 열렸다.

두 차례의 학술대회는 사회운동의 이슈와 실천 과제로만 인식되던 여성문제를 학술적 이론화의 대상으로 체계화하려는 획기적인 시도라고 볼 수 있다. 그 기념 학술대회의 결과물인 『한국 여성의 어제와 내일』이라는 책자에 김옥길 당시 이화여대 총장이 쓴 머리말에서도 이러한 의식이 다음과 같이 명시되었다.

> 6월 2일과 3일에 '한국 여성의 어제와 내일', 그리고 11월 22일에는 '미래사회와 여성'이라는 주제로 (학술대회를) 진행했는데 이는 올해를, UN이 정한 '세계 여성의 해'를 기념하는 뜻도 겸했습니다. 협의회는 우리 선통사회에서의 여성의 지위와 역할, 특히 여성이 간직하고 있는 힘의 근원과 본질을 연구하는 데 중점을 두었습니다. 나아가서 오늘의 한국 및 세계의 여성문제와 그 문제의식의 동향 등을 분석 검토하여 우리 여성의 미래의 방향을 모색하고자 했던 것입니다.…… 상기한 작업이 궁극적으로는 우리의 여성문제를 이론적으로 체계화하여 정립하려는 데 있었음은 물론입니다. 이제 한국에서만 아니라 세계 어느 나라에서나 여성의 지위 문제가 진지하게 거론되며 남녀평등에 모순되는 점을 개선하려는 노력이 확대되는 이 시점에서 (김활란) 선생님의 오랜 꿈이 열매를 맺으리라는 기대와 함께 우리는 계속 앞에 있는 푯대를 향해 전진할 것이며 이 책자가 앞으로 있을 큰 행진의 계기를 마련해 주기를 바라는 마음 간절합니다.[6]

6 1976년 3월 발간된 보고서 머리말. 김활란 5주기 기념 여성연구협의회, 『한국여성의 어제와 내일』(이화여자대학교출판부, 1976).

2) 축적된 문제의식: 여성의식의 형성과 성장

UN이 주도한 국제적 흐름에 힘입었다고는 하지만 그것은 어떤 점에서 이 주제의 비중을 한층 더 부각시키는 데에 힘을 실어주는 막강한 수사학적 장치였다고도 볼 수 있다. 특히 한국에서 UN은 여성의 지위, 남녀평등이라는 문제가 오직 특정한 '소수 급진적 여성들만'의 관심거리가 아니라, 전 세계가 공통적으로 주지해야 하는 세계 발전을 위한 보편적 이슈라는 점을 보이는 영향력 있는 장치가 되어주었다. '세계 여성의 해'는 다양한 사람들이 여성문제에 대한 학술적 대화를 시작하여 학술적인 연구로 발전시켜갈 수 있는 계기를 제공했다고 볼 수 있다.

그러나 이처럼 국제적 흐름을 하나의 계기로 활용할 수 있었던 것은, 이러한 기회를 전환적 출발의 계기로 삼을 수 있는 의식 있는 집단과 축적된 기반이 있었기 때문이다. 예컨대 이화여대가 여성교육의 목표를 충실히 실천하려고 할 때 부딪친 어려움과 장벽을 경험하는 다양한 사례들, 가부장적 사회에서 일어나는 비합리적 차별과 억압, 이에 맞선 고군분투와 울분의 여성 역사 안에서 오랜 동안 형성되어 축적된 문제의식이 분출될 출구를 기다리고 있었기 때문이다. 거슬러 올라가 이화여전을 다닌 이들의 개인적 서사 중에서 이런 경험을 많이 찾을 수 있다. 아주 어려서부터 강한 여성의식을 가지고 이화여전에 온 한 여성의 얘기는 다음과 같다.

> 일곱 살 적 교회에서 '나는 여자'라는 제목으로 말하려 하다가 …… 중학 1학년 때에는 '왜 여자에겐 공부 안 시키나'라는 제목으로 …… 웅변을 했고…… 이화여전 4학년 때는 '제2세의 인형'이라는 제목으로 (했어요).[7]

---

7 자세한 이야기는 김혜숙, "이태영 변호사의 생애와 사상 1: 보이지 않는 길, 법여성학

여성교육 공간에 들어오지 않았으면 흔히 한때 어릴 적 이야기로 회고되고 지나갈 수 있는 이야기이다. '여성운동'이라는 어휘가 전혀 낯설거나 백안시되지 않았던 이화여전이라는 공간에서 이와 같은 문제의식은 문제로 그치지 않았다. 여자아이에게 공부를 시키지 않는 당시의 세태에 대해 비판의식과 강한 여성의식을 가졌던 이 아이는 1952년 최초의 여성 법조인이 된 이태영으로 성장했다.[8] 이러한 여성의식의 씨앗이 싹 트고 자라나기 위해서는 이화여전과 같은 여성 공동체가 필요했다.

이화여전이라는 공간이 왕성한 지적 호기심과 정의감을 가진 여성들에게 강한 문제의식의 싹을 키운 곳이라는 것은 쉽게 상상할 수 있다. 여러 영역에서 여성의 활약, "여성을 위한 힘"이라는 언설은 다양하게 등장한다. 그 대표적 예는 1958년에 발간된 『한국여성문화총론』에서 찾을 수 있다. 이 논집은 최초의 다학문적 여성연구 논집으로 간주될 수 있을 것이다.[9] 여기에서는 여성교육의 역사와 공헌을 가장 총론적 주제로 다루었고, 각론에 들어가서는 여류 문단, 여성 음악, 여성 미술의 발전을 다룬 한편, 한국 역사 속에서 여성의 모습, 공헌에 대한 탁월한 기록들이 담겨 있다. 이 논문집에 실린 강윤호의 논문 "이조여성과 한글보존"은 "한글이라는 고유문자가 겪어온 탄압과 천대 속에서 한글을 지켜온 여성들의 공로가 남성

을 향하여(1914~1952)", 서울대학교 BK21 법학연구단 공익인권법센터주최 2003년도 제4차 학술대회 한국 법여성학의 전망과 과제; 분야별 법여성학의 과제 제2부 자료집(2003), 참조.

8 당시 이승만 대통령이 판사 임명을 거부해서 판사의 꿈을 접었지만 집에 차린 변호사 사무실에 "마치 4000년 역사 이래 처음 여자 변호사가 생기는 것을 기다렸다는 듯이" 몰려드는 여성들을 통해 "자신의 천직을" 발견했다고 이태영 선생은 말한다. 이태영, 『오직 한 뜻으로』(물결, 1977) 참조.

9 『한국여성문화논총』(이화여자대학교출판부, 1958년 5월). 김활란 박사 교직 근속 40주년 기념 특집으로 편집됨.

들에 의해 이룩된 문화적 업적과 겨룰 만한 문화사적 무게를 지니고 있다"고 평가한다(이화여자대학교출판부, 1958: 291).

3) '여성의 힘'

이화여대에서 축적, 발전시키고 있었던 여성의식은 1975년에 더욱 분명한 목적의식을 가진 학술 활동으로 전개되었고 그것은 한국에서 '여성학'이라는 학문의 탄생과 연결된다. 앞서 언급한 김활란 5주기 기념학술대회는 본격적으로 여성을 주제로 한 다학문적 연구논문 발표의 향연이었다. 주제발표 저자들은 이남덕, 이태영, 현영학, 이효재, 윤후정으로 각 영역을 대표하는 인물이었다.[10] 이 학술대회와 토론의 장에는 발제자들 외에도 당시 기라성과 같이 쟁쟁한 진보적 인사들이 참여하여 열렬한 토론에 임했다.[11] 이 학술대회가 '여성의 힘'을 주제로 선정한 것은 1980년대 이후에야 본격적으로 논의된 여성주의 정치학의 핵심 주제를 이미 선취하고 있다는 점에서 매우 선구적이다. 당시 1970년대 중반 서구 여성운동을 보도하는 언론, 매체에서 '우먼파워'라는 어휘가 등장했다는 배경을 생각해보면, 그것이 그리 낯설지 않은 어휘였겠지만 이 주제는 40년이 지난 현재 시점에서, 그리고 앞으로 더욱 핵심적인 쟁점이 될 과제라는 점에서 선각적 선택이었다. 당시의 발표문을 읽어보면 각 주제를 다룬 연구자들이 매우 진지

10 1975년 학술대회 발표 주제와 연사는 다음과 같다.
제1부 전통사회와 여성의 힘 ① 근대사회와 여성의 힘: 이남덕, ② 초청 강연: 이태영
제2부 미래사회와 여성 ① 힘의 개념: 현영학, ② 세계여성의식의 동향: 이효재

11 이화여대 교수 이외에 정요섭(숙명여대), 이우정(서울여대), 이인호(고려대), 홍연숙(한양대), 한완상(서울대), 고범서(한림대) 교수를 비롯한 다수와 박영숙(전 여성단체협의회 총무)을 비롯한 다수의 언론인, 여성단체 활동가, 중고교 교장 등이 참여했다.

하고 열성적으로 주제 내용에 접근하고 있다는 것을 느낄 수 있다.

첫 발제자 이남덕은 "문제제기 그 자체에서 일종의 곤혹을 느끼는 것이 사실이다. 봉건사회, 가부장권제도하의 신분사회에 있어서 여성은 동서양을 통하여 힘없는 존재로 이미 알려져 있다. '무력한 자의 힘'이란 무엇일까"라고 질문하고 "가장 약한 자는 가장 강한 자였다는 역설"을 통해서 답한다. 즉, 그것은 우리 민족을 오늘까지 존속·유지시켜온 기능과 공헌을 한 "봉사자로서의 힘"이라는 것이다. "이름 없는 민중, 가장 천대 받은 천민계급의 …… 눈물과 노고 없이 어떻게 이 민족이 살아남을 수 있었겠는가 하는 입장"을 가지고, "실증사가의 입장에서가 아니라 역설의 논리를 원용해야 올바른 해석이 가능하다"는 주장한다. 이런 논리는 당시에 활발한 논쟁을 불러 일으켰던 해방 신학, 혹은 민중 신학의 입장과도 일맥상통한다. 그러나 그것이 민족문제와 여성문제를 상호배타적으로 보는 이분법적 사고에 기초한 것이라면 여성운동을 "좁은 의미의 여권신장운동, 상대적 관점에서 남녀 불평등 문제에 초점을 두는 견해"라고 부문적이고 부차적인 문제로 인식하고 있다는 점이 비판적으로 지적될 수 있다.[12]

민족, 근대화 프로젝트를 매우 중요한 이슈로 선택한다는 점에서 이태

---

12 토론 시간에 논의된바 "여성의 힘의 속성은 어떠한 방향으로 나아가야 하는가?"'라는 질문에 대해, 이남덕 교수는 장래의 여성의 힘이 반드시 내조에 국한하고 희생적이어야 한다는 것은 아니고 모성을 중심으로 초월적인 관점에 서서 인류사를 책임지는 차원까지 나아가야 한다고 주장했다. 또한 근래의 여성운동의 방향이 평화, 통일, 공해의 문제에 대해서는 언급하지 않고 여성의 지위에 국한되어 있다고 지적했다(이남덕, 1976: 121). 또한 '약자가 대항할 수 없을 때 어떻게 이기고 넘어가느냐'에 대한 질문에 대해, 우리의 전통에서 힘으로 대적하지도 않고, 도피하지도 않으면서 한 차원 올라서서 슬기로서 승화시키는 것을 발견할 수 있는 예로 처용가를 들어 풀이하면서 폭력을 가한 자를 포섭하고 감싸는 것이 여성운동에서 배울 점이 아닌가라고 답변해서 논란의 여지를 주었다.

영은 이남덕과 공유점을 갖고 있으나 여성을 열등하게 규정하는 사회통념과 편견을 극복하고 봉건적·제도적 유산을 추방하고 가부장체제의 인습 일체를 청산하기 위해 여성이 겪어나가야 할 의식 혁명을 강조했다는 점에서 이태영은 좀 더 적극적인 여성주의적 입장을 개진하고 있음을 볼 수 있다. 여성 참여 없는 민족사회의 발전과 번영이 불가능하며 여성들이 "종래에 차별받던 모든 역할에서 완전히 해방될 때 여성은 그때부터 인간으로서의 무서운 위력을 발휘할 단계에 이를 것이고 생기에 찬 광명사회를 이루는 주동세력이 될 수 있을 것"으로 보았다. 이 때 여성은 "그가 이미 갖고 있는 특유의 능력, 그것이 생래의 것이나 길들여진 것이나 간에 국가적이기보다 훨씬 구체적이며 문제의 핵심을 이론보다 직관적으로 꿰뚫어보고 과감한 행동을 가능케 하는 그 능력을 가진 시민으로서 마땅히 사회에 적극 참여하여 혼탁한 사회 풍토와 부정부패로 오염된 이 사회의 사회정화의 길잡이 역할까지 담당하여야 하는 사명과 의무까지 있는 것으로 믿는다"고 주장한다. 이러한 이태영의 주장에서 우리는 남녀 불평등의 문제로부터 초월적인 관점에 서지 않고도 민족과 역사에 능동적인 주체가 될 수 있는 여성의 힘이 분명하게 부각됨을 볼 수 있다.

특히 여성들이 "한국 역사를 보다 밝고 희망적이며 발전적인 방향으로 몰고 가는 중요한 역할을 할 계층 집단이 될 수 있다"고 주장하면서 그 이유를 부연한다. 즉, 여성의 능력이 "아직은 내놓고 써본 일이 없는 잠재적이고, 아주 새로운 힘이며, 약한 듯하면서 강한 것인데다가 여성은 사회개조의 방향으로 우수하기 때문"이라는 것이다. 그런데 여성의 능력이 발현되고 한국 근대화에 여성의 큰 공헌을 기대하기 위해서는 새로운 의식 "혁명의 바람"이 일어나야 하며, 여성에 대한 편견, 통념, 여성 자신의 열등의식에서 벗어나야 한다는 것이다. 이태영은 "봉건적이고 부조리한 일체의 제도적 유산을 신속히 추방"해야 하지만 "무조건 부정하고 거부하기보다는 여성 스스로가 먼저 자기의 자질과 능력 그리고 역할을 제대로 평가하여 유효적절한 힘으로 공헌하는 편이 훨씬 더 바람직한 노릇일 줄 안다"고 주장하면서, "새로운 인간관계의 정립으로 인간 중심의 새 역사를 창조해야 한다"고 결론짓는다.

같은 해에 논의가 활발하게 이어져[13] 현영학은 「힘의 개념: 남성과 여성의 만남을 중심으로」라는 주제로 개념적 접근을 시도하고 동시에 케이트 밀레트(Kate Millet)의 『성의 정치학』을 소개하면서 권력은 부패 가능성과 그 역사적 예들 때문에 권력 자체를 부정적으로 보는 경향이 생겼지만 "권력이 '좋다', '나쁘다' 하는 것은 그 권력이 어떻게 쓰여지는지에 따르는 문제라고 본다". 『성의 정치학』은 가부장제가 구조화한 권력의 문제를 심층적으로 분석하여 '개인적인 것이 정치적인 것이다'라는 구호의 이론적 배경이 된 서구 여성해방운동에 핵심적인 영향을 미친 저서이다. 케이트 밀레트는 이 책에서 개인적 차원에, 또한 가장 밀접하고 친근한 인간/남녀 관계에 작동하고 있는 힘의 역학관계가 가부장제라는 사회적·문화적 배경 속에서 성별에 따라 다르게 작동한다는 것을 보여준다. 이 책은 같은 해(1976년) 정의숙, 조정호 번역으로 출판되었다. 역자의 한 사람인 정의숙은 다음과 같이 쓰고 있다.

> 이 저서는 …… 양성의 관계를 정치에 비추어 보고 남성이 여성을 지배하는 이데올로기를 부권제라고 보고 부권제 사회에서의 여성의 위치를 여러 측면에서 예리하게 분석했다. 밀레트의 여성해방론은 여권신장론, 남녀동등권론의 차원이 아니라 지배를 주축으로 하는 남성 중심의 사회계층구조에서 여

13 "1차 모임에서 힘의 개념이 분명치 않았다는 반성이 있었기 때문에……." 2차 모임에서 개념을 명확히 하는 발제를 갖게 되었다고 한다.

> 성을 해방하고자 하는 성해방론, 즉 여성해방을 위한 문화혁명운동이라는 데 한층 더 의의가 깊다(한국여성연구소, 1977).

어효재는 「세계여성의식의 동향」이라는 논문에서 남녀평등에 관한 정치적 입장을 제3세계, 공산권, 서방권으로 나누어 검토하고 줄리엣 미첼(Juliet Mitchell)의 여성해방론을 종합적 입장으로 제시하면서 여성이 모성 본능이나 자녀생산 및 양육의 생물학적 기능을 극복해야 할 것이냐, 아니면 소위 자연적이고 본질적인 역할로 받아들일 것이냐에 대한 상반된 입장의 끝없는 논의를 되풀이하거나 양자택일을 강요하기에 앞서, 이중적 역할을 뒷받침하는 유리한 조건을 형성하기 위해 여성운동이 계속 노력해야 한다고 주장한다.

윤순덕(윤후정)은 「한국여성문제의 방향」에서 여성연구가 여권신장론을 넘어서서 기존의 질서 자체의 변화를 지향해야 한다고 강조하면서 여성해방론을 심층적이고 체계적으로 다루고 있다.

> (해결이 어려운 것은) 이제까지의 문제취급이 주로 여성지위의 향상, 여권신장이었기 때문일지도 모른다. 마치 머슴을 머슴의 자리에 그냥 두고 머슴의 지위를 아무리 높이 올려도 여전히 머슴인 것과 같은 이치일 것이다. 머슴의 위치에 변화를 일으키려면 그 위치를 근본적으로 다른 각도에서 취급해야 할 것이다(윤후정, 1976: 169).

윤후정은 여성연구의 접근 방법에 대한 근본적인 전환을 주창한다. 차이를 대립으로 보는 이분법에 함몰되지 않으면서도, 차이를 인정하고, 그 차이를 넘어설 수 있는 사유의 단초를 우리 고유의 사상에서 찾고자 한다. 이를 위한 새로운 규범으로서 '일체감의 사상(Oneness)'을 제시한다. 이는

"개별적 구분(compartmentalization)을 통한 조화가 아니라 '원(圓)' 안에서 양성분이 동시에 공존하고 있는 혼합물의 융화의 세계"이며 여기에는 "이성과 감성 간의 분립, 대위(對位)란 있을 수 없으며 또한 물과 정신, 개체와 사회 총체, 자유와 평등 간이 그러하다"고 풀이한다(윤후정, 1976: 179).[14] 이와 유사한 문제의식이 원효사상을 주요하게 다룬 신옥희의 논문에서도 다시 제기된다.[15]

---

14 신라의 고승 원효의 사상에 있어서의 마음과 세계를 하나로 보고 있는 것이다. 원효는 사물인식과 정의 편견과 오해의 타파를 크게 강조했는데, 그는 중국 불교의 관점과 같이 사물에 대하여 각각 분립된 두 개가 합하여 하나의 조화를 보는 것이 아니라 하나의 양면으로 본다(윤후정, 1976: 180).

15 신옥희, "여성·실존·타자: 실존 철학의 타자 개념과 현대 여성학", ≪여성학 논집≫, 4집(1987) 참조.
힘의 역학에서 여성존재의 힘은 쟁취하는 것이라는 의견, 산업사회에서 평등을 위해 여성에게 경제적인 독립이 필요하다는 의견도 개진되었고, 가족법 개정, 여성운동의 탈중산층화, 모성에 관한 논쟁, 여성운동과 노조운동에 관한 토론, 음양의 조화와 대립에 대한 논의 등 오늘의 시각으로 봐도 여전히 매우 논쟁적인 주제들이 김영정, 정의숙, 조형, 서광선, 김은우, 백재봉, 고범서, 한완상 등 교외, 남성 교수들을 포함하여 매우 포괄적으로 진행되었다. 특히 흥미로운 것은 토론의 마지막 부분에서 구체적 제안들을 요약했다는 점이다. 부분적으로나마 발췌하면 다음과 같다.
① 여성 존재의 힘이 발휘되려면 사회적인 제도의 보장이 있어야 하며, 그러기 위해서는 조직적인 힘이 필요하다. ② 가족법이 개정되어야 한다. 가족법 개정 범한국인협의체 구성을 제안한다. ③ 여성의 임신, 출산은 남자의 병역과 같이 국가적인 차원에서 사회복지제도로 보호해야 한다. ④ 여성의식화를 위한 교육이 시급하다. 현재의 교과과정에서 여성의 인간화를 저해하는 요소가 제거되어야 하며, 그 기초 작업으로 교과과정에 대한 검토가 필요하다. ⑤ 여성운동은 탈중산층화해야 한다. 여성운동이 인권운동으로 가려면 탈가족주의화가 이루어져야 한다. ⑥ 사회 밑바닥에서 당하는 여성들의 케이스를 발굴하여, 지도층 내지 중산층의 의식을 개발하고, 반면 서민층 여성들은 지도층 내지 중산층 여성들이 자기들의 대변자라고 인정할 수 있어야 한다. (중략) ⑮. 세 번째 모임에서는 교과내용의 검토를 해줄 것을 제의한다.

김활란 박사 5주기 기념사업회는 더욱 구체적인 기여를 기대하면서 세 번째 학술대회를 제안했다. 그렇게 하면서 한국에서 '여성학'이 탄생하는 길을 열었던 것이다.

5. '여성학'의 탄생

대학원 직속 학과로서 여성학과가 설립될 때까지, 한국여성연구원은 여성학 프로그램과 교과내용, 교육 방법을 개발, 모색하는 데 주도적인 역할을 맡았다. '여성학' 과목에서 제공하는 새로운 관점과 이론적 분석을 학생들이 어떻게 이해하고 실천하는지를 파악하기 위해서는 학생들이 모두 토론에 참가하도록 하는 것이 가장 좋은 방법이라고 생각되었다. 그래서 조교를 배치하여 토론 시간을 이끌도록 했고 매주 토요일은 여성학 토론 시간에 바쳐졌다. 여성학 이론의 정당성, 타당성을 확인함과 동시에 학부 학생들이 열광적으로 보여준 여성학 교육에 대한 요구는 대학원에 여성학과를 설립하는 결실로 이어졌다. 1982년에 여성학과가 세워질 때까지 한국여성연구원이 여성학 프로그램을 개발하고 운영했다(한국여성연구원, 2008).

1) 여성주의 '지식 공동체'를 위한 새로운 공간 만들어내기

이화여대는 여성들을 위한 교육 기관으로서 이미 여성 공간의 상징으로 존재하고 있었다. 한국여성연구원은 여성학을 탄생시킴으로써 좀 더 직접적으로 그리고 능동적으로 여성주의 공간을 제공해왔다. 이곳은 처음부터 여성학 수업을 듣는 학생들이 분주히 드나드는 생동감 넘치는 공간이며 여성학과의 학과 사무실로 쓰이기도 했다. 도시 저소득층 가족, 농촌 여성을 위한 프로젝트, 농민·노동자·언론인을 위한 프로그램 등으로 연구원은 활기가 넘쳤다. 연구원의 도움으로 많은 그룹들이 만들어졌고 많은 기관 창립준비 과정에 물적·인적·공간적 지원을 제공했다. 대표적으로는 한국여성학회 창립(1984), 한국성폭력상담소의 창립(1991), 아시아여성학센터설립(1995), *Asian Journal of Women's Studies* 출간(1995), 이화리더십개발원 설립(2003) 등을 위한 준비, 소통, 토론이 이루어지는 장소이기도 했다. 전국의 대학교에 여성학 과정이 만들어지는 '연쇄적 창조 효과'를 만들어낸 장소는 물리적 자원, 인적 자원을 사회적 행동(activism)을 위한 새로운 기초를 만들어내는 공간이기도 하다.

2) 여성학을 통한 '학문적 작업'의 의미의 확산

앞에서 보았듯이, 여성학을 구축하는 과정은 학제적 접근과 학계의 연구에서 나왔으며 한국여성연구원은 다양한 방법으로 그것을 지원했다. 여성사 연구는 연구원의 출발에서부터 중요한 분야로 자리 잡았다. 또 다른 중요한 연구 분야는 법 여성학이었다. '여성학의 발달이 인접 학문에 미친 영향 연구'라는 제목으로 가정학, 신학, 사회학에 초점을 맞춘 연구가 이루어졌는데, 그 연구들은 기존 학문 분야에 나타난 여성연구의 발전 양상에 대해 분석했다(장상, 1993; 문숙재, 1992).

뒤이은 프로젝트 '페미니즘의 수용과 그에 따른 학문 체계에서의 변화'는 여성학이 문학 비평에서도 하나의 방법론이 되었음을 보여주었다. 여성의 경험을 문학으로 승화시키기 위한 기본적인 틀을 여성주의가 제공한다는 것이다(김현숙, 2000). 또한 여성주의의 영향을 받기 시작한 언론학의 경우, 1980년대에는 대중매체의 실질적인 성 편견 구조에 문제를 제기하기 위한 플랫폼을 여성학이 제공했다(최선열, 2000). 이 연구들에서 이야기

한 것을 증명하듯 각 학문 분야는 자신들의 여성학회를 설립했다.[16]

3) 주류화와 패러다임 전환

여성교육과 여성학은 모든 여성을 존중하는 여성주의적 가치에 기초를 둔다. 자유, 평등, 평화, 생명, 돌봄은 모두 여성주의를 이끄는 가치들이다. 이런 의미에서 여성주의는 가치중립성보다는 가치를 실현하려고 하는 것이다. 이런 가치를 공유하는 사람들은 열정을 가지고 공동체를 만드는데 그들은 공동체가 가치를 실현하기 위한 세력이 됨으로써 바람직한 변화를 가져올 수 있다는 믿음을 가지고 있다. 새로운 변화는 머리에서만이 아니라 가슴에서도 일어나야 하는 것이다.

여성주의적 가치는 가부장제 사회의 가치 기준과는 다른 새로운 기준을 요구한다. 여기서 새로운 감수성(sensibility)의 기준이 중요한 위치를 차지한다. 감수성은 주변화된 사람들, 소외된 사람들, 멸시 받는 사람들을 재평가한다. 이것은 새로운 관점을 가지게 하며, 속도, 효율, 생산성에 대해 새롭게 정의하게 한다. 여성주의 학문 공동체 구성원들은 어느 정도는 이러한 감수성을 공유한다. 남/녀, 공/사, 문화/자연, 이성/감정의 기존의 위계

16 한국여성연구학회협의회는 인문·사회·인간과학 분야에서 여성연구를 수행해온 15개 학회의 협의체로서 2012년 9월에 출범했다. 여성주의적 문제의식과 관점을 지닌 학문 분야부터 '젠더'와 유관한 주제를 다루는 학회까지를 망라하여, '성평등(gender equality)'의 가치 실현을 목표로 매년 심포지엄을 개최하는 등 다양한 활동을 펼치고 있다. 한국여성연구학회협의회 참여 학회는 아래와 같다: 대한여성건강학회, 여성건강간호학회, 한국가족학회, 한국고전여성문학회, 한국여성경제학회, 한국여성문학학회, 한국여성사학회, 한국여성신학회, 한국여성심리학회, 한국여성철학회, 한국여성체육학회, 한국여성커뮤니케이션학회, 한국여성학회, 한국영미문학페미니즘학회, 한국젠더법학회(한국여성연구학회협의회, 2013).

적 이원론을 비판하고 바꾸고자 하는 의지는 새로운 감수성을 낳는다. 여성주의 가치가 가부장적 규범을 대체하는 대안적인 가치로서 사회에 영향을 미치기 위해서는, 여성연구의 '지식인 공동체'의 역량 강화가 필요하다 (Agarwal, 1995; 조형, 2005; 이상화, 2005). 여기서 리더십에 대한 논의가 펼쳐져갔다. 우리의 관심은 새로운 형태의 리더십을 찾는 것, 여성주의와 리더십을 결합하는 것이다. 우리의 가치는 정복자의 그것이 아니며 우리는 '우리 모두가 살아야 하는 생태주의 시대를 위한 가치'가 필요하다고 본다. 그리고 전통적으로 그러한 가치는 대다수 여성들의 삶에서 실현되어왔다 (정대현, 2005).

6. 맺음말

이 글은 이화의 초기 역사 몇 십 년 중 개교 시기를 개관하고 그 후에 한국여성연구원이 1977년 개원한 이후 지난 40여 년간 발전해온 과정을 훑어보았다. 이 연구에서 우리는 여성주의 지식 생산이 쉬운 일이 아님을 볼 수 있다. 그것은 미래를 위한 도전이며, 모순인 듯 보이는 두 가지 방법을 결합하는 역동적인 일이다. 그 두 가지란 주류화(개입)와 새로운 패러다임 구축이다. 매우 복잡한 이 과정을 목표로, 여성주의 이론과 실천이 수행한 주류화의 노력은 많은 성과를 낳고 축적했다. 법률과 가치 체계에서 일어난 많은 변화들이 보여주는 사실은 정치, 사회, 지식 생산, 학문, 교육의 패러다임에 영향을 주는 사회 조직들이 힘을 갖게 되었다는 것, 그리고 사회 변화가 일어날 수 있도록 하는 강력한 기초가 놓여 있다는 것이다.

UN의 '세계 여성의 해', 그리고 '여성 10년' 선포는 국제적인 경향이었고, 그로 인해 한국의 여성운동이 강해졌다는 것도 물론 사실이다. 그리고 서구의 학문, 이론, 가설이 한국에 도입되고 수용되는 과정이 여성학 이론을 풍부하게 하는 데 큰 역할을 했다. 그러나 '여성학'과 '여성주의 연구'가 단지 '서구의 수입품'일 뿐이라는 견해가 옳지 않다는 것은 앞서 살펴본 여성학의 역사적 과정을 보면 분명해진다. 한국 역사와 문화에서 문제점을 찾고 대안을 찾아야 한다는 인식은 한국여성학이 처음 싹틀 때부터 분명히 존재해왔다. 한국여성연구원은 한편으로 여성사 연구를 통해 전통에 뿌리를 둔 여성문제를 진단하고 해결하고자 노력했다. 또 다른 한편으로는 한국 사회라는 현실의 위치와 맥락을 잃지 않으려고 노력했으며 오랫동안 의식화 프로그램, 현장 연구에 중요성을 두었고 농민, 노동자, 도시 빈민 여성이 독립적으로 살 수 있도록 돕기 위해 애써왔다. 현장연구, 이론, 정치적 함의 등 다양한 측면의 연구는 앞으로 수행해야 할 과제이다.

이화여대 지도자들은 여성문제를 이론화하는 것을 자신들의 구체적인 목표로 삼고 그에 헌신했고 여성교육을 체계화했으며 그 목표를 실현하기 위한 수단으로 여성학을 했다. 지난 40년의 역사를 한국 사회에 존재한 중요한 사회적 요구에 대한 응답이라고 평가할 수 있지만, 오랫동안 그것이 수면 위로 올라오지는 않았다고 할 수 있다. 여성학의 등장은 한국 사회에 큰 변화를 가져왔고 물론 그것은 한국여성연구원만의 노력으로 이루어진 것은 아니다. 한국여성연구원과 함께 만들어진 기관들의 활발한 지식 생산 활동에서 나온 힘과 지원이 큰 역할을 했다고 할 수 있다. 이 과정에서 한국여성연구원은 보이지 않는 기초 작업을 하는 방식으로 기여했으며 이화여대 대학원 여성학과의 인큐베이터 역할을 했다. 여성학과 설립의 준비에 기여했고 한국여성학회에 기여했으며 아시아여성학센터와 여성리더십개발센터 같은 기관들에 크고 작은 힘을 쏟았다. 그 과정에서 많은 학교들, 다양한 나라들에서 온 연구자들이 연구원의 초대를 받아들여 힘을 보탰다. 이와 같이 공동의 프로젝트를 통해 많은 사람들이 함께 노력한 결과 한국 사회에 기여할 수 있었다. 협동 프로젝트를 위한 공간 제공은 단지 물리적인 공간이 아니라 새로운 문화적 생산과 연결된다.

지난 40년 동안 여성학은 어떤 면에서는 급속한 양적 성장에 대한 기대보다는 질적인 변화를 위한 문제제기에 중점적인 힘을 기울여왔다. 어떤 이들은 여성학이란 여성 억압이 멈추면 사라지게 될 학문 분야라고 생각한다. 즉, 자신의 소멸을 추구하는 학문이라고 한다. 피상적으로 보면 여성 억압이 사라지고 있다고 보일지도 모르지만 우리는 아직 거기에 이르지 않았다. 인간 사회의 구체적 현실에서 지식의 완성이 있을 수 없듯이 교육의 완성이란 존재하지 않는다. 다만 더 나은 교육을 위해 한 걸음씩 나아갈 뿐이다. 구체적 현실에서 살고 있는 우리는 완전히 객관적인 시각을 가질 수 없기 때문에 다만 보다 더 객관성에 근접하려는 이상을 품고 내가 혹시 갖고 있을 수도 있는 고정관념과 편견, 또는 근거 없는 전제를 최소화하려는 노력을 경주하는 것이다. 우리가 쉽게 인지하는 소수의 사람들이 지위나 재력으로 누리는 가시적 특권뿐만 아니라 보통 사람 대부분이 갖고 있는 체력, 지력, 예술적 감각도 특권이라 할 수 있다. 물론 이것이 보편적이거나 상대적으로 비가시적이라서 특별한 것으로 주목하지는 않지만 주변인의 예를 들면 그렇지 않다. 예를 들어 정주민이 향유하는 언어와 관습은 그들에게는 너무나 당연하여 특별히 가치가 없어 보이지만 이주민에게는 한없이 부러운 특권이다. 정주민에게 익숙한 문화와 관습은 일종의 지배문화로서 특권적 위치를 차지하고 있는 상황이기 때문에 정주민과 이주민들이 무엇이 더 객관적인가라는 논쟁을 한다면 정주민들은 그들이 익숙한 것을 객관적이라고 주장할 것이다. 이주민들은 자신들에게 익숙한 문화와 관습을 떠나와서 낯선 문화에 접하고 있는 상황에서 어떠한 주장을 펼칠 수 있을 것인가?

정주민이 지배 문화를 습득하고 있는 자신의 특권을 의식하고 내려놓을 수 있을 때 비로소 이주민과 '객관성'을 논의할 수 있는 지평을 공유하게 될 것이다. 지배적 집단이 사용하는 언어와 가치판단, 습속이 '특권적 인식'이라는 것을 인정하는 것이야말로 다른 수많은 언어를 사용하면서 다른 세계관과 가치 체계를 갖고 다른 시각을 가진 사람들과 함께 지평을 공유하여 무엇이 '객관적인 것인가'에 대해 개방적일 수 있고, 그럴 때만이 우리는 지식을 균형적으로 통합, 발전시킬 수 있다는 가능성을 꿈 꿀 수 있다.

여성에게 교육의 개회를 개방한 것은 큰 발전이지만 그것만으로는 지식이 균형적으로 통합적으로 발전할 수 있는 객관성을 담보했다고 볼 수 없다. 교육이 기존의 지식을 전수하고 보완하는 기능을 통해 개혁까지 이르게 하는 복합적 과정이라는 것을 상기한다면 새롭게 교육 기회를 갖게 된 집단이 기여할 수 있는 새로운 시각을 적극적으로 환영하고 융합해내는 과정이 필요하다.

참고문헌

김활란. 1965. 『그 빛속의 작은 生命: 又月 金活蘭 自敍傳』. 서울: 여원사.

김활란 5주기 기념 여성연구협의회 엮음. 1976. 『한국여성의 어제와 내일』. 이화여자대학교출판부.

김현숙. 2000. 「페미니즘의 수용과 그에 따른 학문 체계의 변화: 한국 여성 문학에 끼친 영향」. ≪여성학 논집≫, 17(2), 3~26쪽.

나혜석. 1932. "이혼 고백서". ≪삼천리≫.

문숙재. 1992. 「여성학의 도입에 따른 인접 학문의 변화에 대한 고찰: 가정학을 중심으로」. ≪여성학 논집≫, 9(1), 15~53쪽.

밀레트, 케이트(Kate Millet). 1976. 『성의 정치학』. 정의숙·조정호 옮김. 현대사상사.

윤후정. 1976. 「한국 여성문제의 방향」. 김활란 5주기 기념 여성연구협의회 엮음. 『한국여성의 어제와 내일』. 이화여자대학교출판부, 167~188쪽.
이남덕. 1976. 「전통사회와 여성의 힘」. 김활란 5주기 기념 여성연구협의회 엮음. 『한국여성의 어제와 내일』. 이화여자대학교출판부, 9~32쪽.
이명선. 2003. 「식민지 근대의 '신여성' 주체 형성에 관한 연구: 성별과 성의 관계를 중심으로」. 이화여자대학교 박사학위 논문.
이상화. 2005. 「리더십과 권력에 대한 여성주의적 재개념화」. ≪여성학 논집≫, 22(1), 3~22쪽.
이화100년사편찬위원회 엮음. 1994. 『이화백년사』. 이화여자대학교.
이화여자대학교출판부. 1958. 『한국여성문화논총』.
장상. 1993. 「여성학이 신학에 미친 영향」. ≪여성학 논집≫, 9(2), 55~83쪽.
정대현. 2005. 「리더십의 여성주의적 가치」. 조형 엮음. 『여성주의 가치와 모성적 리더십』. 이화여자대학교출판부, 15~62쪽.
정의숙 외. 1996. 『저 소리가 들리느냐: 金活蘭, 그 승리의 삶』. 이화여자대학교출판부.
조형 엮음. 2005. 『여성주의 가치와 모성적 리더십』. 이화여자대학교출판부.
최선열. 2000. 「여성주의의 수용과 그에 따른 학문체계의 변화: 페미니즘이 언론학에 끼친 영향」. ≪여성학 논집≫, 17(1), 115~165쪽.
한국여성연구원 30년 편찬위원회. 2008. 『한국여성연구원 30년: 1977~2007』. 이화여자대학교 한국여성연구원.
한국여성연구원. 1999. 『변화하는 세계와 여성고등교육』. 이화여자대학교.
한국여성연구소. 1977. 『여성학 신론』. 여성학연구위원회.
한국여성연구학회협의회. 2013. 『여성주의 연구의 도전과 과제』. 여성학연구위원회. 한울.
현영학. 1976. 「힘의 개념」. 김활란 박사 5주기 기념 한국 여성연구협의회 엮음. 『한국 여성의 어제와 내일』. 이화여자대학교출판부, 135~148쪽.

≪대한매일신보≫. 1907.4.23.
≪독립신문≫. 1898.10.13.
≪여자지남≫. 1908.4. 창간, 통권3호.

Agarwal, Bina. 1995. "Gender, Property and Land Rights: Bridging a Critical Gap in Economic Analysis and Policy." Edith Kuiper and Jolanda Sap(eds.). *Out of the Margin: Feminist Perspectives on Economics*. New York: Routledge, pp.264~295.

Chang, Pilwha and Kim Eun-Shil(eds.). 2005. *Women's Experiences and Feminist Practices in South Korea*. Seoul: Asian Center for Women's Studies and Ewha Womans University Press.

Choi, Sook-kyung. 1986. "Formation of Women's Movement in Korea." Chung Sei-wha(ed.). *Challenges for Women: Women's Studies in Korea*. Seoul: Ewha Womans University Press, pp.103~126.

Du, Fangqin and Xinrong Zheng(eds.). 2005. *Women's Studies in China: Mapping the Social, Economic and Policy Changes in Chinese Women's Lives*. Seoul: Asian Center for Women's Studies and Ewha Womans University Press.

Juyal, Pooja(ed.). 2005. *Some Contemporary Contours: Women's Studies in India*. Seoul: Asian Center for Women's Studies and Ewha Womans University Press.

Khullar, Mala(ed.). 2005. *Writing the Women's Movement: A Reader*. New Delhi and Seoul: Zubaan, Asian Center for Women's Studies and Ewha Womans University Press.

Kim Hyun Mee and Kang Sun-Mi. 2001. "Achievements and Challenges of an Asian Women's Studies Project." *Asian Journal of Women's Studies*, 7(4), pp.106~121.

Kim, Yung-Chung. 1976. *Women of Korea: A History from Ancient Times to 1945*, Seoul: Ewha Womans University Press.

Lerner, Gerda. 1993. *The Creation of Feminist Consciousness: From the Middle Ages to Eighteen-Seventy*. Oxford: Oxford University Press.

Lin, Wei-hung and Hsiao-chin Hsieh(eds.). 2005. *Gender Culture and Society: Women's Studies in Taiwan*. Seoul: Asian Center for Women's Studies and Ewha Womans University Press.

Miske, Shirley. 1999. "Expanding the Diaglogue: Buliding Women's Studies in Asia, Workshop II." *Asian Journal of Women's Studies*, 5(3), pp.110~123.

Mukhtar Mai. 2006. *In the Name of Honor: A Memior.* Arita Books[『무크타르 마이의 고백』(2006). 조은섭 옮김. 서울: 자음과 모음].

Poerwandari, Kristi(ed.). 2005. *Indonesian Women in Changing Society.* Seoul: Asian Center for Women's Studies and Ewha Womans University Press.

Satha-Anand, Suwanna(ed.). 2004. *Women's Studies in Thailand: Power, Knowledge and Justice.* Seoul: Asian Center for Women's Studies and Ewha Womans University Press.

Shirley Miske et al. 1998. "Expanding the Network: Building Women's Studies in Asia, Workshop 1." *Asian Journal of Women's Studies*, 4(3), pp.164~180.

Shirley Miske, Mistke Witt. 1999. "Expanding the Network: Building Women's Studies in Asia, Workshop 2." *Asian Journal of Women's Studies*, 5(3), pp.110~123.

Sobritchea, Carolyn(ed.). 2004. *Gender, Culture and Society: Selected Readings in Women's Studies in the Philippines.* Seoul: Asian Center for Women's Studies and Ewha Womans University Press.

제2장

'아시아'와 '아시아여성학'의 개념화를 위하여*

이상화

1. 들어가는 말

이화여대 아시아여성학센터가 주도해온 아시아여성학 네트워크에 관계해오면서 필자는 이 글에서 다룰 새로운 개념들이 점차적으로 진화하는 것을 보아왔다. 이 네트워크는 교수, 연구진, 그리고 커리큘럼 개발자 등 여성학을 실천하는 사람들 간에 상호 협력을 증진시킬 목적으로 시작되었다(아시아여성학센터 & 한국여성연구원, 2000). '아시아여성학'에 대한 논의가 진전되면서 과연 이것이 '아시아여성학'인지 아니면 '아시아 안의 여성학'인지에 대한 질문이 일어나기 시작했다. '아시아여성학'이란 고정된 정체성을 나타내며 모든 구성원들이 어떤 공통점을 공유한다는 것을 의미한

---

* 이 글은 Lee Sang Wha, "Conceptualizing 'the Asian' and Asian Women's Studies," *Asian Journal of Women's Studies*, Vol.14, No.4(2008), pp.28~53 논문을 번역한 것이다.

다. 반면 후자인 '아시아 안의 여성학'은 좀 더 열린, 임시적인 의미가 있다(Kim & Kang, 2001: 114; Khullar, 2005: 17~18). 아시아여성학의 의미에 관한 지속적인 토론이 있었고, 토론이 확산되고 심화되는 과정이 아시아여성학의 의미 생성 과정으로 발전되어왔다.

김은실(Kim, 2007)은 '아시아 여성'이나 '아시아여성학'의 범주, 그리고 '아시아'와 '아시아성'의 의미는 재개념화되고 재정의할 필요가 있는 주제가 되고 있다고 주장한다. 필자는 이 글의 첫 번째 절에서 아시아와 아시아성(Asia-ness)을 물리적 크기의 거대함이나 문화적으로 다양함을 고려하는 입장에서 개관해보겠다. '아시아 여성'을 이해할 때 우리는 아시아 여성들의 공통적 특성을 인식하면서도 동시에 여성 간의 차이를 인식하려는 두 가지 노력을 병행해야만 한다. 두 번째 절에서 필자는 '아시아 여성'이라는 개념을 여성주의 정치학을 위한 '전략적 개념'으로서 발전시키려 한다. 이에 대한 적절한 이론적 근거를 제시하기 위해 '현장 여성주의'를 가져와 후기식민지 논쟁에 관해 폭넓은 검토를 한 후에 아시아여성학에 관한 논의를 할 것이다. 여기서 나는 현장 여성주의가 그 방법론에서 '계보학적인 방법'을 사용하고 있으며 공간성과 시간성에 대한 새로운 수사법을 적용하고 있다는 점에 착목하여, '현장' 개념이 다양한 공간과 다중적 시공을 둘 다 표현하기 때문에 여성 주체들이 살아가는 역사적이고 사회적인 맥락 안에서 결정되는 다중적 위치성을 포함할 수 있다고 본다. 세 번째 절에서 필자는 '생성의 존재론'을 소개할 것이다. 이것을 통해서 아시아 여성이 시간과 공간의 조건에 따라서 지속적으로 변화하는 정체성을 가졌다는 것을 말하려고 한다. 피드백을 받기 위해 여러 학술대회에서 발표한 '생성의 존재론'이라는 아시아여성학에의 접근방법에 대한 여러 나라 사람들의 반응과 의견을 네 번째 절에 개관했다. 마지막으로 나는 아시아여성학을 위해 아시아 여성들의 연대를 실천할 수 있는 다양한 방법들을 제시하려고 한다.

2. 아시아/아시아성의 의미 그리고 아시아여성학

무엇이 아시아인가? 분석적인 범주로서 아시아를 정의 내리는 과정에서 다음과 같은 질문이 따라온다. 무슨 이유로 수많은 국가와 수백 가지의 언어들을 아시아 '지역'에 포함시키는가? 아시아에 속한 여러 단위(체)들이 아시아 바깥과는 다른, 어떤 특성을 공유하기 때문인가? '아시아'는 다른 지역과 분명하게 구별되는 문화적이고 정치적인 특성을 갖고 있는 지역인가? 아시아를 하나의 지역이라고 할 수 있을 정도로 그 안에서의 국가나 단위 간에 상호작용이나 소통의 밀도가 강하기 때문인가?

이런 질문들을 염두에 둔 채, 필자는 객관적인 측면에서 바라본 지리적인 공간과 주관적인 측면에서 바라본 인식론적인 공간이라는 두 가지 개념의 분석 틀을 가져와 '지역으로서의 아시아'를 설명하는 방법을 찾고자 한다. 이 분석 틀에 의하면 '지역' 개념은 지리학적 공간으로서 객관적으로 정의된다. 즉, 국경선이 접해 있고 서로 가까운 거리에 있다는 의미이다. 다른 한편, 주관적인 측면에서 지역은 사회구성물이거나 그 지역에서 사는 사람들에 의해 만들어진 아이디어로 정의된다. 또한 다른 배경과 동기를 가진 외부인의 관점에 의해 만들어진 아이디어일 수도 있다(Kang et al., 2007). 그러나 이 분석 틀을 아시아에 적용할 때 다음과 같은 문제가 나타난다. 아시아를 지리적으로 보면, 대륙이 하나의 범주에 속한다고 하기에는 국가들 간의 거리가 너무 멀다. 또한 문화적, 경제적, 정치적 혹은 안전에 관한 관심 등의 연결 강도가 아시아를 하나의 지역에 속했다고 말할 정도로 항상 충분히 강한 것도 아니다.

사전적으로 정의하면, 아시아는 46개 국가로 이루어졌으며, 종종 북아시아, 중앙아시아, 서아시아, 동남아시아, 남아시아 그리고 동아시아 등 6개 단위로 세분되거나, 남아시아, 서아시아 그리고 중앙아시아라는 3개의 단위로 세분된다. 아시아에서 사용되는 구어들은 셀 수 없이 많으며 아주 독특하다. 이것들은 각각 개별국가 안에서도 아주 다양한 민족 집단들에 의해 사용되고 있다. 예를 들어서 한국은 하나의 언어를 사용하는 반면에, 인도네시아는 600개가 넘는 언어를 사용하며 필리핀은 100개가 넘는 언어를 사용한다. 불교, 유교, 이슬람교, 일본의 신토이즘, 필리핀의 기독교 등 다양한 종교가 있으며 이것들은 풍요롭게 문화의 뿌리 속에 결합되어 있다. 식민지에 대한 역사적 경험도 다양하다. 프랑스, 영국, 네덜란드 그리고 미국은 그들이 점령했던 나라에 각기 다른 영향을 미쳤고 다양한 문화적·정치적 유산을 남겼다. 중국, 베트남, 라오스, 캄보디아, 미얀마 그리고 인도네시아는 공산주의 정권의 역사를 가지고 있으며, 이는 그들이 독특한 정치적 유산을 가졌다는 것을 의미한다.

이처럼 아시아라는 범주 속에서는 물리적 공간의 광대함과 문화적 다양함이 그대로 드러나 있다. 또한 이러한 아시아 내부 단위들 사이의 관계의 복합성과 변화의 역동성은 지리적 공간으로서 '아시아'의 지형도 역시 지속적으로 변화하고 있음을 보여준다. 이를 통해 우리는 아시아 지역이라는 지리적 단일 범주에 포섭되는 단위들 사이에는 공통성과 동일성보다 차이성과 다양성이 훨씬 더 크다는 사실을 인지할 수 있다. 이러한 아시아 내적 차이와 다양성은 아시아와 비아시아 세계 간의 경계, 즉 문화적 차이와 거리의 정도를 분명하게 하는 것을 어렵게 한다. 아시아의 지리학적인 공간이 지속적으로 변화하듯, 인식론적인 공간으로서의 아시아의 의미도 변화하고 있다.

아시아라는 관념은 인식에 어떤 관점을 전제하기 때문에 가치중립적이라고 할 수 없다(Milner & Johnson, 2004). 개념사적으로 살펴볼 때, '아시아'는 '서구인'들에 의하여 강제로 부과된 개념이라는 비판적인 시각이 있다. 즉, 비서구적 타자성의 기표로서 '아시아'는 서구의 시선을 통해 생산되고 소통되는 내용물이라는 것이다(Yamamuro, 2007: 36~37). 예를 들어 아시아학(Asian Studies) 개념은 때론 일종의 신식민지 지식으로 간주된다. 그리하여 '아시아연구(Asian Studies)'라는 개념도 최근에는 서구인에 의해 소유되는 아시아에 대한 지식이라는 점에서 신식민주의의 형태로 간주되기도 한다. 그러나 서구인들에 의해 형성된 이러한 아시아 개념은 실상, 항상 같은 내용을 의미하는 것은 아니었다. 각종 오리엔탈리즘이 아시아의 신비화나 주변화의 교차 지점에서 다양하게 작동한다.

한편, 아시아인의 입장에서 '아시아'라는 용어는 좀 더 강력한 긍정적 가치를 가진 관념으로 표상되기도 한다. 아시아라는 관념과 개념은 식민화의 역사 속에서 서구 열강의 제국주의에 대한 강력한 저항의 표현으로 이해되고, 사용되기도 했다. 그 연속선상에서 탈식민적 아시아-아프리카(亞阿) 연대가 모색되기도 했다. 또한 아시아는 열등함이나 방어적 성격이라는 부정적 규정성을 탈피하여, 유럽 혹은 미국 등과 대등한 세력이라는 자신감의 표현으로 표방되고 해석되기도 한다(Sun, 2003). 예를 들어 얼마 전부터 한국을 비롯한 여러 유교 중심 아시아 국가에서 '아시아 가치'에 관한 매우 활발한 논의가 이루어지고 있다.

아시아 가치는 몇몇 아시아 정치 지도자들과 남성 학자들에 의해 비서구 개도국의 경제적 발전을 설명하기 위해서 강조되었다. 그러나 많은 여성주의자들은 그 개념에 대해서 회의적이다. 그들은 '아시아 가치'라는 언급이 종종 아시아 안에서의 다양성과 각 국가들의 독특함을 흐리게 한다고 주장해오고 있다. 예를 들어서, 김현미와 강선미는 다음과 같이 주장한다.

> 아시아 페미니스트 학자들은 아시아 가치가 가부장제를 강화하고 남성 엘리트들의 에고를 증진시키는 것에 주목해야만 한다.…… 분명하게 우리는 남성 중심적이고 오리엔탈적인 생각에 반대해왔다. 그런 생각은 아시아 여러

국가들은 물론이고 하나의 국가 안에서 나타나는 계급, 젠더, 민족 간의 차이를 무시하고 한꺼번에 하나의 아시아로 취급하여 사회를 변치 않는 실체처럼 경직시킨다(Kim & Kang, 2001: 114).

아시아성(Asian-ness)과 아시아 개념이 자신감의 표현이건, 방어적인 표현이건, 아시아인에게 공유되는 그 무엇, 혹은 공통의 경험이 존재한다는 점을 함의하고 있다. 그러나 앞에서 살펴본 바와 같이, 아시아인 사이에는 문화적으로나 정치적으로나 역사적으로 너무나 엄청난 편차가 있기 때문에 이들 사이에 공통된 경험이 실재한다고 주장하는 데에는 어려움이 있다(Kosugi, 2002). 우리는 물리적·지리적으로 규정되는 아시아라는 범주가 그 범주 전체에 적용되는 공통된 문화적·종교적 가치나 동일한 정치적·경제적 이해관계를 함의하는 것은 아니라는 점에 주목할 필요가 있다. 그리고 아시아라는 개념을 구성하는 단위/부분 간의 동일성 혹은 통합성이 결여됨에도 불구하고 아시아 전체의 문화적 정체성을 일반화, 본질화하려는 의도나 해석의 논리가 무엇인가에 따라 '아시아적인 것'에 대한 평가가 달라지고 있음을 볼 수 있다(Sakamoto et al., 2007). 위의 논의를 요약해보면, 아시아는 역사적인 맥락에 따라 그 지리적 공간의 경계가 변화하고, 새로운 형태의 정체성과 공동체로서의 인지적 공간에서 상상되거나 비판적으로 형성되는 사회적이고 정치적인 구성체라 할 수 있다.

이처럼 '아시아'나 '아시아인'의 공통된 경험이라는 것이 본질적으로 주어진 것이나 실제적으로 존재하는 것이라기보다는 '아시아' 혹은 아시아적인 것'을 동질화하는 관념이거나, 좀 더 적극적으로 해석해본다면 동질감을 불러일으키기 위해 요청된 관념이라 할 수 있다. 필자는 아시아를 지속적으로 변화하고 새롭게 형성되는 과정에 있는 진행 중인 관념으로서 맥락에 따라 지속적인 의미 생성을 허용하는 기표로서 이해한다. 따라서 아시아여성학을 이론화하기 위해서 선행되어야 하는 작업은, 아시아여성학의 핵심어 중의 하나인 '아시아'라는 개념을 여성주의 이론과 실천의 맥락 속에서 재개념화하고 의미화하는 일이다. 또한 아시아라는 범주를 여성주의적 관점에서 재개념화하는 이러한 작업은 여성주의를 아시아 여성의 관점에서 맥락화하는 작업과 병행된다. 그러한 의미에서 여기서 아시아는 물리적·지리적 공간으로서 의미화된 구체적인 범주인 동시에 여성주의 정치학의 인식적 공간에서 '생성'되는 의미화의 범주로 재구성되어야 한다.

3. 아시아여성학을 위한 기본적인 명제

1) 아시아 여성

서구 여성학의 서구 중심적 보편주의를 탈피하고, 아시아 여성들의 구체적이고 특수한 체험을 이론화하고자 하는 문제의식에서 출발한다는 점에서 '아시아 여성' 연구는 본래적으로 여성주의의 탈식민화 의도를 함축하고 있다.

여성주의에서 여성을 보편적인 주체가 아니라 지향과 가치 및 목표를 공유하는 하나의 사회적 집단으로 간주한다면 사회적 집단으로서 여성이라는 개념은 절대적 '같음'을 전제하지 않고도 어떻게 '여성'이라는 범주를 사용할 수 있는가의 물음에 대한 답변을 제공할 수 있다. '사회적 집단으로서의 여성'이라는 범주를 탈식민주의적 관점과 연결지어 재구성해보면, '아시아 여성'이라는 정체성은 다른 사회적 집단으로서의 여성, 즉 서구 여성과의 관계 속에서 1차적인 의미를 획득한다.

탈식민화를 주제로 한 기존의 논의는 대부분 서구에 의한 식민화의 역사를 가진 국가, 민족, 인종을 중심으로 전개되어왔다(Brydon, 2001). 탈식민화 논쟁은 탈맥락화되고 탈역사화된 서구 중심적 여성주의에 대한 비판적 시각을 바탕으로 다양한 새로운 접근방법을 제시했으나(Spivak, 1988; Trinh, 1989; Tae, 2001), 그 과정에서 서구와 비서구(제3세계)라는 이항대립을 일반화함으로써 여러 가지 한계를 노정하고 있다(Tae, 2008). 지리적이고 공간적인 범주로서 '아시아'는 다양한 식민화의 역사와 상이한 정치적·경제적 지위를 가진 여러 나라들을 포함하고 있기 때문에 기존의 탈식민지 담론에서 나온 하나의 기준, 분석 틀 그리고 이론으로는 포착될 수는 없다.[1]

앞에서 강조했듯이, 만약 범주로서 '아시아'를 사용할 때, 그것에 속한 모든 단위체들이 하나의 문화적 정체성을 공유한다고 전제한다면 그러한 아시아는 존재하지 않는다고 할 수 있다. 아시아여성학은 아시아를 하나의 고정된 지역/장소로 규정하지 않기에 여성들 사이의 차이를 배제해버린 보편주의적이고 본질주의적인 여성주의에 대한 거부와 비판은 의미 있고 필수적인 작업이다. 이러한 성찰은 아시아여성학이나 서구 여성학 모두에 해당될 것이다. 마찬가지 논리로 필자는 지구화를 지구적인 것과 지역적인 것으로 이분법적으로 설명하는 접근방식을 채택하지 않는다. 이분법의 반사효과를 통해서 지역성에 대한 편향적인 강조로 이행하려는 남성적 민족주의나 국수주의는 오히려 여성 억압을 문제화하는 것을 방해할 뿐만 아니라, 여성들 사이의 연대적 실천을 저해하는 결과를 가져온다. 우리는 제국주의 대 민족주의의 이분법 속에서 항상 여성문제가 부차적인 문제가 되어버리거나 억압되어버렸던 사례를 많이 경험했다.

---

1 브라이던(Brydon, 2001)에 의해서 분석된 100개가 넘는 탈식민지 관련 논문 대부분은 서구 식민주의와 제3세계와의 관계를 다루고 있고 아시아 관련 논문은 국가의 숫자가 한정되어 있다.

서구 여성주의 담론이나 서구 여성주의의 정치적 실천 역시 그 목표나 이해관계가 단일하지도 동일하지도 않음에도, 즉 "모든 복합성이나 모순에도 불구하고, '서구'라는 함축적인 가정으로부터 도출되는 일관된 결과들의 흔적을 더듬는 것은 가능하다"는 찬드라 탈파드 모한티(Chandra Talpade Mohanty)의 주장에 동의한다. "여기서 서구 여성주의는 하나의 통일체라는 비유적인 맥락을 이야기하기 위한 것이 아님"을 밝히면서, "오히려 다양한 텍스트 전략들, 즉 글을 쓰는 사람들이 타자를 비서구로, 그럼으로써 자신들을 함축적으로 서구로 코드화함으로써 발생하는 유사효과에 주목"하기 위해 '서구 여성주의'라는 개념을 사용할 수 있다는 모한티의 논변은 주목할 만하다. 이러한 심층적 인식을 확장한다면 비서구 여성들 사이에서도 어느 한 집단의 여성들이 자신들의 문화를 규범으로 삼고, 다른 집단에 속한 여성들의 역사와 문화를 타자로서 코드화하는 식민화 과정은 충분히 일어날 수 있는 것이다. 이러한 의미에서 탈식민주의적 분석 틀은 "문화적 타자를 코드화하고 재현하는 척도로 삼는 어느 담론에나 적용될 수 있을 것이다. 그리하여 아시아여성학의 기획은 '아시아'를 넘어서서 '지구적 여성주의 연대'라는 포괄적이고 확장적인 여성주의 실천에 도달하기 이전에 혹은 바로 이를 위해서 아시아라는 공간과 다른 공간을 '경계 짓는' 개념화를 필요로 한다. "경계를 넘어서는 것을 배워야 하는 만큼이나, 경계를 주목할 필요가 있음을 강조"하는 모한티(Mohanty, 2003: 2)의 주장은 이러한 시도의 근거로서 적절한 논변을 제공해주고 있다.[2]

2 모한티는 다음과 같이 더 자세하게 설명한다. "경계 없는 페미니즘은 '경계를 상정하지 않는(border-less) 페미니즘'과 다르다. 경계 없는 페미니즘은 그 경계가 재현하는 단층선, 갈등, 차이, 두려움, 봉쇄를 인식하는 페미니즘이다. 경계 없는 페미니즘은 단 하나의 의미를 띠는 경계가 없다는 것을 인식하는 페미니즘이며 국가, 인종, 계급, 섹슈얼리티, 종교, 장애를 통과하며 그 사이를 가로지르는 경계선들이 실재함을 인식하

이러한 전제 위에서 탈식민주의적 관점에서 본 '아시아 여성' 범주는 서구 여성 혹은 비아시아 지역의 여성이라는 다른 사회적 집단과의 관계 안에서 '경계'가 설정되는 하나의 집단적 정체성으로 '구성'될 수 있는 것이다. 그러나 앞서 밝힌 것처럼 아시아 여성의 정체성은 공통의 경험이나 고유한 특성에 의해 이미 고정되어 있거나 주어져 있는 것이 아니라, 아시아 여성들 사이의 교류와 만남을 통하여 '생성'되는 것이며, 다른 지역의 여성들과의 차이 속에서 '형성'되는 것이다. 이것을 핵심적으로 요약해보면, 아시아여성학에서 말하고자 하는 아시아 여성의 특수한 위치성에 대한 고려는 아시아 지역의 보편적 특성이나, 단일한 아시아 가부장제 분석 틀의 존재를 전제해야만 가능한 것은 아니다. 아시아 여성의 공통된 특성을 일방적으로 강조하는 것은, 서구 여성주의가 남성과 여성의 차이만을 고려하고 여성들 사이의 다양한 지역 간, 문화 간 차이를 도외시했던 오류를 그대로 답습하여 아시아 여성들 사이의 차이를 억압하는 결과를 낳을 수 있다. 이는 아시아여성학의 정립을 위해 설명되어야만 하는 아시아 여성이라는 정체성의 문제이며, 또한 아시아 여성 간의 차이의 문제를 해결하기 위하여 다시금 '여성'이라는 범주를 고려해야 한다는 것을 의미한다. 동시에 '여성들'에 대한 기준을 숙고하고 아시아 여성 간의 간극을 메워야 한다. 따라서 필자는 '아시아 여성'이라는 개념이 여성들의 연대를 강화하고 그들의 역량을 강화해서 대의를 위한 집단적 권력을 형성하는 여성주의 정치학의 전략적 개념으로 발전되어야 한다고 제안한다.

는 페미니즘이다. 그러므로 경계 없는 페미니즘은 설정되어 있는 경계나 구획선을 넘나들면서 변혁과 사회 정의에 대한 상상을 제공해야 한다"(Mohanty, 2003: 2).

2) 아시아여성학과 '현장 여성주의': 계보학적인 방법과 공간적 사유 양식

아시아여성학에서 '아시아'는 구체적인 일상의 현장이라는 점에서 지리적인 공간이다. 동시에 이것은 여성들의 문제를 가시화하고 의제화하는 이론과 실천 연대를 통해 문제를 해결하려고 하는 여성주의 정치학의 현장으로서 인식적 공간이다.

'현장' 개념은 필자가 '현장 여성주의' 담론에서 가져온 것이다.[3] 이것은 지역을 분할하는 공간 개념이 아니다. 오히려 동일성과 이질성이 끊임없이 교차하며 다양한 차이들이 생산되는 장소나 정황으로 정의된다. 수전 스탠퍼드 프리드먼(Susan Stanford Friedman)은 현장 여성주의에 대하여 다음과 같이 언급한다.

> 인종, 계급, 섹슈얼리티, 종교, 민족에 기반을 두고 나타난 사회적 계층들이 다른 체계 속에서 교차하고 횡단하며 만들어지는 개인과 집단의 정체성을 강조한다. 이것은 개인들의 정체성이 유동적으로 상황적으로 구성되거나 만들어지는 관계적인 주체가 된다는 것을 의미한다. 이런 과정은 다중적이고 복잡한 역사적 공간적 맥락에서 이루어진다(Friedman, 2001: 18).

이런 의미에서 '아시아여성학'은 공간 개념으로 사유와 성찰을 재구성한

---

3 현장 여성주의는 이름은 에이드리언 리치(Adrienne Rich)의 현장 정치학에서 온 것이다. 리치는 현장 정치학은 다중적 현장에서 여성들의 다중적인 목소리를 인식하는 것이고, 여성주의 사회 변혁을 이루기 위해 활성화가 필요하다고 주장한다(Rich, 1984). 로지 브라이도티(Rosi Braidotti)는, 내가 이해하는 한 그녀의 저작 *Nomadic Subject*(Columbia University Press, 1994), *Metamorphoses*(Polity, 2002)를 포함해서 대부분의 연구를 통해 현장 여성주의에 기여했다.

현장 여성주의의 실천이다. 현장 여성주의는 기본적으로 하나의 여성주의에 대한 비판적 입장에서부터 형성된 것이다.

여성주의 이론은 지속적으로 구체적인 사회적·역사적 맥락 안에서 남성들의 담론들을 분석해왔다. 그리고 보편적이라고 주장하는 남성 담론의 역사적이고 사회적인 한계를 분명하게 보여준다. 이런 관점에서 여성주의 이론은 여성학만의 독특한 방법론으로서 '계보학적인 방법'을 채택하고 있다고 말할 수 있다. 계보학적 방법은 기원(Ursprung)에 존재하는 동일하고 보편적인 실체를 가정함 없이 사물이나 사물의 개념의 유래(Herkunft)를 묻는다.[4] 계보학적으로 어떤 사물과 개념을 탐구해보면, 그 발생의 시점에는 신성불가침한 주체성, 동일성 그리고 본질 대신 끊임없이 변화하는 힘들의 긴장과 파편적이고 이질적인 사물들의 복수적 질서가 존재함을 알 수 있다는 것이다(Lee, 2007: 34~35).

한마디로 표현하면, 계보학은 '기원을 추구하는 것'과는 대립하는 방법론이다. 우리는 계보학적 방법론에 대해서 두 가지 특징을 서술할 수 있다. 첫째, 계보학적 방법론은 비판이다. 즉, 사물과 개념의 역사적인 유래를 탐구함으로써 일종의 도그마에 불과한 순수 기원 혹은 그 기원에 존재하는 실체를 파괴하고 비판하는 작업이다. 두 번째로, 계보학적인 방법론의 특성은 실천적인 생산이다. 기원의 대립어로서 제시된 발명 개념을 통해 우

4 계보학적인 방법론은 프리드리히 니체(Friedrich Nietzsche)가 『도덕의 계보학(The Genealogy of Morality)』에서 전면적으로 시도했던 연구 방법론이다. 미셸 푸코(Michel Foucault)에 따르면, 니체의 계보학 연구는 기원에 동일하고 보편적인 실체를 가정하지 않고 사물들에 대한 기원을 탐구하는 것이다. 푸코는 주장하기를 우리가 만약 사물들을 비판적으로 관찰한다면 우리는 사물들의 역사 속에서 동일하고 보편적인 것보다 분절되고 다양한 실체들의 요소가 포함되어 있다는 것을 발견할 수 있다고 주장한다(Foucault, 1977; Mahon, 1992: 82).

리는 계보학이 단순한 폭로나 해체가 아니라 생산적 실천 개념을 내포하고 있음을 추론할 수 있다.

이런 점에서 본다면 여성주의는 태생적으로 계보학적이다. 여성주의는 어떻게 여성들이 인간 주체들 속에서 대상화되고 소외되어왔는가를 드러냄으로써 여성들이 동일하고 보편적인 주체로서의 인간이 아니라 성차화된 사회적인 맥락에 놓인 인간임을 밝혔다. 여성주의 이론과 실천의 초기 시도들은 여전히 계보학적인 비판이 가 닿지 않은 신비화된 영역을 가지고 있다. 이런 점에서 현장 여성학은 좀 더 심화된 계보학적 비판이라고 표현할 수 있다.

요약하면, 현장 여성주의는 여성주의의 계보학적인 방법을 여성주의 자체에 적극적으로 적용하여 다음의 사실을 밝혀낸다. 그것은 대문자 '여성(Woman)'이라는 범주를 통해 진행되는 단수의 여성주의가 실상은 특정한 시간과 공간 속에서 구성된 지역적이고 상황적인 하나의 여성주의에 불과하다는 것이다. 즉, 기존의 단수적 여성주의는 서구 백인 중산층 여성 주체의 구성을 표현한 하나의 여성주의일 뿐이다(Friedman, 2001: 16~17). 현장 여성주의를 통해서 우리는 여성 주체의 발명과 새로운 실천적 연대를 전망할 수 있다. 새로운 주체는 여성주의가 다양한 시공간의 맥락 속에서 변화하며 상이한 방식으로 이식되는 것을 고려한다. 여기서 나타나는 다양한 여성운동 간의 연대를 실천하는 새로운 지평을 열기 위해서, 정체성 자체에 관한 새로운 관점이 요구된다. 새로운 여성 주체의 발명은 현장에 기반을 둔 진정한 연대적 실천을 통해서 가능하다. 주체의 새 개념은 서구 계몽주의에 의해 제안되었던 자율적 주체를 요구하지 않는다. 현장 여성주의는 전략적으로 '공간의 수사학'을 채택하여 여성들 간의 차이를 주제로 삼는다(Friedman, 2001: 18).[5]

새로운 공간의 수사학은 보편주의를 분절시키고 해체함으로써 효과적으로 스스로를 시간의 수사학과 구별한다. 시간의 수사학 속에서 내재된 동일화의 양상은 파편화되고 여기에 차이가 적극적으로 삽입된다. 가령, '동시대인(contemporary)'과 같은 시간성의 수사학적 표현들은 우리들로 하여금 같은 시대를 살아가는 사람들이 동일하고 보편적인 문제 상황 속에 놓인 존재임을 자명한 전제로 간주하게 만든다. 여성주의에 1세대, 2세대, 3세대와 같은 시기적 명칭을 붙이는 것도 유사한 효과를 갖는다. 이런 세대 구분의 명칭은 특정한 시기에 활성화된 공통의 여성주의적 의제들을 표현하고 공유된 문제의식 하에서 이루어진 여성주의 연대와 실천을 포착하기에 유용하다. 그러나 이것은 차이를 중심에 두고 사유하는 새로운 여성주의의 흐름을 포착하는 데에는 한계가 있다. 이것은 시간적인 수사학에서 공간적인 수사학에로의 전이를 요구한다. 현장 여성주의라는 명칭은 두 여성이 같은 시대에 살더라도 다른 공간에서 살고 있기 때문에 지역적으로 맥락화된 억압에 노출된다는 것과 그에 따른 상이한 문제의식과 대응이 존재한다는 것을 '현장(location)'이라는 공간적 개념을 통해 효과적으로 전달하는 것이다.

이와 같은 공간성의 도입을 통해 공간성의 수사학은 시간성 자체를 재해석한다. 이제 시간은 보편적이고 동질적인 것으로 간주될 수 없다. 공간에 따라 복수적 위치성(multi-positionality)이 존재한다면 이 복수적 위치성

5 프리드먼은 설득적으로 다음의 인용문을 통해서 공간성의 기반을 설명한다. "현장 여성주의는 그 용어에서 공간과 공간성에 관한 생각을 불러일으킨다.…… 삶에 대한 시간적 수사학은 다른 제도적 계층과 무관하게 젠더만을 강조하지만 현장에 대한 공간적 수사학은 젠더와 인종, 민족, 계급, 섹슈얼리티, 종교, 민족 기원, 나이 등 다른 형태의 권력관계들과의 상호관계를 통해 강조한다.…… 공간 안에서 이런 용어들은 고정된 실체가 아니라 오히려 역사적으로 중층 결정된 현장이다"(Friedman, 2001: 18~21).

을 지닌 존재들에게 공통의 단일한 시간성을 분배할 아무런 이유가 없다. 오히려 복수적 위치의 수만큼의 복수적인 시간성이 존재한다고 보는 것이 더 타당할 것이다. 현장은 단순히 상이한 공간성을 표현하는 개념이 아니다. 역사적·사회적 맥락 속에서 결정되는 다수의 시공간성과 그 안에서 살아가고 실천하는 여성 주체들을 주체화할 수 있는 개념이다.

4. 아시아여성학과 '생성의 존재론'

우리는 아시아여성학의 이론화를 시도하고 그것을 현시대 아시아 지역 맥락의 지형 속에서 자리매김하면서도, 여성주의자들의 지구적 연대라는 미래의 지평에 대한 관심을 항상 유지하고자 한다. 동일성과 차이라는 오래된 이원론은 차이/생성의 정치학이라는 관점으로 대치될 필요가 있다. 이러한 분석 틀을 적용함으로써, 우리는 지구적 여성주의와 그것의 역방향으로서 진행된 과도한 지역주의의 이분법을 넘어가고자 한다. 이는 현장성과 미래 비전의 통합을 위해서이다. 광의의 의미로는 여성주의 자체가 차이의 존재론에 기반을 둔 차이의 정치학이라고 규정될 수 있다. 그것은 먼저 여성과 남성의 차이에 주목했으며(남성과의 차이/여성들의 동일성: 차이/동일성의 정치학), 그 다음으로는 여성들 사이의 차이(남성과 여성의 차이/여성 간의 차이: 차이/차이의 정치학)에 주목했다(Young, 1990: 161~163; Arneil, 1999: 152~211; Grosz, 1995).

이제 필자는 우리가 차이/생성의 존재론에 주목해야 하는 세 번째 단계에 왔다고 생각한다. 여성 간의 차이에 대한 과도한 강조는 복수화된 여성주의 간의 파편화와 갈등으로 치달을 수 있는 위험을 내포한다. 예를 들어서, 차이의 정치학은 여성들 사이에 놓여 있는 차이를 넘어서서 여성들이 어떠한 방식으로 여성주의라는 우산 아래에서 연대하고 함께 행동할 수 있는지를 보여주지 못함으로써 그 한계를 드러냈다고 비판을 받아왔다. 단지 여성 간의 차이만을 강조하는 것은 정체성의 정치학과 차이/동일성의 정치학이 생산해온 연대의 기반을 훼손할 수도 있기 때문이다. 여성 간의 차이를 인식하고 존중하는 것만으로는 여성의 삶의 조건을 차이 나게 하는 지역적·지구적 질서를 변화시킬 수 없다.

이 문제는 그러나 차이/정체성의 정치학으로 되돌아가서도 극복될 수 없다. 필자가 보기에는 연대의 기초를 재정립하기 위해서 정체성의 개념으로 되돌아가는 것은 이론과 실천의 퇴행일 뿐이다. 오히려 우리는 차이의 개념을 재고해서 열릴 새로운 연대의 가능성을 모색해야만 한다. 다른 말로 하면, 필자는 차이를 창조적으로 해석하여 생산적으로 만들고, 그것들을 미래의 비전과 연결할 것을 제안한다. 차이/차이의 정치학은 여성들의 다양하고 독특한 경험들을 고려해서, 다양한 삶의 조건과 현장에 여성주의 의제를 맥락화하는 데 유용한 전략이다. 그러나 아시아에서 지역성만을 과도하게 강조하는 것은 아마도 여성과 남성의 차이를 강조한 것과 같은 똑같은 실수를 반복하게 될 것이다. 여성들이 동일하다는 전제하에 등장한 지구적 자매애에 기반을 두고 여성들의 연대를 주장하기 위해서는 여성운동 안에 나타난 여성들의 다양한 차이들을 인정해만 할 것이다.

지구적인 것은 동일한 것, 분화되지 않는 동일성/정체성으로 여기고, 지역인 것(현장)은 이질성과 차이를 보존한다는 식의 이분법적 사유방식으로는 진정한 의미의 여성주의를 실현할 수 없다. 그러한 이원론적인 관점 아래서, 지구화의 침입에 대항해서 지역적인 차이가 반드시 방어되고 보호되어야 한다는 전제가 유통되기 시작하면 여성주의 자체의 존립을 위태롭게 하는 경향을 낳기까지 한다. 그러한 위험으로부터 벗어나기 위해 아시아여성학은 지구화의 현장(location)의 문제를 새롭게 사고하는 현장주의의 통찰에 주목할 필요가 있다. 차이의 정치학을 통해서, 남성과 여성 간의 차이와 여성 간의 차이를 고려하면서, 현장 여성주의(locational feminism)는 지구화 시대의 환경 속에서 여성 간의 차이를 사장시키지 않으면서도 여성의 연대를 위한 가능성을 모색한다. 현장 여성주의는 여성주의의 역사성이라는 시간적 차원을 부정하지 않으면서, 여성주의 이론과 실천의 현장이라는 공간적 차원을 도입한다. 이를 통해 성별에만 초점을 둔 보편주의적 여성주의의 한계를 넘어서서, 성별이 다른 형태의 사회적 계층화와 상호작용 속에서 정체성을 형성하고 있다는 점을 강조한다.

정체성을 지역적인 특수성과 지구적 보편성을 동시에 고려해 이해하기 위해서, 개인과 집단을 단지 그 시대의 역사적이고 시간적인 제약 속에 위치시켜야 할 뿐 아니라, 역사적으로 편입된 주체의 자리와 입장, 네트워킹, 영역, 영토와 같은 공간적인 범주들의 복합적인 교차점들 속에서 위치시켜야 한다. 그러한 공간적인 은유는 여성주의 정치학(feminist politics)을 기초할 때 어떤 고정적이고 본질적인 자기 정체성이 필요하지도 않고 가능하지도 않다는 전제에서 시작한다. 왜냐하면 현장 여성주의는 생성의 존재론에서 시작하고, 여기서 정체성은 시간과 공간의 조건에 따라서 구성되고 변화한다. 즉, 그 과정에서 개인이나 한 집단의 정체성은 지속적으로 변화한다. 새롭게 정치적이고 윤리적인 지평을 여는 시도는 새로운 존재론을 형성하는 것과 필연적으로 관련이 있다.

따라서 지구화 시대의 여성주의 실천은 생성의 존재론에로의 이행을 필요로 한다. 생성의 존재론은 시간적인 차원과 더불어 공간적인 차원의 사유를 요구한다. 여기서 공간이라는 것은 정적인 본질이 아니라, 역사적 중층결정의 현장을 의미하는 것이다. 현시대에 진행되고 있는 지구화의 맥락 속에서 지구적인 것과 지역적인 것이 밀접하게 상호 연관되어 상호작용하면서 개인과 집단의 삶의 조건을 형성하고 있다. 한 사람의 정체성은 다수의 사회적 계층화 요소 중 어떤 한 가지에 의해서 규정될 수는 없다. 한 사람의 정체성은 다수의 요소들에 의해 중층 결정되며, 그 다수의 요소들은 시간적·공간적 특수성 속에서 다르게 작용한다. 그러므로 사회적 계층화 요소들이 지역적 그리고 지구적 차원의 외적 조건들의 맥락 속에서 상호작용하는 역동적인 과정 속에서 여성들의 차이를 이해한다는 것은 지역적인 것의 공간적인 특수성과 지구화 시대의 시간적인 보편성의 상호작용 속에서 여성들의 차이와 동일성을 함께 사유하는 길을 열어주는 것이다.

그런 방식의 생각을 통해서, 단지 여성들의 정체성만 지속적으로 변화되는 것이 아니라 지속적으로 새롭게 만들어지는 여성/여성들이 경험하는 차이와 동일성도 변화한다. 아시아여성학은 차이라는 고정된 특성을 넘어서야만 하며, 동시에 여성과 남성 간 차이의 정치학과 인종, 계급 등의 차이가 주는 통찰을 포괄해야 한다. 요약해보면 생성의 존재론을 통해서 여성들의 차이에도 불구하고 오늘날 지역의 삶에 막강한 영향력을 미치는 세력과 힘에 대응해야 하는 여성주의 실천의 추동력이 될 수 있는 '연대의 정치학'의 이론적인 기반을 모색할 필요가 있다(Buchanan & Colebrook, 2000).

필자는 '생성의 존재론'을 아시아여성학을 이론화하기 위한 철학적인 기초로 제안하고자 한다. 생성의 존재론은 아시아 여성의 정체성이 지속적으로 시간과 공간의 조건에 따라서 변화한다고 상정한다. 생성의 존재론은 동일성과 차이를 이분화하지 않고, 두 가지가 상호 공존할 수 있는 가능성을 모색하는 역설적 사유의 가능성을 열어준다. 아시아여성학은 또한 '아시아'를 고정된 공간이나 본질적이고 고정되어 변하지 않는 자연과 같은 지역 공동체로 보지 않는다. 그리고 지구화와 현장을 대립적으로 보는 지구화의 접근을 거절한다. 서구 여성주의에 대한 비판과 저항은 탈식민지 관점에서 볼 때 여성들 사이의 의미 있고 필수적인 차이들을 간과했고 배제했다는 것이다. 그러나 남성 민족주의와 국수주의에 빠지기 쉬운 지역성을 지나치게 강조하는 것은 단지 여성 이슈를 제기하기 어렵게 하고 문제적으로 만들 뿐 아니라 여성 간의 연대나 집단적 실천의 공통된 기반을 방해한다. 우리는 우리 자신이 식민지를 겪어온 비서구 국가라는 것을 특별히 기억해야 한다. 그 안에서 여성들의 이슈는 항상 제국주의와 민족주의의 첨예한 대립 속에서 약화되어왔다.[6] 이런 의미에서 아시아여성학의 이론화를 시도하는 것은 현재의 지구화 맥락의 지도에 위치시켜야 하며, 동시에 미래 여성주의의 지구적 연대에 대한 깊은 관심을 유지해야 한다.

5. 향후 아시아여성학 이론화의 과제: '아시아'의 재지형화와 탈식민적 관점의 맥락화

필자는 "지구적 문화변동과 아시아 여성의 탈식민지 경험: 학문으로서 '아시아여성학' 범주 구성"이라는 연구 프로젝트의 세부과제 중 하나인 '아

6 전체주의 논리를 채택했던 지구화 담론은 서구라 불리는 지구적 통합의 지배적인 과정을 통해서 획일화된다는 생각을 확산시킨다. 이런 종류의 담론은 비판되었다. 왜냐하면 이 논리에 의하면 우리가 사는 장소/공간이 세계 다른 곳에 사는 서구 주체들에 의해서 통제되거나 지배된다는 것이다. 이 담론은 비서구 지역 주체들을 수동적 존재로 축소시켜버리는 위험한 생각을 전제한다. 지구화에 대한 이러한 단순한 이론으로는 비서구 국가의 다양한 주체와 다양성을 파악하는 것이 불가능할 뿐만 아니라 서구 문화의 복잡한 성격과 특수성을 파악하는 것도 불가능하다. 세계의 다양한 국가와 문화 간의 증가하는 접촉은 그 안에서 동질화되는, 화합하는 위치에 도달하기보다는 오히려 다른 관점과 시선 간의 불일치, 갈등 그리고 충돌이 일어나는 공간이 되어가고 있다(Robertson, 2003: 295; Featherstone, 2003: 342~343; Lee, 2007: 41~45; Hardt & Negri, 2001).

시아적인 것의 의미 생산과 아시아여성학'이라는 주제의 연구 중간 결과를 요약해서 발표하는 방식으로 국내외 다양한 연구자 및 학자들로부터 개별적으로 혹은 집단적으로 피드백을 받았다.[7] 그러한 과정에서 확인되고 감지된 다양한 사실과 반응은 앞으로 우리가 아시아여성학의 이론화라는 과제를 수행하는 데 어떤 문제에 천착해야 할 것인가를 결정하는 데 매우 중요한 착안점을 제공했다. 몇 가지 중요한 점들만을 정리하면 다음과 같다.

첫째, 아시아여성학을 개념화하고 이론화하는 기획에 대한 반응들은 아주 복잡하고 다양했다. 차이는 아시아여성학자들 사이에서도 나타났고 다른 아시아 학자들과 비아시아 학자들 사이에서도 나타났다. 일반적으로 아시아 학자들의 반응이나 관심의 초점은 이러한 주제들이 어떠한 장소와 맥락에서 논의되느냐에 따라서 다르게 나타났다. 한국 학자나 아시아 학자들만으로 구성된 학술대회나 워크숍 혹은 개별적인 면담에서 참가자들은 우선 '탈식민적 관점'과 '아시아'라는 범주 자체의 모호성과 다의성에 주목했다. 그리고는 한편으로는 이러한 범주들을 이론화하려는 시도가 과연 가능한지, 혹은 필요한지에 대해 다소 회의적인 반응을 보이기도 했다. 다른 한편으로는 이와 같은 범주들을 여성주의적으로 재개념화하는 작업의 어려움을 공감하면서 동시에 이러한 작업의 필요성과 가능성에 대해 적극적이고 긍정적인 반응도 보였다.

한국을 비롯한 대부분의 아시아 학자들은 서구 중심적인 지식 생산구조와 이른바 '지적 식민성'에 대한 문제의식을 공유하고 있었으며, 이러한 상

7 발표한 학술대회는 다음과 같다. 한국여성학회(서울, 2006.11.3); 영국 요크대학(2007.7.3); 중국 난징대학(2007.11); 아시아여성학회(AAWS) 학술대회(서울, 2007.11.16); 일본 국제기독대학과 히토쓰바시대학 학술대회(2006.10.2~6)에 참석한 교수들뿐 아니라 참가자들과 인터뷰를 했고, 중국 톈진사범대학 학술대회(2006.10.20)에 참석한 학자들과도 인터뷰를 했다.

황으로부터 탈피하기 위해 '수입 이론'이 아닌 자생적인 이론화 작업이 필요하다는 점에 공감하고 있었다. 그러나 동시에 각 개별국가 내에서 나타나는 차이와 다양성, 그리고 아시아 여러 국가들 사이에서 드러나는 엄청난 차이들을 가로지르는 개념 틀과 분석 틀을 정초하는 이론화 작업이 과연 가능할 것인지에 대한 의문이 제기되었다. 또한 가능하다 하더라도 이처럼 방대한 기획이 어떠한 방법론과 개념화 작업을 통해 실행될 수 있을지에 대한 의문 역시 제기되었다.

다른 한편, 서구 학자들과 비서구 학자들이 함께 참여한 학술대회에서는, 아시아 여성학자들과 서구 여성학자들 사이에 반응에서 차이가 관찰되었다. 먼저 아시아 학자들의 경우에 이 연구의 기본적인 방향과 의도에 대해서 존중하면서 회의적인 입장을 보이기보다는 긍정적인 반응이 지배적이었다. 그러한 공감의 정서는 단지 아시아 학자들 안에서만 발견되는 것이 아니라 비서구 국가에서 온 학자들 사이에서도 발견되었다. 이들 중에서도 특히 서구 국가에 거주하며 연구 활동을 하고 있는 젊은 학자들은 이 연구 과제의 필요성과 생산적 효과에 대하여 강한 지지를 표현하며 이를 매우 고무적인 도전으로 받아들였고, 나아가 더욱 심화·확장된 공동 연구 작업에 참여하고자 하는 의지를 표명했다.

아시아 여성들과 아시아 이외 비서구 국가에서 온 여성들 사이에서 이러한 공감대가 형성될 수 있었던 것은 발제를 통하여 제시된 이 연구의 논지에 대한 호의적 관심과 이론적인 차원에서의 지지뿐 아니라, 정서적인 차원에서 '주변부로부터의 탈식민주의적 감수성'이 강하게 작용했기 때문이라고 해석된다. '탈식민주의적 감수성'은 지적인 식민성이 내재하는 기준에 의해서 연구업적이 평가되는 지식 생산 현장에서 무력감과 긴장을 느끼지만, 문화적이고 정신적인 식민화에 대한 자기검열에서 완전하게 자유롭지 못한 비서구 학자들과 지식인들의 현재 상황을 반영한 것으로 보인다.

그 다음으로 우리는 '아시아여성학' 범주와 연관해서 '탈식민지적 관점' 혹은 '탈식민주의'와 같은 핵심 용어에 관해서 논의할 때 드러나는 문제의식의 차이에 주목할 수 있다. 이 학술대회들에서, 아시아 여성들의 문제의식이 참여자적 관점으로부터 나온 것인데 반해, 서구 학자들은 '탈식민성' 그리고 '아시아여성학의 정초'와 같은 주제를 객관적이고 관찰자적인 입장에서 바라보았다. 서구 학계에서 오랫동안 진행되어온 탈식민주의 논의에 익숙해져 있는, 진보적 지식인으로서의 정체성을 가진 서구 여성(주의)학자들에게 탈식민주의와 관련된 개념들은 이론적으로 논쟁적인 개념일 수는 있지만 자신들의 구체적인 현실과 맞닿는 실천적 사안이거나 문제적인 개념은 아니기 때문이다. 주체 당사자가 아닌 이들에게 이와 같은 논의가 추상적이고 이론적·관념적인 문제로 받아들여지는 것은 자연스러운 일이기도 하다. 탈식민적 관점으로부터 서구 중심적 여성주의 관점에 대한 비판에 대해 서구여성주의자들은 신중하고 조심스러운 반응을 보였는데 이것은 일종의 심리적인 압박으로 해석될 수 있다. 이것은 서구 학자로서의 비판적 자기 성찰과 다른 한편 여성주의 연구자로서 '정치적 올바름'에 대한 책임감에 기인한 듯하다. 이러한 차이에도 불구하고 많은 서구의 여성학자들은 넓은 의미에서 지적 식민화와 문화적 식민화, 주변화의 문제는 서구, 특히 유럽 내에서 확인될 수 있는 '동서의 문제'이기도 하다는 점을 지적했다.[8] 이러한 서구학자들의 지적에는 '차이를 존중하는 전 지구적 여성주의'의 이름으로 함께 논의해야 할 공동 의제로서의 탈식민적 이론과 실천의 문제를 왜 '아시아' 그리고 '아시아여성학'에 국한하는가에 대한 의문이 내포되어 있는 것으로 볼 수 있다. 바로 이 지점에서 아시아여성학을

8 요크대학교에서 진행된 발표에 참석한 유럽 여성학자들은 유럽 안에서의 동서의 문제는 매우 심각한 이슈로 등장하고 있다고 말했다.

정초하기 위한 연구에서 필자가 채택한 이론적 기반인 '생성의 존재론'의 기본 전제의 유의미성이 더욱 뚜렷하게 드러난다고 할 수 있다. 이것은 '아시아 여성들'의 관점은 이미 주어진 것이 아니고, 여성주의 이론과 실천의 현장을 통해서 생산될 수 있고 실현될 수 있는, 생성 과정 속에 있다는 것을 보여준다. 그래서 우리의 미래 과제는 구체적인 현장의 맥락에서 '아시아 여성'에 대한 분석적인 범주를 연구함으로써, 차이의 정치학과 정체성/동일성의 정치학이 연대의 정치학으로 수렴될 수 있는 방법론을 개발하고 탐구 영역을 서구 여성학까지 확장하는 이론적 작업이라 할 것이다. 탈식민지 관점을 논의할 때 자주 제기되는 물음은 한국이 일제 식민지로부터 해방된 지 이미 60년이 지난 이 시점에서 왜 여전히 '탈식민'을 문제 삼는가 하는 비판적인 문제제기이다. 이러한 회의적인 물음의 근저에는 우리가 사는 현실을 분석하고 설명하기 위해서 '탈식민주의'라는 '수입 이론'을 사용하려 한다는 부정적인 관점이 놓여 있다.

그러나 '수입 이론'이라는 용어가 암시하는 것을 재고해볼 때, 서구적 이론의 틀을 이용하거나 적용하는 모든 종류의 학문이 그러한 비판에 직면한다는 사실은 한국 사회의 문화가 창조되고 지식이 생산되는 과정 속에서 '지적 식민성' 혹은 '문화적 식민성'이 상존하고 재생산되고 있다는 상황을 역설적으로 드러낸다고 할 수 있다.

"현 시점에서 아시아여성학을 이론화하는 데 있어 왜 탈식민주의적 관점이라는 준거 틀을 채택하는가?"라는 물음은 탈식민주의의 '탈(post)'을 시간적 개념으로 보고 '이후(after)'로 해석하기 때문에 제기되는 것이라 할 수 있을 것이다. 그러므로 이러한 물음은 아시아의 현실이 여전히 식민화 상태라는 주장에 대한 타당한 논거가 제시되어야 해소될 수 있을 것이다. 다시 말해 탈식민화라는 개념이 아시아 안에서 엄청난 차이를 드러내고 있음에도, 그것이 공통의 정체성을 전제할 수 있는 범주로서 아시아를 묶어주는 근거가 무엇인지 제시해야만 한다. 따라서 관건은 '식민화' 혹은 '식민성'이 무엇을 의미하는가, 즉 어떠한 의미로 그것을 개념화(conceptualization)할 것인가이다. 분석적인 범주로서 후기 식민지는 다의적이고 유동적이다. 지구화 시대에 분석적 범주로서 탈식민화를 논의하는 것은, 식민지배는 지난 세기 중반에 종식되었으나 식민주의와 식민화는 현재의 역사적 상황 속에서 여전히 지속되고 있다는 입장에 기반을 둔다.

아시아/비서구 학자들과 서구 학자들 사이에서의 탈식민적 관점에 대한 토론 양상을 검토하는 과정에서 필자는 동일한 집단의 여성들이 참가하는 경우에는 문제가 논의되는 맥락과 장소 등 논의가 진행되는 조건의 상이함이 입장의 차이를 빚어냈고, 동일한 상황에서 논의가 진행되는 경우에는 여성학자가 속한 구체적인 삶의 현장의 상이함이 각각 입장의 차이를 빚어내는 것을 확인했다. 이를 통해 어떤 개인이나 집단의 고정된 주체성에 귀속시킬 수 있는 본질적인 속성으로서의 '차이'와 '공통성(commonality)' 혹은 '동일성(identity)'이란 없으며, 이러한 개념들은 항상 관계적이며 역사적·공간적 맥락에 따라 가변적으로 형성되는 것이라는 사실이 확인되었다.

여기서 식민성은 여러 가지 형태의 식민적 지배, 그리고 신식민적 지배에 예속되어온 역사적 경로뿐 아니라, 서구의 헤게모니 아래서 진행되고 있는 지구화의 현 시대적 조건과 상황까지 포괄하는 확장된 개념으로 이해되어야 할 것이다. 식민성이라는 개념으로 아시아라는 범주를 동질화하기에는 아시아 각 나라가 각기 너무나도 다른 양상의 식민화의 역사와 경험을 가지고 있다. 그러므로 아시아여성학에서 탈식민화를 의미 있게 논의하기 위해서는 식민 지배자들에 의한 국민국가와 민족 주권의 탈취, 경제적 착취라는 좁은 의미의 식민성, 식민화 경험을 더욱 확장하여 새롭게 개념화하고 아시아를 재지형화하는 일이 반드시 필요하다.

6. 결론

이 논문에서 아시아여성학의 의미 생성과 구성은 구체적인 경험의 현장인 '아시아'의 다층적 맥락 안에서 이루어진다는 점을 강조했다. 필자는 학문 공동체인 아시아여성학회 설립 자체도 현장성에 기반을 둔 진정한 연대적 실천을 생산하고 생성하는 행위라고 믿는다. 아시아여성학자들이나 여성운동 활동가들과의 만남과 교류를 통한 여성주의적 이슈와 아이디어의 교환과 간섭 그리고 개입은 그 자체로 정치적이고 각성된 여성 주체를 생산해내는 과정이다. 이것은 아시아 여성들이 지역적인 한계에 매몰되지 않으면서 지구적 차원의 정치적 감수성을 갖고 상호 연결을 견지하며 자신의 문제를 사유하는 주체로 구성되는 과정을 의미한다. 다른 말로 하면, 아시아여성학의 학문적 실천과 여성운동 들의 연대를 통해서 새로운 여성 주체가 생산되고 새롭게 만들어진다. 이것은 또한 여성 주체가 새롭게 만들어지거나 변화의 주체로서 아시아 여성이 등장할 때, 여성주의의 새로운 지평이 열린다는 것을 의미한다.

마지막으로, 여성들이 구체적인 현장에서 더욱 적극적으로 다양하고 실질적인 이슈를 중심으로 연대하고 실천할수록, 여성들은 더욱 공감능력을 지닌 능력 있는 주체가 될 것이다. 그때 우리는 지금 진행되고 있는 지구화의 과제를 해결하는 데 더욱 구체적이고 섬세하게 반응하면서, 독특한 문제를 파악할 수 있는 정치적 감각을 지닌 강력한 주체가 될 것이다.

참고문헌

Arneil, Barbara. 1999. *Politics & Feminism*. Malden: Blackwell.

Asian Center for Women's Studies(아시아여성학센터) & Korean Women's Institute(한국여성연구원). 2000. "Report: Building Women's Studies Curriculum: 8 Country-level Workshop." *Asian Journal of Women's Studies*, 6(2), pp.106~120.

Braidotti, Rosi. 1994. *Nomadic Subjects, Embodiment and Sexual Difference in Contemporary Feminist Theory*. New York: Columbia University Press.

______. 2005. *Metamorphoses, Towards A Materialist Theory of Becoming*. Cambridge: Polity Press.

Brydon, Diana(ed.). 2001. *Postcolonialism, Critical Concepts in Literary and Cultural Studies*, Vol.I~V. London and New York: Routledge.

Buchanan, Ian and Claire Colebrook(eds.). 2000. *Deleuze and Feminist Theory*. Edinburgh: Edinburgh University Press.

Featherstone, Mike. 2003. "Localism, Globalism and Cultural Identity." in Linda Martin Alcoff and Eduardo Mendieta(eds.). *Identities: Race, Class, Gender and Nationality*. Malden: Blackwell, pp.342~359.

Foucault, Michel. 1977. "Nietzsche, Genealogy, History," in Donald Bouchard & Sherry Simon(eds.). *Language, Counter-Mempry, and Practice: Selected Essays and Interviews*. Ithaca: New York: Cornell University Press, pp.149~164.

Friedman, Susan Stanford. 2001. "Locational feminism, Gender, Cultural Geographies, and Geopolitical Literacy." in Mariannne DeKoven(ed.). *Feminist Locations, Global and Local, Theory and Practice*. New Brunswick: Rutgers University Press, pp.13~36.

Grosz, Elizabeth. 1995. "Feminist Difference and the problem of Essentialism." *Space, Time and Perversion*. London: Routledge, pp.38~57.

Hardt, Michel and Antonio Negri. 2001. *Empire*. Cambridge: Harvard University

Press.

Kang, Sang-jung et al.(eds.). 2007. *Ajia Shin Seiki*(Asia New Century) Series Vol.1~8, originally published in Japanese. Tamotsu Aoki and Kang Sang-jung(ed.). Tokyo: Iwanami Shoten Publishers(2002-2003). Korean translation published. Seoul: Hanul Publishing Company Group.

Khullar, Mala. 2005. "Asian Journal of Women's Studies: Ten Years and Beyond." *Asian Journal of Women's Studies*, 11(4), pp.7~31.

Kim, Eun-Shil. 2007. "A Direction in Feminist Research in the Glocal Era: The Rise of Communities for Discussing 'Asian' Women's Studies." unpublished paper presented at the International Conference in Commemoration of the Korean Women's Institute's 30th Anniversary. November 1. at Ewha Womans University, Seoul.

Kim, Hyun Mee and Kang Sun-Mi. 2001. "Achievement and Challenge of an Asian Women's Studies Project." *Asian Journal of Women's Studies*, 7(4), pp.106~121.

Kosugi, Yasushi et al.(eds.). 2007. *Jungcheseong: Haeche-waJaeguseong*(Identity, Deconstruction and Reconstruction), *Ajia Shin Seiki*(Asia New Century) Series, Vol.3. trans. Hwang Young-Sik. Seoul: Hanul Publishing Company Group.

Lee, Sang Wha. 2007. "Locational Feminism in the Age of Globalization: Ontology of Difference and Prixis of Solidaity(Giguwahsidae-uihyeon jangyeoseongjuui: chai-uijonjaeron-gwayeondae-uisilcheonron)." in Lee Sang Wha, Kim Eun-Shil and Huh Ra-Keum et al. *Locational Feminism in the Age of Globalization*(GiguwahSidae-ui HyeonjangYeoseongjuui). Ewha Womans University Press, pp.31~56.

Mahon, Michel. 1992. *Foucault's Nietzschean Genealogy*. Albany: State University of New York Press.

Milner, Anthony and Deborah Johnson. 2004. "Idea of Asia." http://dspace.anu.edu.au/bitstream/1885/41891/1/idea.html(November 1, 2007)

Mohanty, Chandra Talpade. 2003. *Feminism without Borders, Decolonizing Theory, Practicing Solidarity*. Durham & London: Duke University Press.

Rich, Adrienne. 1984. "Note towards a Politics of Location." *Blood, Bread and Poetry: Selected prose 1979-1985, Adrienne Rich*. London: Little Brown & Co. pp.210~231, Reprinted in Reina Lewis and Sara Mills(eds.)(2003). *Feminist Postcolonial Theory*. Edinburgh University Press, pp.29~42.

Robertson, Roland. 2003. "Globalization as a Problem." in Linda Martin Alcoff and Eduardo Mendieta(eds.). *Identities: Race, Class, Gender and Nationality*. Malden: Blackwell Publishing, pp.295~310.

Sakamoto, Hiroko et al.(eds.). 2007. *Yeonksa: Asia Mandeulgi-waGeuBangsik* (History, How Asia was Made, How to Make Asia), *Ajia Shin Seiki*(Asia New Century) Series, Vol.2. trans. Park Jin-Woo. Seoul: Hanul Publishing Company Group.

Spivak, Gayatri Chakravorty. 1988. "Can the Subaltern Speak?" in Cary Nelson and Larry Grossberg(eds.). *Marxism and the Interpretation of Culture*. Urbana: University of Illinois Press, pp.271~313.

Sun, Gur. 2003. "What does Asia mean?" *Asia-raneunSsayuGonggan*(Conceptual Space 'Asia'). Sun Gur. trans. RuPil-jun et al., Seoul: Changbi Publisher, pp.59~106.

Tae, Heasook. 2001. *Talsikminju-uiPeminijeum*(Postcolonial Feminism). Seoul: Yeoiyeon.

_____. 2008. *DaehangJiguhwa-wa Asia Yeoseonjuui*(Counter-Globalization and 'Asian Feminism'). Seoul: Ulyuk Publishing Co.

Trinh, T. Minh-ha. 1989. *Women, Nature, Native, Other: Writing Postcoloniality and Feminism*. Bloomington: Indiana University Press.

Yamamuro, Shinichi. 2007. "Gonggan Asia-l DulreossanInsik-uiHwakjang-gwa Byeonyong(Expansion and Transformation of Conceptual Framework of the Space 'Asia')." *Gonggan: Asia-l Munneunda*(Space: Questioning Asia), *Ajia Shin Seiki*(Asia New Century) Series, Vol.1. Kang Sang-jung et al.(eds.). trans. Lee Kang Min. Seoul: Hanul Publishing Company Group, pp.21~60.

Young, Iris Marion. 1990. *Justice and the Politics of Difference*. Princeton, NJ: Princeton University.

제3장

여성주의 지식의 생산과 제도화의 정치학*

한국여성학에서의 '아시아' 범주 등장의 맥락

김은실

1. 들어가는 말

이 글은 한국여성학이 서구에서 기원한 서구 여성학과 맺는 인식론적 접점의 문제와 한국여성학에 새로운 준거로 등장하는 '아시아' 범주의 의미를 탐구하려 한다. 1977년 처음으로 이화여자대학교에서 학부 여성학 강좌가 시작된 이래 한국의 대학에서 여성학을 가르치고, 여성주의 연구가 이루어진 지도 30여 년이 되어간다. 30년이 넘는 기간 동안 여성학을 둘러싼 환경은 지속적으로 변해왔다. 한국의 여성주의 연구는 국민국가의 발전과 근대화 과정 속에서 시작되었으며 오늘날에는 초국적이고 다자적인 관계로의 변화를 그 특징으로 하는 전 지구화 맥락 속에서 진행되고 있

* 이 글은 Kim Eun-Shil, "The Politics of Institutionalizing Feminist Knowledge: Discussing 'Asian' Women's Studies in South Korea," *Asian Journal of Women's Studies*, Vol.16, No.3(2010), pp.7~34 논문을 번역한 것이다.

다. 이 글에서는 여성주의 연구의 인식론적 틀에 대해 이야기하고, 글로컬 시대 한국의 여성주의 학자들이 직면한 도전에 대해 이야기하려고 한다.

서구의 이론 틀, 근대화 모델 그리고 UN을 표준으로 삼는 국제주의 시각을 가진 여성학이 한국에 소개되고 수용된 이후로 여성학은 여성의 지위, 역할, 발전을 위한 의제를 만들어내는 노력을 기울여왔다. 그와 동시에 여성학은 한국 사회에서 여성은 어떤 형식의 존재가 되어야 하는가를 끊임없이 질문했다. 이 질문은 "여성학이 한국적인가 서구적인가?"라는 논쟁에 상응하는 것이었다. 한국 사회의 가부장적 특성과 남성 중심성을 해체하는 비판 담론이며, 새로운 세계관으로서의 역할을 요청받는 여성학은 바로 그 지점에서 민족주의와 근대화론 사이에서 곤경에 처해왔다. 근대화론은 한국 사회를 근대화 발전시키는 주체로 한국 여성을 위치시키는데, 이것은 여성학이 근대/서구 중심적 보편성의 질서 내에서 한국 사회를 설명하고 구성하고자 하는가, 아니면 한국의 특수성을 정당화해야 하는가 라는 인식론적 질문과 연결된다. 1970년대 한국여성학이 시작될 때부터 1990년대 초반까지 한국여성학의 보편성과 특수성을 둘러싼 질문들은 바로 한국 사회와의 관계 속에서 '여성'은 어떤 존재여야 하는가라는 질문과 계속 연결되어왔다. 1990년대 초반 이후로 한국의 지식인 사회는 근대/서구에 관한 담론에 비판적인 태도를 갖게 되었다. 전 지구화와 글로컬 시대가 도래함에 따라 세계와 한국 사회에 대한 여성주의 학자들의 시각도 변하기 시작했다. 2000년 이후로 지식과 정보의 다자적인 교환이 늘어났고 여성주의 학자들에게도 다채로운 인적 교류의 네트워크를 통해 다양한 지식과 정보에 접근할 수 있는 통로가 열렸다. 국민국가 질서와 지역화에 대한 서구 중심주의에 기초를 둔 지식의 한계를 경험할 기회도 생겼다. 이것은 한국 여성주의 학자들에게 자국에서 생산된 여성주의 지식에 대해 비판하고 재고하는 계기를 주었고 비교와 성찰을 위한 기초를 확장하는 계기를 주었다. 한국여성학에서 다음과 같은 물음이 제기되기 시작했다. "서구를 어디에 위치시키고, 세계 여성들 특히 아시아 여성들은 어디에 위치시킬 것인가?" 그리고 "우리는 그들과 어떤 관계에 있는가" 또 "어떻게 우리는 서로의 준거집단이 될 것인가?"

이 글에서는 세 가지를 살펴보려고 한다. 첫째, 한국의 근대화와 발전의 맥락 내에서 여성학이 소개되고 수용되었던 때부터 한국에서 여성학의 인식론이 어떻게 변화해갔는지 짚어본다. 이것은 한국여성학의 보편성과 특수성의 인식론적 틀과도 관련이 있는 것인데, 그것은 그 뒤에 오는 전 지구화, 초국적 시대를 맞게 되면서 변화하게 된다. 둘째, 보편적인 것이라 간주되었던 서구 지식체계 또는 이론 틀을 비판하기 위한 새로운 범주로서 '아시아'가 부상한 것을 살펴보고 '아시아' 범주가 어떻게 사용되고 있는지 그 예를 보여주고자 한다. 셋째, 서구를 지방화(provincialize)하고 아시아를 우리의 토론을 위한 새로운 커뮤니티로 사고하는 연구 방법론으로 비교문화적 접근(cross-cultural comparison)을 제안한다. 이 글에 쓰인 데이터는 이화여자대학교에서 여성학 커뮤니티를 만들고 한국에서 15년 넘게 여성학을 가르치고 연구한 나와 동료들의 경험에서 나온 것이다.

2. 한국여성학의 발전과 그 인식론적 틀

1) 한국여성학의 보편성과 특수성(1984~1994년)[1]

한국여성학의 발전을 설명하는 방법은 여러 가지가 있을 수 있다(조주

---

1 이것은 1994년에 열린 한국여성학회 10주년 기념 학술대회의 제목이다. 제목이 시사하는 대로, 한국의 여성학은 보편성과 특수성, 일반적인 것과 사례 연구라는 틀에서 출발했다. 그런 의미에서 한국의 여성학은 대체로 서구 중심적인 근대(화) 프로젝트였다.

현, 2000; 김승경·이나영, 2006; Chang, 2008). 그러나 나는 UN이 선포한 세계 여성의 해(1975년)와 1995년 베이징 세계여성대회가 한국에서 여성학이 제도화되는 데 중요한 맥락과 틀을 제공했다고 본다. 예를 들어 1977년 이화여자대학교에 한국 최초의 여성연구기관과 여성학 강좌가 만들어졌다. 또한 1990년대 후반 중앙정부가 채택한 성 주류화 정책, 그리고 여성부 신설, 여성 고용 촉진을 위한 적극적 조치 시행, 다양한 여성 관련 법률 제정, 정부기관에 의한 여성주의적 의제 진전 등이 한국 사회에서 여성학의 지위와 권위에 기여했다. 이와 같은 역사적 배경을 알아야 여성주의 인식 틀 앞에 놓인 정치적 가능성 및 한계의 성격과 그 시나리오를 이해할 수 있다. 한국여성학의 시작은 큰 틀에서 봤을 때 미국 중심의 국제 여성주의와 국민국가의 근대화/발전론의 제도화와 관련된다.

한국에서 여성학은 1977년 이화여자대학교 학부에서 팀 티칭으로 가르치는 다학제적 강좌로 시작되었다. 그 당시 한국에서는 경제적 근대화 프로젝트가 강력하게 추진되고 있었고 억압적인 독재정치체제가 사회의 모든 영역을 경제개발사업 아래 종속시키고 있었다. 1982년 한국 최초로 이화여자대학교에 여성학 석사과정이 개설되었고 1984년 한국여성학회가 발족했다. 여성학이 대학교 영역으로 들어오게 되자, 여성학은 기존 분과학문들의 지식, 자원과 경쟁하고 협상하고 결합하기 시작했고 새로운 학문 분야로 여겨지게 되었다. 1990년대에 한국의 대학교 대부분에서 여성학이 교양과목으로 개설되었다. 여성학 석사과정이 많은 대학교에 만들어지고 이화여자대학교에서 여성학 박사과정이 시작됨에 따라 여성학은 새로운 분과학문으로 자리 잡았으며 더욱 가시적인 존재가 되어갔다. 1990년대 말 현재 4개 대학교에 여성학 박사과정이 있다.

여성학을 처음 대학에서 가르치고 연구하기 시작한 때부터 여성학은 서구 경험에 기초를 둔, 서구 사회를 설명하기 위해 만들어진 개념적, 이론적 도구라는 비판을 받았다. 그래서 여성학은 한국 사회 그리고 한국 여성의 특수성이 무엇인가 하는 물음에 답해야 한다는 압력을 지속적으로 받았다. 1970~1980년대 한국 사회의 분위기는 군부 독재에 반대하는 민주화운동과 결합한 저항적인 민족주의가 그 특징이었다. 민주화운동 진영에 그와 같은 정서가 퍼져 있는 상황에서, 여성학 또한 사회 변화를 목표로 하므로 한국적 특수성의 부담을 안고 갈 수밖에 없었다. 1975년 UN이 선포한 세계 여성의 해의 영향 아래 여성학을 시작한 비서구 사회의 학자들은 서구에서뿐만 아니라 자기네 사회에서 연구물을 내놓을 때 서구 중심적이라는 혹은 분파적이라는 비판의 부담 또는 인식론적 압박감을 느꼈다.

1980년대에 한국여성학회의 창립과 학회지 ≪한국여성학≫ 발간은 한국에서 생산된 여성주의 지식의 정체성에 대해 그리고 기존 지식체계와 차별되는, 지식의 정치로서 여성학에 대해 집중적으로 토론하는 공간을 만들어냈다. 한국의 여성학이 처음 초점을 맞춘 것은 서구에서 시작된 여성주의 관점을 학계에 소개하는 것, 그것을 확장하는 것이었다. 그러므로 당시 한국에서 여성주의 지식이 추구되는 방식은 다학제적 접근이었고, 가부장제에 관한 포괄적인 이론을 소개하고 여성의 종속에 관한 경험 연구를 수행하는 것이었다. 1980년대에 한국의 여성학은 학계 전반에 여성주의 관점을 소개하고 전파하는 것을 중요하게 여겼다. 가부장제에 관한 이러한 일반적인 이론들과 함께, 유교나 불교 같은 다양한 의미 체계들이 한국 사회의 가부장제의 기초를 이루고 있다고 주장되었다. 1980년대에 여성주의에 대한 지식을 가진 여성학자들이 점점 더 많이 학계에 진출함에 따라, 구체적이고 경험적인 여성주의 연구들이 다양한 분야에서 활성화되기 시작했다. 철학, 영문학, 인류학, 사회학, 교육학, 심리학, 신학, 국문학, 사회복지학, 경제학, 가정관리학, 간호학 등 여러 분야의 학자들이 자기 연구분야에 여성연구를 결합해서 연구하기 시작했는데, 그들이 바로 한국여성학의 초기 연구물을 만들어낸 학자들이였다. 그와 같이 한국여성학의 초기 단계는 각 학문 분야에서 여성들이 발견되는 기회였다.[2]

이화여자대학교 대학원 여성학과는 한국 최초로 여성학 교과과정을 운영해서 여성주의 지식 틀을 구축했다. 여성학 교과과정은 크게 세 분야로 구분되었는데 성, 노동, 가족이 그 세 분야였다. 한국에서 여성학 지식은 이 개념 틀 내에서 구분되고 축적되었다. 여성학과 졸업생들은 성(섹슈얼리티)을 비판적으로 문제화해서 성을 사회적, 정치적, 문화적 영역에서 이슈로 만들었다. 이 점은 1990년대 한국에서 일어난 여성운동과 여성연구의 방향과 특징을 결정하는 데 큰 기여를 했다. 예를 들어 성의 이중규범, 성폭력, 일본군 위안부, 성희롱, 포르노그래피, 성매매 문제를 사회정책 의제의 초점이 되게 하였고, 이 문제들 중 일부는 입법화되었다.

노동 영역에서는 남녀고용평등법, 모성 보호, 동일노동 동일임금, 시간제 노동자를 위한 조치, 여성 노동의 주변화 같은 가장 시급한 과제에 관한 연구 노력이 끈질기게 이어졌다. 그뿐만 아니라 노동에 대한 철학적 접근, 일의 개념에 관한 여성주의적 재개념화(조순경, 2001)도 연구되었다. 한국 근대화 과정에서 일의 의미가 구성되어온 방식이 다루어졌고, 노동과 여성의 시민권의 관계에 대한 물음이 제기되었다(김현미, 2000). 1990년대 초반부터 중반까지 문화적 재현, 여성학·여성운동·여성정책의 관계 등 다양한 분야의 여성 이슈들이 한국 여성주의의 과제로 등장했다.

1990년대 중반까지 여성에 관한 연구에서 여성은 가부장적 통제의 희생자로 보였다. 그러나 곧 가부장제 체제의 통제 메커니즘 내에 완전히 포섭되지 않은 여성들의 목소리가 들리기 시작했다. 1995년 대학에서 성 정치

---

2 이재경(2003)은 한국 사회학에서 여성이라는 범주 또는 변수가 어떻게 수용되는지 탐구했다.

에 관한 논의가 등장했고, 성 소수자, 여성의 성적 쾌락, 성 정치의 일부로서의 포르노 검열 등의 문제가 제기되면서 여성을 단일한 범주로 정의하는 여성주의 정치학에 도전했다(김은실, 1998).

보편적인 이상으로서의 여성주의라는 틀 안에서 한국의 여성주의 연구는 1970~1980년대, 그리고 1990년대 내내 한국의 특수성과 보편성의 문제에 매달렸다.[3] 여기서 특수성은 한국 전통사회를 진정으로 '한국적'인 것으로 만드는 규범, 경험, 가치/의미 체계들과 결합된 자연화된 한국 문화를 말하는데, 바로 이 문화로 한국 사회가 이른바 근대 서구와 구별된다는 것이었다. 반면에 보편성이라는 것은 이론, 다른 말로 하면 서구 이론에 일치한다는 의미를 담고 있거나, 서구의 근대 경험과 공유하는 한국 사회의 특징을 의미했다. 보편적, 이론적 입장에서 한국 사회를 연구하는 한국의 여성학이 서구의 관점, 가치체계를 강요하고 재생산하고 있다는 비판에 직면하면서 많은 여성주의 학자들은 '한국적'인 것과 '서구적'인 것이 무엇인가, '전통적'인 것, '현대적'인 것이 무엇인가라는 질문을 던지기 시작했다. 그러한 비판의 정치학을 잘 알고 있었던 많은 여성주의자들은 이에 대해 깊이 생각했고, 한국 사회의 긍정적인 가치가 모든 사람들을 위한 보편적인 원칙으로 전환될 수도 있다고 생각했다. 이것이 이른바 '한국적' 이론이 요구되던 1990년대 중반의 상황이다. 한국적 이론이 식민성과 서구 근대성을 극복하는 논리를 제공하여, 한국 상황에 관해 근원적인 설명을 해줄 것이라 기대되었다.

여성학이 학계와 사회 전반에서 가시성을 획득했다는 것이 곧 여성학이

3 1984년 한국여성학회 창립 이후, 보편성과 특수성은 여성학적 사유의 화두였다. 1986년에서 1988년까지 한국여성학회의 연례 학회의 제목은 "한국여성학의 보편성과 특수성(I), (II), (III), (IV)" 방식으로 조직되었다.

하나의 분과학문으로서 정체성을 구축한다거나 기존 지식체계에 쉽게 받아들여졌다는 의미는 결코 아니었다. 그러나 여성학이 하나의 학문으로서 대학 내에 진입하고, 페미니스트 활동가들이 여성에 대한 폭력, 성희롱 같은 개념을 만들어내고 명명한 것에 힘입어 학자들은 기존 학문에 불편함을 주는 효과, 기존 질서를 비판하는 효과를 낼 수는 있었다. 그러나 한국 사회 내에서 그러한 지식이 활용되거나 인정받는 것에서는 큰 진전이 없었고, 한국여성학의 학문적 정체성은 여전히 의심받았다. 이러한 상황에서 1994년 한국여성학회 10주년 기념 학술대회에서, 나는 "'한국적인' 여성주의의 질문은 무엇이고, 그것은 어떻게 제기되어야 하는가?"라는 물음을 던졌다. 그와 동시에 여성주의와 민족주의의 충돌, 차이, 경합에 대해 논의했고, 한국에서 여성주의적 지식과 물음의 범위, 형태를 제한하고 규정하는 민족주의 틀에 대해 비판했다. 그래서 나는 여성주의 지식인들에게 여성주의 담론을 정치화할 것을 요청했고 한국의 민족주의 담론에 의해 배제되고, 민족주의 담론에서 비가시화된 여성 주체를 불러올 것을 요청했다(김은실, 1994). 물론 당시 나의 주장에 대해 여성주의자들도 강하게 반발했는데, 그들은 한국에서는 여성보다 민족 주체가 일차적인 불평등과 모순의 담지자라고 주장했다. 그리고 내가 한국 현실을 고려하지 않고 서구 여성주의 논리를 추종하는 국제주의자라며 비판했다.

우리/한국인/민족주의 대(對) 여성주의자/서구/국제주의라는 이분법에 맞닥뜨린 여성주의자들은 민족/국가와 관련해서 한국 여성의 주체 위치를 살펴보고, 한국 민족/국가의 외부에서 성찰할 수 있는 제3의 준거 지점 혹은 비교적 사례들이 필요하다는 것을 매우 절실히 느끼고 있었다. 새로운 준거 커뮤니티에 대한 이러한 바람에 부응하여 곧 '아시아'가 주목받게 되었다.

2) 여성학의 제도화와 '젠더'의 전문화(1995~2004년)

1980년대 한국에서 여성학이 학과나 프로그램으로 존재한 곳은 이화여자대학교뿐이었다. 그런데 1990년대 무렵부터, 전국 곳곳에 여성학과 혹은 여성학 프로그램이 생겨나기 시작해서 1995년 이후에 12개의 석사과정과 4개의 박사과정이 있게 되었다. 또한 많은 대학들이 학부에 다학제적 여성학 프로그램을 개설했다. 그리고 그 외의 다양한 사회기관들도 여성학 지식을 제공하기 시작했다. 1995년부터 2004년까지 가장 중요한 이슈는 여성학의 학문적 정체성을 정의하고 확립하는 것, 그리고 그것을 어떻게 현실에 적용할 것인가였다. 그래서 성, 가족, 노동 외에 이론과 정책이 이화여자대학교 여성학 교과과정에 추가되었다. 이 시기에 주요한 이론적, 인식론적 물음은 한국여성학을 서구의 여성학과 어떻게 차별화할 것인가, 여성학을 정부의 성 주류화 정책과 여성운동에 어떻게 통합하여 현실에서 여성문제를 해결할 것인가였다.

1995년 베이징 세계여성대회 이후, 한국 정부는 여성 이슈를 정부의 의제에 포함시키기 시작했다. 그것을 위한 예산을 편성하고 그것을 시행할 사람을 고용했는데 모두 성 주류화의 기치 아래 이루어졌다. 그에 따라 중앙정부, 지방정부, 많은 관련 조직들이 여성학 전문가 또는 여성 관련 분야 전문가를 영입하기 시작했다. 그와 동시에 정부가 의뢰하는 여성정책 연구들이 생기기 시작했다. 그와 같이 정부가 주도하는 성 주류화는 여성학 프로그램의 증가라는 결과를 낳았을 뿐만 아니라 교과과정에 '여성정책'이라는 전공과목을 만들게 되었다(Kim, 2008). 게다가 김대중 정부(1998~2003년)는 '성 주류화'를 정권의 의제에서 중요한 항목으로 삼고, 여성 지위의 발전을 사회발전의 지표로 간주했다. '성 주류화 정책'을 통해 여성학과 졸업생을 수용하는 사회적 공간이 생긴 것은 대학들이 여성학 프로그램을 더 많이 개설하게 만드는 직접적인 요인이 되었다. 역설적이게도 여성학 프로그램을 만드는 것이 '좋은 비즈니스'로 여겨지게 된 것이다. 이것은 또한 사회복지, 법, 행정, 심리상담 같은 기존 학문 분야와 여성학 사이에 경쟁 관계를 만들기도 했다.

이 시기 동안에는 교수 평가와 승진이 논문 편수, 연구비 확보에 따라 이루어지게 되었고, 학술지의 평가는 학술진흥재단의 학문 분류에 따라 이루어졌다. 1999년 한국여성학회가 여성학을 학술진흥재단의 학문 분류에서 독립적인 분과학문으로 등록했을 때, 여성학은 공식적으로 분과학문의 범주 안에서 자기의 위치성을 갖게 되었고 마침내 제도화되었다.

1990년대부터 2000년대까지 여성학은 대중적인 차원에서도 이데올로기적 차원에서도 한국의 대학들로부터 긍정적인 반응을 얻었다. 그러나 1990년대 후반, 이른바 IMF 위기를 맞게 되자, 일자리를 찾는 데 어려움을 겪게 된 여성들은 취업에 더 큰 관심을 갖게 되었고 새로운 사회를 만드는 정치적 활동에 등을 돌리기 시작했다. 취업이 잘되는 학문 분야를 선택하고, 신자유주의 글로벌 시장에서 독립적인 개인이 되기에 가장 확실한 길이 되어줄 전문지식을 얻고자 했다. 이 시점에 '아시아'가 서구에 대비되는 새로운 준거 또는 새로운 관점으로 등장했다. 이것은 두 가지 측면을 가진다. 첫째는 동아시아 자본주의 발전의 고유한 특성에 대한 설명에서 나오는 아시아적 가치의 문화적 특수성에 대한 자긍심이 만들어졌다는 점이다. 이것은 서구 근대성에 대한 일종의 저항담론이었지만, 지역적 연대에 기초한 자본주의적 권력 회합의 형태를 띠며, 서구에 뒤처졌던 아버지들의 귀환을 의미하기도 한다(김소영, 2001).[4] 다른 측면은 한 번도 국가의 대

4 1990년대 '아시아' 담론의 부상은 아시아적 자본주의의 성장, 특히 홍콩, 싱가포르, 대만, 한국 등 동아시아의 자본주의 발전과 밀접한 관련이 있다. 1990년대에 한국 영화

표였던 적이 없는 집단들의 새로운 연대로서 아시아가 부상한 것이었다. 냉전 시기 동안 국가 폭력의 피해자들, 정부가 관여하지 않으려 하는 군대 성 노예 문제를 위해 싸우는 단체들, 그리고 학술적 교환 프로젝트를 수행하는 여성학 학자들에 의해서 아시아는 연대, 상호 준거의 네트워크가 되고 있었다(kim, 2005).

그렇게 해서 '한국적인' 여성학의 보편성과 특수성 사이에서 오락가락하던 여성학이 새로운 국제 환경과 준거집단으로서의 '아시아'를 발견했다. 이화여자대학교 아시아여성학센터가 1997년부터 진행한 아시아 8개국 여성학 교과과정 교환·협동 개발은 2005년 아시아 학자들에 의해 각국의 여성 현실을 논하는 아시아 8개국 여성학 교과서 발간과 함께 1단계 종결되었다. 이것은 아시아 지역 여성주의자 간의 상호작용과 소통을 위한 하나의 시작으로 볼 수 있을 것이다. 서구/보편과는 구별되는 아시아 국가의 '특수성들'에 대해 이야기를 나누는 장이 열린 것이다. 2005년 한국에서 열린 제9회 세계여성학대회(International Interdisciplinary Congress on Women)는 대체로 아시아 여성학자들과의 네트워크 경험에 기초를 두고 있으며, 보편성과 특수성의 틀을 전복하는 새로운 국가 간 공간이 열리기를 기대한 기획이었다.

산업은 다른 아시아 나라에서 온 이민자 여성들 같은 외국 여성들과 한국인 디아스포라 여성들이 등장하는 한국형 블록버스터 영화를 만들어내기 시작했다. 영화적 재현에서 한국 남성의 주체 위치는 타자로서의 외국 여성과의 관계에서 자아로서 구성되었다. 1990년대 후반에는 한국 남성이 한국형 블록버스터 영화들에서 아버지, 오빠, 또는 애인으로 그려졌다.

3) 여성학을 문제화하기(2005년~현재)

한국 사회는 IMF 위기를 겪고 그것을 극복하는 과정에서 경제적 합리성이 삶의 가치를 재는 신자유주의 시장체제로 급격하게 바뀌었다. 신자유주의 정책과 함께 빈부 양극화가 심화되었다. 2005~2006년에는 전국 부동산 가격이 터무니없이 치솟아서 집을 소유한 사람과 세입자 사이의 간극을 더 크게 만들었고, 자신이 살고 있는 아파트 이외에 투자를 위한 용도로 부동산을 갖고 있던 사람들과 자기 집을 소유하지 못한 사람들과는 건널 수 없는 부의 차이가 생겨났다. 그 무렵은 1990년대 중반 이후 한국에서 젊은 여성주의자 그룹을 형성한 '영 페미니스트'라 불리던 많은 여성주의 활동가들과 시간강사들이 30대로 진입하여 독립적인 삶을 시작하고 있었다. 많은 이들이 세입자였고, 또 그중에서 많은 사람들은 비정규직이었다. 2006년, 그들은 이렇게 말했다. "우리가 여러 해 동안 옹호했던 여성주의의 정의와 정치학은 이 거대한 시장 자본주의, 그리고 속도와 이윤의 경쟁 세상에서 비주류가 되고 무력해지고 있다."[5] 영화 〈악마는 프라다를 입는다〉에서 젊은 에밀리보다 악마가 더 매력적이고 아름답다고 생각하는 젊은 여대생들 사이에서 여성주의는 설 자리를 잃은 듯해 보였다. 20대 여대생들은 "우리는 백화점에서 소비를 통해 힘을 얻는다. 〈섹스 앤 더 시티〉에서처럼 브런치를 통해, 그리고 인터넷 쇼핑을 통해 구원을 받는다"라고 말했다.[6]

이런 사회적 상황에서 여성주의 지식은 젊은 여성들의 힘을 키워주기보다 그들의 형편이 더 어려워지게 끌어내리는 것으로 생각되는 듯 보인다.

---

5 이것은 2006년 서울국제여성영화제에서 일하던 여성주의 문화 활동가의 말이다.

6 이 자료는 1997년 20대 여성들과의 인터뷰에서 나온 것이다.

그와 대조적으로 2005년에는 많은 한국 여성주의자들이 초국적 여성주의자 대회를 경험했다. 다중심, 다문화적인 여성주의 담론 커뮤니티에 참여하여 비서구 여성주의자들을 만나고 여성주의 정치학에 관한 비서구 목소리를 들었다. 2005년 6월 제9차 세계여성학대회(Women's Worlds 2005)가 서울 이화여자대학교에서 개최되었을 때, 전 세계 75개국에서 2271명의 여성주의 학자, 활동가, 정책입안자 들이 모여들었다. 이 중 한국인 참가자는 1061명이었는데 이들은 한국 여성주의의 주장이 국제무대에서 분명히 표현되는 것을 체험했다(세계여성학대회조직위원회 9차, 2006). 이 행사에서 한국 여성주의자들과 활동가들은 특히 아시아 여성들과 교류하고 많은 초국적 자리에 참여하는 데 자신감을 가지게 되었다.[7]

2006~2007년에는 한국여성학회, 한국사회포럼 등에서 주최하여 여성주의 지식 생산, 여성주의 정치학의 딜레마와 한계에 대해 논의하는 자리가 있었다.[8] 나는 초국적 여성학의 지식 생산 및 실천과 관련하여 몇 가지 논점의 필요성을 제시했다. 첫째, 대학 내의 여성학 제도화와 정부의 '성별' 주류화 논쟁. 둘째, 차이를 다루기 위한 한국여성학의 인식론, 경험, 관점이 부족한 상황에서 레즈비언, 장애인 여성, 트랜스젠더를 여성학에 포함시켜야 할 필요. 셋째, 서구 여성학에 의한 한국여성학의 식민화, 그리고 대안으로서 탈식민적 여성주의 또는 초국적 여성주의 인식론의 필요. 이러한 지적들은 2006~2007년의 문제만은 아니었다. 한국여성학이 시작되

7 이 정보들 중 많은 것은 개인적인 대화에서 나온 것이다.

8 2006년 3월, 한국사회포럼에 초대받은 여러 진보단체의 여성주의 활동가들은 한국 여성운동의 위기에 관해 토론하고, 여성단체들은 법 개정과 입법화의 성공에도 불구하고 여성운동을 수행하는 데 비판의식과 자율성이 부족하여 문제라고 진단되었다. 2006년, 2007년 김경희·윤정숙과 조주현, 김은실은 한국의 여성운동과 여성주의의 문제제기가 당면한 교착 상태에 대한 우려를 제기했다.

던 초기부터 현재까지 계속 제기되는 문제이기도 하다. 이 논점을 아래에서 다시 한 번 다뤄보고자 한다.

3. 여성주의 지식의 제도화, 그리고 여성주의 정치학과 '젠더' 전문성 논쟁

여성주의 정치학과 '젠더' 전문성 논쟁의 맥락에서 가장 중요한 것은 지식이 자본이 되는 신자유주의 시장, 그리고 수많은 젠더 관련 정부 프로젝트와 젠더 전문가를 필요로 하는 정부의 성 주류화 정책이다. 여기에서 여성학 교육의 위기가 나온다. 즉, 여성주의 접근법과 여성학 지식이 하나의 관점으로서 가치가 있지만, 여성학 교육은 구체적이고 전문적인 지식을 제공하지는 못한다는 것이다. 그래서 여성학은 시각이지, 전문적 지식을 다루는 학문의 고유 전공은 아니라는 것이다. 이러한 종류의 비판은 주로 단일한 학문을 전공한 관료들 또는 단일한 학문을 하는 학자들에게서 나왔다. 분과학문에 기초하여 구성된 대학의 전공체계 내에서, 다학제적 배경을 갖고 있고, 기존 지식체계에 비판적인 여성학은 '전문적' 지식이 아니라는 것이다. 게다가 지식의 위계는 여성주의와 관련해서 활동가의 여성주의 경험과 연구자의 젠더 논문에까지 적용되었다. 활동가의 여성주의 경험보다 연구자의 젠더 관련 논문이 더 전문적이라고 간주되는 경향이 있었다.

여성문제를 책임지는 공무원과 여성운동가 들은 여성학의 정체성에 대해, 그리고 여성주의 지식의 특성, '젠더'에 관련한 전문가주의의 문제에 대해 혼동하는 경우가 종종 있다. 그들은 누가 더 전문적인가, 여성학과 졸업생인가 아니면 사회학이나 사회복지학 등에서 젠더를 전공한 학자인가라고 묻는다. 제도적인 차원에서 여성학은 대학 내에 정체성을 가지고 있지만, 다른 학문 분과와 경합할 경우 그 제도화는 전혀 안정적이지 않다. 대학 내 많은 학자들은 대학 내 여성학이 존재하는 방식이 여성학이 대학 시스템 내에서 어떤 학과이고 대학 내에서 어떤 역할을 하고 어떤 의미를 지니는가에 있다기보다 정부의 성 주류화 정책과 예산을 담당하는 여성가족부에 의해 여성학의 지위가 확보되고 있다고 생각한다. 여성학 교과과정과 지식 생산 또한 정책과 밀접하게 관련된 것이 사실이다. 여성학과는 대학 내에 하나의 분과학문으로 제도화되었지만, 여성학 과정의 내용을 면밀히 보면 그 제도화는 단지 구조 차원에서 이루어진 것일 뿐이어서, 항상 유동적이라는 것이 명확해진다.

현재의 위기는 신자유주의가 야기한 과도한 개인주의, 그에 따라 차별을 사회적인 것이 아닌 개인적인 것으로 보는 견해 때문에 발생한 것이라고 흔히 이야기한다. 혹은 여성학이 피해자 감수성에 기초를 둔 정체성의 정치학이기 때문에 학문적 지위를 확보하기가 어렵다는 비판도 있다. 또, 전 지구화로 인한 대학 문화의 변화(대학 행정에서 실적이 중요한 담론이 되고 시장성이 약한 요소는 폐기된다), 그리고 여성학이 태동한 1960년대, 1970년대의 진보적인 사회 분위기가 사라진 것에서 여성학 위기의 원인을 찾기도 한다.[9] 이 상태를 극복하기 위해 제시되는 전략으로는 여성학에서 젠더학으로의 명칭 변경, 여성학 프로그램을 재구조화하고 이론 구축에 더 강조점을 두어 대학 내에서 살아남을 수 있게 하기 등이 있다.

2000년대 아시아에서의 여성학은 한국과는 다른 맥락에서 성주류화의

---

9 조혜정, 장필화를 비롯한 많은 여성주의자들이 여성학을 포함한 진보적인 정치학에 대한 젊은 세대의 태도와 신자유주의 사회 환경 간의 관계에 대해 우려를 표한 바 있다. 정희진과 정현백의 대담 기록에 그와 관련한 핵심적인 내용이 많이 언급되어 있다(정희진·정현백, 2006).

제도화와 함께 부상하고 있고 다시 '여성학'의 제도화를 위한 시도가 이루어지고 있다(Wang, 2005; Du, 2005; Hsieh and Chang 2005; Zhang, 2010).

1) 여성 간의 차이 문제

여성 간의 차이의 문제는 2000년대의 여성주의 논의에서 거의 당연한 것으로 언급되어왔다. 그러나 남녀의 차이에 기초를 둔 대부분의 성별 평등 정책에서는 하나의 집단으로서의 여성이 강조되고, 여성들 사이의 차이는 전부 사라진다. 이런 의미에서 2001년 여성부(2005년 여성가족부로 명칭 변경)가 한국에 만들어진 것은 여성들에게는 힘이 되는 일이었지만, 그와 동시에 제도 내에서 여성 담론은 여성 사이의 차이를 다루는, 부상하는 정치학이나 원칙을 무력화시켰다(김경희·윤정숙, 2006; 정희진·정현백, 2006; 조주현, 2006).

성적 정체성, 신체적 장애 유무, 고용 상태에서의 차이 등 소수자 저항과 관련된 문제는 여성이라는 단일 범주를 거부한다. 그런데 여성부 같은 공적 자금을 가진 정부기관이 등장함에 따라 저항의 많은 부분이 제도화되었고, 많은 소수자 그룹들은 NGO가 되어가고 있다. 그리고 NGO들은 공적 자금을 받기 위한 이익 집단의 무리들 속에서 무언가로 변해가고 있다(Kim, 2008).

2) 지식의 탈식민화: 한국여성학에서의 '아시아' 범주의 정치화

1960년대의 근대화 프로젝트 이후 한국인들은 근대화 대 세계, 민족주의 대 우리/그들의 관점을 체화해왔다. 그렇게 해서 한국인들은 한국사, 한국문학에서 좁은 민족주의적 입장을 추구했지만, 사회과학과 자연과학에서는 서구 중심의 관점을 택해서 서구가 되기 위한 주체 위치를 택하는 지식체(bodies of knowledge)를 구축했다. 한국에서는 여성학에서뿐만 아니라 서구에 근원을 둔 모든 근대적 지식에서 수식어 '서구'라는 말은 대체로 생략된다. '여성학'과 '한국여성학'의 관계의 근저에 놓인 '한국'의 의미는 무엇인가? '여성학'이라는 말의 근저에 깔린 함의는 서구의 여성학 그 자체가 일반적이고 보편적인 것과 등치하기 때문에, 혹은 여성학의 서구/근대성이라고 볼 필요가 없다는 것이다. 반면에 한국여성학은 '한국'이라는 개별 국가에 한정되는 한국의 여성학 혹은 여성학의 한국성이라고 볼 수 있다는 것이다. 그렇다면 한국여성학과 서구 여성학의 관계는 무엇인가? 한국여성학은 서구 여성학의 대항 담론인가? 또는 서구 여성학이 한국여성학의 대안 담론인가? 서구를 지방화하고 서구에 대한 대항 담론을 만들고 서구를 하나의 차이로 만들어야 한다면, 그 대항 담론의 정치적 범주는 무엇인가? 국민국가들인가? 동아시아 또는 아시아인가? 혹은 서구를 제외한 전 세계인가?

서구/보편성과 한국적/특수성의 용어로 논의되고 생산되어온 한국의 여성주의 지식은 전 지구화의 영향 아래에서 다음과 같은 질문과 마주하게 되었다. "한국적인 것은 무엇이고 서구적인 것은 무엇인가?", "전통은 무엇이고 근대는 무엇인가?", "특수는 무엇이고 보편은 무엇인가?" 보편성과 특수성 같은 용어들의 정치적 함의가 탐색되는 중이며, 한국 사회의 어떤 긍정적인 가치가 모두를 위한 평등하고 보편적인 원칙이라고 볼 수 있는가라는 물음이 제기되고 있다. 냉전 구조의 붕괴, 전 지구적으로 단일화된 시장자본주의와 전근대, 탈근대, 탈식민, 후기구조주의 담론들이 한국 여성의 위치를 문제화하기 시작했고, 또 국민국가 공간에 한정되어 있다가 초국적 공간으로 이동하는 한국 여성의 경험에 대한 해석을 문제화하기 시작했다. 한국의 초기 여성주의 연구가 '한국' 여성학의 특수성과 보편성을 탐구하는 데 초점을 맞추었다면, 1990년대 중반에는 여성학의 학제성과 한국 여성학의 특수성을 위한 기초로서의 서구가 문제화되기 시작했다. 이것은 한국 경험을 해석하고 소통하기 위한 기준과 소통의 공간으로서 지역, 즉 '아시아'를 재발견하는 결과를 낳았다. 이것은 물론 자연적인 과정은 아니었다. 이것에는 많은 논쟁이 이어지는 정치적·경제적 배경이 있다(정문길 외, 1995, 2000; Kim and Kang, 2001).

1990년대 중반, 이화여자대학교가 아시아여성학센터를 설립하고 *Asian Journal of Women's Studies*(AJWS)를 발간하려는 계획은 상당한 저항에 부딪혔다. "왜 세계나 국제가 아닌 아시아인가?"와 같은 물음이 제기되었다. 아시아는 구획된 폐쇄적 공간이고, 이질적인 문화들의 복합체를 연상시키고, 또 그것을 의미한다. 그러므로 아시아라는 말을 붙인 연구기관의 연구 내용은 너무 경험적이고 제한적일 것이라고 간주되었다. 한국이 아시아에 속해 있는데도 한국인들은 아시아의 나머지와는 다르고자 했고, 대신에 서구/현대와 연결되고자 했다. 1990년대까지도 아시아는 제3세계, 복잡한 정치 문화를 가진 불안정한 지역, 또는 빈곤, 저개발의 경제로 이해되었다. 아시아는 결코 문화적 자원의 교환 파트너로 간주된 적이 없었다. 아시아에 대한 비슷한 견해는 아시아의 다른 나라들에서도 찾아볼 수 있다(요이치, 2002; John, 2005; 쑨꺼, 2003). 아시아에서 여성학을 시작했던 한국 교수들조차 아시아인이라는 정체성을 가지고 있지 않았다. 그들이 아시아인의 정체성을 가지고 있었다면 그것은 서구와의 관계를 통해 호명되고 주체화되는 '아시아인'이었고, 다른 아시아 사람들과 그들의 상호관계는 대부분 서구에 의해 다양한 방식으로 매개되었다. 아시아인들이 서로를 알기 위해서는 영어로 된 책을 읽는 수밖에 없었고, 또 영어로 의사소통을 해야 했다. 그러한 의사소통을 통해 기존 지식을 확인하는 것 이상을 알아낼 수 없었다. 아시아인들은 지리적으로 가까이 있었지만 문화적으로는 멀리 떨어져 있었고, 상상 속에서는 서구 사람들에 비해 훨씬 더 멀리 떨어져 있었다. 직접 접촉을 할 때조차도 아시아인들이 서로를 이해하는 방식에는 역사적, 사회적, 문화적 차원에서 서구의 개입이 너무나 많았다.[10]

그러나 1990년대 중반에 아시아의 로컬 경제의 발전과 더불어, 학계와 정치계 전반에 다문화주의(multi-culturalism)가 등장했고(최협 외, 2004), 아시아 여러 나라에서 군대 성 노예 문제가 제기되었다. 그리고 여성주의자들은 아시아여성주의 또는 국가 경계를 넘어서는 아시아여성주의자 연대에 대해 이야기하기 시작했다(Cho, 1997; Chang, 2008; 양현아, 2006). 이때 국민국가와 여성, 각 사회의 젠더 불평등, 국제 연대가 전부 동시에 쏟아져 나왔다.

이런 상황에서 이화여자대학교 등의 여성학자들은 아시아 여성들의 경험을 생생하게 보여주고 그것을 지식으로 전화해서 '서구 여성주의'라는 틀에 도전하고 대안적 여성주의의 힘을 키워야 한다고 느꼈다. 이화 여성학 커뮤니티의 교수들은 피해자이자 전통의 기호로 여겨지던 아시아 여성을 서구 여성주의에 대한 대항 담론의 주체로 재현할 방법에 대해 논의하기 시작했다. 1995년에 아시아 여성들의 경험으로부터 지식을 만들어내기 위한 매체로서 *AJWS*가 창간되었다(Khullar, 2005). 또한 아시아여성주의 학자들의 연대를 증진하기 위한 아시아여성학 프로젝트도 시작되었다. 이

---

10 서구의 백인, 서구의 유색인, 일본인, 중국인, 다른 남아시아인 등과의 관계에서 우리를 '아시아인'이라는 주체의 위치성에 대해 이야기 나누고 토론하는 공식적, 비공식적 모임이 아주 많이 있었다. 나는 장필화, 이상화, 김현미, 말라 쿨라, 김영옥, 수와나 사타-아난드, 타니 발로, 이토 루리, 메리 존, 이해웅, 일레인 김, 그 외 수많은 친구들과 함께 주체의 위치성, 정체성의 탈장소성, 탈구에 대해 많은 토론을 했다. 토론은 매우 즐겁고, 흥미로웠는데 대화의 과정 자체가 아시아를 새롭게 인식하고, 새로운 담론을 수행하는 정치적 과정이었다.

프로젝트는 여성학 교과과정 개발을 위한 한국, 일본, 중국, 대만, 태국, 인도네시아, 필리핀, 인도 8개국의 네트워크로 시작되어서 2000년 10월에는 '아시아여성학 교과과정 개발과 실천'에 관한 학술대회를 개최했다(Kim and Kang, 2001). 그와 동시에 8개국 여성학 교과서의 발간을 위한 프로젝트가 시작되어 2005년에 8권의 교과서가 나왔다. 그리고 이 네크워크를 통해 중견 학자들뿐만 아니라 대학원생들의 교류를 위한 공간도 만들어졌다.

아시아는 한국 여성들의 경험이 해석될 수 있고 연대와 변화를 위한 새로운 공간이 만들어질 수 있는 맥락으로 간주되었다. 동아시아 여성들의 경험에 관한 학술대회가 다양한 장소에서 열리기 시작했고, 학술진흥재단이 학술교류사업을 지원하기 시작한 뒤로 아시아여성주의 학자들 사이의 연대를 위해 다양한 노력이 기울여졌다. 이화여자대학교 아시아여성학센터가 진행한 '아시아여성학' 프로젝트는 아시아 8개국의 여성주의 학자들이 함께 노력해서 수행한 대표적인 사례이다. 한국에서 열린 2005년 세계여성학대회는 이 프로젝트가 전개되는 과정 중에 준비되었다. 2005년 세계여성학대회는 보편성과 특수성의 틀이 한국여성학의 입장에서 새로이 조직되고 전복되는 새로운 여성주의 사유방식이 시작된 지점이라고 볼 수 있다.

3) 한국여성학 내에서 '아시아' 범주를 정치화하기

한국 학계의 담론에서 '아시아'가 등장한 것은 최근 일이다. 보편성을 추구하는 현대의 학문 체계에서 로컬이라는 말은 항상 특수성을 가리키기 위해 사용되었다. 그리고 아시아라는 용어는 주로 정치적 담론에서 사용되었고 비서구, 아직 충분히 현대화하지 못한 로컬을 의미하는 것으로 사용되었다. 1990년대 이후에는 한국의 전 지구화 정책, 그리고 한일 문화교류 협정, 중국의 개혁 개방의 영향 아래 한일, 한중 학술 교류와 협동 연구가 적극적으로 장려되기도 했다. 그 이전에는 일본과의 교류가 식민 지배 문제 때문에 어려웠고, 중국과의 교류는 사회주의에 대한 한국의 껄끄러움 때문에 쉽지 않았다. 해방 이후 한국에서 세계와의 만남 혹은 교류는 미국 또는 미국 주변 열강들과의 교류를 의미했고, 이것은 모두 열강 중심의 일방적인 관계로 이루어졌다. 2000년대에 연구 교류가 더욱 활발해졌는데 이 시기에 학술대회, 해외 방문 연구에 대한 지원이 이루어지기 시작했다.[11] 처음에는 그런 학술대회를 단순히 국제학술대회라고 이름 붙였는데 점차 아시아 학술대회 또는 동아시아 학술대회라고 이름 붙인 행사들이 많아지기 시작했다. 여성주의 학자들 또한 '아시아'라는 기표를 사용하면서 계속해서 연구 교류를 진행하고 있었다. 그러나 인터아시아문화연구학회(Inter-Asia Cultural Studies)가 주최하거나, 이화여자대학교 내의 여성학 연구기관들이 주관한 학술대회를 제외하면 '아시아'라는 말을 문제화하거나, 문제적인 것으로 만드는 연구자들은 많지 않았다. 1990년대 말 혹은 2000년대 초기에 한국에서 대체로 '아시아' 또는 '동아시아'는 주어진 것으로 간주되었고 아시아라는 범주를 문제화하지 않았다(Kim, 2005). 1995년 이화여자대학교에 아시아여성학센터가 설립되고, *AJWS*가 발간된 이래, 아시아는 항상 질문거리였다. "아시아의 여성학이라는 것이 무슨 의미인가?" 또는 "아시아여성학 같은 것이 존재하는가?" 같은 물음들이 끈질기게 따라다녔다. 그런 질문들은 아시아 지역에서 서구 여성주의를 항상 비판의 대상으로 삼으며 던지는 질문 즉, "'서구 여성주의'는 무엇을 의미하는

11 많은 국제 학술 교류와 해외 연구 프로젝트가 한국학술진흥재단의 지원으로 수행되었다.

가, '서구'란 무엇인가?" 또는 "서구 페미니즘이라는 것이 있는가?"라는 질문방식과 매우 비슷하다. 여기서 나는 여성학과 아시아가 결합되고 이해되는 몇 가지 방식을 기술하고, 그것들을 문제화하려 한다.

첫째, 아시아의 여성학은 아시아 여러 나라들의 여성학 지식의 축적 또는 종합을 의미한다는 인식이다. 아시아 각 나라의 여성학은 아시아의 여성학(Women's Studies in Asia) 또는 아시아여성학(Asian Women's Studies)이라 불릴 수 있다. 그 나라가 아시아에 속하니 말이다. 그러므로 '아시아'라는 말은 특정 지역을 의미하는 것으로 이해되며, 그것은 그 지역에서 수행되고 있는 여성학과 결합한다. 이와 같은 논리를 따라 한국에서 수행되고 있는 여성학은 한국여성학이라 불린다. 그러나 아시아에서 일어나는 모든 여성주의가 '아시아여성주의'인가, 한국에서 일어나는 모든 '여성주의'가 '한국 여성주의'인가라고 물으면 문제가 생긴다. 그 경우에 아시아와 한국은 각각 여성주의와 어떻게 연결되어 있는가? 아시아 지역의 여성학 실천 중에 아시아적이지 않은 것이 있는가? 한국에서의 여성학 실천 중에서 한국적이지 않은 것이 있는가? 그러나 아시아에서 일어나는 여성학 연구가 모두 아시아여성학이라 불리는 것은 아니며 그것은 한국여성학의 경우도 마찬가지다. 그렇다면 한국 혹은 아시아여성학은 개별 연구자의 지역 정체성에 관련된 것일까? 그러한 범주화는 중립적으로 보이지만 실은 강력한 포함과 배제의 정치를 포함하며, 여기서 무엇이 작동하는가는 누가 여성학을 정의(definition) 내리는가, 어떤 맥락에서 정의를 작동시키는가와 연관되어 있다.

둘째, 아시아라는 말의 사용에는 서구의 경험과는 다른 식민화 경험, 또는 현대 세계사에서 비서구로서 배제된 경험이 공통적으로 있다는 인식이 일반적이다. 그러나 이런 종류의 구조적 이해는 특정 사례를 자세히 살펴보면 쉽게 비판받게 된다. 즉, 일본이 서구에 식민화된 경험, 한국이 일본에 의해 식민화된 경험, 중국의 경험, 베트남의 경험을 '아시아의' 경험이라고 하나로 묶을 수는 없다. 이것은 다음과 같은 질문으로 이어지게 한다. 서구/근대 경험에서 배제된 것이 반드시 아시아적 경험을 구성하는가?

셋째, '아시아'라는 용어는 하나의 담론적 실천으로 사용될 수도 있다. 여기서 '아시아'라는 용어의 사용은 담론적 수행성을 획득하는데, 그것은 '일반', '보편', '서구'의 가치가 뿌리 깊게 박힌 기존 여성학과의 차이를 만들어낸다. 그러므로 '아시아의 여성학(Women's Studies in Asia)' 같은 표현을 사용하는 것은 아시아, 그리고 여성학을 문제화하는 정치적 효과를 만들어낼 수 있다. 처음에 이화여자대학교 아시아여성학센터에서 아시아의 여성학자들과 여성학 교과과정 개발 프로젝트를 시작할 때는 '아시아의 여성학(Women's Studies in Asia)'이라는 말을 채택했다. 그런데 아시아여성학센터의 학자들이 점차 '아시아여성학'이라는 용어를 사용하기 시작했다. 국민국가(nation-state)의 틀 내에 구축되어 있는 '서구적' '보편적' 여성학과 '국가적(national)' 여성학에 대해 비판적으로 문제를 제기하기 위한 목적이었다.

넷째, '아시아'의 경계를 가로지르는(cross-border) 인터아시아문화연구학회에서 사용하는 인터아시아 여성학이 있다. 인터아시아 여성학은 아시아 여러 나라 여성들에 관한 연구에 기초한 연구 실천을 의미한다. 그리고 그것을 아시아 여성들과 공유하며 아시아에서 새로운 종류의 네트워크를 만드는 실천과 관련되어 있다.

대부분의 경우에 학자들이 '아시아'라는 말을 쓰는 것은 위에서 이야기한 것 중 한두 가지에 해당한다고 나는 생각한다. 그러나 아시아에서 '아시아'는 자연스러운 개념이 아니라 역사적, 정치적 의미를 담고 있고, 수행적이고 정치적인 담론이다. 그런데 아시아여성학을 효과적인 대안이나 미래를 위한 비전으로 여기는 여성주의 학자들이 한국에 많은 것 같지는 않다.[12] 여전히 다음과 같은 물음이 남는다. 이 전 지구화되는 세계에서 한국 여성주의 학자들은 새로운 여성학의 인식론적 맥락으로 어떤 종류의 시간성과 공간성을 요구하는가?

4. 맺음말: 한국의 여성학에서 배우는 교훈

이화여자대학교 아시아여성학센터에 관여하는 사람들 사이에서도 '아시아여성학'을 의미화하는 데는 수준의 차이가 다양하다. '아시아여성학'은 가장 넓은 의미에서는 아시아와 여성을 연구하는 새로운 경향을 가리키는 말로 쓰이기도 하고, 아시아에 있는 여성들의 지적인 담론 커뮤니티를 가리키는 말로도 쓰인다(Lee, 2008). 중요한 것은 아시아, 여성, 젠더 같은 기표들을 의미 있는 것으로 수용하는 사회적, 정치적, 문화적 환경이 한국에 등장했다는 점이다. 그렇다면 여기서 질문되어야 할 것은 다음과 같은 물음이다. 이 기표들이 어떤 맥락에서 받아들여지고 있는가, 누가 이 기표들을 사용하는가, 의미가 만들어지는 의미론적 장은 어떤 종류의 공간인가?

아시아 담론의 등장에 가장 강력하고 중요한 힘은 여전히 민족국가 발전 모델에 기반을 둔 전 지구화 담론이 초국적 자본과 기업의 파트너로 그리고 더 높은 생산성과 이윤을 위한 시장으로서 아시아를 동원한다는 점이다. 그와 동시에, 실은 그보다 앞서, 한국의 지식인들은 스스로를 구성하기 위한 새로운 준거를 찾고 있었는데, 그것은 냉전 종식 이후 외부로부터 들

12 이상화(Lee, 2008)는 아시아여성학센터를 통한 아시아 8개국 여성학자들의 네트워크를 살펴봄으로써, 여성학을 함에 있어서 '아시아적'인 것이 무엇을 의미하는가, 의미할 수 있는가를 모색했다.

어온 서구/근대에 관한 비판적 논의에 힘입은 바가 크다. 이 과정에서 자신들의 비교, 준거의 집단으로 아시아를 발견한 그룹들이 있었다. 1995년 이화여자대학교에 아시아여성학센터를 설립한 여성주의자들도 그 그룹들 중 선두 집단의 하나였다. 1990년대 중반 이후, 아시아에서 경제구조 개편을 위한 NGO의 공동 활동이 전개되었고 시민사회와 글로벌 사회에서 시민의 연대와 활동들이 생겨났다. 정치적으로 보면, 아시아는 냉전 이후 미국, 중국, 북한 등 주변의 다양한 긴장을 억제함으로써, 동맹을 유지하기 위한 여러 방어 지점을 가진 중요한 곳으로 떠올랐다. 이와 같은 관계에서 여성은 새로운 아시아의 지형을 확립하기 위한 효과적인 매개체로 이민 노동자로, 또 NGO 활동가, 정치 난민으로 재현되었고, 그들은 계속해서 새로운 재지역화를 매개하고 있다(Barlow, 2007).

이 글에서 나는 여성주의 학자로서 우리가 새로운 지역의 재구성 그리고 아시아의 재지역화를 재현하고 있는 여성들에 대해 질문하고, 논의해야 했고, 또 아시아를 재구성하는 과정에서 새로운 공간을 만들어내는 역할은 누가 수행할 것인가를 논의해야 한다는 것을 제안한다. 그러기 위해서는 근대적 질서 내에서 국민국가를 확립하는 데 위치시킨 여성 주체를 정치화하고 탈자연화하는 인식론적 도전이 있어야 한다. 최근 한국에서는 아시아 출신 이주 여성 또는 아시아의 여성에 대한 연구 프로젝트가 지역 연구의 일부로 이루어지고 있다. 그런데 그러한 연구의 뼈대가 되는 국민국가의 인식론에 대한 비판적 성찰 없이 연구가 진행된다면 아시아의 여성들은 국가 간의 정치적·경제적 불평등의 기표로 취급될 것이다. 또, 아시아여성연구는 한국에서의 여성 이슈를 외면하면서 한국 여성보다 열악한 상황에 있는 '아시아' 여성들의 문제로 여성 이슈 전체를 축소할 수도 있다. 상호 참조하는 연구가 성장하기 위해서는 국가 경계를 가로지르는 공동 프로젝트가 더 많이 이루어져야 하고, 새로운 비교 방법론이 만들어져야 한다.

참고문헌

강가람. 2006.「2000년 여성국제법정을 통해 본 초국적 여성 연대의 가능성 – 한일 사회 내 일본군 '위안부' 문제를 중심으로」. 이화여자대학교 여성학과 석사학위 논문.

김경희·윤정숙. 2006. "여성운동의 차이와 다양성". 한국여성학회 발표문.

김소영. 2001.「사라지는 남한 여성들」. 김소영 엮음.『한국형 블록버스터: 아틀란티스 혹은 아메리카』. 현실문화연구.

김승경·이나영. 2006.「학제간 학문으로서의 여성학: 여성학(과)의 정체성 및 제도화의 문제를 중심으로」. ≪한국여성학≫ 22(1), 35~77.

김은실. 1994.「민족 담론과 여성」. ≪한국여성학≫, 10, 18~52쪽

_____. 1998.「대중문화와 성적 주체로서의 여성의 재현」. ≪한국여성학≫, 14(1), 41~77쪽.

김현미. 2000.「한국의 근대성과 여성의 노동권」. ≪한국여성학≫, 16(1), 37~64쪽.

나오키, 사카이. 2001.「서구의 탈구와 인문과학의 지위」. 강내희 옮김. ≪흔적≫(다언어 잡지). 문화과학.

세계여성학대회조직위원회 9차. 2006. "Final Report of WW05." http://www.ww05.org/english3/pdf/WW05_ Report_Eng.pdf

쑨꺼. 2003.『아시아라는 사유 공간』. 김월회 옮김. 창작과비평.

양현아. 2006.「증언을 통해 본 한국인 '군위안부'들의 포스트식민의 상흔」. ≪한국여성학≫, 제22권 3호, 133~167쪽.

요이치, 고모리. 2002.『포스트 콜로니얼』. 송태욱 옮김. 삼인.

이재경. 2003.「사회학에서의 페미니즘의 수용과 영향」. ≪여성학논집≫, 16, 31~48쪽.

정희진·정현백. 2006.「대담: 여성운동의 중심에서 물음표를 매기다」. ≪창작과비평≫, 2006년 여름, 231~257쪽.

정문길·최원식·백영서·전현전 엮음. 1995.『동아시아, 문제와 시각』. 문학과지성사.

조순경. 2001.『노동과 페미니즘』. 이화여자대학교출판부.

조주현. 2000.「한국 여성학의 지식 생산의 구조와 방향」. ≪한국여성학≫, 16(2), 139~179쪽.

_____. 2006. 「젠더 정치의 위기」. ≪여성학논집≫, 23(2), 3~37쪽.

최협·김승경·정근식·유명기 엮음. 2004. 『한국의 소수자, 실태와 전망』. 한울.

Barlow, Tani. 2007. "Asian Women in Reregionalization." *Postions*, 15(2), pp.285~318.

Chakrabarty, Dipesh. 2007. *Provincializing Europe*, Princeton and Oxford: Princeton University Press.

Chang Pilwha. 2008. "Feminist Consciousness and Women's Education: The Case of Women's Studies, Ewha Womans University." *Asian Journal of Women's Studies*, 14(2), pp.7~29.

Cho Haejeong. 1997. "Feminist Intervention in the Rise of 'Asian' Discourse." *Asian Journal of Women's Studies*, 3(3), 127~156.

Du Fangquin. 2005. "Developing Women's Studies at Universities in China: Research, Curriculum and Institution." *Asian Journal of Women's Studies*, 11(4), pp.35~71.

Hsieh, Hsiao-chin and Chang, Chuech. 2005. "The Development of the Women's Movement and Women's/Gender Studies in Taiwan." in Wei-hung Lin and Hsiao-Chin Hseieh(eds.). *Gender, Culture and Society: Women's Studies in Taiwan*. Seoul: Asian Center for Women's Studies, Ewha Womans University, pp.21~79.

John, Mary. 2005. "Women's Studies in India and the Question of Asia: Some Reflections." *Asian Journal of Women's Studies*, 11(2), pp.41~66.

Kim, Hyun Mee and Kang Sun-Mi. 2001. "Achievement and Challenges of an Asian women's Studies Project." *Asian Journal of Women's Studies*, 7(4), pp.61~108.

Kim, Eun-Shil. 2005. "How the Category of Asia is Possible to be a Referential Community for Reciprocal Recognitions." in the Proceeding for the World Forum of Life Culture, Sept. 2-5, Koyang-shi, Kyunggo-do, South Korea

Kim, Eun-Shil. 2008. "Korean Women's Policies and Feminist Implications of Gender Mainstreaming Strategies." presented at the International Conference on A New Global Trend on Gender Mainstreaming and Its Implications for Women's Policies in Korea, held at Korean Women's Development Institute, Seoul, Korea, April 24-25.

Khullar, Mala. 2005. "Asian Journal of Women's Studies: Ten Years and Beyond." *Asian Journal of Women's Studies*, 11(4), pp.7~34.

Lee, Sangwha. 2008. "Conceptualizing the 'Asian' and Asian Women's Studies." *Asian Journal of Women's Studies*, 14(4).

Wang, Zheng. 2005. "Research on Women in Contemporary China." in Du Fangqin and Zheng Xinrong(eds.). *Mapping the Social, Economic and Policy Changes in Chinese Women's Lives*. Women's Studies in Asian Series: China. Seoul: Ewha Womans University Press, pp.115~17.

Zhang, Liming. 2010. "Reflection on the Three Waves of Women's Studies in China and Globalization." *Asian Journal of Women's Studies*, 16(2).

제4장

일본 여성학/젠더학과 초국적 아시아 여성운동*

하라 히로코

1. 서론

일본의 여성운동가들은 1950년대 초기부터 적어도 1975년까지는 일본 여성의 지위를 유럽이나 미국과 동일한 수준으로 향상시키기 위해 노력했다. 1975년 제1차 UN 세계여성대회가 6월부터 7월까지 멕시코시티에서 개최되었고, 같은 해 '세계 여성의 해'가 선포되었다. 여성들은 '세계 여성의 해 트리뷴(International Women's Year Tribune)'이라는 NGO 포럼을 병행했는데 전 세계에서 4000여 명이 참가했다.[1]

---

* 이 글은 2012년 1월 6~7일 이화여대 아시아여성학센터(ACWS)가 주관한 이화글로벌 임파워먼트프로그램(EGEP) 국제 포럼: 아시아 페미니즘과 초국적 운동(International Forum on Asian Feminisms and Transnational Activism)에서 "Feminisms in Japan and Transnational Activism with Asian Sisters since 1970"라는 제목으로 발표한 것을 수정한 것이다.

1 http://www.un.org/en/development/devagenda/gender.shtml

그중 200명은 마쓰이 야요리(Yayori Matsui)를 포함한 일본인 여성들이었다. 이들 여성들은 일본 정부에 속하지 않은 개인 자격으로 토론에 참가했으며 이 경험을 통해 선진국과 대비되는 개발도상국 여성들의 이슈들을 알게 되었다. 개발도상국 여성들은 기아와 빈곤을 경험하고 식민지 지배의 긴 역사를 지니고 있었기 때문에 선진국 여성들과는 달리 기아와 빈곤의 근절에 집중하는 모습을 보였다. 일본으로 돌아온 후에 마쓰이 야요리와 다른 여성들은 아시아 여성들과 연대를 구성할 방안을 연구하기 시작했고 그러한 방향을 향해 활동을 시작했다.

이 장에서는 아시아 여성 연대를 이뤄온 두 명의 여성 선구자인 마쓰이 야오리와 나카무라 미치코(Mitchiko Nakamura)를 소개하며 그들이 이룬 성취를 들여다보고자 한다. 2012년을 시작하는 오늘날 우리 여성들이 그들의 헌신에서 배울 점이 있는지, 그리고 그들의 훌륭한 활동에서 받아들일 것이 있는지에 대해서 살펴볼 것이다. 이와 더불어 일본에서의 여성학/젠더학(women's/gender studies)의 역사에 대해서도 개괄해보고자 한다.

2. 마쓰이 야오리와 아시아여성연합(AWA), 아시아일본여성자료센터(AJWRC)

마쓰이 야오리(1934~2002)[2]는 1950년대에 미국에서 교환학생으로 1년

2 이 부분은 다음 자료를 참고 할 것.
http://ajwrc.org/jp/modules/pico/index.php?content_id=7
http://www.ajwrc.org/eng/modules/pico1/index.php?content_id=3
Yayori Matsui, Women in the New Asia: from pain to power, translated by Noriko Toyokawa and Carolyn Francis(Zed Books, 1999).

간 생활했고 그 이후에 좀 더 공부하기 위해서 프랑스로 갔다가, 두 나라에서 인종차별을 경험했다. 그녀는 귀국 길에 여러 아시아 국가들을 둘러보면서 서구 식민지로 인한 빈곤을 겪고 있었던 아시아 나라들과 이와 대조적으로 2차 세계대전 중 다른 나라를 침략할 정도의 능력을 가진 일본 사이에서 충격을 받았다.

1961년에 마쓰이 야오리는 일본 ≪아사히신문≫에서 여성 기자로서 일하게 되었다. 그녀는 중국인들의 힘겨운 투쟁을 기록한 것으로 유명한 미국 여성 기자인 아그네스 스메들리(Agnes Smedley)를 존경했기에 이 일을 시작했다. 직장에서 여성에 대한 차별과 직면하면서도 마쓰이 야오리는 일본의 급속한 경제발전 시기 동안에 만연했던 공공 건강과 환경문제를 다루었다. 구체적으로 탈리도마이드에 인한 선천적 결손증[3]과 수은 중독에 의한 미나마타병[4]과 같은 이슈를 다루었으며 훗날 아시아의 다른 지역에 환경오염물질을 수출하는 일본 회사들을 다루었다.

1970년대에 미국 여성해방운동을 접한 이후 그녀는 아시아와 여성의 관점을 강조할 수 있는 기자로서 자신의 위치를 확고히 했다. 1973년에는 한국 기생관광 반대 여성단체를 만드는 데 참여했고, 1977년에는 아시아일본여성자료센터(Asia Japan Women's Resource Center: AJWRC)의 전신인 아시아여성연합(Asian Women's Association: AWA)을 구성하는 데도 참여했다. 그 이후에는 아시아 민주화 운동, 관광 발전, 인신매매, 일본 필리핀 혼혈아 등 일련의 여성 이슈들을 다루었다.

---

3 옮긴이 주 | 탈리도마이드는 기형아의 원인이 될 수도 있음이 1960년대에 밝혀질 때까지 임산부에게 진정제로 처방되던 약물이다. 선천적 결손증은 구순구개열(언청이)과 같은 기형을 말한다.

4 옮긴이 주 | 태아기에 모체가 섭취한 유기수은 중독에 의하여 일어난다. 뇌성소아마비 증상을 나타낸다. 여러 가지 운동장애와 정신발달지연이 발생한다.

1981년에서 1985년 사이에 마쓰이 야오리는 싱가포르 특파원으로 파견되어 아시아 18개국에 관해 보도했다. 일본으로 돌아와서는 ≪아사히신문≫의 도시뉴스 부문의 편집부원이 되었고, 여기에서 인권, 환경, 발전, 아시아의 남북문제 등에 집중해서 활발하게 일했다.

1994년 은퇴한 이후 그녀는 NGO 활동에 전념하기 위해서 1995년 아시아일본여성자료센터를 건립했다. 그녀는 1994년 가나가와(神奈川) 현(縣)과 도쿄에 최초의 '동아시아여성포럼,' 1995년 도쿄에 일본의 국제개발협력(ODA)과 아시아 여성에 관한 국제 컨퍼런스, 1997년 도쿄에 '전쟁과 군사 분쟁지역에서 여성에 대한 폭력에 반대하는 국제 컨퍼런스' 등 여러 국제회의를 조직했다. 2000년에는 도쿄에서 일본군 성 노예에 관한 '여성 국제전범법정(Women's International War Crimes Tribunal on Japan's Military Sexual Slavery)'을 열었고 이 회의는 일본 국내외로부터 놀라운 관심을 얻었다.

아시아일본여성자료센터의 주요 기능은 정보공유와 네트워킹, 교육과 훈련, 그리고 지지와 캠페인이었다.[5] 다음의 이야기는 마쓰이 야오리가 '정보공유와 네트워킹'에 관해서 어떤 생각을 갖고 있는지를 보여준다. 1995년 베이징에서 개최된 제4회 세계여성대회 이후에 마쓰이 야오리는 언론들의 관심이 부족하다고 지적했다.

> 일본 언론이 베이징 여성대회를 너무 빈약하게 다루었기에 일본 대중들은 젠더(남성과 여성을 규정하는 사회적인 차이) 이슈를 알지 못하고 있다. 이것은 21세기 지구촌의 남북문제나 환경문제와 함께 인류가 해결해야 할 중요한 이슈이다. 베이징에서 이루어진 젠더 관련 토론들의 역사적인 중요성

---

5 http://www.ajwrc.org/eng/modules/pico1/index.php?content_id=1

에 관해서도 어떤 언급도 없었다(AJWRC, 1997: 5).

2002년에 마쓰이 야오리는 간암 때문에 병상에서 일을 했다. 2002년 12월 세상을 떠나기 전까지 그녀는 미래의 희망에 관해서 끊임없이 이야기하고 글을 썼다. 그녀의 소망에 따라 친구들과 지지자들은 '평화와 인권을 위한 여성기금(Women's Fund for Peace and Human Rights)'[6]과 '여성들의 전쟁과 평화 자료관(Women's Active Museum on War and Peace: wam)'[7]을 건립했다. 그녀가 세상을 떠난 지 10여 년이 흘렀지만 그녀는 지속적으로 일본과 여러 지역의 많은 여성활동가들에게 용기와 영감을 주고 있다. 2009년 마닐라에서 열린 '베이징대회 15년 아시아 태평양 NGO 포럼'에 참석한 참가자들은 마쓰이 야요리를 위해서 침묵 기도를 함께 했다.

3. 나카무라 미치코

나카무라 미치코(1919~) 역시 선구적인 일본 페미니스트로서 아시아 여성들의 연대에 아주 크게 기여했다. 그녀의 인생 스토리를 보면 이를 다시 확인할 수 있다(〈표 4-1〉). 1949년 그녀는 대학 강사를 하면서 일본대학여성연합(Japanese Association of University Women: JAUW)[8]의 멤버로서 처음 국제 활동에 참가하게 되었다. 1984년에는 범태평양 동남아시아 여성연합(Pan-Pacific & South-East Asia Women's Association: PPSEAWA)[9]의 일원

6 http://www.wfphr.org/

7 http://www.wam-peace.org/english/index.php

8 http://www.jauw.org/english/e_index.html

9 www.ppseawa.org

이 되어서 아시아의 다른 여성들과 협력하여 아시아 여성의 역량 강화(empowerment)를 위한 활동을 시작했다.

1993년에 나카무라 미치코는 마쓰이 야요리 등 다른 일본 페미니스트 여성들과 함께 마닐라에서 '발전 안에서의 여성(Women in Development: WID)'이라는 주제로 열린 아시아 태평양 NGO 심포지엄에 참석했다.[10] 이 회의는 아시아·태평양 경제사회위원회(Economic and Social Commission for Asia and the Pacific: ESCAP)와 필리핀 여성국가위원회(National Commission on the Role of Filipino Women) 그리고 아시아·태평양 NGO 워킹 그룹(Asia Pacific NGO Working Group: APWG)과의 협업으로 개최될 수 있었다.

나카무라 미치코는 1994년 자카르타에서 열린 아시아·태평양 경제사회위원회 의장회의에 NGO 그룹 멤버로 참석했다. 이것은 베이징 세계여성대회를 위한 준비회의이기도 했다. 여기서 아시아와 태평양에서 여성 간의 연대를 공고히 했다. 1999년 첫 번째 의장이었던 패트리시아 B. 리쿠아난(Patricia B. Licuanan)이 아시아 태평양 여성감시단(Asia Pacific Women's Watch: APWW)을 창단할 때, 그녀는 일본 여성감시단(Japan Women's Watch: JAWW) 운영위원이었다. 2001년 이후 그녀는 아시아 태평양 여성감시단의 명예 회원으로서 활동하며 여성 간의 정보 교환과 네트워크를 유지하는 활동에 중요한 역할을 해왔다.

---

10 http://www.apww-slwngof.org/index.php?option=com_content&view=article&id=6&Itemid=21

〈표 4-1〉 나카무라 미치코(1919~) 연대표

1949	일본대학여성협회(Japanese Association of University Women) 가입
1954~1984	세이조대학(Seijo University Junior College) 교수
1979~1980	제34회와 제35회 UN 총회의 일본대표단 NGO 대표[1](1979년 12월 18일 전체 회의에 참가했고 이때 여성차별철폐협약이 만들어짐)
1983~1989	대학여성국제협회(International Federation of University Women: IFUW) 위원
1984~1992	조후가쿠엔여자대학(Chofu Gakuen Women's Junior College)[2] 교수 (1987~1992 총장)
1984~2005	범태평양과 동남아시아 여성연합(Pan Pacific and Southeast Asia Women's Association) 회원(1984~1994 부회장)
1986~2001	세계 여성의 해 연락 그룹(International Women's Year Liaison Group: IWYLG)[3] 코디네이터
1992~2002	UNIFEM(United Nations Development Fund for Women) 일본 국가위원회 (NGO) 회장
1995	제4회 베이징 세계여성대회 일본 대표단 자문위원
1999~2001	NGO 보고를 위한 일본 여성위원회 대표 아시아태평양여성감시단(APWW) 운영위원 *JAWW는 APWW의 가입 단체임
2000	제23회 '여성 2000: 젠더 평등, 21세기를 위한 발전과 평화'에 대한 국제연합 특별 총회의 일본 정부 대표단의 자문위원
2001~2013	APWW 명예 회원 JAWW 자문위원
2002~2011	UNIFEM 일본 국가위원회(NGO) 명예 회장
2011~2013	UN Women 일본 국가위원회(NGO) 명예 회장

자료: Akamatsu et al.(2007: 110~114); 직접 확인.

주: 1 http://www.apww-slwngof.org/index.php?option=com_content&view=article&id=41:closing-message-by-ms-mitchiko-nakamura-honorable-member-of-steering-committee-and-adviser-to-jaww-at-the-closing-of-apww-june-meeting-on-14-june-2009&catid=12:apww-meeting&Itemid=46

2 Tentative translation

3 http://homepage3.nifty.com/iwylg/profile/profile_e.html

4. 일본의 여성학/젠더학 제도화

이 장에서는 일본이 여성학과 젠더학을 통해 겪었던 혁명적인 변화들을 소개하려고 한다. 우선 일본의 여성학/젠더학과 관련된 세 가지 주된 제도권으로 볼 수 있는 학술협회, 대학 내의 연구기관, 대학 밖의 연구기관을 조사한 결과를 살펴본다. 그리고 일본 여성학과 젠더학 전공이 있는 오차노미즈(Ochanomizu)대학, 조사이(Josai)국제대학, 히토쓰바시(Hitotsubashi)대학, 오사카(Osaka)대학의 박사학위 프로그램과 성과를 살펴볼 것이다.

1) 여성학/젠더학 관련 연구단체들

일본의 여성학/젠더학은 초반기에 구조적인 변화를 겪었다.[11] 첫째, 인간을 남성으로 동일시하던 전통적인 지식세계에 도전했다. 1960년대 후반부터 "여성도 인간으로 여겨져야 한다"는 주장과 함께 여성학을 설립하려는 노력이 있었고 이것은 후에 젠더학이 나올 수 있도록 해주었다. 심지어 50년이 지난 후에도, 우리는 아직도 사회문화적으로 규정된 다양한 젠더를 나타내는 개인들과 호모사피엔스로서 특성을 갖는 생물학적 성의 다양함 사이의 관계를 연구하는 시작 단계에 있다.

소위 '전근대(pre-modernization)' 사회에서는 예컨대 '남성이나 여성'으로 범주가 나눠지 않는 사람들도 합법적인 구성원으로 살아갈 수 있었다. 그러나 근대국가가 정부체계를 발전시키면서, 인구조사, 인구통계를 통해 사람들을 체계적으로 정리했고, 여기에 성으로 양분하는 이원론적인 구분이 작용했다. 결과적으로 여성에 대한 남성의 우월성과 지배가 당연한 것

11 이 부분은 Hara(2011) 참고.

으로 여겨졌다. 이에 따라 성에 대한 이원론적 이해는 1910년 말에 여성들의 참정권의 영역에도 적용되었으며, 1960년대 초반에 세계 전역에 퍼져나갔던 여성학에도 적용되었다(Hara and Osawa, 1996: 2~5).

1975년부터 여성학/젠더학 관련 연구기관과 학회들이 하나둘씩 설립되기 시작했다(〈표 4-2, 표 4-3, 표 4-4〉). 하지만 이런 기관이나 학회와 관계있는 많은 여성학자는 분과학문으로서 여성학의 방향성에 대해 상충되는 견해를 나타내고 있다(Fujieda and Fujimura-Fanselow, 1995: 164). 1980년도에 소피아대학에서 일본의 여성학회가 주최한 "여성학이란 무엇인가?"라는 주제로 열린 심포지엄에서 이노우에 데루코(Teruko Inoue)는 "여성학이란 여성들을 위해 여성들이 추구해야 하는 학문"이라고 정의했다(Inoue, 1981). 반대로, 나는 여성학의 학문적인 기여는 이미 존재하는 학문에 여성과 남성 둘 다를 인지하는 페미니스트 관점을 더하는 것이라고 강조했다. 아이와오 수미코(Sumiko Iwao)와 나는 모든 인류에게 이로운 새로운 학문의 필요성을 강조했다(Hara, 1981). 하지만 이노우에 데루코와 나는 그 당시에 이러한 대립적인 의견이 공존할 수 있고 필히 공존해야 한다고 믿었으며 2013년 현재에도 여전히 그래야 한다고 믿는다. 훗날 아이와오 수미코와 나는 우리 자신을 젠더학자라고 부른 반면 이노우에 데루코는 젠더학은 여성학에서 나온 학문이며 젠더학과 여성학은 공존해야 하지만 서로 독립적으로 발전해야 한다고 기록했다(Inoue, 2011: 254~255).

1980년대 후반은 나의 여성학에 대한 견해를 지지하는 학자들의 노력으로 우리가 현재 '젠더학'이라고 부르는 것을 수행하기 위한 시도들을 볼 수 있었다.

최근에 젠더학은 젠더의 정의에 대하여 좀 더 깊이 있게 연구하기 시작했다. 동시에 이러한 담론과 학문적인 연구는 표면적으로는 중립적이고 본질적으로 젠더와 상관없어 보이는 것들도 그들의 중심 개념을 구성하고 기본적인 전제를 세우기 위해서는 젠더 개념이 필요하다는 것을 분명하게 보여주었다 (Hara and Osawa, 1996: 4).

〈표 4-2〉 일본의 여성학/젠더학 관련 학회

국제젠더학회 International Society for Gender Studies http://isgs-japan.org/index.html 1977년 국제여성연구회로 설립 2003년 국제젠더학회로 변경 목표: 국제적 관점을 갖고 학제 간 접근법으로 여성학, 남성학과 젠더학 연구를 촉진한다. 정보와 지식을 확산하고, 관련된 사업을 발전시켜서 여성과 남성이 동등하게 참여하는 젠더 평등 사회를 성취하는 데 기여한다.
일본여성학연구회 The Women's Studies Society of Japan http://www.jca.apc.org/wssj/ 1977년 설립 목표: 학문과 일상, 이론과 실천 등 가치의 양분화를 해체하고, 양쪽 모두의 가치에 기반을 두고 여성해방운동을 창조한다. 회원 간의 협동과 토론, 활동을 통해서 자신과 사회에 대한 혁신을 이뤄간다.
일본-여성학회 Society for Women's Studies-Japan 1978년 설립 목표: 사회학, 교육학, 역사, 심리학, 인류학 그리고 최근에는 경제학을 전공하는 여성학자들과 협력하여 교차 학문으로서 여성학을 설립한다. 여성학 관련 출판물을 발행한다. 과거 출판물은 1984~1987 사이에 발행한 것으로 *Koza Joseigaku*(총 4권)를 포함한다. 학회 학술지 *Joseigaku Kenkyu*(총 5권)를 1990년과 1998년 사이에 발간했다. 제1권은 젠더와 섹스에 기반을 둔 차별, 제5권은 여성학 재건에 관한 주제를 다루었다.
일본여성학회 The Women's Studies Association of Japan http://www.joseigakkai-jp.org/index.php 1978년 설립 목표: 모든 형태의 젠더 차별을 제거하고, 학문에 대한 관습적인 분류에서 벗어난 여성학을 세우는 것을 목적으로 한다. 연구, 교육, 실천과 운동을 포함해서 다양한 의견과 정보를 교환하고, 회원들의 자발적 민주적 참여를 통해 여성학을 추구하는 모든 이들을 위한 공간을 제공한다.
일본젠더학회 Japan Society for Gender Studies http://www.s.fpu.ac.jp/tukamoto/gender.htm 1997년 설립

목표: 여성과 남성의 평등한 참여를 통해서 학제 간, 국제적 젠더연구를 촉진한다.

일본 사회-젠더 평가그룹 Group on Socio-Gender Evaluation, **일본평가학회** the Japan Evaluation Society
http://evaluationjp.org/activity/subcommittee.html
2000년 설립
목표: '사회-젠더 관점'으로 일본 사회뿐만 아니라 글로벌 사회에서의 정치학, 인적자원의 발전과 관련된 활동과 학문을 평가하고 일본과 세계의 젠더 평등에 기여한다. 사회-젠더관점이란 계급, 민족, 인종과 나이 등을 포함하여 다양한 사회적인 특성을 젠더와 함께 고려한 것을 말한다. 이렇게 함으로써 평가 연구 발전에 기여한다.

일본스포츠젠더학회 Japan Society for Sport and Gender Studies
http://www.jssgs.org
2002년 설립
목표: 스포츠와 젠더에 대한 연구물 발간을 증진한다. 스포츠와 젠더 관련 지식을 교환하고 회원 간 협력을 도모하며, 일본 국내외 관련 학문과 협력한다. 젠더 평등(나아가 젠더 없는) 스포츠를 촉진하는 활동에 기여한다.

일본젠더법학회 Japan Association of Gender and Law
http://wwwsoc.nii.ac.jp/genderlaw/index.html
2003년 10월 설립
목표: 젠더 관점에서 법, 관련 이론과 실천, 그리고 젠더와 법에 대한 교육을 발전시키고 향상시키기 위해 보다 깊이 있는 연구를 수행한다.

일본젠더역사학회 The Gender History Association of Japan
http://www7b.biglobe.ne.jp/~genderhistory
2004년 설립
목표: 인류 역사와 관련된 모든 학문에서 연구를 수행하고 확산한다.

일본페미니스트경제학회 The Japan Association for Feminist Economics: JAFFE
http://devgen.igs.ocha.ac.jp/jaffe/about/index.html
2004년 설립
목표: 페미니스트 경제학의 다학제적 발전을 목적으로 하여 연구를 수행하고 정보를 교환한다.

일본퀴어연구학회 The Japan Association for Queer Studies: JAQS
http://queerjp.org/index.html
2007년 10월 설립
목표: 퀴어연구에 관심이 있는 연구자들에게 상호 교류하고 연구 성취를 나누는 공간을 제공함으로써 다양한 사회 문화 활동가들이 서로의 지식을 나누고 관점을 교환한다.

자료편집: 시마즈 미와코(Miwako Shimazu), 2011년 12월.

〈표 4-3〉 일본 여성학/젠더학 연구센터

국립여성교육센터 National Women's Education Center: NWEC http://www.nwec.jp 1977년 설립 목표: 지역 공무원, 교육계와 단체 리더들 그리고 국제 훈련원, 여성교육 관련 개인들을 위해 훈련을 시행한다. 여성 교육에 대한 연구와 조사를 수행하여 여성교육을 증진하고 젠더 평등사회를 실현한다.
아시아여성자료센터 Asia Japan Women's Resource Center: AJWRC http://www.ajwrc.org 1977년 AWA 설립 1994년 AJWRC로 변경 목표: 정보공유와 네트워크 형성을 증진하고 교육과 훈련, 지지와 캠페인을 확산한다. 젠더에 기반을 둔 어떤 형태의 폭력도 종식시키고 정당하고 지속 가능한 사회를 만들어간다. 대안 정치와 여성의 임파워먼트를 실현한다.
아시아여성기타큐슈 포럼 Kitakyushu Forum on Asian Women http://www.kfaw.or.jp 1990년 10월 설립 목표: 아시아에서 상호 이해와 협력 및 여성들의 지위 향상을 도모한다.
토카이재단젠더연구 Tokai Foundation for Gender Studies http://www.libra.or.jp 1997년 6월 설립 목표: 젠더 이슈에 관한 연구 및 차세대 연구자 훈련과 교육을 제공하고, 젠더 평등에 관한 의식 향상을 통해 젠더 편견에서 벗어난 '평등한 사회'를 실현하기 위해서 노력한다.

자료편집: 시마즈 미와코(Miwako Shimazu), 2011년 12월.

〈표 4-4〉 일본 대학 내 여성학/젠더학 연구기관

젠더학연구소 Institute for Gender Studies: IGS http://www.igs.ocha.ac.jp 1975년 국립여성학기록보관소로 설립, 1986년 여성학연구소로 변경, 1996년 젠더학연구소로 변경 목표: 일본의 젠더학 관련 학술연구와 교육 활동을 발전시킨다. 사회과학에서 젠더학에 특화된 대학원과정을 제공한다. 연구 프로젝트, 국제 심포지엄, 대중 강연을 통해 국내외 학자들과의 협력과 학문적인 네트워크 확산을 증진한다.
도쿄여성기독교대학 여성학연구소 Institute for Women's Studies, Tokyo Woman's

Christian University

http://lab.twcu.ac.jp/iws

1976년 여성학위원회로 설립, 1988년 여성학센터로 변경, 1990년 여성학연구소로 변경

목표: 여성학의 증진과 발전에 기여한다. 남성 중심 사회에서 무시되어온 환경문제를 다룰 공간을 확대한다. 여자대학의 역할과 미래를 전망한다. 국내외 인적 네트워크를 구축한다.

고배대학 여성학연구소 Kobe College Institute for Women's Studies

http://www.kobec.ac.jp/gender

1985년 설립

목표: 여성학과 젠더학에 대한 연구를 증진하고 연구결과물을 출판한다. 여성/남성/젠더와 관련된 모든 이슈에 대해 토론하고 연구할 수 있는 공간을 제공한다.

후쿠오카여자대학 여성평생교육연구센터 Fukuoka Women's University Research Center for Women's Lifelong Education

http:www.fwu.ac.jp/rcle

1985년 여성평생교육자료실로 설립, 1997년 평생교육연구센터로 변경, 2006년 여성평생교육연구센터로 변경

목표: 여성들의 직업교육과 평생교육을 증진한다. 여성들이 일하는 생애 기간 동안 여성 교육을 지원한다. 지역에 남녀노소 모두에게 지속적인 교육을 받기 위한 장소를 제공한다.

쇼와여자대학 젠더학연구소 Research Institute for Gender Studies, Showa Woman's University

http://content.swu.ac.jp/jyobunken-blog

1986년 5월 설립

목표: 2년제 대학 과정의 학사과정과 석사과정에서 여성과 문화에 대한 연구를 증진한다. 일본 국내외의 여성 문화의 창조와 발전에 기여한다.

오사카부립대학 인문사회과학대학 여성학센터 Women's Studies Center, School of Humanities and Social Science, Osaka Prefecture University

http://www.human.osakafu-u.ac.jp/w-center

1990년 오사카여자대학 여성학자료실로 설립, 1996년 오사카여자대학 여성학센터로 변경, 2005년 오사카부립대학으로 병합

목표: 모든 개인이 젠더 차별에서 벗어나 평등하게 살 수 있는 사회를 만드는 것을 목적으로 한다. 젠더 평등 참여에 관한 포괄적인 연구를 수행하고, 이에 따른 일본 국내외의 연구 네트워크 공간으로서의 역할을 수행한다. 오사카부립대학 학부와 대학원에 여성학/젠더학 교육 프로그램을 제공한다.

교토타치바나대학 여성역사문화연구소 Institute for Women's History and Culture, Kyoto Tachibana University

http://www.tachibana-u.ac.jp

1992년 설립

목표: 여성의 사회적 지위 향상을 위한 역사적·문화적 연구를 촉진한다. 여성의 관점에서 역사를 재평가함으로써 역사학의 누락된 부분을 채우고 역사학 전체에 깊이를 더한다.

아이치슈쿠토쿠대학 젠더여성학연구소 Institute for Gender and Womens Studies, Aichi Shukutoku University: IGWS

http://www.aasa.ac.jp/org/igws

1994년 4월 설립

목표: 전 세계적으로 젠더에 기반을 둔 차별 사례를 모아서, 여성과 남성에게 부여된 고정된 역할을 재평가한다. 교육과 연구을 위해 관련 자료를 제공한다. 여성과 남성이 동등하게 살아가며 참여하는 더 나은 사회를 실현하는 데 기여한다.

릿쿄대학 젠더포럼 Rikkyo Gender Forum, Rikkyo University

http://www.rikkyo.ac.jp

1998년 4월 설립

목표: 젠더교육과 연구활동 본부로서 대학이 젠더 평등사회 실현이라는 시대의 요구에 부응하도록 발전시킨다.

조사이국제대학 젠더여성학연구소 Institute for Gender and Women's Studies, Josai International University

http://www.jiu.ac.jp/igws

1999년 설립

목표: 21세기 세계와 일본의 미래 비전을 주시하고 여성과 사회, 문화와 젠더 구조를 연구한다. 국제 컨퍼런스, 강의, 심포지엄, 워크숍, 해외 연구자와 공동 연구 및 연구물을 출판한다.

와세다대학 젠더학연구소 & 종합연구프로젝트연구소 Gender Studies Institute, Project Research Institutes of the Comprehensive Research Organization, Waseda University

http://www.kikou.waseda.ac.jp

2000년 설립

목표: 젠더 관련 과목을 가르치는 대학 교수진과 다양하고 풍성한 교과과정 개발을 위한 의견과 정보를 교환한다. 젠더학에 관심이 있는 대학 교수진과 대학원생들이 다양한 공통의 주제에 관한 학제 간 연구를 할 수 있도록 장소를 제공한다. 대내외적으로 얻어진 학문적 통찰들을 출판함으로써 일본사회에서 젠더 평등이 실현되는 데 기여하고, 일본과 세계 젠더학 발전을 위해서 활용한다.

와코대학 젠더포럼 Gender Forum, Wako University

http://www.wako.ac.jp/gender

2001년 젠더프리 스페이스로 설립, 2007년 젠더포럼으로 변경

목표: 젠더 이슈에 대한 사람들의 인식을 깊게 하고 젠더 이슈를 다룰 수 있는 기술을 획득

하는 것을 돕는다. 교수, 학생, 직원 간의 교류를 돕는다. 젠더 관련 학문연구와 실천 활동을 연결한다.

도호쿠대학 젠더 평등과 다문화 공생 센터 Research Center for Gender Equality and Multicultural Conviviality, Tohoku University: GEMC

http://www.law.tohoku.ac.jp/gemc

2003년 12월 젠더법정책센터로 설립, 2009년 1월 젠더 평등과 다문화 공생 센터로 변경

목표: 2008년 6월에 시작한 '전 지구화 시대의 젠더 평등과 다문화 공생'이라는 도호쿠대학의 글로벌 프로그램(GCOE)에 기반하여, 세계적으로 일어나고 있는 사회 이슈를 분석한다. 젠더 평등과 다문화의 공생이라는 관점에서 해석을 제공한다. 그러한 이슈에 적절하고 효과적인 해결책을 제공할 수 있는 젊은 학자를 양성한다.

국제기독교대학 젠더학센터 Center for Gender Studies, International Christian University

http://subsite.icu.ac.jp.cgs

2004년 4월 설립

목표: 서구에서 온 정보를 소비하는 수동적인 전략에서 벗어나 일본 관련 정보를 모아 세계 다른 나라에 전달한다. 젠더학/여성학/남성학 연구에 관심 있는 아시아 전역의 사람들과 네트워크를 구축한다. 국제기독교대학의 젠더와 섹슈얼리티 관련 프로그램을 지원한다. 자연과학을 포함하여 젠더학의 새로운 장을 개척한다.

나라여자대학 아시아 젠더와 여성문화 센터 Center for Gender and Women's Culture in Asia, Nara Women's University

http://koto.nara-wu.ac.jp/gender

2005년 11월 설립

목표: 아시아의 젠더 이슈에 대한 연구를 증진하고, 아시아의 고등교육의 발전에 기여한다. 아시아 국가인 일본으로서의 지위와 일본 내의 여자대학으로서의 아시아의 여성 연구자 네트워크의 중심지가 된다.

메이조대학 젠더학연구소 Meijo University Gender Studies Institute

http://gender.mejio_u.ac.jp

2006년 4월 설립

목표: 젠더 평등이 일본 사회의 목표 중 하나가 되고 있는 오늘날 젠더 관점에 기반을 두고 연구와 교육을 증진한다. 대학 및 지역사회에 기여할 수 있는 활동을 확산한다.

히토쓰바시대학 사회과학젠더학센터 Center for Gender Research and Social Science, Hitotsubashi University

http://gender.soc.hit-u.ac.jp

2007년 4월 설립

목표: 젠더학을 사회과학에 통합해서 학제 간 연구영역을 만들고, 이에 따른 새로운 연구 분야를 만든다. 발전된 사회과학연구는 젠더 관점과 통합되고, 그러한 연구에 기초하여 새로

운 젠더 교육을 세우고 실천한다. 젠더 평등 사회를 창조할 수 있는 수준 높은 연구자들과 전문가들을 훈련하고 교육하는 데 기여한다.

자료편집: 시마즈 미와코(Miwako Shimazu), 2011년 12월.

5. 아시아 여성학/젠더학과 나의 활동

필자가 아시아나 세계 다른 지역들과 연결하여 여성학/젠더학에 관계하기 시작한 것은 1985년이었다. 당시 필자는 오차노미즈대학의 가정관리학과 교수였는데 이듬해 1986년에 오차노미즈대학 여성학연구소(IWS)[12]의 교수가 되었다. 여성학연구소는 1996년에 젠더학연구소로 재조직되었다.

그해에 에소스탠다드오일사(Esso Standard Oil Co. Ltd.)의 홍보 팀 편집장이 필자에게 와서 세계 여성사를 작은 책자로 집필해 달라고 부탁했다. 필자는 그러한 제안을 받아들였고 세 명의 동료에게 도움을 요청했다. 우리는 『세계여성사(Sekai Joseishi)』라는 제목의 작은 백과사전을 집필했고 1986년에 출판했다. 그리고 1987년에 더 넓은 독자층을 위해서 개정판을 발간했다.

이 두 권의 책을 만든 편집진은 다음과 같은 인식을 공유했다.

1985년 나이로비에서 열린 제3차 세계여성대회에서 서구 페미니스트들은 '여성들에 대한 차별에 다층적인 접근'을 제안한 반면에 제3세계 여성활동가들은 남성지배(가부장제)에 대한 저항을 신식민지와 독재에 저항하여 투쟁하는 그들의 활동 과정의 일부로 여기고 있었다. 서구 여성과 제3세계 여성

12 이 연구소는 1975년에 처음으로 여성학기록보관소로 세워졌고, 1985년에 여성학연구소로 재조직되었다.

이 처한 상황이 달랐지만 글로벌 페미니즘을 통해 여성 억압의 공통된 뿌리에 대한 인식을 공유했으며, 함께 손을 잡을 수 있었다. 이것은 거스를 수 없는 중요한 흐름을 형성했다(Hara et al., 1987: ii).

책을 출판하기 바로 직전에 필자는 편집 작업의 경험이 서구 여성에 관해 연구하는 일본 학자들과 제3세계 여성들에 관한 연구를 하는 학자들에게 보람 있는 일이었다고 썼다. 이들은 서로에 대해서 알게 되었으며 정보를 교환할 수 있는 소중한 기회를 누릴 수 있었다(Hara et al., 1987: 9~10).

6. 일본 여성학/젠더학 박사학위 제도화

오차노미즈대학은 여성학/젠더학과 관련된 박사학위를 주는 대학들 가운데 학위 수와 연구의 다양성이 뛰어나다. 반면 내가 2005년부터 가르치고 있는 조사이국제대학은 일본에서 석사와 박사 프로그램과 함께 학부생들에게 여성학 프로그램을 실시한 최초의 대학이었다. 2012년 이후로 다른 몇몇 대학들이 여성학/젠더학 관련 주제로 박사학위를 주기 시작했다. 그러나 수업이나 교과과정에 젠더, 여성이라는 용어가 반드시 들어가 있었던 것은 아니었다.

1) 오차노미즈대학의 여성학/젠더학 박사학위 프로그램

1976년 오차노미즈대학의 인문과학 대학원 박사과정이 생겼고, 1985년에 처음으로 여성학/젠더학 관련 박사논문이 나왔다(Ohinata, 1985). 여성학은 1993년에 이르러서야 공식적으로 독립 학문으로서 인정받았다.

2007년에는 학제 간 연구인 젠더학이 박사과정에 추가되었다. 그 이후로 폭넓은 주제에 관한 박사논문들이 제출되었고 박사학위가 수여되었다. 1985년과 2012년 사이에 여성학/젠더학 분야에서 총 142개의 박사학위가

〈표 4-5〉 오차노미즈대학 여성학/젠더학 박사학위 논문 수(1995~2012)

연도	합계	심리학	문학	인간개발	사회과학	교육	생물학	역사학	인문학	자연과학	문화학	지리학	경제학	식품학	언어학
1985	1	1													
1986	0														
1987															
1988															
1989															
1990															
1991															
1992	1		1												
1993															
1994	1			1											
1995	3			2	1										
1996	6			3	2	1									
1997	1						1								
1998	6	1	2		1			2							
1999	4		1		3										
2000	6			1	5										
2001	8	1	2		3			1	1						
2002	5	1	1		1	2									
2003	5	1			3					1					
2004	7			1	4	1			1						
2005	10	1	2	1	4		2								
2006	12		1	1	6	1			1		1	1			
2007	12	1	3	2	4	1					1				
2008	16	3		2	8					1	2				
2009	8	1			2		2	1				1	1		
2010	11	1	1		4	2					1			1	1
2011	12			1	5	1		2			1			1	1
2012	9		1		6									1	1
합계	144	12	15	15	62	9	5	6	3	2	6	2	1	3	3

자료: http://www.lib.ocha.ac.jp/gakui.html
자료정리: 하라 히로코 · 스마즈 미와코, 2012년 12월.

수여되었다(〈표 4-5〉). 이 가운데 아시아 관련 이슈는 18편이고(일본과 일본인에 관한 연구는 제외), 5편은 중국, 4편은 필리핀, 3편은 한국(일본 내 한국인 포함)이었고 방글라데시, 인도, 인도네시아, 사모아, 대만, 그리고 베트남에 관한 논문이 각 1편씩 있었다.

2) 조사이국제대학의 여성학/젠더학 박사학위 프로그램

지바(千葉) 현에 있는 조사이국제대학은 1996년에 여성학 석사과정을 개설했고 1998년에 박사과정을 시작했다. 2007년 이후로 여성학/젠더학에서 18개의 박사학위가 수여되었다(〈표 4-6〉). 이 18편의 논문 가운데 3편이 중국을 다루었다(중국 언어학, 중국 인구학, 중국계 미국인).

〈표 4-6〉 조사이국제대학 여성학/젠더학 박사학위 논문 수(2007~2012)

연도	합계	자연과학	문학	언어학	고고학	사회과학
2007	4	1	2	1		
2008	2				1	1
2009	3		3			
2010	4		4			
2011	2		1			1
2012	3		2			1
합계	18	1	12	1	1	3

자료정리: 하라 히로코, 2012년 12월.

3) 기타 여성학/젠더학 관련 대학원 프로그램

위의 두 대학 이외에도 여성학/젠더학 관련 대학원 프로그램은 도쿄의 히토쓰바시대학(사토 후미카 박사), 오사카 부립대학(이다 쿠미코 박사, 타마 야스코 박사)에도 설립되었다. 히토쓰바시대학은 1997년 이후로 여성학/젠더학 관련 박사학위를 11명에게 수여했고, 그 가운데 두 명의 논문은 한국 관련 연구였다. 반면 오사카 부립대학은 2012년에 처음으로 박사학위를 수여했다.

7. 베이징 세계여성대회 이전

나의 개인적인 견해로는 1995년 제4차 베이징 세계여성대회가 열리기 전 일본에서 개최된 아시아 여성에 관한 기타큐슈 포럼(Kitakyushu Forum on Asian Women: KFAW)[13]과 아시아여성회의(Asian Women's Conference: AWC)는 일본의 여성학/젠더학 역사에서 사회적으로나 학문적으로 중요한 의미가 있다고 생각한다.

1) 아시아 여성에 관한 기타큐슈 포럼(Kitakyushu Forum on Asian Women: KFAW)

아시아 여성에 관한 기타큐슈 포럼이 열린 기타큐슈 지역은 많은 외국인들이 살고 있으며 많은 시민들이 아시아 모든 지역과 교류하는 데 관심이 있는 국제도시이다. 따라서 기타큐슈에서 아시아 여성에 관한 포럼이 열렸다는 것은 일본이 아시아로 나아가는 문이 되었다는 상징적인 의미를 갖는다.

기타큐슈 포럼은 일반 시민들의 기부와 지역 공동체 재활 프로젝트를 위

13 http://www.kfaw.or.jp/about/index.html.en

한 정부의 특별 기금으로 1990년에 설립되었다. 이 포럼의 목적은 여성의 지위를 향상시키고 아시아 여성들이 상호 이해하고 협력하도록 돕는 것이다.

또한 아시아와 관련된 풀뿌리활동에 시민들의 참여를 유도하고 여성 이슈를 폭넓고 깊고 종합적으로 연구하고, 국제적 교류와 협력을 통해 기타큐슈 시를 위한 새로운 정체성을 구축하며 아시아문화의 다양성을 존중하면서 '젠더 평등,' '발전과 평화'에 기여하는 것을 목표로 했다.

아시아 여성에 관한 기타큐슈 포럼은 아시아 국가에 살고 있는 여성의 문제를 살펴보고, 아시아 여성들의 역량 강화를 위해서 매년 아시아 여성들에 관한 기타큐슈 컨퍼런스를 개최하며, 첫 번째 컨퍼런스는 1991년에 열렸다.

2) 아시아여성회의(Asian Women's Conference: AWC)

1992년에는 '여성들의 아시아로 재창조하기(Recreating Women's Asia)'라는 제목으로 아시아여성회의(AWC)가 일본에서 개최되었다. 이 대회는 일본 여성과 아시아 다른 지역 여성 간의 연대를 돈독히 하고자 하는 조직위원회의 진심 어린 염원에서 나온 것이다. 아시아여성회의 코디네이터였던 후나바시 구니코(Kuniko Funabashi)[14]는 대회보고서 2권 서문에 다음과 같은 글을 썼다.

> 아시아여성회의 전체회의가 사이타마 현에 있는 국립여성교육센터(NWEC)에서 4월 2일부터 4일 사이에 열렸고 요코하마, 센다이, 사카이, 이로시마,

---

14 그녀는 1975년 멕시코시티 세계 여성의 해 최고회의에 참석했던 일본 여성 200명의 중 한 사람으로 일본과 다른 아시아 지역 여성 간의 관계의 중요성을 강조했다.

> 오사카 지역에서는 지역별 세션이 열렸다. 아시아 13개국 18명의 연사가 참석했고 총 1500명의 여성들이 대회에 참석했다. …… 우리 참가자들은 서로 다양한 경험 속에서, 특히 아시아의 다양한 지역에서 여성이 마주치는 문제들을 극복하기 위해서 수행되었던 여러 사회운동과 연구에서 배울 수 있었다. 우리는 또한 일본 안에 살고 있는 여성뿐만 아니라 다양한 아시아 지역의 여성과도 네트워크를 만드는 데 성공했다. 그것을 통해서 우리는 서로를 격려하고 함께 대화하고 스스로를 역량 강화시켜 나가고 있다.

8. 1995년 베이징 세계여성대회 이후

이후 일본의 많은 여성들이 1995년 베이징에서 열린 제4회 세계여성대회에 참가했다. 일본에서 온 참가자들은 주로 여성 시민단체 활동가들과 각 지방정부에서 제공한 베이징 연구기금에 응모했던 지역 여성들이었다. 그들은 여성문제를 담당하는 공무원들의 안내를 받았고 그들의 여행경비 일부를 지방정부가 지원했다(그 당시 일본 지방정부는 국가의 경제발전 덕으로 그런 프로그램에 대해 예산을 가지고 있었다). 이와 같이 전국에 걸친 상황을 되돌아볼 때, 그 시기는 여성학/젠더학 영역에서 연구활동, 국제 교류, 출판활동이 활발했던 시대였다.

1) 오차노미즈대학 여성학연구소(Institute for Women's Studies: IWS)와 국립여성교육센터(National Women's Education Center: NWEC) 공동 프로젝트

1993년과 1994년에 당시 교육부 장관은 '아시아 태평양에서의 여성과 젠더: 8개국의 정책 발전과 여성학'이라는 주제의 공동연구를 지원했고,

이 연구는 국립여성교육센터(NWEC)와 오차노미즈대학 여성학연구소(IWS)에서 수행했다. 연구 팀은 다음과 같이 구성되었다.

1. 한국: 오사와 마리(도쿄대학), 정진성(서울대학교), 마에다 미즈에(국립여성교육센터)
2. 중국: 마에다 미즈에, 무라마쓰 야스코(도쿄여자기독교대학), 황위푸(중국사회과학아카데미)
3. 인도네시아: 무라마쓰 야스코, 다쿠치 리에(오차노미즈대학)
4. 태국: 하라 히로코, 우에무라 치카코(NWEC), 에토 사에(도쿄외국어대학)
5. 인도: 미조여성연합(Mizo Women's Federation), 말라비카 칼레카(Centre for Women's Development Studies, New Delhi: CWDS)
6. 뉴질랜드: 마오리 여성 연구 팀, 지구사 기무라-스티븐(IWS)
7. 호주: 다치 카오루(IWS), 세타 치에코(NWEC)
8. 뉴질랜드: 지구사 기무라-스티븐, 다치 가오루, 세타 지에코

이 연구프로젝트[15]를 통해서 연구 팀 멤버들은 젠더, 민족, 계급 간의 상호연결을 강조하는 것이 중요하다는 것을 깨달았고, 현실에 비추어 개념과 이론들을 발전시키고 여성학과 젠더학의 관점에서 이 상호 연관들을 분명하게 하여 지식을 변화시킬 필요가 있음을 인식했다(Hara and Osawa, 1996: 15~16).[16]

15 프로젝트 결과는 Hara, Maeda, and Osawa(1996)로 출판되었다.

16 이 부분은 오사와 마리가 집필했다.

2) 기타큐슈 여성학/젠더학 네트워크

1996년에는 다무라 게이코(Keiko Tamura, 국제 관계와 남아시아연구 전문가)와 시노자키 마사미(Masami Shinozaki, 가족 사회학과 여성학/젠더학 전문가)가 중심이 되어서 기타큐슈 여성학/젠더학 네트워크(Women's/Gender Studies in Kitakyushu)가 만들어졌다. 이 단체의 7명이 『아시아의 사회변화와 젠더(Ajia no Shakaihendo to Jendah)』라는 제목의 책을 저술하는 데 기여했으며, 이들 가운데 두 명은 1999년 일본어로 출판할 때 편집자 역할을 했다. 이 책에서 "싱가포르와 중국의 노령화", "싱가포르 여성과 가족", "파키스탄 농촌 여성들", "중국의 직업 없는 여성들", "다른 아시아에서 일본으로 온 여성들을 향한 폭력", "네팔 여성과 NGO" 등의 주제를 다루었다.

시노자키 마사미는 책의 후기에서 이 책이 두 가지 전제를 바탕으로 쓰였다고 밝혔다. 첫째, 아시아는 다양한 국면과 요인들, 산업화의 정도, 기후나 지리 조건 등은 말할 것도 없고 다른 여러 면에서 다양성을 보여주고 있으며 동시에 활력으로 가득 차 있다. 둘째, 1990년대 후반에 이르러, 사회 변화와 젠더에 대한 연구는 동아시아 금융위기와 만났는데 이것은 가장 최근의 젠더 이슈 발전이 보고된 시기와 동시에 일어났다. 이러한 인식을 바탕으로 시노자키 마사미는 편집자들과 함께 금융위기와 그에 따르는 정치적인 위기가 아시아 전역의 여성들과 남성들의 고용, 사회 안정, 정치 과정, 교육, 이민, 가족 그리고 건강과 몸을 포함하는 삶 속의 다양한 관점에서 어떻게 영향을 끼쳤는지 연구할 필요를 느꼈다고 했다.

3) 젠더와 발전에 대한 문헌 정리

『젠더와 발전: 임파워먼트를 위한 국제 협력(Kaihatsu to Jenda: Enpawamento no Kokusaikyoryoku)』은 젠더와 발전 관련 입문서로서 강력하게 추천받는 책으로 다나카 유미코(Yumiko Tanaka), 오사와 마리(Mari Osawa), 이토 루리(Ruri Ito)에 의해서 편집되고 공동저술된 것이다(Tanaka et al., 2002).

일본어로 쓰인 이 책은 세계 전역의 발전 프로젝트에 참여했던 다양한 연령의 남성 6명과 여성 38명이 그들의 경험에 기초하여 젠더와 발전에 관한 다양한 국면에 대해 설명하고 있다. 이 책은 아시아 나라들의 폭 넓은 영역을 다루고 있는데(괄호 안의 숫자는 연구 사례 수임) 책에는 방글라데시(3), 태국(3), 필리핀(2), 아프가니스탄(1), 캄보디아(1), 동티모르(1), 한국(1)과 네팔(1) 관련 사례 연구가 있다. 몇 개의 보고서는 경계를 가로지르는 이슈인 아시아의 장애인, 성기 절단, 아시아의 경제위기, 아시아의 NGO와 여성센터 간의 네트워킹 등을 다루고 있어서 국가별로 구분지을 수 없었다.

세 명의 편집자는 각각의 주제에 대해 몇 년간 숙달한 전문가들이기 때문에 책의 수준이 아주 탁월하다. 다나카 유미코[17]는 일본 국제협력사업단(Japan's International Cooperation Agency: JICA) 젠더와 발전 수석자문관이다. 오사와 마리는 도쿄대학 사회과학연구소(ISS) 경제학 교수이며, 이토

17 다나카 유미코는 맨체스터대학 대학원에서 발전학 석사를 마치고 1981~1983년 태국 UN 산업개발기구(United Nations Industrial Development Organization: UNIDO) 사무관으로 지냈다. 1983년부터 1990년까지 UN-ESCAP '발전 안에서의 여성(WID)'의 사무관을 역임하고, 1994년부터 1996년까지 네팔에서 공동체 발전과 숲과 물 보존 프로젝트를 위한 젠더 이슈 계획 전문관을 지냈다. 1998년부터 1999년까지 일본 국제협력사업단(JICA) 사업 평가와 프로젝트 모니터링 담당관을 했고, 1999년부터 2001년까지 사회발전 협력부서의 전무이사로 일했다. 2002년부터는 젠더와 발전에 대한 수석 자문관으로 있다.

루리는 2002년부터 오차노미즈대학의 젠더연구소에서 이주사회학 교수로 있다가 2013년부터 히토쓰바시대학의 교수로 있다.

4) 일본학술위원회(Science Council of Japan: SCJ)

일본학술위원회는 인문학, 사회과학, 자연과학, 농림, 공학, 의학/약학, 간호학 등 다양한 학계에서 온 210명의 학자로 구성되었다.

(1) 젠더와 교육부의 과학연구 보조금

1997년에 나는 일본학술위원회의 일원이 되어서 문화인류학 분야를 대표하게 되었다. 그 당시, 교육부[18]는 2003년 예산에 책정된 과학연구 보조금을 받을 학문과 연구 분야에 대한 개정을 고려하기 시작했고, 일본학술위원회에 연구결과를 준비하고 그것에 대한 보고서를 제출하라고 요청했다. 1980년대에는 여성학/젠더학, 젠더 특화된 의학, 여성문학에서 프로젝트를 수행하기 위한 학술연구 보조금을 받으려는 신청자들은 법, 사회학, 의학, 문학 등 그들이 연구하고자 하는 내용에 가장 가까운 학문을 골라서 신청했다. 그러나 심사위원들이 대부분 남성들이었기에 그들의 공감을 얻는 것은 쉬운 일이 아니었다. 이 상황에 놀란 나와 우에노 치즈코(Chizuko Ueno)를 비롯한 많은 학자들은 교육부에 학문과 연구보조기금에 '여성학/젠더학'을 추가시켜달라고 요청했고 학문은 다학제적 연구 분야로 범주화시킬 수 있다고 제안했다. 우리들의 노력 덕분에 2001년 예산 편성 때 연구보조기금을 위한 항목, 분야, 학문 분야를 개정하면서 젠더는 융

18 2001년 예산년도에서 문부과학성(Ministry of Education, Culture, Sports, Science and Technology: MEXT)이 되었다.

합과학과 혁신과학의 범주 아래서 새로운 다중학문영역 연구 분야에서 새로운 학문 분야로 인정받게 되었다.[19] 그리하여 2003년에 학문 분야의 핵심 단어 14개가 새로운 명단으로 올라갔고, 이러한 개정에 기반을 두어서 연구 보조금을 받을 수 있는 가능성을 열었다.

(2) **아시아와 젠더 학술위원회**(Science Council of Aisa and Gender)

아시아학술위원회(Science Council of Asia)[20]는 11개 아시아 회원국의 적격한 학문단체들로 이루어져 있다. 하지만 아시아학술위원회가 제시한 전체 학문 분야를 아우를 수 있는 국가는 회원국 가운데 인도네시아, 필리핀, 일본 정도였다.[21] 회원 국가들은 매년 컨퍼런스를 주최하고 돌아가면서 의장을 보내야만 한다. 아시아학술위원회 사무국은 일본학술위원회에 두었다. 아시아학술위원회의 젠더에 관한 공동프로젝트는 유네스코 자카르타 지부에서 온 스티븐 힐(Stephen Hill)과 내가 했던 기조연설을 바탕으로 시작되었다.[22] 2003년 발리 덴파사에서 열린 제3차 컨퍼런스에서 인도네시아 스잠시아 아흐맛(Sjamsiah Achmad)이 아시아 국가 안에서의 젠더

---

19 Cf. http://www.jsps.go.jp/english/e-grants/data/09_2011/06_e.pdf

20 자세한 것은 이 사이트를 볼 것. http://www.scj.go.jp/en/sca/organizations/structure.html

21 구체적으로 인도네시아 학술연구소(Indonesian Institute of Sciences: LIPI), 필리핀 국립 연구 위원회(National Research Council of the Philippines: NRCP), 그리고 일본 학술 위원회(SCJ) 등이다.

22 일본학술위원회의 하라 히로코가 "아시아에서의 젠더학/여성학(The Gender Studies/Women's Studies in Asia)"라는 제목으로 기조연설을 했고, 유네스코 자카르타 지부에서 온 스티븐 힐(Stephen Hill) 이 "고립된 사람들을 연결하기: 21세기 아시아를 위한 과학과 기술정책의 도전들 – 젠더 관점과 빈곤 감소(Connecting the Unconnected: Science and Technology Policy Challenges for Asia in the 21st Century – the Gender Dimension and Poverty Alleviation)"라는 제목으로 기조연설을 했다.

학에 관해 발표했던 것도 프로젝트의 바탕이 되었다.[23] 2004년 서울에서 개최된 제4차 컨퍼런스에서 운영위원회는 향후 6년 동안 아시아학술위원회 공동 프로젝트에 '젠더'를 포함히리는 공식적 제안을 하라고 필사와 스잠시아에게 요청했다. 우리의 제안이 받아들여지면서 우리는 2005년 하노이(제5차), 2006년 델리(제6차), 2007년 오키나와(제7차), 2008년 칭다오(제8차), 2009년 싱가포르(제9차), 2010년 마닐라(제10차) 연례회의와 가장 최근에 있었던 컨퍼런스에서 다양한 주제의 젠더 워크숍을 진행했다.[24]

---

23 다음을 참고할 것. http://www.scj.go.jp/en/sca/pdf/7th_proceedings.pdf

24 "여성학자들의 연구 조건 비교 연구와 인간 중심적인 지속 가능한 발전을 향한 아시아의 여성학/젠더학의 현황(A Comparative Study of the Research Conditions of Women Scientists and the Present States of Women's/Gender Studies in Asian Countries Towards the Human Centered Sustainable Development)"(2005)(http://www.scj.go.jp/en/sca/data/5thgender.html); "여성 학자들의 연구 조건에 대한 비교 연구와 인간 중심적인 지속 가능한 (젠더) 발전을 향한 아시아의 여성학/젠더학의 현황(A Comparative Study of the Research Conditions of Women Scientists and the Present States of Women's/Gender Studies in Asian Countries Towards the Human Centered Sustainable Development Gender)"(2006) (http://www.scj.go.jp/en/sca/pdf/6thsummary.pdf); "학문적 추구와 가족생활(Academic Pursuit and Family Life)"(2007)(http://www.scj.go.jp/en/sca/pdf/ 7th_proceedings.pdf); "여성, 중소기업들(Women, Small/Medium Scale Enterprises(SME) ICT)"(2008)(http://www.scj. go.jp/en/sca/data/8th_gen.html); "아시아에서 학문적 재능 다듬기: 젠더 관점에서(Grooming Scientific Talent in Asia: from Gender Perspective)"(2009)(http:/www.news.gov.sg/public/sgpc/en/media_releases/agencies/astar/press_release/P-20090616-2.print.html?AuthKey=); "인구이동과 기후 변화의 맥락에서 살펴본 재생산 건강 이슈(Reproductive Health Issues in the Context of Population Mobility and Climate Change)"(2010, 미간행).

9. 2001년 이후의 주요 연구

젠더 연구를 하는 몇몇 여성학자들은 교육, 문화, 스포츠, 과학기술부(MEXT)로부터 큰 규모의 연구 보조금을 받아내는 데 성공했다.

1) 오차노미즈대학

오차노미즈대학 젠더학연구소(IGS)와 인문과학대학원 젠더학과는 과학기술부의 '21세기 COE(Center of Excellence)' 프로그램에 선정되어 최첨단 젠더학(Frontiers of Gender Studies, F-GENS) 프로그램을 2003년부터 2008년 사이 운영했고 이 프로그램 책임자는 가이노 다미에(Tamie Kainou) 교수였다.[25]

2) 국제기독교대학

2003~2008년 같은 기간 국제기독교대학에서는 COE 프로그램으로 "평화, 안보, 공생을 위한 연구와 교육(Research and Education for Peace, Security and Conviviality)" 프로그램이 선정되었고 무라카미 요이치로(Yoichiro Murakami) 교수가 이 프로그램의 책임자였다.[26] 이 프로그램에서 세 가지 연구프로젝트가 돌아갔는데 이 중 세 번째 연구프로젝트가 "공생, 교육, 젠더"에 관한 것이었다. 이 프로젝트는 4개의 연구 팀으로 구성되었고, 국제기독교대학의 젠더학센터(CGS) 다나카 가즈코(Kazuko Tanaka) 교수와 미

25 자세한 것은 다음을 참고할 것 http://www.igs.ocha.ac.jp/f-gens/index_e.html
26 http://subsite.icu.ac.jp/coe/coe/murakami_e.html

카나기 유미코(Yumiko Mikanagi) 교수가 진행한 "아시아 관점에서 보는 인간안보와 젠더에 관한 지식 생산"에 대한 연구그룹이 포함되었다.[27]

3) 도호쿠대학

도호쿠대학에서는 5년간 21세기 COE 프로그램으로 "젠더 법과 정책센터(Gender Law and Policy Center)"[28]가 선정되어 프로그램 책임자인 도호쿠대학 법학대학의 쓰지무라 미요코(Miyoko Tsujimura) 교수의 책임하에 2003년부터 2008년까지 젠더 이슈의 다양성에 기초한 연구를 진행했다. 이 프로그램은 이후 "전 지구화 시대에 젠더 평등과 다문화의 공생"이라는 글로벌센터(GCOE) 프로그램으로 이어졌다.[29] 이때도 쓰지무라 미요코 교수가 GCOE 프로그램의 책임자로 참여했고 도쿄대학 사회과학연구소(ISS) 오사와 마리 교수가 GCOE 협력기관 대표로 참여했다. 이 프로그램은 젠더 법과 정책센터(GELAPOC)의 연구결과를 보편적인 사회과학 전 영역으로 발전시키고 세계화 시대에 젠더 평등과 다문화적 공생에 대한 세계 최상급의 연구와 교육센터를 구축하려는 목적을 가지고 있었다. 프로그램을 통해 일본 내외에 있는 기관들과 협력하면서 세계무대에서 활동할 젊은 연구자와 법적 전문가와 정책 전문가를 양성하는 인적 자원을 구축하고자 했다. 2011년에는 프로그램의 결과를 설명하는 책자가 영어로 출판되었는데 제목은 『아시아에서의 젠더 평등: 정책과 정치 참여(Gender Equality in Asia: Policies and Political Participation)』였고 편집은 쓰지무라 미요코 교

27 http://subsite.icu.ac.jp/coe/coe/hyou_e.html
28 http://www.law.tohoku.ac.jp/gelapoc/english/
29 http://www.law.tohoku.ac.jp/gcoe/en/about-gcoe/outline/

수와 제키 스틸(Jackie F. Steele)이 맡았다.[30] 이 책은 두 부분으로 나뉘어 "아시아의 젠더 평등 정책",[31] "아시아에서의 여성 정치 참여"[32]를 다루고 있다.

4) 교토대학

교토대학에서는 문과대학원 교수이자 사회학자인 오치아이 에미코(Emiko Ochiai) 교수가 "21세기 아시아의 친밀성과 공적 공간의 재구축"[33]이라는 제목의 글로벌센터(GCOE) 프로그램의 책임자가 되었다. 2012년부터 이 프로그램은 아래와 같은 분야의 연구자들이 참여하고 있다.

> 사회학(이론사회학, 가족사회학, 교육사회학, 지방/도시사회학, 문화사회학, 지식사회학, 경제사회학, 정보통신기술사회학, 감정사회학, 기타 분야)과 관련 분야(문화인류학, 지역연구, 정치학, 경제학, 농업경제학, 교육역사와 젠더학).

비록 여기서는 '젠더학'이 맨 마지막에 등장하지만 나는 이 프로그램이 아시아 페미니즘이 앞으로 어떤 길을 걸어야 하는지를 이해하려는 학자들에게 중요한 단서를 제공할 것이라고 믿는다. 그들이 다음과 같이 주장하기 때문이다.

---

30 http://www.tups.jp/book/book.php?id=244

31 특히 일본 중국 그리고 터키에 살고 있는 인도, 일본 필리핀 여성들.

32 특히 한국, 인도, 스리랑카와 일본의 군사 성 노예.

33 https://www.gcoe-intimacy.jp/images/library/File/GCOEProposalEnglishFinal20080630.pdf

> 새로운 과학 분야 개척의 중요성
> 오늘날 가족생활과 사생활에서 일어나는 극적 변화는 국경을 초월한다. 일본을 포함한 동아시아 전체에서 일어나는 뚜렷한 출산 감소는 이러한 변화의 요인이자 결과이다. 세계화와 신자유주의적 이데올로기의 급격한 확산은 실업과 불안정한 직업 조건뿐 아니라 긴 노동시간을 통해 가족을 해체시키고 있다. 이미 노령화된 사회에서 돌봄 서비스의 부족 현상은 가정부와 돌봄 노동자뿐 아니라 결혼 상대자를 구하기 위한 초국가적 이민현상으로 나타난다. 이 현상은 이주 송출국과 수용국 사회 모두의 가족생활에 큰 영향을 미친다. 이 모든 변화 때문에 복지국가나 시민권 제도의 프레임에 대해서 근본적으로 재고하는 것은 피할 수 없는 일이 되었다.…… 친밀하고 공적인 공간이 재구축되는 경향을 더 잘 설명하기 위해서는 새로운 학문의 개척이 시급하다.[34]

오치아이 에미코 교수는 이 프로그램 이전에 "아시아 사회의 가정주부화에 대한 비교연구: 근대화와 지구화의 과정 속의 젠더 변화"라는 제목의 연구프로젝트를 2006년부터 2008년까지 과학기술부로부터 학문연구를 위한 보조금을 지원받아 수행했다. 이 연구의 연구방법론은 이중적으로 진행되었다. 첫째로 연구 팀은 현장연구를 통해 현 상황을 파악하려고 하는 동시에 아시아의 다양한 사회와 미국과 유럽의 사회 비교와 역사를 이용하여 이론적 분석을 하려 했다. 연구 팀의 연구결과는 다음과 같은 사실을 보여준다. 첫째, 현재의 아시아에서 나타나는 젠더의 변화는 "친밀하고 사적인 영역 공간의 재건 과정"에서 이루어지는데 이는 가족의 변화, 복지

34 https://www.gcoe-intimacy.jp/images/library/File/GCOEProposalEnglishFinal20080630.pdf p.3.

국가의 탄생과 변화, 세계화와 국가 간 이민을 포함하고 있다. 둘째, 지역 간의 차이는 이러한 요인들을 연결해서 설명될 수 있다. 셋째, "가족적 복지체계"는 세계화 현상에서 시장이론을 받아들이면서도 가족 역할의 중요성을 강조한다. 이들 연구는 아시아의 젠더와 가족 변화의 특성을 규명하고 그 변화의 역사적 의의를 밝혀내면서 다른 한편 지구화시대에도 여전히 국가의 역할은 중요하다는 것을 확인해주었다. 이들의 연구결과는 일본어 외에도 영어, 태국어, 중국어로 번역 출판되었다.[35]

10. 결론

지금까지 일본에서 여성학/젠더학이 어떻게 나타나고 발전했는가와 이에 대한 나의 개인적 경험과 견해를 설명해보았다. 다만 여기서는 사회학자였던 우에노 치즈코(Chizuo Ueno)[36]와 게이코 아마노(Keiko Amano)(젠

---

35 영어: Ochiai, Emiko and Barbara Molony(eds.), *Asia's New Mothers: Crafting Gender Roles and Childcare Networks in East and Southeast Asian Societies* (Folkestone: Global Oriental, 2008), 일본어: Ochiai, Emiko et al.(eds.), *Azia no Kazoku to Jenda*(Asian Families and Gender)(KeisoShobo, 2007), 태국어: วิถีครอบครัวชาวเอเชียในศตวรรษที่ 21(เอะมิโกะ โอะชิอะอิ คะโยะโกะ อุเอะโนะ บรรณาธิการ, วรเวศม์ สุวรรณระดา แปลและบทนำฉบับแปล, อรรถยา สุวรรณระดา แปล), สำนักพิมพ์แห่งจุฬาลงกรณ์มหาวิทยาลัย. (21st Century Asian Family), Emiko Ochiai and Kayoko Ueno(eds.), Worawet Suwanrada and Attaya Suwanrada trans.(Chulalongkorn University Press, 2011), 중국어: 落合惠美子, 宫坂靖子, 周维宏, 山根真理 编著, 『亚洲社会的家庭和两性关系—中日韩新泰(五国六地)实证和比较研究』(世界知识出版社, 2010).

36 우에노 치즈코 교수는 "여성학, 페미니즘, 그리고 돌봄 이슈의 연구와 실천"에 기여한 공로로 2011년 아사히 상 수상자 5명 중의 한 사람으로 선정되었다(≪아사히신문≫, 2012년 1월 1일 자). http://ajw.asahi.com/article/behind_news/social_affairs/AJ20

더 특수적 의학과 보건정책과 의료행위에서 새로운 분야를 설립하는 데 원동력이 된 심장병 전문의)를 포함해서 이 분야에서 놀라운 기여를 했던 중요한 몇몇 인물들을 언급할 수 없어서 아쉬움이 남는다.

문화인류학 연구자로서 과거와 현재의 내 모습을 되돌아보니, 나는 세계인구개발회의(ICPD) 바로 전해인 1993년 11월에 여성/젠더 이슈의 연구자이며 동시에 활동가가 되었고 일본, 아시아 그리고 세계에 놀라운 선배, 동료를 갖게 되어서 스스로가 매우 행운이라고 느낀다.

비록 이 리스트가 철저하게 완벽하지는 못하지만 나는 앞으로 20~30년 동안 다가오는 문제들을 아시아 자매들과 함께 탐구할 것이다. 그들의 대답들이 미래의 여성학/젠더학의 과정으로 우리를 인도할 것이다.

참고문헌

Akamatsu, Ryoko et al.(eds). 2007. *Nakamura Mitchiko Raifuhisutori: Hitosuji no Michi*(Mitchiko Nakamura's Life History: a Stretch of Road). Japanese Association of International Women's Rights.

Asia-Japan Women's Resource Center(AJWRC)(ed.). 1997. *Pekin hatsu Nihon no Onnnatachihe: Sekai Josei Kaigi o do ikasuka*(To Women in Japan from Beijing: What to Learn from the World Conference on Women). Akashi Shoten.

Asian Women's Conference Organizing Committee. 1992. Asian Women's Conference "Recreating Women's Asia 1992" Report Part II. Asian Women's Conference Organizing Committee.

Fujieda, Mioko and Fujimura-Fanselow. 1995. "Women's Studies: An Overview."

1201010026

in Fujimura-Fanselow, Kumiko and Atsuko Kameda(eds). *Japanese Women: New Feminist Perspectives on the Past, Present, and Future*. New York: The Feminist Press, pp.155~180.

Hara, Hiroko. 1981. "Ningen kenkyu no Shiten toshite(from the perspectives of Studies on Humankind)." in Joseigaku Kenkyukai(ed.). *Joseigaku wo Tsukuru*(Creating Women's Studies). Keiso Shobo, pp.67~72.

_____. 2011. "Jinko, kankyo, kaihatsu no jenda kadai(Gender issues in population, environment, and development)." in Mari Osawa(ed.). *Koseina Gurobaru Komyunitee wo*(Towards an Equitable Global Community). Iwanami Shoten, pp.95~120.

Hara, Hiroko and Mari Osawa. 1996. "Joseigaku to Joseisesaku(Women's Studies and Women's Policy)" in Hara et al.(eds.). *Ajia Taiheiyochiiki no Joseiseisaku to Joseigaku*(Women and Gender in Asia-Pacific: Policy Development and Women's Studies in Eight Countries). Shin-yo-sha, pp.1~22.

Hara, Hiroko, et al. 1986. *Sekai Joseishi*(History of Women in the World). PR Department at Esso Standard Oil.

Hara, Hiroko et al. 1987. *Yomu Jiten, Onna no Sekaishi*(Encyclopedia for Reading, Women's World History). Shin-yo-sha.

Hara, Hiroko, Mizue Maeda, and Mari Osawa(eds.). 1996. *Ajia Taiheiyochiiki no Joseiseisaku to Joseigaku*(Women and Gender in Asia-Pacific: Policy Development and Women's Studies in Eight Countries). Shin-yo-sha.

Inoue, Teruko. 1981. "Josei no Josei niyoru Josei notameno gakumon(Studies on women, by women, for women)." in Joseigaku Kenkyukai(ed.). *Joseigaku wo Tsukuru*(Creating Women's Studies). Keiso Shobo, pp.55~61.

_____. 2011. *Shin Joseigaku heno Shotai*(A New Invitation to Women's Studies). Yuhikaku, pp.254~255.

Ochiai, Emiko and Barbara Molony(eds.). 2008. *Asia's New Mothers: Crafting Gender Roles and Childcare Networks in East and Southeast Asian*

Societies. Folkestone: Global Oriental.

Ochiai, Emiko and Kayoko Ueno(eds.). 2006. *21-seiki Azia Kazoku*(21st Century Asian Families). Akashi Shoten.

Ochiai, Emiko et al.(eds.). 2007. *Azia no Kazoku to Jenda*(Asian Families and Gender). Keiso Shobo.

Ohinata, Masami. 1985. "Bosei no Keisei oyobi Henyo Katei nikansuru Kenkyu —Koryu wo meburu Genjo to sono Mondaiten — Bosei Kenkyu tono Kanrensei nitsuite(A study on the formation of motherhood and its transformation process—Situations surrounding motherhood and their problems—Relationship with motherhood studies)." PhD dissertation, Ochanomizu University.

Tamura, Keiko and Masami Shinozaki(eds.). 1999. *Ajia no Shakaihendo to Jendah*(Social Change and Gender in Asia). Akashi Shoten.

Tanaka, Yumiko et al.(eds.). 2002. *Kaihatsu to Jenda: Enpawamento no Kokusaikyoryoku*(Gender and Development: International Cooperation for Empowerment). Japan International Cooperation Publishing Co. Ltd.

Tsujimura, Miyoko and Jackie F. Steele(eds). 2011. *Gender Equality in Asia: Policies and Political Participation*. Sendai: Tohoku University Press.

제5장

중국 여성주의 연구와 실천의 새로운 동향

페미니스트 참여현장연구 사례

두팡친

1. 페미니스트 관점에서 본 중국 여성운동

1) 여성운동에 대한 페미니즘적 재정의

일반적으로 여성운동이란 리더와 회원들을 갖춘 조직에, 수많은 대중단체들이 참여하면서 통일된 정치적 신념을 공유하고 그 목적을 향해 나가는 활동으로 정의한다. 이 과정에서 여성운동에 참여한 사람들은 자신들의 정치적 요구를 표현하고 지속적이고 규모 있는 시위를 통해서 정치적인 목적을 실현한다.

1990년대에 많은 페미니스트 지식인들은 클럽, 단체, 인터넷에서 흩어져 활동하는 모든 운동 조직들을 여성운동 안으로 모을 수 있는 가능성을 생각하기 시작했다. 당시의 페미니스트들은 비록 각각의 단체나 활동들이 정치적 신념을 공유하지 않고, 한 지도운영체계에 속해 있지 않으며, 몇몇 단체들은 통일된 의제조차 없거나 그 조직과 활동이 직접적으로 여성들의 요구를 반영하지 않는다 하더라도 여성운동의 유기적인 구성원으로 받아들여야 한다고 보았다. 단, 그들의 목적, 신념, 생각, 전략과 활동 결과 들이 젠더 관계를 향상시키는 데 도움이 되고 여성들의 '실용적인 젠더 요구(practical gender needs)'나 '전략적인 젠더 이해(strategic gender interest)'에 부합하는 경우, 젠더 평등 지향적인 사회개혁 정책을 향상시키고, 문화적이고 구조적인 이데올로기에 변화를 가져오는 데 도움이 되는 한에서 여성운동의 구성원으로 받아들여야 한다고 보았다.

사실, 일반적 의미에서 여성운동은 지식 생산 과정도 포함해야만 한다. "페미니스트 아이디어에서 비롯된 사회적·정치적 활동들을 일반화된 여성운동으로 분류한다면, 운동을 시작하게 한 학계의 여성학 비판이론의 체계화 과정도 여성운동에 이익이 될 것"이기 때문이다(Chang, 2006). 그리고 중국 여성학의 선구자인 리샤오장(Li Xiaojiang)은 간단하게 여성학을 여성운동의 일부로 정의했고 이것을 '여성학 운동'이라고 명명했다(Li, 1997). 한편, 한국 이화여자대학의 35년간의 여성학 발전은 다음과 같은 사실을 증명한다. 여성교육과 여성학은 정책과 법 개정을 선두로 하여, 정책과 법의 실행 촉구, 미디어 홍보, 사회적·문화적인 변화 등을 추동시켰고 이와 같은 연구와 실천의 통합적 노력은 페미니스트 운동을 발전시키는 데 성공적이었다(Chang, 2008).

여성운동의 조직적 구조, 기능 그리고 목적을 규정하는 것과는 별개로 학자들은 더 중요한 조직적 실천과 '자율성' 전략에 관해서 토론해왔다. 어떤 이들은 NGO의 자율성은 국가나 시장제도에서 벗어날 때 가장 잘 지켜진다고 보고 지나치게 '자율성'에 집착했다. 그러나 중국 여성운동을 연구한 장나이화(Zhang Naihua)는 이에 동의하지 않으며, 그런 기준은 부적절하거나 중국의 상황에 맞지 않는다고 주장했다(Zhang Naihua, 2001). 제3세계 국가 대부분처럼 중국도 국가가 직접 관리하는 단체가 대부분이며 외국의 재정적 지원을 받지 않는 여성단체는 극히 드물다. 따라서 중국 여성운동을 언급할 때 무엇보다도 우선 조직의 형태, 기능, 관계 그리고 실천과 그 효과에 따라 변화하는 활동에 대해서 살펴보지 않으면 안 된다.

2) 조직 실행 관점에서 본 개혁개방 이후의 중국 여성운동

(1) 운동의 주체: 조직의 형태와 작동 메커니즘

중화인민공화국이 창설된 이래로 60년 역사의 여성운동은 위에서 언급된 정의에 의해서 재평가되고 있다. 특히 조직 형태에 많은 변화가 일어났다. 처음 30년 동안은 중국공산당(Communist Party of China: CPC) 산하 중화전국부녀연합회(All China Women's Federation: ACWF, 이하 전국부련)가 유일한 여성조직이었다. 그러나 개혁 이후 30년 동안에 전국부련뿐만 아니라 대학과 사회과학연구소 부속의 여성/젠더(페미니스트) 교육과 연구센터 그리고 독립적인 비정부 여성단체들처럼 다양한 여성조직들이 생겨났다. 페미니스트 교육/연구기관과 NGO 들은 1990년대 이후 NGO로 분류되었으며, 전국부련 역시 NGO가 되기 위해 부단히 노력했다. 이 세 조직들은 그 성격이 판이하게 다름에도 불구하고 말이다.

작동 메커니즘 측면에서 보면, 전국부련의 가장 큰 장점은 모든 여성단체들을 아울러 단체 행동을 취할 수 있다는 점이다. 전국부련은 중앙에서 지방으로 그리고 풀뿌리 조직으로 '위에서 아래로' 3단계에 걸쳐 유사 정부 조직처럼 작동한다. 반면 대학과 전문연구소에 소속된 연구기관들은 '안에서 밖으로' 향하는 방식으로 사회운동에 참여한다. 즉, 공식적으로는 연구기관에서 일하면서 기관 밖의 사회 활동을 지원한다(이 단체의 회원들은 여전히 파트타임으로 일한다). 마지막으로 공식 기관 밖에서 특정 여성 집단에 서비스를 제공하는 NGO들은 주로 '아래에서 위로' 작동한다. 사실, 최근 10년 사이 여성조직과 여성운동 네트워크를 보면 이러한 세 개의 범주가 모호해지고 있다. 그 좋은 예로, 반가정폭력 네트워크(Stop DV), 젠더와 발전(Gender-And-Development: GAD), 여성/젠더학(Women/Gender Studies: W/GS) 네트워크는 조직의 입장이나 회원들이 많이 중복되는데 이것은 여성운동 활동가들 간에 또 다른 통합 경향이 있다는 것을 보여준다.

(2) 발전 동향: 조직, 관계, 지위

① 개혁과 개방: 여성연맹의 발전(1982~1992)

문화혁명이 끝난 직후 활동을 시작한 전국부련은 쏟아져 나오는 여성문제를 해결하기 위해서 세 가지 전략을 제안했다. '여성들의 역량 증진', '여성 권익 보장', '여성문제 연구'가 중국공산당 중앙위원회의 지시에 따라 진행되었다. '역량 증진'이란 소위 '4대 자아 정신'으로 '사회주의 상품경제'의 새로운 질서를 만들어가는 사회개혁에 여성들을 참여케 하는 것이다. 4대 자아 정신이란 '자존감', '자신감', '자조', '자기 발전'을 의미한다. 결과적으로 농촌 지역 여성들은 '이중 학습과 이중 투쟁' 캠페인에 참여해야 했고, 도시 여성들은 '여성의 사회공헌' 캠페인에 참여해야 했다. 이는 개혁과 개방의 물결 속에서 여성들이 경제발전에 적응할 수 있게 하기 위함이었다.

'여성들의 문제에 대한 연구와 조사'는 몇몇 지도자들이 중요한 강연을 하면서 불붙었다. 그 예로, 1983년 4월에 중앙위원 지도자가 "여성해방은 사회 해방의 중요 척도"라는 주제를 다시 제기하면서, "여성과 아동에 대한 법적인 권익을 보호하는 것이 전국부련의 원칙이며 주요 과제다"라고 주장했다. 이에 따라 각 지방 단위 전국부련은 '여성연구회' 혹은 '결혼과 가족 연구회'[1] 등을 잇달아 설립하기 시작했다. 1991년에 여성과 아동의 권익을 보호하기 위한 방법을 연구하고 정부에 정책을 제안하기 위한 목적으로 중화전국부녀연합회 여성연구소(Women's Studies Institute of Chaina: WSIC, 이하 전국부련 여성연구소)가 세워졌다. 전국부련 여성연구소의 활동을 자세히 살펴보면, 1980년대에는 개별 사례 관심을 두다가 1990년대에 체계적이면서도 법적인 여성 권익 보호로 활동이 전환되는 것을 볼 수 있다. 이 같은 변화는 1980년에 나온 새로운 혼인법과 1992년에 재정된 '부녀권익보장법(Law of Safeguarding Women's Rights and Benefits)'을 보면 알 수 있다.

② 국제적인 움직임: 우열을 가리기 어려운 세 개의 마차들, 혼돈된 정체성과 지위(1993~1999)

중국 베이징에서 제4차 세계여성대회가 개최되었을 때 국제여성운동의 이슈와 여성운동에 관한 이론이 소개되었을 뿐만 아니라, 중국의 지역 여성조직들이 전면에 등장했다. 'NGO'들은 현재 중국에 깊이 뿌리내리고 있지만 대회 당시에는 중국인들에게 새로운 용어였으며 새로운 형태의 조직이었다. 이 기간 동안에 전국부련들과 거기에서 파생된 연구기관들, 서비스 단체들, 대학과 사회과학 연구소 부속의 연구센터들, 특히 여성을 위한 조직들이 우후죽순처럼 많이 생겨났다.

1999년 옥스퍼드대학교에서 '중국 여성 조직하기: 간부단, 페미니스트, 무슬림, 퀴어(Chinese Women Organizing: Cadres, Feminists, Muslims,

---

1 전국부련을 책임지고 있는 중국공산당 중앙위원회 멤버인 천피샨(Chen Pixian)은 "여성과 아이의 법적인 권리와 이익을 전국부련의 작업원리와 과제로 하기(Take Safeguarding Women and Children's Legal Rights and Benefits as the Working Principle and Task of Women's Federation)"라는 논문을 1983년 4월 27일 *People's daily*에 발표했다. 그 결과 지방과 시의 여성 연맹들은 대학들보다 2, 3년 일찍 연구센터를 건립할 수 있었다.

Queers)'라는 국제 컨퍼런스가 열려 수많은 단체들이 함께 모여 소통하고 서로의 아이디어와 연구 결과물을 나누었다. 당시 새로 생겨난 중국 NGO들은 아직 힘이 약하고 규모가 작을 때였다. 많은 단체들은 생존을 위해 어렵게 투쟁하고 있었다. 그래서 "작든 크든 모든 NGO들은 평등하다"라는 구호가 컨퍼런스에서 많은 이들의 관심을 끌었다. 그리고 전국부련을 NGO로 분류해야 하는가 하는 논쟁은 다음과 같은 사실을 보여준다. 세 가지 형태의 여성단체들은 바짝 붙어 달리고 있지만 제각각 날뛰고 있는 세 대의 마차 같다. 이 기간 동안, 조직 형태의 차이로 인해 중국 페미니스트들이 서로 소통하거나 협력하지 못한 적은 없었다. 베이징 여성대회 전후로 공유했던 집약된 정보들과 모임에서 나눈 토론[2]을 통해 중국 제1세대 페미니스트들이 양성되고 교육받았다. 그들 가운데 많은 사람들이 전국부련 네트워크를 위해서 지금도 적극적으로 활동하고 있으며, 대학에 부속된 다양한 여성단체나 중국공산당 당교, 공식 연구기관 밖의 NGO 단체에서 활동하고 있다.

③ 성 주류화의 증진: '말 여러 마리가 마차 하나를 끌었던 시대'에서 '네 개의 통합'으로(2000년대 이후)

1995년 베이징 세계여성대회가 여성들에게 끼친 가장 큰 영향은 '성 주류화' 증진을 도모하고자 펼친 진지한 행동들이었다. 중국공산당 서기장

---

2 예를 들어서 중국의 페미니스트 학자들은 '중국 여성과 발전'이라는 주제로 제1회부터 3회에 걸쳐 컨퍼런스를 개최했다. 그리고 톈진(Tianjin, 1993, 1999), 난징(Nanjing, 1997), 청두(Chengdu, 1998)에서 여성학 워크숍이 각각 열렸고, 해외 중국 여성학회 협업으로 보스턴(Boston, 1999)에서도 열렸다. 제4회 세계여성대회의 NGO 포럼 이후 이루어진 기념활동은 세계 페미니스트 간의 우정, 연결, 협업 등을 증진시켜오고 있다.

이며 의장이었던 장쩌민(Jiang Zemin)은 1990년 3월 7일에 "중국공산당과 전체 사회에서 여성들에 대한 마르크스 이념 세우기"라는 제목으로 연설했다. 그는 여성에 대한 마르크스 이론이 중국 주류 여성운동의 지침서가 될 것임을 분명히 했다. 그러나 제4회 세계여성대회가 열리는 1995년 9월 4일에 장쩌민은 중국 정부를 대표해서 "우리 사회의 발전을 위해서 여성과 남성의 평등을 국가의 기본적인 정책으로 삼을 것"이라고 공식적으로 약속했다. 아마도 이 약속은 미리 의도했던 것이 아니라 세계여성대회 베이징 행동강령(Beijing Platform for Action: BPoA)이 제안한 '성 주류화'에 대한 즉흥적인 대응책이었을 것이다. 2년 후 UN은 '성 주류화'에 대한 정의를 분명하게 내렸다. 성 주류화는 법률, 정책, 프로그램 등을 계획하고 실행하고 평가하는 모든 단계에서 여성과 남성 모두의 이해와 경험을 반영하도록 요구하는 것이다. 성 주류화의 목적은 여성과 남성들에 관한 법, 정책, 프로그램의 결과와 효과를 평가함으로써 여성과 남성의 평등을 실현하는 것이다.[3]

UN의 주도 아래 이루어진 '성 주류화'는 21세기 국제 여성운동의 가능성을 열었다. 전국부련은 자신들의 법적인 지위를 이용해서 국제세계와 대화할 수 있는 다양한 접근을 시도하면서도 중국공산당, 중앙위원회, 중앙정부, 여성단체, 시민단체 들과 연합해서 법제화, 정책화, 그리고 젠더평등(gender equality)과 남녀평등(equality of men and women) 두 개념을 하나로 프로그램화하는 데 힘썼다. 이 두 개념은 사실상 다르지만 맥락에 따라 같은 의미로 사용되기도 한다. 사실 '젠더'라는 개념에 대해서는 학계와 현장 모두에서 끊임없이 논쟁과 질문들이 제기되고 있다. 어떤 학자들은 '남녀평등'이나 '여성해방'과 같은 아이디어가 여성에 대한 마르크스 이

3 http://www.un.org/chinese/esa/women/mainstreaming.htm

론의 핵심이라고 여기는 반면 '젠더'는 서구 페미니스트 담론이기 때문에 중국이 따라해서는 안 된다고 생각했다. 이들에 따르면 젠더를 성별(xing bie)이라고 번역하는 것이 가장 적절하다. 이 논쟁에 직면하여, 전국부련 전국부련의 고위 지도자들은 여성연맹 안팎의 페미니스트들과 함께 단어들을 합치고, 전환시키고, 재적용하면서 "성별 주류화(xin bie zhu liu hua)", "성별 평등(xin bie ping deng)", "성별 문화(xin bie wen hua)" 같은 새로운 중국어를 창조적으로 만들었다. 정치적 의미를 희석시킬 뿐만 아니라 지워버리는 이러한 전략은 젠더를 "사회적 성별(she hui xin bie)"로 번역하게 했다. 더욱 주목할 만한 것은 그 기간 동안 여성들과 성 평등을 실현할 수 있는 법 제정이 유례없는 발전을 이루었다는 것이다.[4]

각 분야 전문가들에게 성 주류화를 계몽시킬 필요가 있듯이 입법과 정책 결정에는 연구의 지원이 필요하다. 1999년 12월에 전국부련은 전국부련 여성학연구소(Women's Studies Institute, WSIC)를 상설 사무국으로 세우면서, 대학 부설 연구소와 시·지방정부 단위의 사회과학연구소와 여성연맹을 중국여성연구회(Chinese Women's Research Society: CWRS)에 통합시키는 데 성공했다. 이 새로운 조직은 중국 민정부(民政部)에 등록된 기관

---

4 전국부련 고위직 지도자들과 페미니스트들은 베이징 세계여성대회 이후 15년간 '담론 접목하기'와 같은 일들을 해오고 있다. 2010년 12월에 열린 회의에서 전국인민대표대회의 부의장과 전국부련의 대표를 역임하고 중국 여성연구학회를 창립한 펑페이윈(Peng Peiyun)은 기조강연을 통해서 남녀평등과 젠더 평등이라는 두 개념을 병치해서 사용하는 것뿐만 아니라 "정부가 남녀평등을 첫 번째 국가전략으로 시행할 책임이 있다. 국가 체제는 지속적으로 남녀평등을 보장하고 진전을 이룰 뿐만 아니라 중요 정책 결정 과정에 젠더 평등 의식을 심어줄 수 있도록 여성의 발전을 도모할 수 있도록 개발되어야 한다"라고 강조했다(Tang Meiling, A Summary to the "Conference on Marxist Ideology of Women and the Development of the Awaiting Gender Theory," *Women's Research Series*, 2011(1), p.93).

으로 연례 심포지엄, 훈련, 워크숍, 상담, 시상식 등을 마련하여 점차로 그 세력과 영향력을 키워오고 있다. 2010년까지 113개 단체가 회원으로 등록했고, 177명의 이사회가 구성되었다(이들 대부분은 각 조직의 책임자들이다). 2006년 공공 평가에 따라 더 큰 통합을 위해서 21개 지역단체 회원을 '여성연구·교육본부'로 선정했다(대학 13곳, 사회과학연구소 2곳, 당교 3곳, 전국부련 지역지부 3곳). 이들은 여성운동 발전을 위한 입법과 정책결정을 도모하기 위해 전국부련과 중국여성연구회가 학자들, 전문가들, 활동가들을 연합하는 데 핵심이 될 것으로 기대되었다.

전국부련이 '세 개의 마차'를 통합하여 '성 주류화'라는 하나의 마차를 이끌게 한 힘은 무엇이었을까? 남성 지배적인 정치·경제·문화 구조에서 활동가로서 여성의 이익을 대변하고 옹호하며 그러한 행동을 이끌게 한 것은 무엇일까? 확실히 꾸준한 목표, 유연한 전략, 지역 고유의 독창성이란 3가지 요소를 떼어놓고는 생각할 수 없다.

다양한 형태의 조직들이 21세기에 빠르게 성장하고 있다. 지역, 조건, 주의(主義), 목적이 크게 다르다 보니 조직들은 서로 서로 고립되었다. 해외에서 지원받은 프로젝트가 상이한 이해에 따라 다른 방향으로 진행되다 보니 특정 시기의 중국 페미니스트 학자와 페미니스트 활동가들은 각기 다른 길을 갔다.[5] 예를 들어서 다음과 같은 비판이 자주 일었다. "학자들은

---

5 2000년 이후로 중국 NGO는 지원 방향에 따라서 분명하게 학자와 활동가로 나뉘었다: 2003년 10월에 두팡친은 "젠더 연구와 실천의 경계 넘기(Practice and Reflections on Bridging the Gender Activists and Scholars)"를 제안했고 그것과 관련된 회의를 개최했다. 2006년에 장필화의 '페미니스트 지식 공동체'라는 아이디어에 영향을 받아 두팡친은 전문대, 대학, 사회과학기관에서 하는 학문적 연구를 커리큘럼에 따른 교육, 입법과 정책 결정, 언론을 통한 홍보, 서비스 제공에 집중하는 NGO들과 구분 짓고 전자를 페미니스트 학자, 후자를 페미니스트 활동가라 명했다. 관련 설명과

학문을 하며, 전국부련은 운동을 하고 풀뿌리는 활동을 한다." 사실상 학계의 여성주의는 주류 국제 여성운동과도 동떨어져 있었고 중국 사회와도 동떨어져 있었다. 학계의 페미니스트들은 여성학을 공식적인 학과로 만들려는 의도를 가지고 대학 수업에 여성학을 소개하기 시작했다. 그러나 대다수의 여성학자들은 베이징 행동강령의 12가지 영역이나 여성차별철폐위원회(Committee on the Elimination of All Forms of Discrimination Against Women: CEADAW)를 알지 못했다. 반면, 개발을 촉진하고, 빈민을 도우며, 법률 자문을 하고, 직업교육을 시키며, 심리상담을 하고, 의료서비스를 제공해온 NGO 활동가들은 여성학자들의 주장을 받아들이려 하지 않았고, 학자들이 자기 이야기만 하고, 직장에서 승진하기 위해서 논문을 출간한다고 비판했다. 또한 학자들의 연구는 현장에 적용하기에 부적절하고 이해되지 않으며 쓸모없다고 비판했다. 실제로 학자들은 활동가들이 절실하게 필요로 하는 연구나 교육과정을 제공하지 못한 반면 활동가들은 스스로 교육자료를 만들거나 자신들의 결과물을 보고서로 작성해야만 했다. 마찬가지로 활동가들이 조직한 활동이 늘 성공하지는 않았다. 어떤 프로그램들은 그저 형식적일 뿐이었고 지역주민들의 요구를 충족시킬 수 있는 현지화된 이론과 방법론이 없어 저항에 부딪히기도 했다.

지금까지 중국에는 한국의 이화여자대학처럼 100년 이상 여성교육을 했거나 여성학을 40년 동안 진행해온 대학이 없다. 중국 여성학회조차 아직까지 만들어지지 않았다. 위에서 아래까지 공통적으로 받아들이는 사실은 다음과 같다. 젠더 이슈는 곧 여성 이슈이며 여성 이슈와 문제들은 전국

기사는 톈진사범대학 젠더와사회발전연구소(Institute of Gender and Social Development of Studies)가 만든 사이트에서 찾아 볼 수 있다(www.gendercommunity.org).

부련 소관이라는 것이다. 이 논리에 따르면 왜 중국에서 젠더 이슈가 여성에게 돌아가고 여성문제는 전국부련에게 돌아가는지 이해하기 어렵지 않다.

'성 주류화'를 위해 연구단체들을 통합시키면서 전국부련과 중국여성연구회는 입법, 정책 결정, 여성 노동에 대한 조사와 설명에 대한 요구를 충족시키는 것 외에도, 사회과학과 교육 같은 주류 분야에 젠더 의식을 심어주고, 학계와 활동가 간의 간격을 좁히려 노력하고 있다. 2004년부터 중국여성연구회는 중요 교육연구소나 사회과학연구소에 젠더 의식을 심어주기 위한 포럼을 계속 진행하고 있다.

사회과학 분야에서 그 효과는 특히 두드러졌다. 그 좋은 예로 국가사회과학재단이 중국공산당 중앙위원회 선전부 산하에 있게 된 것이다. 2005년에서 2011년 사이 여성과 젠더에 대한 총 139건의 프로젝트 제안서가 통과되었다. 해마다 프로젝트 제안서는 크게 증가했다. 2005년에는 5건이었던 제안서가 모두 무사통과하자 2006년에서 2010년 사이에는 20건으로 늘어났고, 2011년 한 해에는 33건이 되었다. 승인된 프로젝트 제안서들은 마르크스주의, 과학적 사회주의, 중국공산당의 역사와 구조, 응용 경제학, 사회학, 법, 인구학, 정치학 영역에 집중되었다. 이론 분야야말로 여성학의 토대임에도 실용적인 분야의 여성학/젠더 연구 프로젝트 제안서가 기본적인 이론연구보다 확실히 승인이 더 잘되었다.

현재 중국 여성연구가 직면한 문제는 지금까지 죽 이어져 온 중국 가부장제의 문제들을 규명하기도 전에, 존재론, 인식론, 방법론처럼 페미니스트들이 시행할 수 있는 연구를 심화시키기도 전에, 서둘러 조화로운 젠더 사회문화를 위한 법과 정책 결정에 몰두하고 있다는 것이다.

중국여성연구회와 대학에 몸담고 있는 여성학자들은 교육에서 성 주류화가 왜 그리 더딘지, 그 방해 요소들을 여성주의적으로 성찰하게 되었다. 표면상 학교, 학과, 학위 시스템에서 중국 고등교육의 제한성 때문에 여성학은 아직 전공과목이나 부전공과목으로 등록되지 못했다는 것이다. 그 밑에 숨겨진 더 큰 문제는 한때는 이데올로기에 싸여 있었던 중국 대학이 지금은 시장원리에 흠뻑 젖어 있다는 사실에 기인한다. 그들은 여성학이 추구하는 비판정신을 받아들이기 힘들다는 것을 알게 되었다. 대학에서 일하는 페미니스트들이 꿈꾸는 여성학의 3대 합법화, 즉 여성학의 이론적, 사회적, 행정적 합법화에서 처음 두 가지는 실현 가능성이 있지만 행정적 합법화의 실현은 현재 난관에 봉착했다.[6] 실용적인 학과와의 통합과 협동 연구가 그 해결책이 될 수 있을 것이다.

여기서 주목해야 할 것은 NGO 주류화의 대안인 네트워크 만들기가 이 기간 동안에 대중화되어갔다는 것이다. 네트워크 만들기는 물론 NGO 조직의 발전을 위한 필요성에서 나왔지만 이를 더욱 자극한 것은 해외 재단들의 지원이었다. 한동안 중국의 모든 NGO들은 네트워크를 이뤄서 자신들의 능력과 영향력을 인상적으로 과시하는 활동들을 자주 했다. 그러나 2007년의 경제위기로 지원금과 그들의 사회활동 공간 모두 축소되었다. 전국 네트워크를 가진 몇몇 NGO를 포함해, 든든한 후원자가 있던 NGO들도 후원이 끊기거나 자금을 지원하는 곳에서 대표를 교체하라는 압력 때문에 사업자 등록으로 전환해야만 했다. 그 결과 한 전국조직은 도시 한 지역

6 왕쥔(Wang Jun)은 여성학을 학과로 만들기 위한 3대 합법화(trio-legalizations) 아이디어를 처음으로 제시했다. 젠더 합법화란 행정상의 법적인 지위를 얻는 것이다. 사회적 합법화란 사회적인 인식을 얻는 것이다. 이론적 합법화는 독립적인 이론체계를 완성하는 것이다. 그녀는 다음과 같이 지적했다. "기본적으로 여성학이 하나의 학과가 되고 정부, 사회, 고등교육시스템 내부자들이 이를 받아들이고 교육행정에서 합법적인 지위를 얻을 때까지는 여성학의 발전을 사실상 크게 기대할 수 없다"(Wang Jun. "Women's Studies" Seen in the Perspective of Disciplinary Institutions, Women's Research Series Supplement, 2005.12).

구에 등록하고 '교육센터'란 이름으로 운영하고 있다.

이 모든 어려움에도 여전히 여성주의자들은 어떤 것도 젠더 평등으로 향하는 대의를 막지 못한다고 확신하고 있다. 그 예로 2000년 중국법학회(Chinese Law Society) 산하에 반가정폭력 네트워크(Anti-Domestic-Violence Network: ADVN)가 만들어졌다. 그들은 12년 동안 쉬지 않고 일했으며 2001년에 개정된 혼인법에 '가정 폭력 금지' 조항을 넣는 데 성공했다. 전국부련의 지역단위 같은 반가정폭력 네트워크 구성원들도 가정 폭력을 방지하기 위한 지방법 제정을 위해 적극적으로 활동하고 있다. 조사와 연구 단계에서 전국부련의 지지와 참여를 얻은 가정폭력방지법 초안은 2012년 중국 전국인민대표대회(National People's Congress: NPC)의 승인을 얻기 위해서 제출되었다.[7] 여성미디어감시 네트워크(Women's Media Watch Network), GAD 네트워크, 산시성 여성가족연구회(Shaanxi Women/Family Research Society), 허난성 교육연구지역센터(Henan Community Center for Education and Research)와 같은 다른 여성단체들도 중국 여성운동에 크게 기여했다. 마지막 두 단체는 중국에 잘 알려진 여성 NGO로, 국내외 모두 그 영향력이 클 뿐 아니라 풀뿌리 차원에서 지역 여성들에게서도 신뢰를 얻었다.[8]

3) 연구와 실천의 관계로 본 10년간의 성 주류화 법과 정책

2000년에 중국 여성운동은 중요한 전환기를 맞았다. 전국부련은 성 주

7 옮긴이 주 | 중국의 '반가정폭력법(反家庭暴力法)'은 2015년 12월 28일 중국 전국인민대표대회에서 통과, 제정되었고 2016년 3월 1일 시행되었다.

8 일곱 개의 독립 여성 NGO 경험은 연구와 실천의 놀라운 조합이었다[Gao Xiaoxian and Xie Lihua, *Chinese Women NGO in the Progressive Ten seed*(Jincheng Publishing House, 2009)].

류화를 목표로 조사하여, 전문적인 조언과 제안서를 제출하거나 정부에 직접 정책 초안을 제안하기 위해 페미니스트 연구자, 활동가 들뿐만 아니라 입법과 정책결정기관에서 일하는 전문가들이 토론과 상담의 방식으로 손잡기 시작했다. 이로써 전국부련은 법과 정책을 만드는 기관들에도 영향력을 확대해왔다. 그 결과 '젠더'와 공공정책 전문가들이 전국부련과 중앙정부의 관련 부처 및 위원회의 두뇌집단(think tank)에 참여하게 되었다.[9] 게다가 전국부련은 여성들의 권리와 이익을 보장하는 것과 아주 밀접하게 연관이 있는 100가지 법률 항목으로 구성된 '부녀권익보장법(婦女權益保障法)'(2001)과 '혼인법'(2002)[10]을 개정했을 뿐 아니라, '농촌토지도급법'(2002), '인구 및 가족계획법'(2001)을 추진하는 데도 주도적인 역할을 했다. 2012년 3월 '두 개의 회의(兩會)',[11] 즉 전국인민대표대회(NPC)와 중국인민정치협상회의(Chinese People's Political Consultative Conference: CPPCC)에서 가정폭력 방지와 금지를 위한 대처 방안과 여성 노동자 보호 규정에 관한 입법 초안 및 법률 개정을 제안하기도 했다.

게다가 전국부련은 여성과 국가발전에 관한 정책을 보는 관점에서 국가나 정부의 관점에서 젠더 민감성의 관점으로 변화했다. 그 예가 3단계 '중국부녀발전강요(Chinese Womens Development Outline)'[12]이다. 1995년에

9 오늘날 여성/젠더 관련 문제 전문가들은 여성학자, 법학자, 정치학자뿐만 아니라 입법, 법 행정, 정책결정과 집행하는 기능직 공무원까지 포괄한다.

10 『성 평등 지키기 지침서(Women's Equity Safeguard)』는 처음에 전국부련의 주도 아래 초안이 작성되었고 1992년 전국인민대표대회가 승인하고 2005년에 개정되었다. 1983년에 개정된 혼인법은 2001년에 다시 개정되었다. 전국부련은 두 법안이 나오고 개정되는 데 중요한 역할을 했다.

11 이것은 정기적으로 3월에 열리는 전국인민대표대회와 중국인민정치협상회의를 언급한 것이다.

12 5개년 개요(1995~2000)는 베이징 세계여성대회 이전에 만들어졌다. 2001~2010년과

시작된 , '중국부녀발전강요'[13]는 목표가 점차 향상되고, 지침이 상세해지면서, 마을의 풀뿌리조직에서 정부 고위직에 이르기까지 여성 참정권, 여성 고용 및 건강 같은 분야에서 활동하기 더 수월해졌으며, 이를 정부가 여성/젠더 평등법을 만들고 국가발전을 이루는 데 활용했다.[14]

전국부련이 성공한 또 다른 사례는 2001년 '두 개의 회의' 직전에 학자들이 함께 서명하여 '제15차 중국 5개년 계획(the National 15th Five Year Planning)'에 '영역별 고용체계 정립(setting up the sectional-employment system)'이 들어가지 않게 막은 것이다. 그리고 이러한 성공은 전국부련 안팎의 페미니스트 연구자들이 한 조사와 연구 덕분이었다. 여성 참정권의 경우, 2011년에 개정된 '마을위원회 주민법(the Constituent Act of Villagers' Committees)'은 여성 대표가 최소 30%는 되어야 함을 명시했다. '적절한 비율'이라는 애매한 용어 대신 정확한 숫자를 제시함으로써 참정 목표를 이루기 쉽게 했다. 사회적 영향면에서 보면, 발전된 대중매체와 대중들의 권리의식 덕택에, 여성 권익을 보장하는 입법 정책이 매우 대중화되었음을 알 수 있다. 땅, 가축, 주택과 관련된 경제권이 침해당할 때, 대다수의 농촌 여성들은 그들의 권리를 보호하기 위해서 법에 호소할 것이다.

2011~2020년 두 번의 10년 계획은 젠더 평등에 호의적인 법과 정책을 만드는 것에 관해서 더욱 고려하고 있다.

13 옮긴이 주 | 1995년 8월 중국 정부는 여성발전을 위한 최초의 국가행동계획이라 할 수 있는 '중국부녀발전강요(1995~2000년)'를 제정했다. 2001년 5월 중국 정부는 제4차 세계여성대회에서 채택된 베이징선언 및 행동강령과 UN의 새천년개발목표를 실현하기 위한 후속조치로서 '중국부녀발전강요(2001~2010년)'를 제정했다.

14 장융핑(Jiang Yongping)은 "영역별 고용과 가정으로 돌아간 여성들에 대한 토론(The Discussion on 'Sectional Employment' and 'women going back home)"에서 논의의 전체적인 과정을 요약했다. 이것은 *Women's Studies Series*, 2001년, 2권에 나와 있다.

최근 10년 동안, 전국부련이 주도하고 학자들이 참여하여 입법화는 큰 진전을 이루었다. 현재 전국부련은 "입법부 정책의 적용과 결합한 연구의 장점을 살려, 여성학 연구를 젠더 평등 향상을 위한 법, 규제, 정책과 조치 등으로 전환하는 데" 더욱 초점을 맞추고 있다.[15] 이런 성취에도 불구하고, 법문과 적용상의 문제점은 여전히 남아 있다. 때때로 입법, 사법 그리고 정책 영역에서 모순이 돌출된다. 예를 들어, 2001년에 개정된 혼인법에는 중국의 역사적 맥락에 맞지 않는다는 사실에도 불구하고 '배우자권'과 '출산권'이란 용어를 쓰고 있으며, 2011년에 등장한 혼인법의 '사법적 해석'에서 비롯된 갈등은 법률상의 논리적 혼란과 입법부와 사법부에 젠더 관점이 부족함을 보여주고 있다.[16]

다른 한편으로, "자본은 농촌으로, 농부는 아파트 건설 현장으로" 현상이 강화되면서, 여성들은 토지, 주택, 유산에 대한 경제권뿐만 아니라 참정권을 지키는 데 더욱더 많은 어려움과 문제들을 접하게 되었다. 토지 상실에 관한 예를 들어보면, 2010년 자료에 의하면 농촌 여성 가운데 21%가 땅을 잃었는데, 그들 가운데 27%는 결혼, 이혼, 배우자 죽음과 같은 결혼 지위의 변동이 원인이었다. 한편 토지를 상실한 남성의 비율은 3.7%로 여성에 비해 현저히 낮았다.[17] 이는 페미니스트들로 하여금 여성운동이 그 동

---

15 전국부련 전국 의장인 천즈리(Chen Zhili)는 2011년 11월 22일 중국 여성학 연례 모임에서 연설했다.

16 가정 평화 유지와 개인의 권리보호라는 지배적인 생각과 함께, 2001년 개정된 혼인법에는 "배우자권", "출산권"이 들어가 있다. 그러나 전통적인 중국 문화에서 이 법은 남편이 아내의 몸을 통제하고 아들을 가질 권리를 보장하는 법률적 토대가 되었다. 이런 해석이 남성의 결혼 전 주택을 보호하고 있다는 의혹이 일어 2001년 개정된 혼인법에 대한 법적 해석 논란은 계속되고 있다.

17 「중국 여성들의 사회 참여에 관한 3단계 조사 자료 보고서(Data Reported of the 3rd Phase Survey on Chinese Women's Social Position)」 2011년 10월 전국부련과 국

안 법과 정책을 만드는 일을 등한시했다는 반성을 낳았다

따라서 필자는 부적절한 연구가 모든 문제의 중요한 원인이라고 본다. 연구와 실천 간의 차이는 단지 응용학에만 있는 게 아니라 여성학에 대한 기본적인 연구에서도 나타나고 있는데 그러한 차이를 아주 오랫동안 간과해왔다. 여기에는 두 가지가 이유가 있다. 하나는 여성학이 아직도 고등교육에 공식적으로 받아들여지지 않았다는 것이고, 다른 하나는 자원의 부족이다. 해외 재단에서 오는 제한된 자원은 대부분 활동 중심 사업으로 집중되었다. 결국 학문계나 교육계의 체계적인 지식 비평은 축적되지 못했고 이를 재건할 수 있는 자원이 부족한 결과로 이어졌다.

한 예로, 여성사를 충분히 연구하지 못하면 입법을 위한 정책이 맥락에서 벗어나게 될 것이다. 법 여성학의 부재, 이론적 뒷받침의 부족, 충분하지 못한 기존 입법 정책에 대한 조사, 이 모두 각 사례를 있는 그대로 고려할 수 있는 실용적인 입법을 낳지 못했다. 결국 충분히 페미니즘을 받아들이지 못한 학계는 현지 페미니스트들의 창조성과 비판능력을 훼손시켜 "조화로운 젠더 문화 건설" 같은 말을 한낱 유행어로 만들어버렸다.

전문가의 입장에서 보면, 여기에는 두 개의 문제가 있다. 일반적으로 젠더 전문가는 법이나 법학에 대해서 거의 아는 것이 없는 반면, 법 전문가들은 젠더에 관해서 거의 지식이 없으니 입법 정책 만들기를 힘들게 한다. 이러한 상황을 '지붕 없음'(이론적인 방향 없음), '기반 없음'(맥락에서 벗어나 시행이 어려움)으로 표현할 수 있다. 페미니스트 법학자 궈후이민(Guo Huimin)이 지적한 이론 연구와 법 적용에서 세 가지 문제점들을 깊이 생각해볼 필요가 있다. 첫째, 이론 연구와 정책을 입법화하는 방법과의 부조화는 형식적으로 평등에 초점을 맞추어도 실제로는 불평등을 간과하게 만든

가통계청 출간.

다. 둘째, 법률 사례 홍보와 입법화 압력 사이의 부조화는 "대중운동이냐, 법의 적용이냐" 사이에서 갈등하는 동안 부적절한 사례들만 쌓이게 했다. 다시 말해 활동가와 연구자 간의 통합이 이루어지지 않았다. 셋째, 음양의 조화를 과장하는 것처럼 중국 역사와 문화 속에 나타난 젠더 관계에 대한 이상화는 현실의 심각한 성적 편견 문제를 다루지 못하게 하고 있다(예를 들면 출생 성비 불균형의 지속적 증가)(Guo Huimin, 2005). 이런 모든 문제들은 페미니스트 연구자와 활동가의 깊이 있는 성찰을 요구하고 있다.

2. 페미니스트 현장참여연구 사례와 새로운 운동

1) 배경, 쟁점, 연구 팀

지난 20년간 중국에서 출생 성비 불균형이 높게 나타나고 있다. 이것을 어떻게 다루어야 하는가? 이 연구는 국가인구계획생육위원회(National Population and Family Planning Commission: NPFPC)의 지원을 받아 중앙당교 성 평등 향상 연구 팀(Research Group for Promoting Gender Equality)에 의해서 이루어졌다. 이들이 사용한 연구방법은 다음과 같다. 젠더 평등정책을 향상시키고 공동체 차원에서 젠더에 대한 태도와 행동을 바꾸는, 보다 전체론적으로 접근하는 실험적인 페미니스트 현장실행 연구(action research)와 개입을 시작했다.

2008년부터 사회학, 정치학, 역사, 경영학, 발전학 분야에 있는 여성주의 학자들은 정부조직과 특정 '쟁점'에 대한 프로젝트를 함께하기 위해 활동가들과 함께 '젠더 연구 팀(이하 젠더 팀)'을 만들었다. 정부조직과 막연하게 구성된 젠더 팀의 연결은 효과적이었다. 연대 노력을 하면서 이들은 풀뿌리 단계의 마을 사람들과 함께 농촌 공동체에서 젠더 평등을 향상시키기 위한 방법들을 탐구해왔다. 정책결정 당국에서 이를 옹호하는 한편, 자신들의 경험을 다른 공동체로 널리 퍼뜨렸다. 젠더 팀은 대중들에게, 특히 풀뿌리 여성들에게 폭넓은 참여와 다양한 차원에서의 상호 역량 강화, 즉 여성들 간의, 마을의 남성들과 여성들 간의, 마을 지도자들 간의, 연구 팀과 마을 사람들 간의 상호 역량 강화를 더욱 강조했다. 공동체 변화를 위한 여성들의 역량 강화와 마을 주민들의 참여는 권익을 박탈당한 이들이 이를 되찾을 수 있게 했을 뿐만 아니라 공동체를 재건하면서 성취한 젠더 평등을 향상시키기도 했다. 그 과정에서 토착적 페미니스트 지식 생산에 관한 실험이 이루어졌을 뿐 아니라, 창조와 사회에 대한 적응을 위한 흔치 않은 기회를 얻기도 했다.

2) 전략, 작동, 효과: 아래서 위로, 위에서 아래로의 전략들의 조합

(1) 문제의 원인 찾기에서부터 운동의 목표와 행동 전략 수립을 위한 조사연구

왜 농촌 사람들은 아들을 원할까? 법으로 정해진 남녀평등을 실천하는 것이 왜 이리 힘든가? 최근 여성들의 삶의 조건과 출생 성비불균형 사이에는 어떤 관계가 있는가? 젠더 팀은 농촌 지역 여성들의 권익을 훼손하는 구조적이고 포괄적인 시스템의 문제들을 찾아냈다. 여성들의 생존을 위한 경제권과 마을 공동체 활동에 참여할 권리가 무시되는 것은 가장 핵심적 문제였다.

젠더 팀 연구자들은 미시적 그리고 거시적 차원에서 지금까지 작동하고 있는 현 중국 가부장제를 그 역사적 기원으로까지 역추적하면서, 농촌 여성들에게 (사적인) 개인 → 가족(씨족) → 행정 → 시장을 연결하는 잘 짜인 가부장제 사슬에서 가족과 마을 공동체의 가부장제가 그 핵심 요소임을 밝혀냈다. 가족과 마을 공동체에서 시작한 것이 아마도 아래서 위로 혹은 위에서 아래로 향하는 실행 연구의 가능성을 열었을 것이다. 젠더 팀은 마을법을 개정함으로써 가족과 공동체 가부장제의 제도적 구조를 개혁한다는 실행 연구 전략을 세웠다. 문화 변혁, 사상 혁신, 마을 주민들과 함께 계획을 조정하는 참여적 역량 강화를 통한 풀뿌리 공동체의 젠더 제도 구조를 바꾸겠다는 지침서도 마련했다.

(2) 역량 강화와 활동: 풀뿌리에서 젠더 평등 의식 증진과 가부장제 변화 모색

젠더 분석과 참여적 역량 강화를 위해서 젠더 팀이 선택한 시범 공동체는 허난(Henan)성 덩펑(Dengfeng)시 다이예(Daiye)진의 저우산(Zhou-shan) 마을이다. 우리는 역량 강화를 통해, 여성의 권익을 침해하는 구조적 요인들을 마을 주민들에게 보여주기 위해, 그들의 생활환경이자 생존 조건의 토대이며 개인 경험의 기초인 공동체에서 현재 작용하는 집단과 가족 가부장제의 원리를 분석하고 재구성하고자 했다. 먼저 우리는 가족 가부장제 아래에서 행해지는 차별의 인과관계를 추적함으로써 여성이 평생 겪는 젠더 차별의 고리를 밝혀내고자 했다. 출생 전 성 감별 낙태, 출산 후 유기나 차별, 친정 가족이나 시댁 가족에게 '타자'로 취급받지만 남편 가문을 이을 아들을 낳아야 하는 것, 딸이 자신이 겪은 차별을 또 겪을 것이 두려워 아들을 갖고 싶어 하는 것의 결과는 다음과 같다. 딸 가진 가족들은 딸이 가문을 잇지도 못하고, 늙은 부모를 부양하지도 못하며, 장례를 치러주지도 못하니 "딸은 아무짝에도 소용없다"고 생각한다. 저우산 마을의 참여 교육에서 수집한 자료를 보면 참가자 전원이 오직 아들만이 가문을 이을 수 있다고 대답했고 96%는 아들이 부모의 노후대책이라는 데 동의했다.

두 번째로, 우리는 풀뿌리로부터 변화를 모색하기 위해 마을 주민들 스스로 공동체 활동 참여 방식에서 구체적으로 나타나는 젠더 차별을 찾게 했다. 예를 들어서, 자원분배와 공적 행사 참여 같은 문제의 경우, 마을의 집단 가부장제는 결혼을 지배하는 가족 가부장제, 젠더에 기초한 노동분업, 유산 상속을 모방 확대할 뿐만 아니라 결혼, 이혼, 배우자의 죽음 여부에 따라 여성에게서 경제권과 공적 활동 참여권을 빼앗는다.

그 이유는 여성들이 국가가구등록(국가 행정상의 가부장제)의 법적인 조항에 따라서 '마을 주민 자격'을 잃어버렸기 때문이다. 여성은 결혼하면 집에서 나가야 하기 때문에 주택을 할당하지 않는다는 사실은 공동체에서 여성의 지위를 취약하게 만드는 것은 바로 결혼 유동성(marriage mobility) 임을 입증하는 것이다. 그리고 공동체 의사결정 과정에서 젠더를 전혀 고려하지 않는 것은 공적 가부장제와 가족 가부장제가 결탁한 것이다. 이는 마을에서 태어난 여성이 마을의 대표가 될 가능성을 차단할 뿐만 아니라, 젠더에 기초한 전통적인 노동분업에 따라 기혼 여성들을 공적 업무에서 배제시킬 구실도 제공한다. 가시적인 마을법과 실제로 적용되는 비가시적인 규제를 비교함으로써, 마을 주민들은 그동안 여성들이 어떻게 부당한 대접을 받아왔는지 알게 되었다. 그 결과 마을법과 규제를 개정하는 활동을 시작했다.

여성들은 변화를 주도하는 핵심 세력이었다. 그 첫 번째 사례로 '여성수공업연합(Women's Handiwork Association)'을 들 수 있다. 2003년 허난성교육연구센터(HCCER)의 지원으로 설립된 이 연합은 단순히 돈을 벌겠다는 마음에 시작했다 해도, 여성들의 의식과 능력을 강화시키는 데 중점을 두고 있다. 젠더 팀이 낡은 마을법과 비가시적인 규제에 존재하는 불법적인 사항들을 찾을 수 있었던 것은 바로 여성들의 젠더 민감성 때문이었다. 예를 들어, 폐지된 낡은 마을법은 주로 처벌(벌금)을 목적으로 하는 10개의 조항과 곡물현금 할당에 관한 13개의 조항으로 구성되어 있었다. 그중 하나를 살펴보면, “마을에 등록된 가족이라도 기혼여성은 곡물현금을 배당받을 수 없다”라는 조항이 포함되어 있었다. 그리고 또 다른 차별 조항으로 “그 가족이 마을에 등록되었더라도 마을에 살고 있지 않은 이들은 마을 주민들과 같은 대우를 받을 수 없다”는 것이 있었다.

이데올로기 변화는 새로운 결혼 문화를 지지하는 데서 시작되었다. 출발점으로 결혼 문화를 선택한 것은 젠더 팀과 여성수공업연합이 함께 토론을 한 결과였다. 연합의 전 멤버들이 하오지(Hao Zhi)의 딸 결혼식을 함께 준비했다. 이 결혼은 사상 처음 남자가 결혼 후에 여자의 집으로 들어간 결혼이었다. 가부장적인 결혼제도를 전복시킨 이 결혼은 대중선동, 독학, 변화 모색에 긍정적인 역할을 했다.

2009년 3월 저우산 마을 사람들은 드디어 마을법을 고치는 데 성공했다. 이는 중국 농부들 스스로 개정한 최초의 마을법으로 젠더 평등과 여성의 권익을 보장하는 것이다. 이 법의 가장 큰 발전은 공동체 공적 업무에서의 젠더 평등을 다루었다는 것이다. 여성의 경제권에 관한 한 개정된 마을법은 ‘부녀권익보장법’과 ‘토지계약법’의 조항을 모두 포함하고 있어서 풀뿌리 단위의 여성들에게 실질적인 효과가 있었다. 예를 들어서 결혼(거주)의 자유는 이제 다음과 같이 정의된다. 결혼해서 아내의 집에 살고 있는 모든 남성들은 마을 주민들과 같은 대우를 받아야 한다. 이혼녀, 과부뿐만 아니라 그 자녀들도 마을로 돌아와 가족 등록을 마치면 다른 마을 사람과 같은 대우를 받아야 한다. 공동체 참여권에 관해 개정된 마을법은 마을회의의 여성 대표 비율이 적어도 50%는 되어야 하며, 의사결정단체에 여성이 적어도 1/3은 선출되어야 한다고 명시했다. 한편, 아들 딸 구분 없이 자녀들은 부모를 부양할 동등한 의무를 지녔으며, 동등한 재산 상속권을 지녔다. 남성과 여성 모두 사회활동에 참여하는 데 동등하며 함께 집안일을 해야 하고 가정폭력을 근절하기 위해 함께 노력해야 한다고 주장함으로써 가족 내 젠더 평등을 이루는 방향으로 공동체는 변화하고 있다.

(3) 한 마을의 변화가 끼친 영향

2009년 한 시범마을에서 시작된 사업은 10개의 각기 다른 시범마을로 확장되었고 2010년에는 덩펑시 전체로까지 확장되었다. 2011년에는 두 개의 목표를 달성했다. 하나는 개정된 젠더 평등을 지향하는 마을법을 주민들 스스로 조직하고 운영하고 서비스를 제공함으로써 시범마을에서 실천하도록 하는 것이다. 다른 하나는 시범 공동체를 확대하도록 정부당국을 설득하는 것이다. 현재 당국은 100개의 마을과 도시에서 개정된 마을법을 시행하기 위한 캠페인을 펼치는 데 동의했다.

가상에서 현실로: 젠더 평등을 지향하는 마을법은 말만 번드르르하거나 모순되었던 것을 사용할 수 있고 적용 가능하고 실현 가능하며 실용적인 것으로 바꾸었다. 이는 진정한 권익 보호이다. 한편 그러한 과정에 참여하는 것은 사실상 자치 민주주의로 농촌지역의 가치를 재건하고 새로운 공동체 운영방식을 만들 수 있게 도울 수 있다. 풀뿌리에서 시작된 변화가 가부장제에 도전하고 그 연결고리를 끊게 한 진정한 힘이었음은 말할 필요도 없다. 이것이 마을의 남녀 모두를 해방시키고 농촌 공동체의 운영방식에 변화를 주길 희망한다.

마을 주민에서 공무원에게로: 풀뿌리 차원에서의 자발적인 변화는 모든 지위의 공무원에게 좋은 가르침을 준다. 공무원들이 마을 사람들의 의식과 창의성을 의심했기에, 명령을 내리거나 처벌하고 벌금을 매기는 방식으로 통제해왔다. 그들은 이제 바뀌었다. 다이에 지역 가족계획 담당 공무원은 다음과 같이 이야기 했다. "우리가 마을법을 개정하고 주민자치로 새로운 마을을 건설하는 일은 안후이(Anhui)성의 샤오강(Xiaogang) 마을에서 토지 계약이 시작되었던 30년 전만큼이나 중요하다. 그때가 소유권에 대한 경제 개혁이라면, 우리는 문화와 제도의 심도 깊은 개혁을 시작하고 있는 것이다."

아래서 위로: 폭넓은 실행을 위해 몇 년간의 추가 실험을 지지하는 고위 당국은 새로운 정책과 법을 내놓게 될 것이다. 2010년 말에 연구 팀이 조직한 고위 간부를 대상으로 한 워크숍에서 국가인구계획생육위원회 위원장인 자오바이거(Zhao Baige)는 대중들, 특히 여성들의 참여를 강조했으며 또한 그들이 정보를 많이 알고 있어야 한다고 주장했다. 그녀는 말하기를 "아무리 좋은 계획, 결정, 정책, 제도가 있어도 대중들의 참여 없이는 실행되기 어렵거니와 사람들에게 그 어떤 이득도 주지 못한다." 그녀는 이러한 활동이 문화를 변화·발전시키고 최종적으로는 제도 개혁을 이루기를 희망했다.

연구와 활동의 결합: 공동체 교육과 발전에 애를 써온 페미니스트 활동가 량준(Liang Jun)은 "아무리 내가 노력해도, 가부장제 연구가 가문을 이을 아들이 반드시 있어야 한다는 케케묵은 생각을 버릴 방법을 찾지 못했다면, 나는 농부들이 변화를 위해 그런 힘을 발휘하게 하지 못했을 것이다" 라고 말했다. 변화의 과정을 지켜본 나는 학구적인 지식이 미디어, 의사결정권자, 그리고 일반 지식인들이 이해하고 사용하기 전에 대중적인 지식으로 변화시키는 것이 얼마나 중요한지 깨달았다. 마찬가지로 대중적인 지식은 일반 사람들이 태도를 바꾸고 행동을 변화시키기 위해 받아들일 수 있게 선전과 교육을 통해 대중화되어야 한다. 즉, 평범한 사람들의 변화의

의지를 불러일으키고 그런 변화에 도움이 되는 지식과 전략만이 실제로 이용 가능한 지식과 학식이라 할 수 있다.

페미니스트 활동가와 연구자 간의 긴밀한 공조는 이론 연구와 현실 적용에 완벽한 조화를 이룰 수 있다. 4년이 지났지만 여전히 변화에 대한 결과를 예측하기 어렵다. 하지만 중국 농촌지역에서 일어나고 있는 변화로 판단해보건데, 연구와 실천의 매력적인 조합이 앞으로 더 많은 이들을 사로잡을 것이라고 본다.

참고 문헌

ACWF and the National Bureau of Statistics. 2011. "Data Reported of the 3rd Phase Survey on Chinese Women's Social Position."

Chang Pilwha. 2006. *Joys and Pains of Women's Studies Institute Building in Asian Countries, International conference of Women's Studies between China and Korea*. Tianjin, China.

_____. 2008. "Feminist Consciousness and Women's Education: The Case of Women's Studies." Ewha Womans University. *Asian Journal of Women's Studies*, 14(2), pp.7~29.

Gao Xiaoxian and Xie Lihua. 2009. *Chinese Women NGO in the Progressive Tense*. Beijing: Jincheng Publishing House.

Guo Huimin. 2005. "Gender and Women's Human Rights: Also on the Legal Analytical Methods of Gender." in Tan Lin and Jiang Xiuhua(eds.). *Gender Equality and Law Studies as Well as the Countermeasures*.

Jiang Yongping. 2001. "The Discussion on 'Sectional Employment' and 'women going back home'." *Women's Studies Series*, 2001(2).

Li Xiaojiang. 1997. *Women's Studies Movement: A Case Study of China*. Hang kang: University of Oxford press.

Wang Jun. 2005. "Women's Studies Seen in the Perspective of Disciplinary Institutions." *Women's Research Series*, Supplement.

Zhang Naihua. 2001. "Searching for 'Authentic' NGOs: The NGO Discourse and Women's Organizations in China." in Ping-chun Hsiung(eds.). *Chinese Women Organizing*. University of Oxford press. pp.165~168.

제6장

아시아여성주의 페다고지*

아시아 여성활동가 교육 사례를 중심으로

이명선

1. 서론

한국에서 대학에 여성학 강좌가 처음 개설된 지 벌써 40여 년이 넘었다. 대학에서 여성학 열풍이 몰아치던 1980~1990년대에 비해 최근 여성학에 대한 관심이 많이 줄어들었고 페미니즘에 대한 사회적 반발(backlash)이 증가하고 있다는 우려도 제기되고 있다. 그러나 여성학은 이미 한국 사회에서 성차별에 대한 광범위한 인식변화와 많은 사회적·제도적 변화를 야기했다. 또한 여성학은 개인적·사회적으로 여성들의 역량 강화(임파워먼트)에 많은 기여를 했으며 실질적인 삶의 변화를 만들어냈다(Lee, 2013). 더구나 여성학은 점차 대학 사회의 울타리를 넘어서 지역사회 성인교육,

---

* 이 논문은 Lee Myoung Sun, "Asian Feminist Pedagogy and Women's Empowerment: A Preliminary Analysis of EGEP," *Asian Journal of Women's Studies*, Vol.20 No.2.(2014), pp.7~33 논문을 번역 및 수정한 것이다.

NGO 여성활동가 교육, 여성 리더십 교육, 공무원 교육 등뿐 아니라 개발 협력 같은 국제 교육 사업에서도 양성평등 교육이나 젠더 통합 교육의 형태로 확대되고 있는 양상을 보인다.

여성학 교육이 그 어떤 학문보다 사회적 변화나 여성의 역량 강화에 직접적인 영향을 미칠 수 있었던 요인의 하나는 여성학 교육과정 자체가 변화를 만들어내는 하나의 실천 현장이라는 특성을 갖기 때문이다. 이러한 여성학 교육의 특징은 여성 억압의 변화를 추구하는 페미니즘의 이념적 특수성뿐 아니라 여성학 교육이 실행되는 과정 즉 '여성주의 페다고지(feminist pedagogy)'의 특성과 밀접히 연관된다. 많은 여성주의 교육학자들이 지적하듯이 여성주의 페다고지는 여성주의 이론을 실천하는 현장이다. 즉, 여성주의 페다고지는 단순히 교실 안에 머무는 가르치는 기술(teaching skills)이 아니라, 여성주의 이론이 현실화되는 과정이자 경험이며 개인과 사회의 변화를 만들어내는 실천의 현장이고 더 나아가 하나의 사회운동이다(Hooks, 1994; Weiler, 1995; Larson, 2005; 허성우, 2013).

이런 점에서 여성주의 교육(feminist education) 혹은 여성주의 페다고지에 대한 연구는 여성학의 실천성과 영향력을 드러내주며, 다양한 영역에서 여성학 교육을 확장하는 데 매우 중요하다. 그러나 아쉽게도, 여성학 교육 현장의 구체적 경험이나 성과들에 관한 많은 이야기들은 연구영역의 하나로서 분석적으로 접근되기보다 주로 여성학 연구자 커뮤니티 안에서 비공식적으로 혹은 개별적 경험 수준에서 이야기되어왔다. 특히 40여 년의 여성학 역사에도 불구하고 여성주의 페다고지에 관한 연구들은 인식론적 논의나 이론적 접근이 대부분이고 정작 여성학 교육현장에 대한 사례연구나 실증연구는 매우 한정적이다.[1]

---

1 1980년대 이후 영미의 페미니즘 학계를 중심으로 페미니스트 페다고지 연구가 활발

사실상 여성학 교육현장에서 여성이 경험하는 의식변화나 경험을 객관화해서 분석하거나, 특히 여성학 교육이 개인이나 집단, 사회에 미친 영향이나 변화 간의 인과관계를 명확히 설명해내기는 쉽지 않다. 그럼에도 여성학 교육의 성과를 가시화하고 좀 더 효율적인 여성학 교육의 수행을 위해서는 여성주의 교육현장과 관련한 사례연구나 실증연구들이 지속적으로 생산 축적되고, 이를 토대로 한 여성주의 페다고지의 이론화 작업이 필수적으로 요구된다. 특히 대학 밖에서 다양하게 수행되고 있는 성인 대상의 여성학 교육의 확산과 내실화를 위해서는 여성주의 페다고지와 관련된 다양한 사례의 축적과 모듈 개발, 이론연구 등이 매우 시급하다.

본 연구는 아시아 여성활동가를 대상으로 하는 여성학 교육프로그램으로서 '이화 글로벌 임파워먼트 프로그램(Ewha Global Empowerment Program, 이하 'EGEP'로 칭함)' 교육 사례를 중심으로 교육 현장에서 여성주의 페다고지가 어떤 방식으로 구현되고 있는지, 그리고 이러한 교육의 실천이 어떠한 교육적 성과를 생산해내고 있는지 분석함을 목적으로 한다. 이를 위해 이 논문은 크게 세 파트로 구성된다. 첫째, EGEP 교육의 인식론적 배경이자 이론적 틀인 '아시아여성주의(Asian Feminisms)'의 주요 내용을 살펴본다. 둘째, '아시아여성주의 페다고지'의 실천으로서 EGEP 교육의 특성과 내용을 분석한다. 셋째, 여성활동가들의 경험을 중심으로 여성활동가들의 역량 강화와 연대의 경험을 살펴본다.

이 연구의 사례이자 현장인 EGEP는 이화여자대학교에서 운영하는 국

히 진행되어온 것과 비교해, 한국의 경우 이에 관한 연구는 매우 제한적이며 주변화된 연구주제로 남아 있다. 2000년대 이후 여성주의 페다고지에 대한 몇몇 이론 연구가 시작되었고(Nah, 1999; 유제분, 2000; 송현주, 2002; 정민승, 2004; 김영희, 2007; 최성희, 2008 등), 최근 여성주의 페다고지 현장에 대한 관심도 제기되고 있다(정재원, 2009; 허성우, 2013 등).

제교육 프로그램이다. 이 교육은 '여성교육을 통한 대학의 사회적 책무와 나눔 정신 확산'을 목적으로 기획되었으며, 아시아-아프리카 여성활동가 역량 강화 및 차세대 여성주의 리더 양성을 목표로 한다.[2] 이를 위해 '비정부 공익 영역에서 최소 3년 이상 활동 경험을 가진 아시아(아프리카)의 여성활동가'를 선발해 교육을 수행하고 있다. 참가자 선발 시 현장 전문성, 여성주의에 대한 이해, 공동체 기여 능력, 리더로서의 가능성 등을 중요한 기준으로 고려한다. 교육 참가자 수는 매회 20~25명으로 하며 여성 역량 강화, 여성에 대한 폭력 예방, 환경, 개발, 이주 등의 영역에서 활동하고 있으며 다양한 국가, 인종, 종교적 배경을 갖고 있다. 총 2주간 약 70시간 교육으로 구성되는 단기 교육이며 영어를 공용어로 사용한다. 교육은 여성주의 이론, 아시아의 여성문제와 여성운동, 한국여성운동과 젠더 정책, 초국적 여성연대, 치유와 성장의 5개 모듈로 구성되며, 강의 세미나, 오픈 포럼, 현장연구, 액션 플랜, 소셜 아워 등 하위 프로그램으로 운영된다. 참가자 전원이 학교 내 기숙사에 거주하는 기숙 교육프로그램의 특성을 가지며, 한국뿐 아니라 아시아 및 세계 각국의 여성학자, 여성활동가, 국제기구 전문가 등 다양한 영역의 전문가들이 교수진으로 참여하고 있다. 1년에 2차례 운영되며, 2012년 1기 개최를 기점으로 2016년 1월 현재 9차 교육을 수행해 총 40개국에서 온 190명의 여성활동가들이 교육을 수료했다.[3]

2 EGEP는 초기에는 아시아 여성활동가들을 대상으로 운영되었으나, 4기부터 아시아-아프리카로 확대하고 있다.

3 1기~5기에 참여한 참가자를 중심으로 연령 및 학력 특성을 분석해보면, 연령별로는 20대 초반에서 40대 중반까지 분포되어 있으며, 20대와 30대가 다수(85명, 84%)를 차지한다. 교육 배경은 석사 56명(54%), 학사 38명(37%), 박사 8명(8%), 고졸 1명(1%)으로 참가자 대부분이 고학력으로 나타난다. 선발 과정에서 학력이 특별한 기준으로 고려되지는 않지만, 지원자 및 선발자의 학력 배경이 고학력 군에 집중되고 있는 것은 국제교육 및 IT 접근성, 아시아 지역에서 NGO나 국제기구 등에서 활동하는 여

이 연구는 일차적으로 EGEP의 교수진이자 운영진의 한 사람으로서 교육의 기획 및 운영에 참여하면서 교육의 상호작용이 진행되는 전 과정을 참여 관찰한 경험을 기반으로 한다. 또한 참가자 에세이, 질문지 조사,[4] 교육평가서, 참가자 발표문, 그룹토크 녹취 등 교육을 통해 수집한 다양한 질적 자료들을 통합적·다층적으로 분석했으며, 이외 *Asian Journal of Women's Studies* 게재 참가자 논문[5] 및 출판물[6]을 참고로 했다.

2. 인식론적 배경: '아시아여성주의(Asian Feminisms)'

제1기 EGEP 교육 주제였던 "아시아여성주의와 초국적 여성운동(Asian Feminisms and Transnational Activism)"은 EGEP의 인식론적 배경 및 이론적·실천적 지향성을 축약해서 제시하고 있다. EGEP 교육은 2012년 처음 시작되었지만, 사실상 1970년대 이후 한국 사회에서 진행된 대학 내 여성학의 성장과 제도화, 그리고 1990년대 중반 이후 발전한 '아시아여성학

성의 특성 등이 복합적 요인으로 작용한 것으로 추측된다.

4 이 질문지 조사는 EGEP 참가자 1기부터 3기의 57명을 대상으로 하여 2013년 수행되었으며, 이 중 28명이 응답했다. 이 조사는 EGEP 교육 경험 및 교육이 미친 영향 등에 관한 후속 조사의 특성을 갖는다.

5 EGEP 오픈 포럼에서 발표문들 중 일부는 이화여대 아시아여성학센터 발간 영문저널인 *Asian Journal of Women's Studies*에 게재되었다(Ame, 2013; Cai, 2013; Jurado, 2013; Patria, 2013; Pushpanij, 2013; Kunwar, 2013; Khanis, 2013; Ying, 2013; Akhter, 2014; Aryal, 2014; Jayarathne, 2014; Valerio, 2014).

6 아시아여성학센터는 EGEP 관련 출판물로 『우리들의 목소리』 1(2015), 2(2016), 『변화를 만드는 초국적 여성운동: 아시아 아프리카 여성활동가 103인의 이야기』(2015)를 출판했다.

(Asian Women's Studies)'과 '아시아여성주의(Asian Feminisms)' 개념의 형성 역사를 배경으로 한다. '아시아여성학'은 한국 여성학자로서 그리고 아시아 여성학자로서 여성학을 한다는 것에 대한 성찰(Chang, 1996, 2006, 2007)로 시작되어 점차 아시아 여성학자들의 파트너십에 기반을 둔 공동 프로젝트를 통해 아시아 지역의 여성학자들의 네트워크에 기초해서 전개되었다.[7]

아시아여성주의 개념은 이화여대 아시아여성학센터가 일련의 '아시아 여성학 프로젝트'를 진행하면서 본격적으로 사용되기 시작했다. 처음 아시아여성학이라는 개념을 사용하면서 "글로벌 시대에 왜 국제 혹은 세계가 아니라 '아시아'인가?" "아시아여성주의는 서구 여성주의의 반대 개념인가 혹은 대안담론인가?" "아시아여성주의에서 여성 주체는 어떤 범주인가?" 등 다양한 논쟁과 이슈들이 제기되었다. 결과적으로 아시아여성학 개념을 둘러싼 논쟁들은 '아시아'의 개념을 정치화하고(Kim, 2005, 2011) 아시아여성주의를 이론화하는 원동력이 되었다. 그러나 상대적으로 역사가 짧은 아시아여성주의는 어떤 완결된 거대 이론이라기보다 아직 형성되어 가는 '과정'인 '여성주의 실천(feminist praxis)'의 한 형태이다.

EGEP 역시 이러한 과정 안에 있는 프로젝트로서 하나의 아시아여성학

---

7 이화여대 아시아여성학센터는 1995년 설립과 동시에 영문저널인 *Asian Journal of Women's Studies*을 출간하고, 이후 중국, 필리핀, 태국 등 아시아 8개국과 "Women's Studies in Asia: Knowledge Exchange, Theory, and Practice"사업을 추진했다(Shirly, Chang and Lee, 1998; Kim and Kang, 2001). 이 사업은 3개년 사업으로 진행되었으며, 아시아 8개국의 여성학자들이 연구자, 워크숍 및 컨퍼런스 조직자, 참가자 등으로 참가했다. 이 사업을 통해 구축된 아시아여성학자 간의 파트너십과 네트워킹은 이후 출판 등 다양한 사업을 통해 지속되었고, 2007년 아시아여성학회 설립의 초석이 되었다.

교육 프로그램이자 아시아여성주의 인식론을 실천하는 구체적 현장이다. EGEP 교육의 이론적 배경이자 인식론적 프레임으로서, 아시아여성주의와 관련된 주요 논의들(Chang, 2007, 2008; Du, 2005; Kim, 2005, 2010; Lee, 2008)에 기초해 핵심적 특성을 정리하면 다음과 같다.

아시아여성주의는 글로벌 페미니즘이나 서구 페미니즘과 상반되는 국지적 혹은 지역적 페미니즘을 의미하는 것이 아니라 오히려 기존 서구 페미니즘에 내재된 서구 중심성에 대한 비판에서 출발한다. 그런 점에서 아시아여성주의는 탈식민주의 관점을 공유하며, 아시아 여성이나 비서구 여성의 타자화를 비판하는 대안담론이자 여성주의 이론이다.

여기서 '아시아'는 단순히 여성들의 구체적 삶의 현장으로서 지리적 공간을 의미하기보다 여성의 문제를 가시화하고 의제화하는 이론과 실천적 연대를 만드는 인식론적 공간이다. 따라서 아시아여성주의는 아시아 여성들을 수동적 피해자로 타자화하는 서구의 관점을 비판하고, 변혁의 주체로서 아시아 여성의 행위성과 주체성을 강조한다. 주체로서 여성은 주어진 것이 아니라 삶의 현장성에 기반을 둔 실천을 통해 생성되는 주체이다. 즉, 아시아 여성은 가부장제 사회나 서구 여성주의자들에 의해 재현된 피해자 혹은 가부장적 억압의 희생자가 아니라 변화를 만드는 주체이며, 여성주의 지식과 실천을 생산하는 주체이다. 아시아여성주의는 여성을 보편적인 범주로 전제하지 않으며, 같은 맥락에서 '아시아 여성'은 아시아의 지역적, 문화적, 역사적 공통점이나 보편적 토대를 가진 범주라고 전제하지 않는다. 오히려 여성의 정체성은 젠더뿐 아니라 인종, 민족, 국가, 계급, 성적 지향성 등 중층적 사회적 요인에 의해 생성되는 것이기 때문에 구체적인 삶의 현장에서 나타나는 여성 간의 차이를 중요하게 고려한다.

아시아여성주의의 또 다른 특징은 여성 간의 차이와 다양성에 기반을 둔 '연대'를 지향한다는 점이다. 즉, 아시아여성주의는 단순히 하나의 이론을 넘어선 실천이며 공동체적 변화를 지향하는 가치와 결부된다. 비록 여성 주체가 보편성을 전제하지도 않고, 각 지역의 여성문제들 역시 차이와 다양성을 나타나지만 동시에 대부분의 사회에서 여성들은 차별과 억압의 경험을 공유한다. 여성 주체의 보편성을 전제할 때 여성 범주화의 왜곡이 일어날 수 있지만, 차이를 존중하면서 여성 억압의 공통성을 함께 고려하면 연대는 좀 더 용이해질 수 있다. 특히 지구화의 급속한 진전과 함께 초국적 여성 연대에 대한 인식과 필요성이 점점 증가하고 있다. 여성에 대한 폭력이나 인신매매, 정치·경제 영역에서의 불평등 등 이른바 성 불평등의 문제는 이제 더 이상 어떤 특정한 지역의 문제가 아니라 전 지구적인 빈곤이나 개발, 환경, 평화, 이주 등의 제반 사회문제들과 교차하거나 상호 밀접하게 연관되어 있다. 이러한 문제들을 해결하기 위해서는 지역적 경계를 넘어서 초국적인 여성 연대가 필요하다. 여기서 초국적 여성연대는 여성을 하나의 단일 범주로 보편화하는 것이 아니라 오히려 여성 간의 차이를 인정하고, 이 차이에 대한 이해와 공감을 기반으로 지역이나 계층, 민족, 국가 간의 경계를 넘어 연대하는 여성주의 공동체의 형성과 실천을 말한다.

아시아여성주의의 관점과 지향성은 EGEP 전 교육과정을 관통하는 인식론이자 EGEP의 현장에서 구현되고 있는 여성주의 페다고지의 이론적 배경이다.[8] 그런 점에서 EGEP는 교육을 통한 아시아여성주의의 실천이자

---

8 4기 교육부터 교육 대상을 아시아-아프리카로 확대하면서 주제 역시 'Asian Feminisms and Women's Activism'에서 'Transnational Feminisms and Women's Activism'으로 변경했다. 그러나 아시아여성주의가 단순히 아시아의 지역적 배경을 전제하는 것이 아니라 탈식민주의 관점에서 아시아 여성의 주체성을 강조하는 여성주의 담론이라는 점에서 아시아여성주의는 여전히 EGEP 교육의 인식론적 배경으로 자리 잡고 있다.

아시아 여성 주체를 형성하는 공간이다. 즉, EGEP는 지역적 한계에 매몰되지 않고 국제적·지구적 차원의 정치적 감수성을 견지하며 자신의 문제를 사유하는 여성주의 주체, 의식화된 여성 주체를 생산하는 현장으로서 의미를 갖는다.

3. EGEP와 여성주의 페다고지

1) '아시아여성주의 페다고지'의 실험

일반적인 의미에서 여성주의 페다고지란 여성에 대한 성 불평등의 원인과 구조를 설명하고 이에 대한 해결을 모색하는 교육이론이자 그 이론을 실천하는 교육방법을 말한다(송현주, 2000). 여성주의 페다고지에 대한 이론화 작업은 브라질의 교육학자인 파울로 프레이리(Paulo Freire)의 비판교육학에서 영향을 받은 여성주의자 벨 훅스(Bell Hooks)에 의해 주도되었다. 교육과정에서 '대담(dialogue)', '참여(participation), 그리고 '경험(experience)'의 중요성을 강조하는 훅스의 이론(Hooks, 1989, 1984, 2003)은 현재까지도 많은 여성주의 페다고지 이론가에게 중요하게 영향을 미치고 있다.

그러나 엄밀히 말해서 여성주의 페다고지는 단일하게 규정할 수 있는 개념이나 고정된 교수법이 아니라 그것이 수행되는 현장이나 맥락에 따라 다양한 방식으로 실천되는 특성을 지닌다. 그 때문에 여성주의 페다고지를 특정한 개념이나 이론으로 설명하는 것은 가능하지도 않고 바람직하지도 않다. 그럼에도 대부분의 여성주의 페다고지에서 핵심적으로 공유하는 특성이 나타나는데, 그것은 교육 주체로서 여성에 대한 재인식과 여성의 역량 강화에 대한 강조이다. 즉, 여성주의 페다고지는 교육 현장이나 맥락에 따라 다양할 수 있지만, 여성의 역량 강화를 교육 목적으로 하며, 교육 과정에서 여성이 수동적 존재로 타자화되는 것을 비판하고, 여성이 교육의 주체로 참여해야 한다는 것을 강조한다는 공통점을 갖는다(Hooks, 1994, 2003; Weiler, 1995; Shrewsbury, 1993; Parry, 1996). 특히 여성주의 페다고지에서 역량 강화는 여성이 경험하는 억압으로부터의 해방을 위한 중요한 요소이자, 여성 스스로 자신의 삶을 비판적으로 해석하고 사회적 정체성을 재구성하며 더 나아가 개인적·집단적 삶의 변화를 만들어내는 힘으로 간주된다.

여성주의 페다고지에서 실행되는 주요한 원칙들은 여성운동의 현장에서 그리고 대학의 여성학 강의를 통해 좀 더 구체적으로 실험되고 발전해 왔다. 서구의 경우 1960~1970년대 여성해방운동의 하나인 의식 향상 그룹(consciousness raising group)에 그 뿌리를 두면서, 1980년대 들어 대학에서 여성학이 제도화되면서 본격적으로 이론화되기 시작했다. 한국의 경우 이화여대에서 여성학이 처음 개설되었던 1977년 당시부터 여성주의 페다고지는 여성학 수업 현장에서 매우 중요한 요소로 고려되었다. 특히 학부 수업의 경우 1980년대 이후 여성학에 대한 관심이 폭발적으로 확산되면서 대부분 대규모 강의로 운영되었음에도 불구하고 그룹 토론이나 공동연구 등 당시로서는 매우 새롭고 혁신적인 수업방식들을 다양하게 시도했다. 이러한 여성학 교수법은 강의에 참여한 교수 및 강사진들의 지속적인 교수법 세미나 운영과 팀 티칭, 여성학과 대학원생들의 토론 조교 참여 등을 통해 이루어질 수 있었다. 여성학 수업에서 교수들은 교수가 일방적인 지식전달자가 아니라 학생과 상호작용하는 수업방식을 통해 일차적으로 학생들을 수업의 주체로 참여할 수 있도록 격려했다. 이러한 수업방식은 학생들의 참여를 촉진함으로써 교육의 효율성을 높이고, 더 나아가 여성주의에 대한 의식 고양을 통해 실질적인 변화를 만들어낼 수 있는 여성 주체의 생산을 목표로 했다. 여성주의 페다고지에 기초한 여성학 수업은 강의실 그 자체가 새로운 지식과 실천, 그리고 여성주의 주체를 만들어내는 여성운동의 현장으로 받아들여졌다. 여성주의 페다고지는 수많은 여성운동의 현장에서, 여성학 교실에서, 그리고 여성주의 공동체에서 교수와 학생들, 여성운동가와 페미니스트 학자들이 함께 만들어온 다양한 경험과 실천들을 포함한다. 한국여성학의 사례는 여성주의 페다고지가 교육 목적이나 배경, 참가자, 교육 수행 현장에 따라 다양한 개념과 수행방식들을 실험하며 새롭게 만들어질 수 있는 것임을 잘 보여준다.

여성주의 교육의 한 현장으로서 EGEP 역시 일반적인 의미에서 여성주의 페다고지의 주요한 가치와 개념들을 공유한다. 동시에 EGEP는 아시아 여성주의 이론에 기초해 주요한 교육개념과 교육과정, 교육 원칙 들을 개발하고 이를 프로그램을 통해 구현하고 있다. 이러한 맥락에서 EGEP에서 실행하는 여성주의 페다고지는 '아시아여성주의 페다고지'의 새로운 실험이며 아시아여성주의 실천의 현장이다.

2) 몇 가지 교육 원칙들

EGEP는 '아시아 여성의 경험', '상호적 배움', '참여적 교육', '이론과 실천의 통합', '초국적(transnational) 여성 연대'를 중요한 교육 원칙으로 한다. 이 원칙들은 참가자들이 공유할 수 있도록 제시되며, EGEP의 모든 교육과정은 이 원칙을 기반으로 계획되고 운영된다. 물론 이러한 원칙은 고정된 '체계'가 아니라 교육을 통해 지속적으로 수정되고 새롭게 변화될 수 있는 유동성을 갖는다. 이를 좀 더 구체적으로 설명하면 다음과 같다.

첫째, '아시아 여성활동가'로서 개인의 경험 혹은 여성으로서 억압의 경험은 아시아여성주의 지식 생산과 실천의 중요한 원천이자 교육적 자원이다. 여성주의 페다고지는 책 속에 있는 객관적 지식보다 여성의 경험 혹은 억압의 경험을 지식 생산의 중요한 자원으로 고려한다(Foss and Foss, 1994; Parry, 1996). 또한 여성주의 페다고지에서 눈물, 분노, 침묵, 즐거움, 공감은 학습과정의 자연스러운 부분으로 수용된다(Morgan, 1996). EGEP의 경우 여성활동가로서 참가자들의 경험을 최대한 교육적 과정과 통합할 수 있도록 운영한다. 이를 위해 참가자들이 자신의 이야기를 하고 함께 토론할 수 있는 다양한 프로그램을 포함하고, 참가자들은 여성, 여성활동가 혹은 여성주의자로서 자신의 삶이나 경험을 동료들과 이야기하고 함께 분석한다. 이 공간 안에서 참가자들은 좀 더 자유롭고 용기 있게 자신의 목소리를 낼 수 있도록 격려 받으며, 나와 다른 경험이나 관점들을 비판하고나 판단하기보다 지지하고 존중할 수 있도록 한다. 이러한 환경은 가부장제 사회에서 폄하되거나 배제되어온 여성들의 경험을 불러오고 재해석할 수 있게 해준다. 더불어 다른 여성들과의 경험 공유를 통해 서로의 '차이'와 '공통점'을 이해하게 되고, 아시아여성주의의 관점에서 아시아 여성문제와 여성운동을 분석하고 실천적 대안을 모색해볼 수 있다.

둘째, EGEP 교육은 '배움의 상호성(reciprocity)' 원칙, 즉 배움은 평등한 관계에 기초해서 상호적으로 이루어져야 한다는 것을 존중한다. 참가자뿐 아니라 교수진, 운영진 등 교육 관련자 모두는 배움의 상호성이라는 점에서 평등한 관계 안에 있다. 여성주의 페다고지는 '교사 = 지식 권위자', '학습자 = 지식 수용자'라는 전통적 교수법이 이분법적이고 위계적임을 비판하고, 교사와 학습자는 서로로부터 배우는 유동적 관계라고 본다. 이런 교육 환경 안에서 교사와 학습자는 서로를 지지하고 힘을 부여하는 관계의 형성을 통해 상호적 역량 강화가 가능해질 수 있다(송현주, 2002). 물론 교육 현장에서 교수진의 권위나 교수진과 참가자 간의 역할 차이를 완전히 무화하기는 어렵다. 중요한 것은 교수와 운영진은 교육 및 운영의 '촉진자'

역할을 수행하면서 동시에 '학습자'의 정체성을 공유하며, 교육 참가자 역시 교육의 수동적 대상이 아니라 교육의 적극적 주체이자 지식 생산자의 일원이라는 점이다. 교육에 관여하는 모든 사람들은 어느 누구도 절대적 지식을 가진 권위자도, 지식의 일방적 수용자도 아니라는 점에서 상호적이며, 서로가 서로에게 배우고 영향을 줄 수 있다는 점에서 평등하다.

셋째, '참여적 교육(participatory education)'을 지향한다. 참가자들은 교육의 주체, 지식 생산의 주체, 실천의 주체로 참여하며, 실질적으로 참여적 교육을 뒷받침할 수 있는 물리적 공간이나 교육환경 등을 중요한 요소로 고려한다. 교육과정에서 참가자들의 적극적 교육 참여를 최대화할 수 있도록 물리적·심리적 교육환경을 조성하며, 토론과 발표, 그룹 활동 등 다양한 참여적 교수법을 활용한다. 토론이나 그룹 활동 시 특정한 몇몇 참가자가 활동을 지배하거나 일방적으로 주도하지 않도록 최대한 유의하며, 참가자들 스스로 이러한 문제에 민감성을 가질 수 있도록 한다. 교수들의 강의는 일방적 지식 전달을 목적으로 하기보다는 다양한 토론과 질문을 이끌어내는 과정이다. 다양한 방식으로 교수와 참가자, 그리고 참가자 서로 간에 소통이 이루어질 수 있도록 촉진하며, 이를 위해 그룹별 원형 책상 배치와 같은 공간 구성이나 환경적 요소도 최대한 고려한다. 교육기간 동안 참가자 전원은 기숙사에 거주하며, 교수진 역시 최소 1주일 이상 혹은 전 교육기간 동안 교내 기숙사에 머물며 다양한 교육활동에 함께 참여한다.

넷째, 교육과정은 '이론과 실천의 통합' 원칙을 고려해서 구성된다. 이론과 실천의 연결 혹은 통합은 여성주의 진영의 오래된 전통, 즉 지식이나 이론의 생산은 실천과 분리되지 않으며, 특히 여성주의 지식은 여성운동 현장과 밀접히 연관되어 있다는 가치를 반영한다. 교육의 모든 프로그램들은 이론과 실천의 통합을 기반으로 유기적으로 연관될 수 있도록 구성되며, 여성학자뿐 아니라 여성활동가, 국제기구 전문가 등 다양한 영역의 전문가들이 강사진으로 참여한다. 가령 '초국적 여성운동'에 대한 이론 강의와 토론은 현장연구를 통해 이어져 '군 위안부' 피해자 할머니들과 시위에 참여해보고, 군 위안부 문제 해결을 위한 초국적 여성운동이니 여성연대 방안에 대한 액션 플랜을 모색할 수 있다. 즉, 강의 세미나와 현장연구, 액션 플랜은 이론과 현장 경험, 실천 전략이 상호작용하며 현실을 분석하고 향후 실천과 비전을 만들어내는 상호 결합된 교육공간들이다.

마지막으로, EGEP 교육은 초국적 여성연대를 통한 여성의 세력화와 지구촌의 변화를 지향한다. 여성주의 관점에서 역량 강화는 여성 개인의 역량 강화뿐 아니라 공동체의 변화를 가능하게 하는 여성의 세력화 둘 다를 포함한다. 개인으로서 여성의 역량 강화가 여성활동가로서의 전문성과 여성주의 리더십의 제고를 통해서 가능하다면, 집단으로서 여성의 세력화는 여성 간의 네트워크와 연대를 통해서 실천 가능하다. 교육 참가자들은 여성활동가라는 공통점을 갖고 있지만 각기 다양한 가족, 문화, 종교, 계급, 국가적 배경 속에서 살고 있으며, 다양한 여성운동의 영역에서 활동하고 있는 여성들이다. 아시아여성주의 관점에서 이러한 차이들은 연대의 방해 요소가 아니라 오히려 연대의 자원이 될 수 있다. EGEP 교육은 이들이 가진 각각의 다양성과 차이를 존중하며, 이를 기반으로 지역적(local), 지구적(global) 연대를 모색하는 초국적 여성 연대의 공간이다.

3) 여성주의 이상과 현실 간의 긴장

EGEP의 주요한 교육 원칙들은 프로그램을 준비하고 운영하는 과정에서 국내외 여성활동가나 여성학자로 구성된 자문위원들과의 워크숍과 토론, 그리고 참가자들과의 상호작용을 통해 구성된 것이다. 이 과정에서 "EGEP는 다른 국제교육과 어떤 차별성을 갖는가?" "서구의 여성주의 이론을 아시아 여성활동가들에게 가르칠 위험성은 내재하지는 않는가?" "교육 주관국인 한국(이화여자대학교)의 위치성과 교육 참가자들의 국가 간 위계가 교육과정에서 또 다른 불평등 요소로 작동할 가능성은 없는가?" "여성주의 리더란 누구를 말하는가?" "누가 교육 참가자로 더 적절한가? 소위 '재능 있고 우수한' 여성들인가 아니면 '훈련 기회가 더 필요한 여성'인가?" "아시아 여성활동가 교육에서 영어를 공용어로 쓰는 것은 정치적으로 옳은가?" 등등 많은 쟁점들이 제기되고 함께 토론되었다.[9]

이 쟁점들은 아시아여성주의 페다고지 수행 과정에서 중요하게 고려해야 할 요소들 혹은 가치들이기도 하다. 가령 'EGEP가 서구의 여성주의 이론을 아시아 여성들에게 가르치는 교육'은 아닌지를 묻는 불편한 시선은 교육과정에서 아시아 여성의 경험에 대한 이해와 교육 주체로서 아시아 여성에 대한 인식이 중요한 요소임을 다시 상기시켜준다. '다른 국제 교육과의 차별성' 혹은 '교육 주관국의 위치성(positionality)'에 대한 질문은 소위 개발도상국 여성을 대상으로 하는 국제교육이 교육 참가자들을 계몽의 대상으로 타자화할 수 있다는 우려와 경계를 포함하고 있다. '교육 참가자'에 대한 논의들은 단순히 이 교육이 누구를 대상으로 하는가라는 기술적 문제뿐 아니라 경쟁 위주의 현실 세계에서 EGEP가 여성주의 가치를 어떻게 관철시킬 것인가를 묻고 있다. 실제 수백 명의 지원자 중 20~25명을 선정해야 하는 심사 과정[10]은 때때로 '협력과 연대' 혹은 '공동체'를 우선하는 여성

9 EGEP는 기획 및 운영 과정에서 많은 국내외 여성학자 및 여성운동가들이 자문위원 및 교수진으로 적극 참여해왔다. 특히 EGEP 프로그램 개발 전문가 워크숍(2011)에는 아시아 7개국(한국, 필리핀, 태국, 중국, 인도네시아, 베트남 인도) 여성학자 20여 명이 참여하여 교육의 목적, 대상, 모듈, 교수법 등에 대한 논의를 함께했다.

10 EGEP는 공고 및 심사절차를 통해 참가자를 선발하고 있다. 교육에 대한 수요가 매우 높아서 9기 현재까지 지원자만 1900여 명이 넘는다.

주의 가치와 '경쟁'의 가치가 부딪치는 갈등의 현장이기도 한다. 영어 사용 문제 역시 '아시아여성주의'를 추구하는 인식론적 지향과 영어를 공용어로 사용할 수밖에 없는 현실 간의 모순과 긴장을 드러내준다.

현실적으로 모든 상황에 적용될 수 있는 하나의 정답은 없다. 그러나 교육 운영의 경험과 전문성을 축적해가면서, 'EGEP는 아시아여성주의에 기초한 상호 배움의 공동체'라는 점, '여성(주의) 리더란 성 평등 사회를 위한 변화를 만들어내는 여성 주체들'이라는 점, 그리고 국제교육의 특성상 영어를 쓰는 것은 피할 수 없지만, 참가자의 '영어 능력'이 여성활동가로서의 열정이나 헌신 등 다른 어떤 기준보다 우선되는 필수조건은 아니라는 점 등 주요한 질문들에 대한 대답을 찾아가고 있다. 아시아여성주의 페다고지의 이론화와 실험 역시 그러한 노력의 일환이다. 그러나 여러 쟁점 중의 일부는 아직도 논쟁 중이거나 '완전히' 해결되지 못한 채 남아 있기도 하다. 분명한 것은 이러한 쟁점들이 이상과 현실 간의 긴장과 모순을 최소화하고 더 나은 여성주의 교육과정과 교육 원칙들을 만들기 위해 중요하게 고려해야 할 준칙들이라는 점이다. 교육의 현장에서 제기되는 딜레마, 갈등, 쟁점들, 그리고 그것을 해결해가는 과정과 노력들은 여성주의 교육의 이상과 현실이 부딪치는 어려움들을 반영하지만, 역설적으로 여성주의 교육 그 자체가 여성주의의 실천이며 과정이라는 특성을 드러내준다.

4. 아시아 여성활동가들의 경험: 역량 강화와 초국적 여성연대

EGEP 교육에 참여한 여성활동가들은 교육과정에서 어떤 경험과 상호작용을 하고 그것은 참가자들에게 어떤 영향과 변화를 주었는가? 교육의 성과, 즉 교육이 교육 참가자에게 미치는 영향 혹은 교육의 효과에 대한 분석은 교육 이외의 다른 변수를 통제하거나 계량화해서 측정해야 하는 어려움을 갖는다. 또, 교육의 효과나 영향이 그 사람의 삶에 어떤 방식으로 결합하게 되는지를 분석하기 위해서는 생애사적 분석이나 계보학적 접근이 필요하다. 그런 점에서 교육 참가자들의 경험을 교육 성과로 일반화하기에는 다소 무리가 있지만, 최소한 교육과정에서 어떤 경험을 했는지, 그것이 어떤 영향을 미치고 변화를 가져왔는지 대한 시론적 분석의 의미를 갖는다.

EGEP 교육 경험에 대한 인터뷰나 개방형 질문지 항목에 대한 참가자들의 대답을 분석해보면 매우 공통적으로 빈번하게 이야기 되는 단어들이 있는데, 그것은 '자신감', '리더십', '배움', '감정적 지지', '치유', '배려', '의식의 고양', '긍정적 태도', '힘', '재충전', '용기', '희망', '연결됨', '연대' 등이다. 이러한 경험들은 바로 여성의 역량 강화를 구성하는 요소들이며 동시에 그 결과들이기도 하다. 더불어 참가자들의 교육 경험들은 아시아여성주의 교육의 현장에서 여성 주체가 어떻게 생산되는지를 증언한다. 여성활동가들은 지식 생산과 교육의 주체로 참여해서, 자신들의 목소리를 발화하고 서로의 경험을 공유한다. 또한 아시아의 맥락에서 여성의 개인적·지역적 경험을 새롭게 해석하며 변화를 만드는 여성연대의 가능성을 탐색하고 있다.

1) '첫 경험'의 정치학: 억압의 경계를 넘기

가부장제 사회에서 여성들은 자율적인 선택과 도전을 제약하는 수많은 금기와 금지 속에서 살아간다. 여성활동가들 또한 '여성'으로서 이런 제약과 어려움 속에서 살아가기는 마찬가지이다. 그러나 이들 여성활동가들은 자신들이 직면한 금기 혹은 제약의 경계를 넘어서기 위해 얼마나 치열하게 노력하며 살아왔는지에 대해 이야기한다. 이 여성들에게 경계 넘기는 여성에 대한 사회적 억압의 울타리를 넘어서는 도전이며 성취이다. 그 대표적인 예가 대학교육을 받게 된 경험이다. 참가자들은 흔히 자신이 살고 있는 사회에서 여성이 고등교육을 받는 일이 얼마나 예외적인 일인지, 그리고 대학에 가기 위해 가족이나 친척, 그리고 사회적인 저항들을 어떻게 이겨냈는지 이야기한다. 이들의 이야기는 "여성으로서 고등교육을 받았다"는 것이 단지 특권이 아니라 여성에 대한 개인적·사회적 억압의 경계를 넘는 도전이자 성취였음을 보여준다.

흥미로운 점은 EGEP 교육 참가를 통한 여러 가지 경험들 역시 참가자들에게는 또 하나의 첫 경험이자 경계 넘기의 도전이라는 것이다. 한 파키스탄 참가자는 "우리 사회에서는 여성이 혼자 집을 벗어나 외국에 간다는 것 자체가 문제가 될 수 있다. 내가 이 교육에 오는 데는 큰 결단이 필요했으며 나에게는 중요한 도전이며 성취이다"라고 이야기 한다. 즉, EGEP 교육 참가는 여성들에게 금기를 깨는 경험 혹은 해보지 않은 경험에 대한 도전, 새로운 성취의 경험이라는 것이다. 경계 넘기는 또한 일상의 작은 규범과 금기를 넘어서는 경험도 포함한다. 이슬람 사회에서 성장한 한 여성은 환송 파티를 마친 후 "가족 이외의 사람들 앞에서 춤을 춘 것은 내 생애 처음"이라고 속삭였다. 국제 컨퍼런스의 무대에 서보는 것, '소셜 아워' 프로그램에서 운동복을 입고 동료들과 축구를 하며 뛰어다닌 경험도 어떤 여성에게는 '첫 경험'이었다. EGEP라는 공간은 또한 물리적·심리적으로 자신이 속한 국가의 경계를 넘어서는 초국적 공간이다. 여성들은 이 안에서 정치적 감시나 억압으로부터 자유롭다고 느끼거나 상대적으로 "안전한 공간"에 있다고 생각한다. 참가자들은 정치적 억압이나 분쟁, 전쟁 등이 여성에게 어떤 영향을 미치는지 다른 여성활동가들과 토론한다. 시위 등 정치적 행위가 금지된 국가에서 오거나 시위에 참여해보지 않은 여성들은 군 위안부 수요시위가 자신이 직접 참가해본 첫 시위였음을 고백하기도 한다.

이러한 일상의 새로운 경험들 혹은 공적 영역에서의 새로운 경험들은 "내 안에 숨겨져 있던 욕망을 발견하고", "집으로 돌아가면 대학원에 진학해볼 용기와 자신감"을 갖게 하고, "여성활동가로서 더 적극적인 일들을 해보고 싶다는 욕심"을 갖게 한다. 어쩌면 EGEP 공간 안에서 여성들이 말하는 첫 경험들은 대부분은 소소하거나 일상적인 일들이다. 그러나 역설적으로 이러한 첫 경험들은 여성들이 가부장적이고 남성 중심적인 사회에서 얼마나 억눌리고 통제된 삶을 살고 있는지를 보여준다. 또한 이들의 첫 경험은 여성의 역할을 규정해놓은 사회적 통제를 벗어나 여성 억압에 도전하고, 자신의 삶에 대한 새로운 용기와 자신감을 갖는 계기가 된다는 점에서 억압의 경계를 넘는 정치적인 행위이다.

2) 경험을 드러내고 서로 지지하기

아시아 여성으로서 참가자들의 경험은 EGEP 교육의 출발점이자 중요한 교육적 자원이다. "아시아 여성활동가로서 나의 삶"은 참가 지원서의 에세이 주제이자 '액션 플랜'을 시작하는 토론 주제이다. 또한 참가자들은 공식적인 교육 프로그램뿐 아니라 티타임이나 휴식시간에, 기숙사에서, 교육 후의 개별적 모임 등을 통해 자신의 성장 배경, 가족사, 부모의 폭력, 이혼, 성폭력 등과 같은 개인적 문제는 물론 계급이나 종교적 차별, 정치적 억압이나 전쟁과 같은 사회적 문제들까지 많은 이야기들을 서로 나눈다.

이러한 경험의 공유는 흔히 분노, 눈물, 공감, 위로, 지지와 같은 감정을 동반하지만, 경험 드러내기를 통해 참가자들은 '치유', '힐링', '회복', '행복'을 느낄 수 있었다고 말한다. 캄보디아의 한 참가자는 "성장기 부모의 폭력, 남편과의 문제 등으로 오랫동안 부정적인 태도와 분노를 갖고 살아왔는데, 이곳에 와서 동료들로부터 지지와 공감, 신뢰를 느끼고 친밀함, 우정, 즐거움 등의 경험을 통해 긍정적 느낌을 회복했다"고 이야기 한다. 인도의 달리트(Dalit)[11] 출신의 참가자 역시 이와 비슷한 이야기를 고백한다. 그녀는 "이곳에서 '진짜' 페미니스트들을 많이 만났으며, 내가 한 인간으로서, 한 여성으로서 존중받고 있다는 것을 느낄 수 있었다. 나는 강하지만 부정적인 사람이었는데, 이곳에서 행복하다고 느꼈고 미래에 대한 새로운 희망을 갖게 되었다"고 말했다. 이런 이야기들은 여성 간에 감정적 지지와 친밀한 관계가 주는 치유와 회복의 경험을 증언하고 있다. 또한 다양한 감정이나 느낌, 동요, 분노, 즐거움, 행복, 치유, 회복의 경험들은 개인적 감정의 소비나 분출로 그치는 것이 아니라 사회구조의 맥락 속에서 '여성의 경험'으로 새롭게 해석되고 여성의 힘의 원천으로 재구성된다.

3) 지식 생산과 교육의 주체로 참여하기

여성주의 지식은 이론과 실천의 교차, 이론과 실천의 통합 속에서 구성된다. 여성주의 지식의 배움과 생산은 교수진의 강의를 통해서 일방적으로 이루어지는 것이 아니라 참가자들 스스로의 발표와 토론, 현장 연구, 액션 플랜 등 다양한 교육 프로그램과 환경 속에서 상호적, 동시적으로 이루어진다. EGEP 교육과정에서 참가자들은 단순히 교육의 대상이 아니라 배움의 주체이자 지식 생산의 주체로 참여한다. 이러한 경험을 통해 참가자들은 '책에 쓰인 이론'이 아닌 '생생한 여성들의 경험'을 토대로, '서구의 시선'이 아닌 '아시아 여성의 관점'으로, '타자화된 아시아 여성'이 아닌 '행위주체로서 여성의 문제'를 좀 더 깊게, 좀 더 잘 성찰하고 이해하고 분석할

---

11 편집자 주 | 접촉할 수 없는 천민이라는 뜻으로 남아시아, 특히 인도에서 힌두교의 카스트 계급제도의 모든 계급보다 아래에 속하는 하층민을 말한다.

수 있게 된다.

여성주의 지식의 생산과정에 주체적으로 참여하는 경험은 활동가들에게 자신감과 리더십을 고양하고 새로운 비전을 갖게 해준다는 점에서 역량 강화의 한 과정이기도 하다. 참가자들은 흔히 "이 교육을 통해 자신감을 갖게 되었다" 또는 "앞으로 내가 할 일에 대해 새로운 비전을 갖게 되었다"라고 이야기한다. 교육의 어떤 내용이나 프로그램이 역량 강화의 주요한 계기가 되는지는 개인에 따라 다르다. 가령 교육 프로그램 중 하나인 '오픈 포럼'은 국내외 여성학자와 여성활동가, 정책전문가들이 함께 모여 발표하고 토론하는 공간이며, 아시아여성주의 담론의 장이다. 이 포럼에서 참가자들은 여성에 대한 폭력, 교육, 건강, 재생산, 환경 등 아시아 지역의 다양한 여성문제와 여성운동 이슈들을 발표하고 함께 공유한다. 참가자들은 다른 사람들의 발표를 들으며 자신의 배움을 확장하고 동시에 스스로 지식 생산의 주체로 참여한다. 참가자들의 발표문은 자료집으로 발간되는데, 한 참가자는 자신의 글이 인쇄되어 나온 것이 너무 놀랍고 자랑스럽다며, 더 발전시켜서 영문저널에 투고하고 싶다고 이야기했다. 어떤 참가자는 컨퍼런스 홀의 무대에 발표자로 서는 경험 자체가 공공장소에서 자신의 '목소리(voice)'를 발화하고 대중에게 자신의 아젠더를 전달하는 '리더십' 훈련의 기회였다고 말한다. 미얀마의 아체 지역에서 온 한 여성활동가는 "나는 지역에서 활발한 활동을 해왔지만, 남성 지도자들 사이에서 늘 자신이 없고 위축되어 있었다. EGEP 오픈 포럼에서 많은 청중들 앞에서 발표를 하면서 내 자신이 더 강해지고 더 큰 사람이 된 것 같이 느꼈다. 앞으로 지역에 돌아가면 좀 더 자신감을 갖고 일을 할 수 있을 것 같다"라고 이야기한다.

4) 여성주의자로서 정체성과 여성문제 인식의 확장

여성주의 지식의 배움과 생산의 참여는 여성문제에 대한 인식의 심화와 확장, 그리고 여성주의자로서 정체성에 대한 성찰을 수반한다. 참가자 대부분이 대학이나 대학원을 졸업한 고학력임에도 불구하고 참가자들 중에는 페미니즘 '이론'에 익숙하지 않거나 여성운동에 대한 이해가 다른 경우를 종종 볼 수 있다. 실제로 몇 몇 참가자는 '섹슈얼리티'나 '젠더'와 같은 핵심적인 개념조차 "이 교육에 와서 처음 들었다"고 말하기도 한다. 이는 아시아 지역의 여성학 교육이 아직은 매우 제한적이라는 점을 고려할 때 당연한 것이기도 하다. 또한 아시아 지역에서 여성주의자는 흔히 "서구 문물에 무분별하게 경도되어 전통문화/종교/민족주의를 위반하는 위험한 여성"이라는 부정적 인식을 담고 있다. 그러다 보니 참가자들은 여성/젠더와 관련된 영역에서 일하는 활동가들이면서도 스스로를 '여성주의자'로 명명하기를 주저하거나 여성주의에 대한 편견을 갖고 있는 경우도 볼 수 있다.

여성문제에 대한 참가자들의 인식도 매우 다양한 편차를 갖는다. EGEP 교육에는 다양한 영역에서 활동하는 여성활동가들이 참여한다. 참가자들은 서로의 경험을 공유하면서 다른 영역의 여성운동에 대한 이해를 넓혀가지만, 어떤 이슈에 대해서는 갈등과 불편함을 느끼기도 한다. 한 참가자는 "이곳에 와서 처음 LGBT 운동을 알게 되었다. 낯설었지만 점차 이 역시 중요한 여성문제라는 생각이 든다"라고 고백한다. 반대로 LGBT 운동가로 활동하고 있는 한 여성은 "어떤 참가자들은 LGBT 운동에 대해 이상하다고 생각하는 것 같다. 그들은 여성폭력을 다루면서 레즈비언이 폭력을 당하는 것은 여성에 대한 폭력이라고 생각하지 않는다"라고 말한다. 이러한 경험들은 서로의 차이에 대한 인지이면서 동시에 서로의 문제를 이해하는 학습의 과정이기도 하다. 서로의 차이에 대한 이해와 배움의 과정을 한 참가자는 "여러 아시아 국가들의 여성인권에 대한 이야기를 나누는 과정에서 많은 공통점뿐 아니라 차이점을 발견할 수 있었다. 그리고 문제해결을 위한 접근에도 다양한 차이가 있다는 것을 알게 되었다. 그러나 이렇게 서로 다른 생각을 공유하는 시간을 통해 여성문제를 바라보는 시야가 확장되었고, 다른 활동가들의 풍부한 경험을 통해 많은 것을 배울 수 있었다"라고 말한다.

여성문제에 대한 인식의 확장은 여성주의자로서 정체성에 대한 성찰을 수반한다. 자신을 여성주의자라고 정체화하기를 주저하던 참가자가 "여기 오기 전에 나는 여성주의자가 아니었는데, 지금 나는 여성주의자이다"라고 자랑스럽게 '커밍아웃'하기도 한다. 인도네시아의 한 여성활동가는 "아시아여성주의라는 개념은 여성주의자로서 나의 의식 변화에 매우 큰 영향을 주었다. 그 동안 난 내가 아시아 여성이라는 생각을 진지하게 해본 적이 없었던 것 같다"라고 말한다. 참가자들의 이런 경험들은 여성주의 교육을 통해 여성문제에 대한 인식이 어떻게 성장하는지, 그리고 여성주의자의 정체성이 어떻게 구성되고 변화하는지를 드러내준다.

5) '연결됨'의 발견과 초국적 여성연대

참가자들의 이야기에서 '연결됨' 혹은 '연대'는 매우 중요한 키워드이다. 참가자들은 흔히 다른 나라에서 온 여성활동가들을 만나 보니 "우리 모두가 서로 연결되어 있는 존재"라는 생각을 하게 되고 "지구상에 이런 일을 하고 있는 사람이 나 혼자가 아니라는 생각이 들어 이제 더 이상 외롭지 않다"고 말한다. 무엇보다 참가자들은 다른 여성활동가들과의 만남에서 여성으로서 그리고 여성활동가로서 자신들의 존재와 경험이 서로 연결되어 있다는 현실을 '발견'한다. 즉, 다른 공간에서 다른 시점에서 다른 방식으로 존재하는 것처럼 보이는 여성의 경험들이 사실상 서로 밀접히 '연결됨(connectedness)'을 자각한다. 이들이 말하는 '연결됨'은 개인적 수준에서의 경험이면서 동시에 여성 억압이라는 집단적 경험에 대한 인식이다.

한 인도네시아 참가자의 이야기는 EGEP라는 공간 안에서 '연결됨'의 인식이 세대와 국가의 경계를 넘어 어떻게 이루어졌는지를 보여준다. 아래의 사례는 그녀의 글과 인터뷰를 재구성한 것이다. 이 참가자는 EGEP 교육을 통해 인도네시아 수하르토 정권하에서 여성운동가였던 할머니의 삶과 현재 자신의 삶이 어떻게 연결되고 있는지, 그리고 한국의 '군 위안부' 할머니의 성 착취 경험과 인도네시아 여성들이 겪었던 국가에 의한 폭력이 어떻게 접맥될 수 있는지에 대한 통찰을 이야기 하고 있다.

> '섹슈얼리티'를 주제로 한 강의에서 교수가 국가가 스스로의 정당성을 확보하기 위해 여성에 대한 폭력을 이용했던 사례로서 인도네시아에 대한 이야기를 했다. 인도네시아의 수하르토 정권하에서 독재에 항거한 여성운동가들이 대량 구속되었는데, 국가는 구속된 여성들에게 성폭력을 이용해 자신들이 겪은 일을 침묵하게 만들었다는 것이다. 나는 이 강의를 들으며 나의 할머니에 대한 단편적인 기억들을 떠올렸다. 강의 후 교수와 이야기를 나누던 중 나는 내 할머니가 바로 수하르토 정권에 반대했던 여성운동가의 한 사람이었다는 것을 알게 되었다. 그리고 EGEP 참가자들과 함께 한국의 위안부 할머니들의 수요시위 현장에 참여했을 때, 나는 다시 나의 할머니를 떠올렸다. 한국에 와서 군 위안부 할머니를 보면서 왜 나의 할머니의 삶과 기억이 가족과 모든 사람들로부터 추방되었는지를 충분히 이해할 수 있었다. 군 위안부 이슈는 국가권력이 저지른 여성에 대한 조직적이고 잔혹한 폭력이다. 그럼에도 불구하고 여성의 섹슈얼리티에 대한 이중 잣대를 가진 가부장제

사회는 오히려 그것을 경험한 여성들에게 수치심을 주고 침묵하게 만들었다. 나는 한국의 군 위안부 할머니들의 경험을 통해 인도네시아의 수하르토 정권하에서 겪은 내 할머니의 삶을 이해할 수 있었고 이 두 지역의 여성들의 경험이 얼마나 밀접히 연결되어 있는지를 생각했다.

연결됨에 대한 인식은 동시대적일 뿐 아니라 때로는 초공간적, 초국적이기도 하다. 실제로 참가자들은 연결됨에 대한 인식을 통해 자신들이 활동하고 있는 지역의 여성문제들이 사실상 초국적 여성문제와 연결되고 있다는 것을 발견하고, 초국적 연대의 필요성에 공감한다. 즉, '연결됨'에 대한 인식은 서로 다른 지역과 영역에서 활동하는 여성들이 서로의 차이와 국가의 경계를 넘어서 연대해야 할 필요성에 대한 인식의 출발점이다.

5. 결론: EGEP의 성과와 과제

이 논문은 EGEP에서 구현하고 있는 여성주의 페다고지와 그 안에서 생산되는 여성들의 경험을 분석함으로써, 아시아여성주의의 실천 현장을 실증적·경험적으로 보여준다는 의미를 갖는다. 무엇보다 여성활동가들의 경험은 아시아 여성 주체가 어떻게 형성되고 새롭게 재구성되는지를 생생하게 증언하고 있다. EGEP 교육을 통해 여성활동가들은 다양한 방식으로 역량 강화를 경험하고, 이 과정에서 여성주의자로서 정체성을 강화하고 아시아 여성문제에 대한 이해를 넓히며, 초국적 여성연대의 가능성을 모색한다. 이러한 분석들은 EGEP가 여성주의 교육의 실천의 장으로서 '아시아 여성활동가 역량 강화 및 여성주의 리더의 양성'이라는 본래의 목적을 성공적으로 수행해내고 있음을 시사한다.

그러나 EGEP 교육은 아직도 많은 실험과 변화를 모색해가고 있으며, 향후 지속적으로 발전시켜야 할 과제들이 남아 있다. 가장 중요한 과제는 EGEP의 교육적 성과를 어떻게 장기적이고 가시적인 성과로 이어갈 수 있는가 하는 점이다. 특히 EGEP는 2주 단기과정으로 운영되는데, 이러한 한계를 보완하기 위해서는 참가자들이 자신의 기관이나 지역으로 돌아간 후에도 이들의 네트워킹이나 교육을 지속적으로 유지시킬 수 있는 관련 사업이나 후속 교육의 개발이 필요하다. 현재 교육의 주관기관인 이화여대 아시아여성학센터는 참가자들의 발표문을 저널(*Asian Journal of Women's Studies*)에 게재하거나 한국어판의 출판, 졸업생들의 국제 컨퍼런스 참가 및 발표 지원, 졸업생 공동연구 수행, 지역별 졸업생 간담회 개최 등 다양한 후속 사업들을 운영하고 있다. 그러나 교육의 성과를 더욱 안정적으로 유지하고 확대하기 위해서는 졸업생 재교육이나 워크숍, 학위과정 개설 등 좀 더 체계적인 후속 사업과 제도화가 필요하다.

또한 EGEP는 각 기마다 20여 개국의 여성활동가들과 교수진들이 참가해 국가별 여성문제를 공유하고, 분석하고 이를 기초로 다양한 액션 플랜을 만들어내는 '아시아여성주의 교육과 지식 생산의 장' 그 자체이다. 그러나 안타깝게도 현재까지는 주로 교육과정 개발 및 운영에 초점이 맞추어져 왔으며, 이와 관련된 연구나 평가 작업을 적극적으로 병행하지 못하고 있다. 장기적으로 여성주의 교육의 발전과 확산을 위해서는 교육과정에 대한 심층적인 연구와 평가, 좀 더 다양한 대상을 위한 새로운 교육 모델의 개발, 여성주의 교육의 실천성과 영향력을 가시화하고 객관화할 수 있는 질적, 양적 연구 등이 적극적으로 이루어져야 한다. 더불어 아시아 지역 여성 NGO와 여성운동에 대한 연구, 아시아 여성문제에 관한 분석, 아시아 지역 여성들의 삶을 개선할 수 있는 정책 등 다각적인 연구도 필요하다. 이러한 연구 작업들은 여성주의 연구자와 활동가들이 함께 참여하는 지식 생산의 장이자 아시아여성주의 이론과 실천을 더욱 확대해가는 과정이 될 것이다.

참고문헌

김영희. 2007.「페미니스트 페다고지: 교육적 담론과 실천」. ≪실천교육학≫, 1(2), 25~47쪽.

나윤경. 1999.「페미니스트 페다고지」. *Andragogy Today: International Journal of Adult & Continuing Education*, 2(4), pp.55~76.

송현주. 2002.「대안적 패러다임으로서의 페미니스트 페다고지: 그 가능성을 찾아서」. *Andragogy Today: International Journal of Adult*, 5(3).

유제분. 2006.「페미니즘 페다고지와 페미니즘 영문학 작품 읽히기」. ≪영어 영문학≫, 46(2), 529~547쪽.

이화여대 아시아여성학센터 기획. 2015.『우리들의 목소리 1』. 장필화·이명선 엮음. 이화여자대학교출판부.

_____. 2015.『변화를 만드는 초국적 여성운동: 아시아 아프리카 여성활동가 103인의 이야기』. 이화여자대학교출판부.

_____. 2016.『우리들의 목소리 2』. 장필화·이명선 엮음. 이화여자대학교출판부.

전희경. 2013.「지역의 구체성과 만난 여성학 강의: 살림의료생협 여성주의 학교 프로그램을 중심으로」. 이화여대 여성학과 30주년 기념 학술마당 여성학, 돌(아)보다.

정민승. 2004.「'합리적 대화'를 넘어 '차이 배우기'로: 후기구조주의 페미니즘의 교육학적 의미지평 탐색」. ≪교육사회학연구≫, 14(3), 183~205쪽.

정재원. 2013.「교양교육으로서의 여성학: 여성학 어떻게 가르칠 것인가?」. 이화여대 여성학과 30주년 기념 학술마당 '여성학, 돌(아)보다'.

최성희. 2008.「페미니스트 페다고지의 정치, 윤리, 미학」. ≪영미문학페미니즘≫, 16(1), 167~199쪽.

허성우. 2013. 「여성학의 확장, '실천여성학' 현장: 여성주의 페다고지 관점에서」. 이화여대 여성학과 30주년 기념 학술마당 '여성학, 돌(아)보다'.

Akhter, Shamima. 2014. "Endless Misery of Nimble Fingers: The Rana Plaza Disaster." *Asian Journal of Women's Studies*, 20(1), pp.137~147.

Ame, Kazi Rabeya. 2013. "Overcoming the Curse of Early Marriage in Bangladesh." *Asian Journal of Women's Studies*, 19(4), pp.150~163.

Aryal, Kalpana. 2014. "Women's Empowerment in Building Disaster Resilient Communities." *Asian Journal of Women's Studies*, 20(1), pp.164~174.

Asian Center for Women's Studies(ACWS) & Korean Women's Institute(KWI). 2000. "Building Women's Studies Curriculum: 8 Country-Level Workshop." *Asian Journal of Women's Studies*, 6(2), pp.106~120.

Cai, Yiping. 2013. "Re-vitalize, Re-strategize and Re-politicize the Chinese Women's Movement in the New Era." *Asian Journal of Women's Studies*, 19(1), pp.113~126.

Chang, Pilwha. 1996. "The Rise of Women's Education: Against the Korean Patriarchy." paper presented at the Asian Women's Studies Conference in Seoul, May 10.

_____. 2006. "Women's Studies in Korea." *Women's Studies Quarterly*, 24(1-2), pp.317~326.

_____. 2007. "A Study on Feminism: Knowledge production and challenges for the future." paper presented at Academic Conference on the occasion of the 30th Anniversary of KWI, Ewha Womans University in Seoul, November 1-2.

_____. 2008. "Feminist Consciousness and Women's Education: The Case of Women's Studies Ewha Womans University." *Asian Journal of Women's Studies*, 14(2), pp.7~29.

Cho, Haejoang. 1997. "Feminist Intervention in the Rise of 'Asian' Discourse." *Asian Journal of Women's Studies*, 3(3), pp.127~156.

Du, Fangqin. 2005. "Developing Women's Studies at Universities in China: Research, Curriculum and Institution." *Asian Journal of Women's Studies*, 11(4), pp.35~71.

Evans, Sara. 1979. *Personal politics: The roots of women's liberation in the Civil Rights Movement and the New Left*. New York: Knopf.

Foss, Karen A. & Sonja K. Foss. 1994. "Personal experience as evidence in feminist scholarship," *Western Journal of Communication*, 58, pp.39~43.

Hooks, Bell. 1989. *Talking Back: Thinking Feminist, Thinking Black*. Boston: South End Press.

_____. 1994. *Teaching to Transgress: Education as the Practice of Freedom*. New York: Routledge.

_____. 2003. *Teaching Community: A Pedagogy of Hope*. New York: Routledge.

Jayarathne, Saranga Subhashini. 2014. "Women's Potential in Dealing with Natural Disasters: A Case Study rom Sri Lanka." *Asian Journal of Women's Studies*, 20(1). pp.125~136.

John, Mary E. 2005. "Women's Studies in India and the Question of Asia: Some Reflections." *Asian Journal of Women's Studies*, 11(2), pp.41~66.

Jurado, Maria Cristina. 2013. "Organizing Urban Poor Women in Securing Housing and Land Tenure in Manila." *Asian Journal of Women' Studies*, 19(3), pp.172~185.

Khanis, Suvianita. 2013. "Human Rights and the LGBTI Movement in Indonesia." *Asian Journal of Women's Studies,* 19(1), pp.127~138.

Khullar, Mala. 2005. "Asian Journal of Women's Studies: Ten Years and Beyond." *Asian Journal of Women's Studies*, 11(4), pp.7~34.

Kim, Eun-Shil. 2005. "How the Category of Asia is Possible to be a Referential Community for Reciprocal Recognitions." paper presented at the World Forum of Life Culture in Paju, Korea, September 2-5.

_____. 2010. "The Politics of Institutionalizing Feminist Knowledge: Discussing "Asian" Women's Studies in South Korea." *Asian Journal of Women's*

Studies, 16(3), pp.7~34.

Kim, Hyun Mee & Kang, Sun-Mi. 2001. "Achievement and Challenges of an Asian women's Studies Project." *Asian Journal of Women's Studies*, 7(4), pp.61~108.

Kunwar, Pashupati. 2013. "Coming Out of the Traditional Trap." *Asian Journal of Women's Studies*, 19(4), pp.164~172.

Larson, Laura M. 2005. "The Necessity of Feminist Pedagogy in a Climate of Political Backlash." *Equity & Excellence in Education*, 38(2), pp.135~144.

Lee, Myoung Sun. 2013. *Producing Gender Specialists through Women's Studies in Universities*. Seoul: Korean Women's Development Institute.

Lee, Sang Wha. 2008. "Conceptualizing the 'Asian' and Asian Women's Studies." *Asian Journal of Women's Studies*, 14(4), pp.28~53.

Miske, Shirley, Chang Pilwha, & Lee Sang Wha. 1998. "Expanding the Network: Building Women's Studies in Asia Workshop." *Asian Journal of Women's Studies*, 4(3), pp.164~180.

Morgan, Kathryn Pauly. 1996. "The Perils and Paradoxes of the Bearded Mothers." in A. Diller, B. Houston, K. P. Morgan, & M. Ayim(eds.). *The Gender Question in Education: Theory, Pedagogy & Politics*. Boulder, CO: Westview Press.

Nah, Y. 1999. "Feminist Pedagogy." *Andragogy Today: International Journal of Adult & Continuing Education*, 2(4), pp.55~76.

Parry, Shirley C. 1996. "Feminist Pedagogy and Techniques for the Changing Classroom." *Women's Studies Quarterly*, 24(3-4), pp.45~54.

Patria, Hayu Dyah. 2013. "Uncultivated Biodiversity in Women's Hand: How to Create Food Sovereignty." *Asian Journal of Women's Studies*, 19(2). pp.148~161.

Pushparaj, Vedhanayagi. 2013. "Agro-feminism: An Ideology of Hope for Dalit Women." *Asian Journal of Women's Studies*, 19(3), pp.186~200.

Shrewsbury, Carolyn M. 1993. "What is Feminist Pedagogy?." *Women's Studies*

Quarterly, 21(3-4), pp.8~15.

Valerio, Kristine Aquino. 2014. "Storm of Violence, Surge of Struggle: Women in the Aftermath of Typhoon Haiyan(Yolanda)." *Asian Journal of Women's Studies*, 20(1), pp.148~163.

Weiler, Kathleen. 1995. "Revisioning Feminist Pedagogy." *NWSA Journal*, 7(2), pp.100~106.

Ying, Lwin. 2013. "The Situation of Kachin Women during the Current Political Crisis." *Asian Journal of Women's Studies*, 19(2), pp.162~171.

제 2 부

글로컬 시대 아시아 여성운동의 쟁점

제7장

아시아의 국가 건설과 성 정치

사스키아 위어링가

1. 서론

아시아에서 젠더 이슈와 성 정치는 국가 건설 과정에서 다양한 방식으로 관련되어왔다. 파키스탄을 비롯한 몇몇 국가들은 자신이 남성적이고 공격적인 국가라는 이미지를 가지고 있다. 파키스탄의 경우, 이러한 이미지는 이슬람과 연결되고, 여성들은 이슬람교와 연결된 다양한 형태의 억압들에 속박된다. 여성들은 국가의 남성성에 걸맞은 여성적인 상대로 보여야 한다. 스리랑카에서도 유사한 과정이 관찰되는데 여기서는 불교와 연관되어 있다. 인도네시아에서는 여성들에 대한 도덕적 규정에 기반을 두고 새로운 지역적 정체성이 형성된다. 인도네시아에서는 처음으로 아체, 팔렘방 같은 몇몇 지역에서 동성애를 처벌하는 법이 만들어졌는데, 이것은 그 지역의 무슬림 정체성을 보여주기 위한 것이었다. 다른 한편, 대만에서는 동성결혼 합법화에 관한 토론이 있다. 이것은 중국과 대만의 통일이 논의되는 상황에서 중국이 보수적인 데 반해 대만은 현대적이라는 것을 증명하려는 한 수라고 볼 수 있다.

이 장에서, 나는 더욱 젠더화되고 성애화된 방식으로 지속되는 아시아의 근대화와 국가 형성에 관해서 탐구할 것이다. 국가는 결혼이나 보건법과 같이 성과 관련 있다고 여기는 것을 명백하게 규제하는 일을 국가의 기반으로 삼을 뿐 아니라, 인종/민족, 정치적·종교적 우월성 그리고 특히 젠더 체제(gender regime)의 개념들을 국가 건설의 기초로 삼았다. 끝없이 되풀이되지만 의문시되지는 않는 역사와 전통의 구성물 위에 이 같은 개념들이 조합된다. 민족이나 인종과 관련된 성 정치와는 대조적으로, 국가 건설과 관련된 성 정치는 거의 관심을 받지 못했다.[1] 나는 국가 건설과 성 정치의 연관성을 증명하기 위해 세 가지 예를 보여줄 것이다. 인도네시아에서 성 도덕에 대한 공포를 불러일으켜 군사주의 '신질서' 정권 수립에 이용한 것, 국가주의적인 상상력을 부채질했던 식민지 이후 시기의 망각, 그리고 새롭게 등장한 성적 시민권에 관한 논쟁이 그 세 가지이다.

2. 상상의 국가

베네딕트 엔더슨(Benedict Anderson)은 다음과 같은 유명한 말을 했다.

> 국가는 상상의 정치적 공동체이다. …… 국가는 **공동체**(강조는 원저자)라고 상상된다. 왜냐하면 실제로는 불평등과 착취가 만연해 있어도 국가는 항상 깊고 수평적인 동료애로 이루어진 것처럼 여겨졌기 때문이다. 궁극적으로

---

1 Brah and Coombes(2000)을 참조하라. 탈식민지 이후 시기의 혼종성과 민족 혼합에 대해 다루고 있다.

지난 2세기 동안에 바로 이 **형제애**(강조는 필자)가 수백만 명의 사람들이 사람을 죽이게 했을 뿐 아니라 스스로 목숨을 바치게도 했다(Anderson, 1983: 6~7).

국가의 정당성, 즉 이것의 도덕적인 설득력은 깨지기 쉬운 구성물이다. 그러나 민족국가로 굳혀가면서, 공동체는 자기가 만들어낸 제도들, 법률, 규제 장치, 교육제도(그리고 역사 수업에서 다룰 이야기를 선택하는 것)에 단단히 뿌리를 내린다. 이 도덕적 구성물을 떠받치고 있는 것은 인간의 젠더화되고 성애화된 정체성에 대한 개념, 그들의 주관성, 미래에 대한 열망이다. 영성, 종교에 관한 개념도 선택되고 그 범위가 정해져서 이 도덕적 구성물에 섞여 들어가 있다.

그러므로 국가는 하나의 생각, 문화적 구성물이고 상상에서 나온 허구이며 도덕과 인간에 대한 특정한 개념에 기반을 두고 있다. 국가의 구성원들은 자신들에 대한, 즉 동료 국민들에 대한 특정한 생각을 공유한다고 상상하기 때문에 서로 연결되어 있다고 느낀다. 또한 자신들에게 속하지 않는 사람들, 혹은 같은 종류의 인간성을 공유하지 않는 듯 보이는 사람들을 타자라고 부르며 그들에 대한 생각을 공유하면서 연대를 느끼기도 한다(그리고 자신들에게 속하지 않는 사람들이 살해되거나 고문당하거나 착취당하는 것에 관해서는 쉽게 생각한다. 예를 들면 제국주의 국가들, 나치, 일본 장군들, 모택동주의 중국공산당 간부들, 인도네시아 장군들, 인도의 힌두 민족주의자들, 스리랑카의 불교도 장군들은 자신들과는 다른 사람들을 살해하고 착취하는 것에 개의치 않는다). 국가는 자기 자신만의 자부심을 가지고 있고, 축구 등 스포츠 국가대표팀도 가지고 있다. 게다가 국가는 국기도 있고 애국가도 있다. 애국가의 곡조가 형편없고 가사가 엉터리여도, 부르거나 듣는 사람들의 눈물을 자아낸다. 단지 국가주의 운동에서만 국가 정체성을 불러내는 것은 아니다. 식민지 이후에 민족과 종교의 분리를 둘러싸고 일어나는 투쟁 또한 정체성 구성에 기반을 두고 이루어진다. 여기에서 종종 여성들의 몸이 전투장이 된다(Jayawardena and de Alwis, 1996).

국가 형성에서 흔히 사용되는 동질화 시도에서 소수자, 여성, 경제적 약자들은 제외된다. 국가의 특성이 무엇인지 정의내리는 월권행위를 하는 사람들은 소수자, 여성 등이 자신들과 똑같이 국가 구성원으로서 혜택과 권리를 가질 수 있다고 보지 않는 것이다. 이것은 폭력적인 충돌을 일으킬 수도 있고 아시아 여러 지역에서 그런 충돌이 일어난 바 있다.[2] 무력 충돌은 곧 여성성과 남성성에 대한 특정한 이해를 갖는 군사주의 이데올로기를 만들어낸다.[3] 이와 같은 젠더화된 시민권 개념은 미디어와 학교 교재를 통해 그리고 국가 기구가 아닌 행위자들에 의해 널리 전파된다. 국가주의 프로젝트의 특징 하나는 자기 집단의 여성들이 '다른' 집단 여성들보다 더 품위 있고 덕이 있고 정숙하다고 묘사한다는 것이다. 최근 특정 사회의 이성애 정상주의는 어떻게 자기 집단의 여성들로 하여금 '자기네' 여성들을 더 잘 통제하도록 할 수 있는지를 보여준다(Wieringa, 2012). 그리하여 우익 여성단체들은 국가주의 프로젝트의 전략적 일환이 된다.[4]

지배집단만이 국가의 성격을 결정하는 것은 아니다. 희생자에 대한 묘사 또한 국가주의 감성을 흔들 수 있다. 무력 충돌 시기에 여성들이 강간당하거나 살해될 때 그런 일이 쉬이 일어난다. 그런 사건은 명예살인이라 불

2 Jeganathan and Ismail(1995)의 논문집은 국가의 상상력에 타밀인, 무슬림, 여성들을 수십 년 동안 배재해온 스리랑카에서 곧 폭력이 일어날 거라고 경고했다.

3 사이골(Saigol, 2013)은 어떻게 파키스탄이 군사주의 국가로 탄생하게 되었는지를 명쾌하게 분석했다. 일본의 민족국가 건설에 대한 사례 연구를 보고 싶다면 가론(Garon, 1997)을 참조하라.

4 Wieringa(1985); Sarkar and Butalia(1995).

리고, 가해자는 '야만적' — 야만인 민족이라는 의미에서나 종교적으로 볼 때 야만적인 행위라는 의미에서 — 이라고 그려진다. 반면 아내나 딸을 강간한 일은 거의 기소되지 않는다. 그런 범죄는 '자기네' 가부장이 저지른 일이기 때문이다. 그와 유사하게 동성애 혐오가 이용되기도 한다. 게이 남성들과 레즈비언 여성들이 여러 나라에서 박해를 당하는데, 2006년 이란에서 젊은 남성 두 명이 처형당한 일은 국제적으로 격렬한 항의를 받으며 주목받았다. 자스비르 푸아르(Jasbir Puar)는 이 사례를 통해 섹슈얼리티, 인종, 젠더, 국가, 계급, 민족의 구성을 안전에 대한 우려와 국가주의에 기반을 둔 보복 테러와 연관 지어 분석했다(Puar, 2007).[5]

니라 유발-데이비스(Nira Yuval-Davis)와 플로야 앤티아스(Floya Anthias)는 초기 분석에서 국가주의 프로젝트에 여성들이 참여하게 되는 수많은 방식들을 열거했다(Yuval-Davis and Anthias, 1989). 예를 들어 여성들은 아이를 낳고 키우는 사람, 인종/민족 공동체의 경계선을 재생산하는 사람, '문화의 전승자'로 여겨진다. 이 분석은 여성들이 국가주의 대의에 기여하는 기능에 초점을 맞추었다고 할 수 있는데 그 후로는 좀 더 미묘하고 복잡한 그림을 보여주는 분석이 나타나고 있다. 루이스 웨스트(Lois West)는 페미니즘 역시 국가주의를 구성하는 데 일조했다고 언급한다(West, 1997). 젠더는 단지 국가주의 프로젝트에 의한 결과일 뿐 아니라 여성운동 또한 여

---

5 젊은 남성들이 교수형을 당한 이유가 합의하의 섹스를 했기 때문인지 아니면 그들이 어린 소년을 강간했기 때문인지는 분명하지 않다. 푸아르는 인종차별적인 '타자'에 맞서는 '적절한 호모(properly homo)'이자 애국적인 미국 시민의 정체성을 뜻하는 '호모 민족주의(homonationalism)'라는 용어를 소개했다. 네덜란드에서도 유사한 과정이 나타난다. 여기에서 국가는 자신을 '늘 그랬던 것인 양' 관용적인 존재로 표현하고 있고 무슬림 이주민을 동성애 혐오자라는 틀에 가둔다. 우파 정당 지도자가 네덜란드 민족 문화를 변론(정의)하기 위해 이 논리를 이용했다.

성들이 속한 공동체를 재정의하는 적극적인 행위자 역할을 한다.

그러나 민족주의는 앞의 앤더슨의 인용에서 분명하게 보여주었듯이 남성들의 위계적 지위와 남성들의 유대를 형성하는 것과 우선 관련 있어 보인다. 신시아 인로(Cynthia Enloe)가 주장했듯이 "민족주의는 전형적으로 남성화된 기억과 남성화된 굴욕, 그리고 남성화된 희망에서 생겨났다"(Enloe, 1990: 44). 코넬(Connell, 2005)은 이러한 과정이 여성들을 엄격한 통제에 복속시킬 뿐 아니라, 헤게모니적 남성성을 만들어내는 기초가 된다고 지적한다. 모든 민족국가는 자기만의 방식으로 머릿속으로 그리는 자신에 대한 그림을 가지고 있다. 그것은 전통이나 자연적인 문화라 여겨지는 것에 뿌리를 둔 도덕에 기반을 둔다. 이런 과정에서 문화와 전통은 자연적이고 본질적인 것처럼 되어간다. 이때 문화와 전통의 기초가 되는 것이 지속적으로 변화하는 젠더 체제이고 또 계급 관계나 민족 차별 등의 위계라는 점은 자주 간과된다.

생명정치(biopolitics)와 훈육 권력에 대한 미셸 푸코(Foucault 1977, 1978)의 분석은 응집력 있는 사회를 창출하는 데 있어서 주체들이 어떻게 틀에 맞추어 만들어지는가를 이해하는 데 도움이 된다. 개인들은 사회의 지배적인 성 도덕 담론에 기반을 둔 규제 권력에 종속된다. 이와 별개로 소수자를 대표하는 사람들이나 특정한 생각을 가진 사람들을 배제하여 '타자화'함으로써 사회적인 응집력이 만들어지고 유지된다. 민주주의 국가라고 자처하는 국가는 그러한 '타자'를 비민주적이라고 간주한다. 사회주의 국가 형태를 옹호하기 때문이라는 것을 내세우기도 한다. 또는 어떤 형태의 종교에 기초를 두는 국가는 다른 종교적 원칙을 들고나온다는 이유를 들기도 한다. 그렇게 해서 미국은 베트콩당원들을 죽이거나, 공산당으로 의심된다는 이유로 수십만 명을 학살한 수하르토의 군대를 지원하는 데 아무 거리낌도 없었다. 또한 미국의 평범한 병사들은 아부 그라이브(Abu Ghraib)

수용소에서 이라크인 포로들에게 성적인 고문을 한 것에 대해 도덕적인 가책을 느끼지 않았다.

민족국가 건설은 지금도 진행 중인 과정이다. 그것은 젠더화를 깊게 내포하면서 사람들의 성생활에까지 폭넓게 영향을 미치는 것이기도 하다. 바바라 맥클린톡(Barbara McClintock)은 다음과 같이 이것을 기술한다. "모든 국가주의는 젠더화되어 있다. 모든 국가주의는 인위적으로 만들어진 것이고 모든 국가주의는 위험하다.…… 국가주의는 정치권력이나 폭력의 과학기술과 곧바로 연결되기 때문이다.…… 모든 국가들은 강력한 젠더 구조에 의존하고 있다"(1995: 252~353). 이것은 사회주의 국가 건설에도 해당되는 말이다. 중국공산당의 승리 이후에 중국이 겪고 있는 커다란 변화를 하나의 예로 들 수 있다.[6] 2012년 노벨상 수상자 모옌(Mo Yan)이 소설 『개구리』에서 강렬하게 묘사했듯이, 중국의 한 자녀 정책은 강제 낙태, 불임수술, 여아 살해와 같은 심각한 결과를 초래했다. 한 자녀 정책은 더 이상 국가의 이익이 되지 않게 되면서 2015년에 이르러서야 폐지되었다. 또 하나의 예로는 문화혁명 동안에 결혼제도 밖의 성생활을 한 사람들에게 가해진 잔인한 처벌이다. 다만 최근 중국에서는 경제개방과 더불어 나타난 개인주의에 대한 관심이 강조되어서 성규범이 느슨해졌으며 LGBT 조직이 등장하고 있다.[7]

대부분 국가주의 프로젝트에서 여성들은 주로 국가를 품는 상징적인 존재, 국가를 지켜나가는 계승자로 그려진다. 그러나 여성들이 국가 기관에 직접 참여하지는 못하게 한다. 과거에 식민 지배를 받았던 국가들은 대체로 세월이 흘러도 변치 않거나 오히려 전통에 묶여 있는 것처럼 재현된다.

6 Suiming(2005)를 참조하시오.

7 2015년에 페미니스트와 LGBT 단체에 대한 정치적인 통제가 증가하고 있다.

남성들이 발전의 행위자로, 여성들이 전통을 간직한 사람들로 묘사될 때 국가는 현대적이고 진취적이라 여겨진다. 이것은 파르타 채터지(Partha Chatterjee, 1999)의 남아시아 민족주의에 대한 분석과 유사하다. 남성들은 경제발전이나 개인주의, 민족주의와 같은 서구적인 아이디어에서 영감을 얻는 '물질'세계는 자신들이 차지하고, 여성들은 영적인 세계에 위치시켰다. 물질세계가 정복당하자 영국인들의 우월함을 인정하고, 그들을 모방했다. 그러나 남아시아 국가주의자 남성들은 가정, 가족 그리고 종교 전통 등 '영적' 영역에서는 자신들이 우월하다고 보았다. 그 영역에서 변화가 필요하다는 생각은 거의 하지 못했고, 고작해야 사티(남편이 죽으면 아내를 함께 묻는 풍습)나 아동결혼 같은 몇몇 관습만 개혁될 필요가 있다고 보았다.[8]

채터지가 보았듯이, 물질세계와 영적인 세계를 나누는 것은 남성이 주도하는 국가주의 세계 안에서 많은 긴장을 드러내준다. 그런데 그렇게 두 세계로 나누는 것으로 인해 전쟁 이전 시기에 아시아 여성운동은 매우 복잡한 상황에 처하게 되었다. 여성교육을 위해, 선거권을 획득하기 위해, 가부장적 훈육에 저항하기 위한 투쟁의 주된 핵심은 결국 대중(물질적)적인 것과 개인(영적)적인 것에 모두 다리를 걸치는 것이었다. 이것은 서구 강국에 의해서 식민지를 겪은 국가나 그렇지 않은 국가 모두에 해당되며 그들은 강대국의 '에너지'를 모방했다.[9] 일본, 한국, 중국의 교육 받은 신여성들은 대중의 조롱을 받았고 가족들의 엄청난 저항에 시달려야 했다. 신여성들은 남성들의 공포를 촉발했다. 그들은 거부되거나 혹은 영감의 원천으로 여겨졌다. 여성들의 상황은 더욱 복잡해졌다. 그들은 자신들이 민족주

---

8 이 주제에 관련한 인도 상황을 더 자세히 연구한 것으로는 Sarkar and Sarkar(2008), Sangari and Vaid(1989) 참조.

9 일본의 사례는 Frühstück(2003)을 참조하라.

의자들의 운동과 맞지 않다는 것을 발견했다. 여성 교육과 여성 참정권은 서구에서 수입된 것으로 여겨졌기 때문이다. 이러한 것들은 남성보다 여성과 연관되었을 때 더 부정적인 결과를 낳는 것으로 여겨졌다. 남성들은 그들의 문화를 배신한 것처럼 보이지 않고도 교육을 열망할 수 있었다. 반면에 참정권을 위해 싸우는 교육받은 여성들은 서구 자매들과 공모하여 자기 형제들에게 맞서는 것처럼 여겨지기도 했다. 여성들의 교육을 비도덕 물질주의나 성적인 난잡함과 연결하여 위협으로 여겼다. 이것은 정조를 둘러싸고 여성들 사이에 갈등을 일으켰다.[10]

여성들이 민족주의 운동과 근대화 운동, 그리고 대륙에서 벌어지는 다양한 민족주의 전쟁에서 중요한 역할을 했음에도 여성들이 지속적으로 요구한 평등권은 독립 이후에도 주어지지 않았다. 참정권이나 교육과 같은 분야에서 약간의 발전이 이루어졌으나 논쟁이 된 다른 이슈에서는 변화가 이루어지지 않았다. 예를 들어 무슬림 국가에서는 일부다처제 같은 것은 폐지되지 않았다. 대신에 새로 등장한 남성 민족지도자들은 이전의 식민 통치자들이 활용한 성/젠더 정치를 계속 밀고 나갔다. 그리고 식민지 이전에 여성들과 소수자들이 누렸던 권리들은 손쉽게 무시했다. 식민 지배와 함께 서구의 가부장적인 본질주의 이론들이 들어오면서 전통적으로 트랜스젠더를 존중하던 태도가 사라졌는데, '탈식민 이후의 망각(postcolonial amnesia)' 과정에 의해 식민 지배 이전의 관행들은 다시 회복되지 못했다(대신에 LGBT 이슈가 서구 수입물로 여겨지게 되었다)(Wieringa, 2009). 여성들의 권리도 식민지 관리자들에 의해 빼앗기거나 축소되었는데 토지권, 상속권, 정치 지도자나 통치자가 될 권리 등 여성들이 빼앗긴 권리도 회복

10 전쟁 전, 아시아 여성운동이 겪은 딜레마에 관한 사례연구들을 보고 싶다면 Edwards and Roces(2004)를 참조하라.

되지 않았다.

국가주의와 섹슈얼리티 사이의 상호 연관성에 관한 고전적인 연구로 조지 모세(George Mosse, 1985)는 어떻게 근대 유럽 사회가 전형적인 부르주아지의 높은 도덕성이라는 전형성에 기반을 두었는가를 분석했다. 이것은 사회적인 안정, 안보나 질서를 유지하는 데 필수적인 요소였다. 종교, 정치, 도덕, 경제는 근대국가의 탄생뿐 아니라 식민제국의 탄생 속에도 뒤엉켜 나타난다. 영국제국은 무역에 기초해서 탄생했을 뿐만 아니라, 기독교와 기독교적 성 도덕의 확산을 가져왔다. 식민지 사업은 우선적으로 탐욕과 섹스에 기반을 두었고, 도덕성은 그 다음 생각이었다. 좀 더 자유로워 보이는 성 도덕과 부를 쌓을 기회는 서양 남성들을 아시아로 끌어 들였다. 로널드 하이엠(Ronald Hyam)은 유럽의 확장은 성교와 첩 만들기를 중심으로 이루어졌다고 명료하게 밝혔다. 삽입되기를 기다리고 있는 첩과 여성들에 대한 오리엔탈리즘적인 환상이 이런 상상력을 키웠다. 인종 간의 관계와 성 정치의 복잡한 관계에 대해서는 여러 저자들이 분석한 바 있다. 앤 로라 스톨러(Ann Laura Stoler)가 주장한 바, "…… 식민 지배자와 피지배자의 범주는 여러 형태의 성적 통제를 통해 확고하게 나누어졌다. 이는 유럽인들이 자국 안에서의 위치를 부여하고, 자신들의 정체성을 규정할 수 있는 문화적인 투자를 할 수 있게 했다"(Stoler, 1995: 14).

성적인 메타포와 상징의 배치는 에드워드 사이드(Edward Said, 1978)의 오리엔탈리즘 분석에서도 핵심으로 다루어진 것이다. 식민지에서의 정치경제적인 이해관계는 누가 누구와 자는가를 결정했고 그 과정에서 수많은 유라시아인이 만들어졌다. 오리엔탈리즘의 한편에서 언어학자나 민족지학자들은 '이국적' 타자를 찾는 과정에서 매우 편향된 방식이지만 그들이 만났던 다양한 젠더와 성적 관행들을 기록하기 시작했다(Wieringa, 2012).

3. 누구의 상상인가? 식민지 이전 민족주의

일본 강점기 동안(1910~1945) 한국 페미니즘은 민족해방의 대의와 뒤엉켜 있었다. 실제로 1905년부터 1910년 사이 첫 번째 여성운동은 을사조약의 직접적인 원인으로 여겨졌던 나라 빚을 갚자는 국채보상운동이었다. 애국부인회 등은 주로 양반 여성들로 이루어졌지만 기생들도 많이 운동에 참여했다. 지하 독립운동에서 기생집이 연락 장소로 중요한 역할을 했던 것이다(Kim and Choi, 1998: 2).

게릴라전의 선두에 선 기생들, 흥미롭지 않은가! 그러나 그들의 활동이 민족주의의 용어로 해석되었을까? 그들의 목소리를 민족주의 여성운동이 들을 수 있었을까? 누구의 목소리가 한국 민족주의 담론을 지배했나? 한국 정체성이 만들어진 곳의 인간은 무슨 이미지였나? 기생들은 독립운동을 위해 돈을 내놓았고 자신들이 일터를 제공한 것에 대해서 고맙다는 소리를 들었다. 그러나 한국 사람들의 오랜 독립운동의 장에서 그들은 빠르게 저 뒤로 밀려났다. 다음의 예문은 그것을 증언한다.

> …… 세기 전환기, 일본 식민지하에서 한국 남성 지식인들은 여성들의 해방과 교육이 국가를 강하게 만들 것이라고 강연했다. 그러나 민족주의 입장에 서있는 남성 엘리트들은 여성을 민족과 분리하지 않았다. 그들은 여성들을 오직 어머니로서 계몽할 것을 강조했다. 민족주의적 해방운동이 1920년대 초 여성의 섹슈얼리티 탐구와 가부장제로부터의 해방을 강조했던 신여성 운동에 적대적인 것은 필연적이었다(Kim and Choi, 1998: 2).

이러한 주제는 아시아 모든 지역에서 나타난다. 성적 상징이 만발했다. 인도에서 민족은 '어머니 인도'라는 이미지로 떠오르고, 여성에게 결혼의 신성함과 모성이 높이 평가되었다(Sangari and Vaid, 1989 참조). 여성의 처녀성을 지키는 것은 유혈분할 시기(Bloody Partition)[11] 동안에 가장 큰 관심사였다. 하지만 이 관심의 황당한 결과는 당시 많은 여성들이 강간되거나 납치되었다는 것이었다. 강간당한 여성들은 물론 항상 '타자화된' 여성들이다. 간디는 자기 통제와 궁극적으로 정치권력에 이르는 금욕적 성을 강조함으로써 신비적 차원으로 대처했다(Alter, 1994). 많은 여성들이 간디 운동을 지지했지만 한국과 마찬가지로 이들 가운데 용감하게 성 해방을 위해 싸우는 여성들의 목소리는 곧 사라졌다.

'통제하기 힘든(unruly)' 여성들의 몸에 대한 식민지 시대의 통제는 탈식민 이후까지 지속되었다. 빅토리아 시대의 도덕률에 의하면, 남아시아 사원의 노예인 데바다시(Devadasi)는 그저 창녀일 뿐이었다. 그런 관행은 사라져야만 했다. 마찬가지로 춤추는 소녀들(nautch)도 엄격한 통제 아래 놓이게 되었다. 이런 논쟁들이 탈식민 이후 인도에서 다시 나타났다. 최근 뭄바이에서는 춤추는 소녀들이 아예 금지되었다(Vasudevan, 2013).

인도네시아의 카리스마 넘치는 국가 지도자였던 수카르노는 『사리나(Sarinah)』라는 영향력 있는 페미니즘적인 책을 만들었다. 거기에서 그는 여성들이 국가의 상징인 가루다의 두 번째 날개라고 극찬했다. 네덜란드와 치른 해방전쟁에서 힘이 부족한 상태에서, 남성들은 게릴라 전사로서 여성들을 환영했다. 여성들은 그들만의 전투단(laskyar wanita)을 구성해서 한국의 기생들이 그러했듯이 연락책 역할을 했다(Wieringa, 2002). 그러나 해방이 이루어지자 그들은 부엌, 침대, 우물과 같은 전통적인 여성의 일

---

11 옮긴이 주 | 인도의 분할(Partition of India)은 대영 제국의 식민지였던 인도가 1947년 힌두교도의 인도와 이슬람교도의 파키스탄(현재의 방글라데시 포함)으로 분할 독립된 것이다. 엄청난 수의 사람들이 살던 곳을 떠나 종교와 일치되는 국가로 이주했다. 래드클리프 선이 분할선으로 결정되었다.

자리로 돌아가야만 했다. 많은 남성들은 게릴라 아내와 이혼했고 신붓감으로 강한 투사보다 유순한 처녀를 좋아했다. 전쟁터에서 여성들이 보여준 영웅적인 활동들은 역사가들에게 의해 재빠르게 잊혀졌다. 또한 앤더슨이 위에서 언급했듯이 국가를 형제애로 말하면서 해방을 위해서 싸웠던 여성들의 투쟁혼과 고통들을 무시했다. 정치 영역은 남성들이 차지했고, 게릴라 투쟁은 남성들에 의한 전투처럼 소급되어 개조되었다.

네덜란드 령 동인도의 카르티니(Kartini)나 벵갈 지역의 로케야(Rokeyaa) 등 많은 초기 페미니스트들은 그들이 필요로 하는 것과 열망하는 것을 분명하게 말했다. 그들은 일부다처제, 퍼다(Purdah)[12] 그리고 남성들의 (성적) 지배를 반대했고 교육받을 권리와 시민권을 원했다. 이들은 모범적인 여성들로 존중받았지만 민족주의 정치에 관한 중요한 책에는 기록되지 않았다(Jayawardena, 1986; Rokeya, 1988; Wieringa, 2006). 이러한 여성들은 여성의 영역, 가정의 공간에서 자신들만을 위한 여성운동을 한 것으로 여겨졌다. 남성 민족주의 운동가들은 자신들의 영웅적 행위가 실연되는 공적인 영역에서 여성들을 분리하기를 원했다(Chatterjee, 1999). 니베디타 메논(Nivedita Menon)은 인도 분할 시기의 공포와 민족국가의 (재)생산 과정에서 여성들의 섹슈얼리티가 세속주의 민주주의 국가의 의무, 명예, 정체성 그리고 시민권과 관련된 논쟁의 중심에 있었다고 강조한다. 여성들에 대한 대규모 성 범죄에 똑같은 책임이 있는 정치적·군사적 지도자들이 회의실에 앉아서 도덕적인 질서를 재건하고 여성의 성적 통제를 강화할 것을 논의했다.

---

12 옮긴이 주 | 이슬람 국가들에서 여자들이 남자들의 눈에 띄지 않도록 집안의 별도 공간에 살거나 얼굴을 가리는 것.

4. 탈식민 이후의 망각

탈식민 이후 국가에 대한 상상은 선택적으로 기억된 성애화된 역사에서 끌어왔다. 탈식민 이후 망각은 역설적으로 보이는 두 가지 과정이 겹쳐져 있다. 우선 특정한 성적 행동, 성 정치, 성적 관계에 대한 망각이다. 특히 여성의 성적 자율성과 동성 관계에 관련된 것들에 대한 망각이 있다(모계 관습, 여성들의 경제적 정치적인 권력 등에 대한 기억도 잃어버렸지만 이에 대해서는 여기에서 논의하지 않겠다). 이런 망각은 '혐오범죄'라는 심각한 결과를 낳는다. 탈식민 이후 국가 지도자들이 획책하고 고집했던 이성애 정상규범과 젠더 체제의 불안한 경계에 도전하고 경계를 흔드는 개인들뿐만 아니라 소위 정상적인 삶을 사는 여성과 남성들도 혐오범죄와 관련이 있다. 그들의 '정상성'은 '타자들'의 비참함을 전제로 이루어졌다(Wieringa, 2015). 다른 한편으로 우리는 탈식민 이후 통치자들의 성 정치가 놀랍게도 그들의 전임자인 식민지 지배자들의 성 정치를 그대로 지속해온 것임을 목격하고 있다. 탈식민 이후에도 지배권력층은 백인 전임자의 가부장제적 권력을 계승하면서, 여성들과 성소수자들에 대해 유사한 방식으로 강력한 통제를 지속하고 있다(Wieringa, 2009a).

이제까지의 연구는 주로 식민지 관행이 성애화를 통해 식민지 사회의 인종차별화를 만들어내는 데에 초점이 맞춰져왔다.[13] 탈식민지 사회에서는 이러한 도덕적인 성 전략이 더 이상 인종 경계를 표시하는 데 쓰이는 것이 아니라 이제는 지배층 엘리트의 권력의 경계를 정하기 위해 쓰인다. 따라서 (더 이상 인종에 따라 정해지지는 않더라도) 계급의 고착화, 여성들의 종속, 이성애 규범성은 정치적으로 같은 맥락 속에 있다. 상처 입고 무력했던

13 Sinha 1995; Stoler 1995 참조.

식민지 남성들이 이전에 우월하고 남성적이던 백인 주인들의 후계자가 되어 자긍심 높고 남성적인 힘이 넘치는 존재가 되었다. 성 정치의 영역에서 식민지와 탈식민의 차이는 본질적인 차이라기보다는 정도의 차이이다. 비유들도 유사하다. 만약에 식민지 시대에 '전통'이 '도덕적 부패'로 여겨졌다면, 탈식민 이후 '전통'은 향수가 더해져서, 이성애 규범이 '정상'의 자리로 재구성된다. 반면 서구는 도착적인 욕망의 자리로 여겨진다.

이런 과정에서 중요한 수정이 나타난다. 우선 지배 엘리트의 구성이 변했다. 백인 식민지 국가 남성이 그곳을 더 이상 지배하지 않기 때문에 인종은 차별의 지표로 덜 유용하게 되었다. 그러나 민족이나 카스트는 여전히 차별의 지표로 쓰였다. 인도네시아에서 특정한 민족들은 우위를 가지게 되었다. 스리랑카와 파키스탄에서 소수 민족과 정치적 약자 집단에 대한 억압은 유혈 시민전쟁으로 이어졌고, 그 결과 방글라데시 국가가 탄생했다. 이제 젠더 정치와 성 정치를 유발시키는 중심축은 부와 권력이 되었다. 정치라는 무대에서 주인공들은 색깔을 바꾸었지만 전술을 바꾸지는 않았다. 장기간 지속되어온 유혈의 권력 이양 과정에서도 그들은 같은 담론과 은유를 사용했다. 아랫것들을 잘 돌보는 가부장적이고 전능한 아버지라는 은유가 쓰였다.[14] 이런 부모 메타포는 지금도 사용되고 있다. 인도네시아 수하르토(Soeharto) 대통령은 종종 자신을 '발전의 아버지(Father of Development)'라 일컬었다. 많은 아시아 나라들의 민주화(1987년의 한국과 대만, 1998년의 인도네시아, 중국과 베트남의 경제개방)는 가부장적 가족제도의 변화를 수반했고 시민권에 대한 새로운 상상력을 가져왔다. 그러나 이것은 남녀평등으로 이어지지는 않았다(Chang, 2005).

그렇다면 전식민지 시대에 또는 식민지 지배를 당한 적 없는 아시아 국

---

14 Clancy-Smith and Gouda, 1998 참조.

가들의 전근대시기에 젠더와 성적 다양성은 어떠했는가? 이 주제는 매우 광범위하므로 여기에서는 몇 가지 예만 제시하려고 한다. 동아시아에서는 전통적으로 남성의 아름다움이 칭송되었으며 그것은 영적인 영역과도 연결되었다. 일본에서는 14세기 이후로 승려들과 사원에서 일하는 시종들 간의 관계를 묘사하는 문학 장르가 발전했다. 사무라이 계급 또한 남색을 좋은 것으로 여기는 경향이 강했다. 중국과 일본에서 남성이 남성을 사랑하는 남색[중국에서는 난써(nanse), 일본에서는 난쇼쿠(nanshoku)라고 부른다]은 젠더, 계급, 나이에 따른 위계 관계에서 이루어지는 것이 특징이었다. 그러한 남성 동성애 관계는 이성애 관계와 병행하는 것으로 여겼다(Leupp, 1995). 대부분의 중국 왕조에서는 남성들 사이의 동성애 관계를 널리 받아들였다. 브렛 힌시(Brett Hinsch, 1990)의 기록에 따르면, 많은 한나라 황제들은 매력적인 젊은 남성들과 성적인 관계를 맺으면서도 아내와 첩을 두었다.

동아시아에서 여성들이 서로 성관계를 가졌다는 증거는 별로 없다. 남성들이 문단의 세계를 지배했기 때문에 남성들은 여성들이 추구한 바를 선뜻 기록하지 않았을 것이다. 아시아 전역에서 여성들의 섹슈얼리티에 대한 남성들의 통제는 강했다. 여성들은 자신의 결혼 상대를 선택하는 것에 대해서도 거의 의견을 내지 못했고 남편들의 폭력이나 부정을 받아들일 수밖에 없었다.

엘리트 남성들은 남녀 모두와 삽입성교를 할 수 있는 자유가 주어져 있었던 반면, 여성들은 그렇게 할 수 없었다. 여성들의 섹슈얼리티는 남성 동성애보다 훨씬 더 제한되었던 듯하다. 동성에 대한 욕망을 갖고 있는 여성들에게 열린 길은 결혼에 적응하지 못하고 자살하거나 종교적인 금욕을 택하는 것뿐이었다. 일부 지역과 집단에서 여성 커플은 우정의 베일 뒤에 숨을 수 있었다.[15]

어떤 사회에서는 동성애자로 행동하거나 동성애에 끌리는 사람이 여장을 하는 사람이든 성전환을 한 사람이든 남성 몸을 가졌다면 받아들였고 심지어 성공한 사람으로 존경하기까지 했다. 예를 들어 몽고, 한국, 베트남이나 미얀마에는 이성 복장을 한 사제나 무당들이 있었다. 인도네시아 술라웨시의 부기스족 사회에는 비수(bissu)라 불리는 트렌스젠더와 간성인(intersex)이 신의 세계와 인간의 세계를 연결하는 중요한 매개자 역할을 하는 전통이 있다. 여장 남성이거나 남성 몸의 트랜스젠더인 카라라이(calalai)와 여성 몸인 카라바이(carabai)들은 새로 바뀐 자신의 젠더 역할을 수행했으며 상대 젠더(혹은 동성)와 결혼하기도 했다(Clarence-Smith, 2012; Davies, 2010). 남장 여자, 여장 남자의 요소는 연극 전통에도 두루 퍼져 있었다. 일본의 가부키(Kabuki)와 타카라주카(Takarazuka), 중국의 경극(Peking opera), 인도네시아의 루드럭(ludruk) 등에 그런 요소가 있다. 역사적으로 아시아 여러 지역에서 여성들 간의 또는 남성들 간의 낭만적 애착이 이성애적인 결혼이나 출산과 함께 공존했다. 루스 베니타와 살렘 키드와이(Ruth Vanita & Saleem Kidwai, 2000)는 인도에 관해 기록했다. 내시는 중국, 한국, 무굴제국의 왕궁에서 중요한 역할을 했다. 명나라의 어떤 내시들은 아주 높은 자리에 오르기도 했다. 남아시아는 히즈라(hijra) 전통이 있다. 간성이거나 거세되거나 성전환을 한 남성 몸을 가진 사람들이 종교 의식에서 중요한 역할을 하는 것이다. 그러나 오늘날 히즈라 공동체는 이전의 종교적인 명성을 잃어버렸고 많은 사람들이 성노동자나 걸인으로 몰락했다(Sulivan & Jackson, 2001).

유럽인들이 동성애를 사악하고 부도덕한 것으로 비난하기 시작하면서

---

15 식민지 이전 혹은 전근대 시기의 젠더 다양성이나 여성들의 동성 관계의 형성은 Peletz(2009); Wieringa, Balckwood and Bhaiya(2007)를 참조하라.

과거에 관용적이었던 분위기가 빠르게 사라지기 시작했다. 대부분의 아시아에서 받아들여졌던 동성애가 식민지 영향으로 조롱거리로 전락했던 것이다. 동성애는 동양의 도덕적 타락을 보여주는 또 다른 증거로 여겨졌다. 20세기 초 중국과 일본에서 페미니즘 운동이 일어나면서 여성들의 동성애 관계가 대중 사이에서 논쟁거리가 되었다. 중국의 5·4운동은 유럽의 성과학과 같은 유럽의 근대 과학의 영향을 강하게 받았다. 한국, 일본, 태국 같은 나라들은 근대화 과정에서 신과학을 열렬히 받아들인 반면, 인도네시아와 남아시아의 식민지 국가에는 강제로 도입되었다. 이러한 새로운 과학은 본질주의와 생물학적 결정론의 특성을 갖는다(Choi, 2013; Frühstück, 2003; Sang, 2003). 일부일처제와 이성애 결혼이 지배적인 위치를 차지한 것은 근대의 현상이다. 이것은 19, 20세기에 아시아 전역에 퍼진 제국주의의 지배와 관련이 있다. 영국의 악명 높은 반(反)동성애 법은 영국이 통치하는 모든 지역에 강요되었다. 따라서 탈식민지 망각은 다음과 같은 결과를 낳게 된다. 독립적인 민족 국가로서 모습을 갖춰가는 과정에서 가부장적이고 이성애인 재생산 관계가 준거로서 다시 새겨졌고, 여성들의 자율적인 성적 관행(이성애든 동성애든)과 동성애 관행은 주변적인 것으로 (재)구성되었다. 정치 지도자, 종교 지도자들은 가부장적이고 이성애적인 국가라는 이 허구적 개념을 '늘 있었던 것처럼' 자연스럽게 느끼도록 하는 일에 가담한다.

5. 국가 건설: 인도네시아 집단 학살

여성들의 순종을 기반으로 한 '안정적인 국가'라는 신화를 만들어낸 사회문화 공학의 놀라운 사례가 바로 인도네시아에서 수하르토 장군이 통치한 신질서(1966~1998)이다. 수하르토는 1965년 말에서 1966년 중반까지 초대 대통령 수카르노를 밀어내는 '은밀한 쿠데타'를 추진했다(Roosa, 2006; Wieringa, 2002, 2003). 그에게 권력을 가져다준 성적 모략 캠페인은 역사상 가장 광범위한 도덕적 패닉, 성적인 히스테리 파장을 일으켰다. 좌파 대령들의 정부 전복 시도가 있은 뒤, 1965년 9월 30일 밤과 10월 1일에 사회주의자 소녀들이 훈련받는 운동장에서 여섯 명의 장성들이 살해되었다. 수하르토 장군은 여기서 생존한 유일한 장군이었다. 그는 대중 매체 캠페인을 통해 사회주의자 소녀들이 성애적인 꽃 춤을 추며 장군들을 유혹해 성기를 잘라 죽여 버렸다고 발표했다. 혐의에 관한 증거는 군대 신문으로 보도되었다. 이것들은 심한 고문으로 조작된 '증언'이었고 감옥에서 촬영된 것이었다.[16] 이러한 정치적인 캠페인을 펼친 후, 군대는 무슬림 대중 조직 NU(Nahdlatul Ulema)의 청년부인 안서(Ansor)와 발리의 힌두 우파 민족주의자 젊은이들을 훈련시키고 무장시켰다. 무장된 조직은 100만 명(국제사면위원회에 의하면)에서 300만 명[전직 대통령의 장인으로 캠페인의 조직가였던 사르우 에디(Sarwo Edhie) 대령 말에 따르면]의 사회주의자들을 살해했다. 대량학살을 저지른 그 어느 누구도 재판을 받지 않았고 학살당한 이들의 무덤은 그대로 남겨졌다.[17]

이 캠페인은 인도네시아인들을 겁먹게 해 순종적으로 만들었을 뿐 아니

---

16 소녀들은 여러 번에 걸쳐 구속되었다가 풀려나기를 반복하다가 결국 1965년 10월 말에는 구금되었다. 감옥에서 소녀들을 강제로 벗겨 사진을 찍고 이를 한 달 전, 소녀들이 나체로 장군들을 유혹한 '증거'로 썼다. 학교 어린이들은 의무적으로 이 선전영화를 보아야 했다.

17 몇 년 전 피해자들의 친척들이 동자바에 있는 무덤을 파헤쳤다. 그런데 정작 정부는 대규모의 무덤을 찾아 시신을 수습할 그 어떤 시도도 하지 않고 있다. 시체를 강에다 많이 버렸기 때문에 정확한 학살 피해자의 수는 파악되기 힘들 것이다.

라, 인도네시아 여성단체인 거와니(Gerwani; Gerakan Wanita Indonesia)를 성적 타락과 레즈비언이 연상되는 정치조직으로 몰아 평판을 떨어뜨렸다. 인도네시아 여성활동가들은 지금도 이러한 이미지와 싸워야만 한다. 그 이후로 '좋은' 여성이란 남편에게 순종하고 남편의 성적인 요구에 응하며 아이들을 잘 키우고 남편을 위해 요리를 하는 이들만을 말한다. 여성들이 국가를 세우고 미래를 건설하는 데 도움이 되었다며 여성들의 명예를 기리던 시대는 지나갔다. 현재의 개혁 시대(1998년에 수하르토가 몰락한 이후)에 가장 다루기 어려운 주제는 성적인 역량 강화이다. 성적 모략 캠페인은 100만 명의 사람을 학살했고 한창 잘 나가던 여성운동을 망가뜨렸다. 또한 여성운동은 신질서의 선전활동에서 묵살되었을 뿐만 아니라 남성 중심의 학계에서도 무시되었다(Wieringa, 2011).

6. 성적 시민권

여성들은 국가에 아이를 낳아주는 실질적인 재생산자일뿐 아니라 국가의 명예가 여성들의 몸을 둘러싼 문제에 달려 있기 때문에 특히 자녀들의 사회화를 통해 국가의 도덕적인 경계를 지키는 수호자로 여겨진다. 이성애 여성들은 비록 남성들과 다른 시민권일지라도 온전한 권리를 가진 시민권을 갖지만, LGBTI 사람들은 자신들의 민족국가에서 온전한 시민이 될 수 없는 존재로 여겨졌다(Wieringa, 2013). 동성애 혐오는 아시아 전역에 퍼져 날로 증가하고 있다. 대만과 태국만이 그 예외이다. 레즈비언 여성들과 게이 남성들은 살해당하고, 집에서 쫓겨나고, 강제로 이성 파트너와 결혼해야 하고, 강간당하고, 학교 입학을 거절당하고, 직장에서 쫓겨나고, 심지어 고용에서 차별을 받기도 한다. 그들은 가족을 구성하고 아이를 입양하고 국영주택을 살 권리마저 거부되었다. 여러 나라에서 성소수자들은 집회, 언론의 자유, 사생활권이 없다. 모든 권리는 주로 이성애자들에게 맞추어져 있다. 대부분의 아시아 나라들이 비준한 국제조약이나 문서에 성소수자 권리가 포함되어 있다. 일군의 국제법 전문가들이 LGBTI의 권리와 관련된 국제 문서들을 모아 족자카르타 원칙(Yogyakarta Principles)[18]을 만들었다. 동성애 혐오는 젠더에 따라 다른 형태를 띠어서 레즈비언과 게이는 각기 다른 형태의 폭력과 폭행을 당한다.

1980년대 후반부터 정체성에 기반을 둔 사회운동이 여러 아시아 지역에서 일어났다. 여기서는 그중에서 여성 몸을 가진 사람들의 공동체를 예로 들고자 한다. 남아시아나 동남아시아의 다른 나라들과 마찬가지로 태국에서도 젠더에 따라 계층화된 여성 동성애 관계가 공동체 안에서 만들어지고 있다. 태국에서는 남성 역할을 하는 이를 톰(톰보이에서 유래)이라고 하고, 그들의 여성적인 애인을 디(레이디에서 유래)라고 부른다(Sinnott, 2004). 인도네시아에서 파당, 마카사, 자카르타 같은 대도시에서는 톰보이라는 명칭이 통한다. 츠우윽-초우옥(cewek-cowok) 또는 칸툴-센틸(kantul-sentil) 같은 인도네시아 말도 쓰인다(Blackwood, 2010; Wieringa, 2007b). 홍콩, 말레이시아, 대만은 유사한 문화를 가지고 있다. 여기서는 글자 T를 사용하여서 남성적인 파트너를 나타내고, 중국어로 아내라는 뜻을 가진 포(po)는 여성적 파트너를 가리키는 공통점이 있다. 이런 관계에서 남성적인 파트너는 트렌스젠더로 여겨지는 반면, 여성적인 파트너는 종종 정상 젠더로 여겨지기도 한다. 모든 여성 동성애 관계가 이런 젠더 구분 패턴에 맞아

---

18 29개의 '성적 지향과 젠더 정체성'에 관한 국제 인권법의 적용원칙으로 모든 국가가 준수해야만 하는 기존의 국제 인권의 기준을 분명하게 하였다. 접근 가능 사이트(www.yogyakartaprinciples.org).

떨어지는 것은 아니다. 모든 여성 동성애 경험이 포괄적인 현대의 정체성 즉 '레즈비언'으로 귀결되는 것도 아니다. 이러한 혼성어는 초국가적 영향을 주고받는다는 것을 보여준다. 그러나 이런 패턴이 특정 지역의 가부장제 맥락에서 발전되었고 특정 지역의 역사를 지녔다는 점을 잊지 말아야 한다.

일본에는 동성애 공동체 안에 다양한 하위문화가 있다. 예를 들면 일본의 오나베(onabe, 바에서 일하며 때로 성적인 서비스도 제공하는 여성 몸의 트랜스젠더 호스트)가 있다. 이것은 레즈비언과 대조된다(Wieringa, 2007a). 상하이에서는 동성애 관계 내에서 젠더에 따라 t-p를 구분하기도 하고 버페드(bufed) 혹은 라라(lala)처럼 구분 없이 사용하기도 한다. 한국에서는 이반이라고 불린다. 인도네시아에는 젠더 구분을 하는 여성 동성 커플도 있고 젠더 구분 없는 여성 동성 커플도 있는데, 이들은 안드로(andro)나 그냥 레즈비언 또는 레즈비(lesbi)라 부른다. 인도에서는 코티(kothi), 태국에서는 케토이(kathoey), 필리핀에서는 바클라(bakla), 말레시아에서는 폰단(pondan), 인도네시아에서는 와리아(waria)라 불리는 트랜스젠더 남성들은 게이 정체성을 가진 남성들과 함께 나란히 존재한다(Boellstorff, 2005; Neil and Neil, 1996). 이 범주들은 지속적으로 계속 재정의되고, 도전받고 있으며, 글로벌 담론에 동참하는 지역들이 계속 늘어나고 있다. 1990년대 이후로 여성과 남성용 동성애 문화상품 시장이 커졌는데 이는 게이 레즈비언 정체성 정치학의 성장과 일치한다.

아시아 국가들(네팔, 홍콩, 대만, 말레시아, 인도네시아 등)에서 LGBTI 조직들이 생겨나고 IDAHO(동성애 혐오에 반대하는 국제 기념일) 행사가 정기적으로 열리는 등 활동이 점차 늘어나고 있지만, 그 지역에 근본주의자들이 새로운 문제를 일으키고 있다. 레이디 가가의 아시아 투어 훌라바루(hullabaloo, 2012년 5~6월)는 많은 것을 시사한다. 그녀는 LGBT 권리의 지지자로 널리 알려져 있다. 보수주의자들의 반대가 거세지자 그녀는 결국 자카르타 공연을 취소하게 되었다. 무슬림 강경파들은 서구에서 '순수한' 인도네시아 무슬림 사회로 변태적인 것들이 들어와서는 안 된다고 여기는 듯했다.

앞에서 언급했듯이, 잠깐 끌리는 것에서 평생 가는 관계에 이르기까지 다양한 성격의 동성애 관계가 아시아 전역에 존재해왔다는 증거는 매우 뚜렷하다. 그러나 동성애는 무굴인이든 서구인이든 간에 아무튼 '외국인'이 전파한 것이라는 잘못된 믿음이 만연해 있다. 네팔과 인도의 타밀나두 주에서는 남성에서 여성으로 성전환한 트랜스젠더가 트랜스젠더라고 표시된 신분증을 가질 수 있게 하는 법이 제정되었다. 인도네시아나 말레이시아와 같은 나라에서는 작지만 활발한 게이 레즈비언 운동이 있음에도 불구하고 동성애를 불법화하는 과정이 천천히 진행되고 있다. 이를 뒷받침하는 논리는 다음과 같다. 인권은 서양의 것이지 동양에는 해당되지 않는다. 마치 늘 근본주의 이슬람 국가였던 것인 양 자신들의 '전통 문화'는 결코 동성애를 받아들일 수 없고 LGBT는 처벌받아 마땅한 사회악이며 재활이나 치료를 받아야 할 환자라는 것이다. 이 국가들의 이성애 규범적인 '자아'는 비도덕적이며, 무슬림이 아닌, 서구 영향을 받은 타자의 반대 개념으로 만들어진 것이다.

7. 결론

앞에서 나는 젠더화된 민족과 국가 정체성을 구성하는 세 가지 과정을 살펴보았다. 첫 번째로, 탈식민 이후의 지도자들은 가부장제와 이성애 규범성이 '늘 있었던 것처럼' 국가를 세우기 위해 정체성과 성적인 관행을 쉽게 망각하게 했다. 탈식민지 이후의 망각은 여성의 권력을 거부하고 젠더와 섹슈얼리티의 다양성을 무시했던 식민지 정책과 관행을 그대로 이어받고 있다. 두 번째로, 여성들의 성행위에 대한 성적 패닉, 도덕적인 히스테리는 국가 정체성을 형성하는 데 중요한 역할을 할 수도 있다. 이것은 인도네시아 수하르토 정권이 남성적, 군사적 '신질서' 체제를 구축하는 데 기여했다. 앞의 두 개의 과정이 국가가 정치 활동을 하는 여성들과 비(非)이성애 규범적 삶을 사는 이들을 배제시키는 것이었다면 세 번째 과정에서는 '포함'을 다루었다. 즉, LGBT의 평등권 투쟁과 동성애 혐오 종식을 위한 LGBTI 사람들의 노력을 포함시키는 것이었다.

국가는 상상의 산물이다. 그러나 그 국민들의 정치적, 사회적, 경제적인 현실에서는 국가가 실재한다. 그 밑에 깔려 있는 환상은 대개 드러나지 않는다. '한국인', '인도인', '인도네시아인'이란 누구인가를 정의하려하면, 막막하기 그지없다. 여기에 두 가지 중요한 사안이 있다. 첫째, 국가를 (재)형성하는 과정에서 국가 범주 안에 있는 모든 이들의 목소리를 담는 것이 중요하다. 소수 민족 또는 소수 종교, 여성 일반, LGBTI뿐만 아니라 이상적인 시민의 규범성에 순응하지 않는 이들의 목소리도 반영되어야 한다. 두 번째로 모든 이들이 시민권을 공유해야 한다. 여성들의 권리와 성적 권리는 보편적이면서도 불가분의 관계이다. 궁극적으로 젠더 종속과 성적인 종속은 되풀이되어서는 안 되며 이상적인 국가형성 과정에서 해결되어야 한다.

참고문헌

Alter, Joseph S. 2000. *Gandhi's body, sex, diet, and the politics of nationalism.* Philadelphia: University of Pennsylvania Press.

Anderson, Benedict. 1883. *Imagined communities; reflections on the origin and spread of nationalism.* London: Verso.

Boelstorff, Tom. 2005. *The gay archipelago: sexuality and nation in Indonesia.* Princeton: Princeton University Press.

Blackwood, Evelyn. 2010. *Falling into the lesbi world; desire and difference in Indonesia.* Honolulu: University of Hawaii Press.

Brah, Avtar and Annie E. Coombes(eds.). 2000. *Hybridity and its discontents: politics, science, culture.* London and New York: Routledge.

Chatterjee, Partha. 1999. *The nation and its fragments: colonial and postcolonial histories, in The Partha Chatterjee Omnibus.* New Delhi: Oxford University Press.

Chang, Pilhwa. 2005. "Talking about sexuality." in Chang Pilhwa and Kim Eun-shil(eds.). *Women's experiences and feminist practices in South Korea.* Seoul: EWHA Womans University Press, pp.29~67.

Choi, Hyaeweol. 2013. *New women in colonial Korea: a sourcebook.* London: Routledge.

Clarence-Smith, William G. 2012. *Same-sex relations and transgender identities in Islamic Southeast Asia from the fifteenth century.* in A. G. Reyes and William G. Clarence-Smith(eds.). *Sexual diversity in Asia, c. 600-1950.* London: Routledge. pp.67~87.

Clancy-Smith, Julia and Frances Gouda. 1998. "Introduction." in Clancy-Smith, Julia and Frances Gouda(eds.). *Domesticating the Empire: Race, Gender and Family Life in French and Dutch Colonialism.* Charlottesville and London: University Press of Virginia, pp.1~21.

Connell, Raewyn W. 2005. *Masculinities*(2nd ed). Berkeley: California Press.

Davies, Sharyn Graham. 2010. *Gender diversity in Indonesia: sexuality, Islam and queer selves*. London: Routledge.

Edwards, Louise and Mina Roces(eds.). 2004. *Women's suffrage in Asia: gender, nationalism and democracy*. London and New York: Routledge.

Enloe, Cynthia. 1990. *Bananas, beaches and bases: making feminist sense of international politics*. Berkeley University of California Press.

Foucault, Michel. 1978. *The history of sexuality*. volume I. introduction. New York: Vintage Books.

Foucault, Michel. 1975. *Discipline & punish the birth of the prison*. New York: Random House.

Frühstück, Sabina. 2003. *Colonizing sex: sexology and social control in modern Japan*. Berkeley: University of California Press.

Garon, Sheldon. 1997. *Molding Japanese minds: the state in everyday life*. Princeton: Princeton University Press.

Hicks, George. 1995. *The comfort women: sex slaves of the Japanese imperial forces*. London: Souvenir Press.

Hinsch, Brett. 1990. *Passions of the cut sleeve: the male homosexual tradition in China*. Berkeley: University of California Press.

Hyam, Ronald. 1990. *Empire and sexuality*. Manchester: Manchester University Press.

Jaganathan, Pradeep and Qafri Ismail. 1995. *Unmaking the nation: the politics of identity and history in modern Sri Lanka*. Colombo: Social Scientists Association.

Jayawardena, Kumari. 1986. *Feminism and nationalism in the third world*. London: Zed Books.

Jayawardena, Kumari and Malathi de Alwis. 1996. *Embodied violence: communalising women's sexuality in South Asia*. New Delhi: Kali for Women.

Kim, Elaine H. and Chungmoo Choi. 1998. *Dangerous women: gender & Korean nationalism*. New York: Routledge.

Leupp, Gary P. 1995. *Male colors: the construction of homosexuality in Tokugawa Japan*. Berkeley: University of California Press.

McClintock, Anne. 1995. *Imperial leather: race, gender and sexuality in the colonial conquest*. New York and London: Routledge.

Menon, Nivedita(ed.). 2007. *Sexualities*. New Delhi: Kali for Women.

Mosse, George L. 1985. *Nationalism and sexuality: middle-class morality and sexual norms in modern Europe*. Madison: University of Wisconsin Press.

Neil, J. and C. Neil. 1996. *Philippine gay culture: binabae to bakla, silahis to MSM*. Hong Kong: Hong Kong University Press.

Peletz, Michael G. 2009. *Gender pluralism: Muslim Southeast Asia since early modern times*. New York: Routledge.

Puar, Jasbir K. 2007. *Terrorist assemblages: homonationalism in queer times*. Durham and London: Duke University Press.

Rokeya, Sakhawat Hossain. 1988(1905). *Sultana's Dream*. New York: The Feminist Press.

Roosa, John. 2006. *Pretext for mass murder: the September 30th movement & Suharto's coup d' état in Indonesia*. Madison: The University of Wisconsin Press.

Sang, Tze-lan D. 2003. *The emerging lesbian: female same-sex desire in modern China*. Chicago: University of Chicago Press.

Said, Edward W. 1978. *Orientalism: western constructions of the orient*. London: Penguin.

Saigol, Rubina. 2013. *The Pakistan project: a feminist perspective on nation & identity*. New Delhi: Women Unlimited.

Sarkar, Sumit and Tanika Sarkar(eds.). 2008. *Women and social reform in modern India: a reader*. Bloomington: Indian University Press.

Sarkar, Tanika and Urvashi Butalia. 1995. *Women & right-wing movements: Indian experiences*. London: Zed Books.

Sangari, Kumkum and Sudesh Vaid(eds.). 1989. *Recasting women: essays in colonial history*. New Delhi: Kali for Women.

Sinha, Mrinalini. 1995. *Colonial Masculinity: The 'manly Englishman' and the 'effeminate Bengali' in the late nineteenth century*. Manchester: Manchester University Press.

Sinnott, Megan J. 2004. *Toms and Dees; transgender identity and female same-sex relationships in Thailand*. Honolulu: University of Hawaii Press.

Stoler, Ann Laura. 1995. *Race and the education of desire. Foucault's history of sexuality and the colonial order of things*. Durham: Duke University Press.

Suiming, Pan. 2005. *Sexuality in China*. Nakornpathom: Mahidol University.

Sullivan, Gerard and Peter A. Jackson(eds.). 2001. *Gay and lesbian Asia: culture, identity, community*. New York: Haworth press.

Vanita, Ruth and Saleem Kidwai(eds.). 2000. *Same-sex love in India: readings from literature and history*. New York: St Martin's Press.

Vasudevan, Nitya. 2013. "'Public Women' and 'Obscene' Body-Practice: An Exploration of Abolition Debates." in Saskia E. Wieringa and Horacio Sivori(eds.). *The sexual history of the global south: sexual politics in Africa, Asia and Latin America*. London: Zed Books, pp.168~187.

West, Lois A.(ed.). 1997. *Feminist Nationalism*. New York: Routledge.

Wieringa, Saskia E. 1985. "The Perfumed Nightmare; some notes on the Indonesian Women's Movement." Working paper, ISS, The Hague.

_____. 2002. *Sexual Politics in Indonesia*. London: Palgrave/McMillan Publishers.

_____. 2003. "The Birth of the New Order State in Indonesia: Sexual Politics and Nationalism." *Journal of Women's History*, 15(1), pp.70~92.

_____. 2006. "First Wave Feminism, Nationalism and Colonialism: Aletta Jacobs, Begum Rokeya and Raden Adjeng Kartini — an Exploration into Transnationalism." in Najma Chowdhury(ed.). *Protesting Patriarchy: Contextualising Rokeya*. Dhaka: university of Dhaka, pp.35~49.

_____. 2007a. "Silence, Sex and the System; Women's Same Sex Practice in Japan." in Saskia Wieringa, Evelyn Blackwood and Abha Bhaiya(eds.). *Women's Sexualities and Masculinities in a Globalizing Asia*. London: Palgrave, pp.23~47.

_____. 2007b. "'If There is no Feeling…' The Dilemma Between Silence and Coming Out in a Working Class Butch/Fem Community in Jakarta." in Mark B. Padilla, Jennifer S. Hirsch, Miguel Muñoz-Laboy, Robert E. Sember and Richard G. Parker(eds.). *Love and Globalisation Transformations of Intimacy in the Contemporary World*. Nashville: Vanderbilt University Press, pp.70~93.

_____. 2009a. "Postcolonial Amnesia: Sexual Moral Panics, Memory and Imperial Power." in Gilbert Herdt(ed.). *Moral Panics, Sex Panics; Fear and the Fight over Sexual Rights*. New York: New York University Press, pp.205~234.

_____. 2009b. "Women Resisting Creeping Islamic Fundamentalism in Indonesia." *Asian Journal of Women's Studies*, 15(4), pp.30~57.

_____. 2010. "Emerging Sexualities in Asia, an Introduction to the Special Issue of the Journal of Gender." *Technology and Development*, 14(2), pp.127~141.

_____. 2011b. "Sexual Slander and the 1965/6 Mass Killings in Indonesia: Political and Methodological Considerations." *Journal of Contemporary Asia*, 41(4), pp.544~566.

_____. 2012a. "Gender Variance in Southeast Asia: discursive contestations and legal implications." in Nursyahbani Katjasungkana and Saskia E. Wieringa(eds.). *The Future of Asian Feminisms; confronting fundamentalisms, conflicts and neo-liberalism*. Newcastle upon Thyme: Cambridge Scholars Publishing, pp.447~476.

_____. 2012b. "Passionate Aesthetics and Symbolic Subversion: Heteronormativity in India and Indonesia, in queer Asian Subjects: Transgressive Sexualities And Heteronormative Meanings." Special Issue Of Asian Studies Review, 36(4), pp.515~530.

_____. 2013. "Marriage Equality in Indonesia? Unruly Bodies, Subversive Partners and Legal Implications." *Equal Rights Review*, Vol.10, pp.97~111.

Wieringa, Saskia E., Evelyn Blackwood and Abha Bhaiya(eds.). 2007. *Women's Sexualities and Masculinities in a Globalizing Asia*. London: Palgrave.

Yuval-Davis, Nira and Floya Anthias(eds.). 1989. *Woman-nation-state*. New York: St Martin's Press.

제8장

여성의 몸과 재생산 기술에 관한 페미니스트 윤리

조스나 아그니호트리 굽타

1. 서론

생물학적 재생산의 문제는 늘 여성 삶의 중심에 있었다. 모든 시대와 문화에서 여성들은 자발적으로 아이 없이 살거나 비자발적으로 아이를 갖지 않기 위해, 피임하거나 원치 않는 아이를 지우는 수단과 방법을 모색했다. 20세기에는 생물학적 재생산 과정에 개입하는 다양한 과학적, 의학적 기술이 발전하고 사용되면서 원칙적으로는 재생산 선택의 폭이 넓어졌다. 1950년대 초반에 피임약이 개발되었고 곧 다른 피임법들이 나오자, 현대 기술을 이용해 임신을 조절하는 것이 점점 효과적이고 확실해졌다. 그 후, 임신관리를 위해 초음파와 같은 정밀한 기계들이 등장했고, 연이어 인공수정 기술이 나왔다. 출산과 불임 그리고 임신에 관한 기술적인 관리와 통제가 점점 증가하고 있다.

지금 우리는 과학과 기술이 세계 경제와 일상 문화를 만드는 시대에 살고 있다. 새로운 재생산 기술은 여성들이 아이를 낳는 방식을 변화시키고 있으며, 여성들이 몸에 관여하는 방식들을 혁신시켰다. 재생산 기술은 모순된 결과를 초래했다. 피임약은 여성들에게 자기 결정의 가능성을 높여주었지만, 피임기술의 발전은 국가나 의료서비스 제공자 등이 인구통제 같은 다른 목적을 위해 피임기술을 사용할 가능성을 열어놓기도 했다. 1960년대 시작된 제2세대 페미니즘운동 이래로, 여성들이 자신의 출산을 조절하는 것은 여성해방에서 중요했다. 여성운동과 재생산 기술은 일부 여성들에게 그들의 삶을 설계하고 스스로 적극적인 선택을 할 수 있게 했다. 여성의 재생산을 통제하려는 외부의 시도는 재생산의 자유를 획득하려는 여성들의 노력에 의해 저지되었다. 그러나 이윤을 추구하는 경제 체계 안에서 기술 발전이 일어나면서, 건강관리는 거대 산업이 되었고, 그와 더불어 개인에 대한 의료 과학자, 제약회사, 종교기관, 국가의 통제 가능성은 증가했다.

이 장에서 나는 첫째, 재생산 기술을 분석하기 위한 개념 틀을 구성하는 몇 가지 페미니스트 생명윤리 원칙들에 대한 정의를 내릴 것이다. 다음으로 20세기 후반부터 인간 재생산 분야에 일어나고 있는 기술 발전을 간략하게 기술할 것이다. 그러고 나서 인도의 산전 성감별 검사를 통해 이러한 기술이 사회 전반 그리고 특히 여성에게 끼친 영향을 살펴보고자 한다. 끝으로 초국가적 관점에서 페미니스트 담론과 연대를 위해, 페미니스트 생명윤리 원칙들을 염두에 두면서 이러한 발전이 낳은 문제점들을 보여주고자 한다.

2. 개념 틀

1) 자율성, 자기 결정, 선택권

자율성(autonomy)은 다른 사람, 특히 남성과의 관계에서나 사회구조와 관련해서 자신의 삶과 자신의 몸에 대한 통제와 힘을 갖는 것이라 할 수 있다. 이 정의에 따르면, 자율성은 개인 여성들이 추구하는 목표로 보이는 동시에 그 투쟁의 대상이 개인 남성일 뿐만 아니라 사회구조라는 점에서 집단적인 측면도 있다. 따라서 평등한 이상 사회란 공통의 목적을 향해 나아갈 때 개인의 자율성은 다른 사람을 희생시켜서는 안 된다. 또한 개인의 자율성과 집단의 자율성이 서로 양립할 수 있는지 아니면 조화를 이룰 수 없는 적대적인 관계인지를 고려해야 한다. 주로 미국의 자유주의 페미니스트들 사이에서 통용된 자율성에 대한 또 다른 해석은 이를 '자기 결정'이나 '개인의 선택권'과 동일시하는 것이다. 1960년대와 1970년대에 피임과 낙태에 대한 권리를 얻기 위한 여성운동에서 자율성이 여성의 집단 이익을 대변했을지라도, 이 해석에는 개인의 자율성이 중요하다. 반면 여성들을 뭉치게 하기보다는 개별적인 욕망을 우선시하는 자율성의 개인적 측면은 페미니스트 연대와 목적 달성에 장애물이 될 수도 있다.

자율성 정의에서, 다른 사람들이 휘두르는 권력에서 벗어날 수 있는 개인의 능력을 강조하는 것은 중요하다. 여성들이 타자의 권력 행사를 막을 수 있는 능력을 갖추는 데 필요한 조건을 알기 위해서는, 먼저 권력의 작동 방식과 그 권력이 이용하는 자원을 이해해야 한다. 이것은 생물학적 재생산 영역에서 자율성의 또다른 중요성이기도 하다. 구체적으로, 타자의 통제에 저항할 능력을 포함해, 여성들이 자신의 몸과 재생산 능력을 통제하고 새로운 재생산 기술의 역할을 통제하는 것을 의미한다.

2) 사전고지에 입각한 동의

사전고지에 입각한 동의(informed consent)는 윤리적인 의료행위와 연구행위에서는 보편화된 관례이다. 의료행위에서 '사전고지'란 임신한 여성이나 커플은 반드시 의료 절차의 특성, 여성과 남성의 몸에 일어날 일과 이 과정에 내포된 위험과 혜택에 대해서 충분하게 설명을 듣고 알아야 한다는 것이다. 연구행위에서 사전고지는 생체재료를 제공하는 피연구자 또는 연구대상이 누가 연구를 진행하고, 무엇이 목적이며, 왜 생체물질을 취하는지, 연구자들이 그것을 앞으로 어떻게 사용할지, 연구 참여자에게 예상되는 이득과 위험이 무엇이고 연구자가 얻을 이익이나 인류 전반에 끼칠 기여가 무엇인지에 관해 알게 되는 것을 말한다.

'동의'라는 말은 실험과 시술이 관련된 개인들의 허락하에 이루어졌다는 뜻으로 국가, 의료 서비스 제공자, 남편이나 다른 가족들, 고용주, 건강보험사, 연구자, 공동체와 공동체 대표가 개인에게 그 어떤 압력도 가하지 않았다는 것을 의미한다. "사전고지에 입각한 동의"는 개인의 자율성을 존중하며 차별과 착취로부터 개인의 사생활과 취약성을 보호하는 것을 목적으로 한다.

3) 취약성

취약성(vulnerability)이란 적대적 환경에 저항하지 못하는 것과 신체적, 정서적 피해나 공격에 대한 개인, 집단, 사회, 성별, 시스템의 민감성을 말한다. 사회적인 취약성은 조작, 설득, 유혹 등에 넘어가기 쉬운 사람의 상태를 말한다. 여성들은 사회적으로 낮은 지위, 가족 위계에서도 낮은 지위, 교육의 부재, 부족한 수입 때문에 남성보다 더욱 취약하다. 게다가 임신을 하게 되면 그 어느 때보다도 여성은 취약해진다.

4) 신체적 통합성

육체적 통합성으로도 알려진 신체적 통합성(bodily integrity)은 신체의 불가침성을 말한다. 이것은 마샤 누스바움(Martha Nussbaum)의 역량 중심 접근(capability approach)에서 열 가지 기본 역량 중 하나이다. 그녀는 신체적 통합성을 다음과 같이 정의한다. "이곳저곳 마음대로 이동할 수 있는 것, 강간을 포함한 폭력적인 공격으로부터 몸을 지키는 것 …… 성적인 만족을 얻을 기회가 있고 출산과 임신에 관련해서 선택할 기회가 있는 것"(1999: 41~42). 신체적 통합성은 모든 인간에게 해당되지만 여성들의 신체적 통합성은 더 많이 침해당한다. 이것은 성추행, 원치 않은 임신, 가정 폭력 그리고 접근이 제한된 피임과 낙태 때문이다.

5) 재생산 정의

재생산 정의(reproductive justice)란 재생산건강과 사회정의를 연결한 개념이다. 이 용어는 1990년대 미국의 유색인종 여성들을 위한 재생산 건강 조직의 활동에서 나왔다. 재생산 정의를 옹호하는 사람들은 여성들의 재생산 건강이 그들의 사회적·경제적 지위, 인권 침해, 인종, 섹슈얼리티, 국적에 따라 달라지는 삶의 조건들과 연결되어 있고 그 영향을 받는다는 것을 인정하고자 한다(Silliman et al., 2004: 4). 그들은 여성들이 겪는 사회적·경제적 불이익, 인종차별, 불평등한 부와 권력 그리고 자원과 서비스에 대한 접근성의 차이가 해결되지 않는다면 여성들은 자신들의 재생산과 관련된 삶을 온전하게 결정할 수 없다고 주장한다.[1]

재생산 정의를 위한 아시아 공동체(Asian Communities for Reproductive Justice)에서는 재생산 정의를 다음과 같이 규정한다.

> 우리는 여성과 소녀들의 온전한 신체적, 정신적, 영적, 정치적, 경제적, 사회적 안녕을 재생산 정의라 여긴다. 여성과 소녀들이 삶의 전 영역에서 자기 자신, 가족, 공동체를 위해 자신의 몸, 섹슈얼리티, 재생산에 대한 건강한 결정을 내릴 수 있는 경제적, 사회적, 정치적인 권한과 자원을 가질 때 재생산 정의는 성취될 것이다.[2]

재생산 정의에 대한 분석 틀은 여성들의 경험에 대한 교차분석을 활용함으로써 여성들의 재생산 건강에 영향을 미칠 구조적인 불평등의 변화와 재생산 삶을 통제할 수 있는 여성들의 역량 변화에 초점을 맞춘다. 일반적으로 여성들의 몸과 삶은 남성들보다 재생산 결정의 영향을 더 받는다.

6) 젠더 정의

젠더 정의(gender justice)는 남성과 여성을 기본적으로 공통된 인간성을 갖춘 존재로 여길 것을 요구한다. 그와 동시에 어느 한쪽이 다른 쪽보다 열

---

1 Loretta Ross, "Understanding Reproductive Justice"(Sister Song, May 2006). 1994년 이집트 카이로에서 개최된 국제인구개발회의 이후 유색 인종 여성들의 재생산 건강 권리와 사회 정의를 연결하는 '재생산 정의'라는 새로운 용어를 만들어 냄. http//:www.LSRJ.org(2011.12.12 접속)

2 재생산 정의를 위한 아시아 공동체(Asian Communities for Reproductive Justice 2005) 발행, 『재생산 건강과 권리, 재생산 정의를 위한 새로운 비전』(A New Vision for Advancing our Movement for Reproductive Health, Reproductive Rights and Reproductive Justice. http//: www.LSRJ.org. 2011년 12.12 일 접속

등하거나 우월하다고 보지 않고 남녀 차이를 존중하는 것이다.

3. 재생산 기술의 발전

오늘날 재생산은 더 이상 하나의 과정이 아니다. 재생산 기술은 출산 과정을 단계별로 분리시켰고, 때때로 복합적으로 여러 몸이 출산 과정에 개입되기도 한다. 먼저 피임기술이 발전하자, 임신하지 않고 섹스하는 것이 가능했다. 그러고 나서 인공수정, 시험관 아기 같은 기술의 발전으로 섹스 없이 아이를 갖는 것이 가능하게 되었다. 1950년대부터, 재생산 분야의 기술 혁신은 급성장하고 있다. 인간의 재생산 과정에 개입하는 재생산 기술들은 다음 세 가지 분야를 다루고 있다. ① 임신과 출산의 방지. 여기에는 호르몬 약, 피임주사, 피임 임플란트 같은 피임도구, 불임수술, 임신중절이 있다. ② 재생산 보조. 이 분야의 기술은 의학적 개입이 거의 필요 없는 '기초적인' 인공수정에서부터 아주 복잡한 의학적, 수술적, 실험적 절차를 거쳐야 하는 '최첨단' 의술인 시험관 아기에 이르기까지 다양하다. ③ (성별 감식과 사전 성별 선택을 포함한) 산전이나 착상 전의 진단과 유전학적 목적에 사용된다. 이 분야의 기술은 소위 '완벽한 아이'를 갖기 위해 태아와 영아의 건강과 유전형질을 향상시키는 데 주력한다.

나는 이런 기술들이 적용되는 분야의 몇 가지 사례들, 구체적으로는 사회와 여성들에게 미친 영향을 살펴보기 위해 사전 성별 선택 기술을 분석하고자 한다. 이를 위해 앞에서 정의내린 페미니스트 윤리의 개념 몇 가지를 사용하겠다.

1) 피임과 낙태

남성이 사용할 수 있는 피임기술은 콘돔뿐이며 영구적인 방법으로 정관수술이 있다. 많은 사람들이 콘돔에 대해서 알고 있지만, 의사들은 환자와 피임에 관해서 이야기 할 때 콘돔을 거의 언급하지 않는다. 이것은 피임이 여성들의 책임이라는 생각을 강화시킨다. 반면 여성들이 사용할 수 있는 피임법은 매우 위해서는 다양하다. ① 출산의 간격을 유지하거나 지연시키는 방법(예를 들면 경구 피임약, 피임주사, 피임 임플란드 같은 호르몬 요법과 페미돔, 질 좌약, 자궁내 피임기구), ② 영구적인 방법, 즉 다양한 수단과 방법으로 단종하는 방법, ③ 임신 중단 방법(사후 경구피임약, 낙태).

피임으로 사람들은 자신의 생식력을 통제(산아제한)할 수 있어야 한다. 임신을 조절하려는 여성의 의지와 권리는 흔히 남편/성적파트너, 가족, 공동체, 종교지도자나 국가에 의해 좌절된다. 이는 여성들이 피임기술이나 서비스에 쉽게 접근하지 못하게 하거나 출산 감소를 통한 인구 조절의 목적으로 강제로 피임하거나 불임으로 만들기 위해 영구적이며 시술자 의존적인 피임법을 강요하는 것이다. 피임약은 여성들이 자신의 몸과 삶에 더 많은 자율권을 갖게 하기 위해 재생산과학자들이 발명한 것이 아니다. 수많은 이해관계가 피임과 낙태 수단의 개발, 보급, 이용 가능성 또는 피임과 낙태에 대한 접근거부나 접근제한에 얽히게 되었다. 여기에는 경제적·정치적·종교적인 이해관계가 포함된다. 피임약의 개발과 이용의 역사, 그리고 합법적이고 안전한 낙태권을 위한 투쟁은 바로 그 예이다. 이러한 권리들이 한 나라 안에서도 시간에 따라 혹은 산아제한 찬반 그룹 어디에 속하느냐에 따라 특정 종교 지도자나 정권에 의해 보장될 수도 있고 제한될 수도 있다는 것을 보여주는 사례들은 충분히 많다.

2) 재생산 보조 기술

재생산 보조 기술들은 인공수정 같은 단순하고 기초적인 기술에서 최첨단 기술이 요구되는 체외수정(IVF)에 이르기까지 다양하다. 처음에 체외수정은 주로 나팔관이 막혀 임신하지 못하는 이성애자 여성들을 위한 해결책이었다. 지금은 자궁이 없는 여성들, 난자가 없는 여성들, 가임기가 지난 여성들, 무정자증 혹은 소정자증 남성들뿐만 아니라 레즈비언과 게이들도 체외수정으로 자신의 유전자를 가진 아이를 갖게 되었다. 정자, 난자, 수정란들을 냉동해서 보관하는 기술은 새로운 가능성을 열었다. 이런 의미에서 체외수정과 그 관련 기술들은 폭넓은 연구와 응용의 토대가 되었다.

대부분 나라에서 모든 여성들이 기증 정자로 인공수정과 체외수정을 쉽게 할 수 있는 것은 아니다. 레즈비언 여성이나 독신 이성애 여성들은 접근이 거부되기도 한다. 국가법, 종교적 규정, 의료 전문가들은 이 기술에 대한 접근을 제한한다. 체외수정은 다른 사람의 아이를 임신하는 대리모 행위에서도 사용될 수 있다. 대리모의 범주는 다양한데 '유전적 대리모(genetic surrogacy)'와 '완전 대리모(gestational surrogacy)'가 있다. 대리모의 고전적인 모델인 유전적 대리모의 경우, 위탁받은 남성의 정자가 대리모에게 수정된다. 이때 사용되는 난자와 제공되는 자궁은 모두 대리모의 것이다. 출산 대리모는 위탁 커플이나 기증자의 유전자가 들어간 수정란을 대리모의 자궁에 착상시키는 것이다.

아이를 바라는 점점 더 많은 불임 부부와 개인들이 초국가적으로 생식세포 기부자와 대리모를 통해 부모가 되려는 욕망을 충족시키고 있다. 그 이후로 난자 공여와 대리모는 상업화되었다. 세계 출산 시장에서 상업화된 난자 공여와 대리모는 번창하는 국제사업으로 이 사업은 경제적 불평등과 부적절한 규제와 통제로 난무하는 세계 관계 속에서 작동한다(Gupta,

2012a, 2012b). 개발도상국의 여성들과 선진국 빈곤층의 여성들은 세계시장과 자기 나라의 특권층을 위해 아이를 낳아줄 뿐만 아니라 때로는 자기도 모르게 줄기세포 연구와 복제를 위해 재료를 제공하기도 한다(Gupta, 2011). 많은 재생산 서비스 제공자들이 상업적 난자 공여와 대리모를 하겠다는 여성들의 결정을 정당화하기 위해 자기 결정, 행위주체성 그리고 역량 강화 같은 페미니스트 언어를 사용한다. 그러나 이것이 자율성으로 이해되는 것 자체가 문제이다. 인도의 수많은 여성들은 낮은 교육수준, 빈곤, 노동과 직업시장에서의 주변화 그리고 가부장적 사회와 가족구조 때문에 극단적으로 취약하다. 나는 자기 결정, 행위주체성, 역량 강화 같은 용어들이 인도의 맥락에서는 오용되거나 부적절하다고 생각한다. 이것들은 신자유주의와 자유시장 자본주의를 방조할 뿐이다(Gupta, 2012a: 45~46).

체외수정은 다른 기술개발의 토대가 되어 유전적 장애 식별과 성별 선택을 위해 배아에게 실시하는 착상 전 진단이나 줄기세포와 인간복제 연구를 위한 배아(8주 이하의 초기 태아) 세포와 태아세포 사용 같은 다양한 시술의 새로운 장을 열었다. 난자를 제공하는 것도 여성의 몸이고 유전적으로 조작된 수정란을 분만일까지 가지고 있는 것도 여성의 몸이기 때문에 여성들이 우선적으로 관여되었다. 재생산 보조 기술의 발전은 사회에 광범위한 의미를 갖고 있다.

3) 산전 검사와 착상 전 유전자진단

1980년대 이후에 임신관리와 태아의 건강을 확신하기 위한 산전 검사(PNT) 기술이 크게 급증하고 있다. 산전 검사 이외에도, 체외수정에서의 착상 전 유전자진단(PGD)[3]은 사산, 신생아 사망, 영아 사망, 기형, 나중에 발현될 질병의 주요한 원인으로 보이는 배아의 선천적 이상을 찾아낼 수 있다. 산전 유전자 검진이나 배아 검사는 특히 상염색체 이상(다인자성 이상에는 적용되지 않음)을 찾는 데 유용하다. 이것은 특정한 개인과 커플들에게 중요한 대안이 된다. 예를 들면, ① 심각한 유전적 이상을 가진 (또 다른) 아이를 가질 가능성이 높은 사람들, ② 유산을 반복한 여성들, ③ 원칙적으로는 낙태에 반대하지만 착상 전 유전자진단은 수용하는 사람들, ④ 산전 검사를 통해, 수정 후 이상을 발견해 (반복된) 낙태를 하지 않으려는 사람들이다.

착상 전 유전자진단을 하는 커플들은 정상적으로 임신이 가능하지만 이를 위해 여성은 위험한 체외수정 시술을 받아야만 한다. 착상 전 유전자진단을 통해서 그들은 태어날 아이가 어떤 장애도 없음을 확신하고 임신을 시작할 수 있다. 그러나 이 방법의 성공은 체외수정의 성공률에 달려 있다. 과학자들은 착상 전 검사를 통해 '완벽한' 배아만 선택할 수 있는 체외수정-착상 전 유전자진단이 앞으로 통상적인 시술이 될 것이며, 이 방법으로 임신하는 것을 선호하게 될 것이라고 한다. 그러나 실제로 이 기술이 모든 임신에 적용될 거라고 생각하는 것은 착각이다.

북반구 대부분의 나라들에서는 유전적 질병이나 다른 이상을 가진 아이를 낳는 것을 피하기 위해서 임신한 여성들에게 일상적으로 산전 검사를 권하는 일이 늘어나고 있다. 이상이 있는 태아들은 주로 낙태시킨다. 이때 사회 전반에 퍼져 있는 정상아와 장애아에 대한 가치평가가 중요한 역할을 한다. 여성에게 검사를 받으라는 압력과 이상이 발견되었을 때 낙태하라는 압력은 상당하다. 아무리 여성들이 가지고 있는 정보들이 턱없이 부족

3 옮긴이 주 | 착상 전 유전자진단(Pre-implantation Genetic Diagnosis: PGD)이란 부부의 난자와 정자를 체외수정해서 얻은 수정란을 여성의 자궁에 착상하기 전 미리 유전자 정보를 검사하는 기술을 말한다.

하고 불완전하며, 생활환경의 제약이 있더라도, 일단 여성들이 자율적이고 책임 있는 의사결정자로서 역할을 맡으면 여성들은 매우 실용적인 결정을 한다(Gupta, 2010). 여성들은 몇 명의 아이(양적으로)를 낳을 것인가뿐만 아니라, 어떤 아이(질적으로)를 낳아야 하는가 같은 재생산 선택의 문제에서 종종 남편과 시어머니에게 강요당한다(Gupta, 2000; Patel, 2007). 따라서 유전자 서비스의 사용에 대한 여성들의 자유와 사전동의를 보장하는 것은 더욱 어렵다. 인도와 중국에서는 의료적인 목적 외에도 남아 선호 사상이라는 사회적인 이유로 딸을 낳지 않기 위해 성감별이나 성별 선택을 하고자 이 검사를 한다.

4. 재생산 기술에 대한 담론

재생산 기술의 발전과 사용은 젠더 문제와 함께 철학적, 윤리적, 정치적, 경제적, 법적, 우생학적 문제뿐만 아니라 보편적으로는 기술사회학 관련 문제, 구체적으로는 의료기술 문제를 제기했다. 어떤 사람들은 기술은 가치중립적이기 때문에 그 이용과 적용 방식에 따라 사회적, 인간적 의미는 달라진다고 본다. 이를 바탕으로 그들은 기술이 잘 이용될 수도 있고 남용될 수도 있다고 생각한다. 페미니스트 과학 철학자들을 포함한 다른 사람들은 기술과 기술을 만드는 과학 패러다임은 지배 엘리트의 가치와 편견이 배어 있어 가치중립적이지 않다고 주장한다. 재생산 기술의 발전과 적용은 여성들에게 모순된 가능성을 제공한다. 재생산 기술은 어떤 여성들에게는 재생산 권리를 행사하고 '선택'하게 하면서, 다른 여성에게서 그 권리와 선택을 빼앗을 가능성이 있기 때문이다.

세계 경제의 맥락에서 보면, 기술은 주로 북반구에서 개발되었고 그러고 나서 국제화되었다. 그 기술들은 특히 다른 사회문화적 맥락에서 소개되고 경제적 이윤이라는 동기까지 부여되면 처음과 완전히 다른 모습을 가지게 된다. 이 기술들은 원래 의도했던 것과 다른 목적에 이용되는 경우가 많으며 특히 다른 사회, 경제, 문화, 정치 풍토와 완전히 다른 의료시설에서는 다른 의미를 갖게 된다. 예를 들어서, 개개인의 임신 관리와 출산 조절을 위한 피임기술을 인구 조절과 같은 목적을 실현하는 데 사용한다. 다른 예로, 임신 전 혹은 산전 유전자진단 기술들은 원래 선천적 기형을 찾아내려는 의도로 만들어진 것인데 태아의 성별을 알아내는 데 이용되고 이는 곧 성별 선택 낙태로 이어진다. 세계은행에서 발행한 2012년 세계 발전 보고서 「성 평등과 발전」에 의하면 성 불평등을 영구화시키는 대표적인 세계 문제로 성별 선택을 들었다. 이 보고서는 복잡한 사회적, 행동적, 기술적인 요소들이 어떻게 아시아, 유럽, 북미의 다양한 지역의 성비를 한쪽으로 기울게 만들었는지 보여준다.

다음에서는 인도의 맥락에서 이루어지는 임신 전 진단 기술과 산전 진단 기술을 살펴볼 것이다. 그렇게 함으로써 재생산 기술에 내포된 남녀의 역할 개념, 이 기술을 이용하는 재생산 정치학, 남녀 관계를 재생시키는 재생산 기술의 역할, 재생산 기술의 발전과 적용에 내포된 권력관계를 이해하고자 한다.

5. 성별 선택을 위한 임신 전 검사 및 산전 검사

재생산 기술을 사용하면 미래의 아이의 성별을 구별할 수 있을 뿐만 아니라 그 성별을 선택하는 것도 가능하다. 이것은 자궁 내 수정 또는 체외수정 전 단계에 선호하는 성별 아이의 임신 가능성을 높이기 위해 성별을 결정짓는 정자를 따로 고르거나 아니면 체외수정에서 수정 후 수정란의 성별을 선택함으로써 가능하다. 인도의 경우 성별 선택은 대부분 남아를 낳기 위해 이루어진다. 더 흔하게 사용되는 기술은 산전 성 감별로, 여아일 경우 젠더 때문에 낙태된다. 여기서 말하는 젠더는 여성과 남성의 특성으로 나타나는 성격, 능력, 역할 기대로서 '여성적' 혹은 '남성적'이라고 정의되는 행동양식, 성별 노동 분업, 문화적으로 규정한 역할, 책임, 가치를 말한다.

인도에서 초음파 검사, 융모막 융모 샘플링(태반검사), 양수 진단(양수액 검사)과 같은 산전 검사 기술들이 1970년대 이후부터 '남아/여아 테스트'라는 이름으로 광고되고 있으며, 유전적 질병을 찾거나 태아의 이상을 발견하는 것과 같은 의료적인 목적보다는 성별 검사에 주로 사용되고 있다. 1975년에 펀자브의 암리차르와 봄베이에서 양수검사를 하는 산부인과 전문의들이 등장했다는 보고가 있다. 암리차르의 한 개인 병원에서 '지금 500루피를 사용하면 나중에 나갈 5만 루피를 아낄 수 있다'라고 광고했는데 지금 성별 감식 검사에 돈을 조금 쓰면 앞으로 나갈 엄청난 돈(신부 지참금인 다우리를 말하는 것 같다)을 막을 수 있다는 뜻이다. 광고는 직접적으로 표현하지는 않았지만 성별 선택적 낙태를 제안하는 것이었다. 광고에서는 딸들을 가족의 부채이자 국가의 위협으로 언급함으로써 여성들에게 딸을 낳는 위험을 피하기 위해서 병원서비스를 이용하라고 권하는 것이다(Mazumdar, 1994: 3). 미디어 보도의 영향을 받아 늘어난 성별 감식 검사에 편승하여 돈을 벌기 위해 한 의사는 개인 유전학 연구실을 뉴델리에 설립하기도 했다. 모든 주요 신문들은 몇 년 동안 '정상적인 남아를 원하는가 아니면 여아를 원하는가?'라는 광고를 거의 매일 실었다. 이것은 태아 진단 기술이 민영화되고 상업화되는 시작점이 되었다. 그 이후로 남자아이를 낳기 위해서 여아 태아를 선별해 낙태하는 성별 감식은 성대한 사업으로 성장했다.

1980년대 인도에서는 양수 검사와 초음파 검사를 통해 산전 진단을 하는 개인 병원들이 벽촌까지 우후죽순처럼 생겨났다. 대부분의 사람들은 '성별 검사' 혹은 '남아/여아 테스트'로 알고 있는 것이 원래 선천적인 기형을 찾기 위한 검사라는 것을 전혀 알지 못했다(Gupta, 2000). 1990년 중반에서부터 재생산 보조 기술로서 임신 전 성별 선택 기술 역시 급증했다. (정부)공공기관 병원은 의료 목적 외에는 성별 감식이나 성별 선택 서비스를 제공하지 않으며 개인병원에서만 불법적으로 제공된다. 불법이긴 하지만 서비스 제공자들에게 이것은 주요 수입원이기 때문에 계속 늘어났다. 초음파 검사를 제공하는 등록된 병원은 2000년에 600곳에서 2011년 3월에 4만 1182곳으로 증가했다(Sinha, 2011). 마찬가지로 운반 가능한 초음파 기기를 가지고 시골의 환자 집까지 찾아가는 이동 서비스도 증가했지만 정확한 숫자는 파악할 수 없다. 또한 의료인들은 환자를 끌어들이는 중개인을 고용하기도 했다(George, 2009). 최근 수치는 1996년에 시행된 산전 진단 기술에 관한 법안(1994년 제정)이 실패했다는 것을 보여준다. 마찬가지로 착상 전 성별 선택과 성별 결정을 금지하는 2003년에 개정된 임신 전과 산전진단 기술에 대한 법안 또한 실패했다.

성별 선택을 하는 두 가지 중요한 이유는 인도 정부의 인구정책과 인도 전역에 만연되어 있는 여아 차별 남아 선호 사상 때문이다. 인도 정부는 1992년 국가 인구 정책의 일환으로 두 자녀 갖기 운동을 실시했고 2010년에는 '소가족 표준화'를 국가 목표로 상정했다. 딸보다 아들을 중시하는 전통적인 사고방식 때문에 두 자녀 이상 갖지 못하게 하면, 부모들은 한 명 이상의 아들을 원하게 된다. 과거에는 첫째로 딸을 낳아도 상관없었지만 점차 아들을 낳기 전에는 딸을 받아들이지 않게 되었다(Gupta,Visaria, and Nizamuddin, 1997). 자료를 보면, 첫 번째 임신에서 여아 태아를 낙태한 가족의 비율은 증가했다(George and Dahiya, 1998). "남아 선호 사상이 있는 사회에서 가족의 규모를 제한하려는 시도는 문제를 더욱 악화시킬 뿐임을 보여주는 것이다"(Ravindran, 1997: 32). 여성들은 국가 통제를 암시하는 인구통제 이데올로기와 가족의 통제를 암시하는 모성 이데올로기와 남아 선호 사상 사이에서 오도 가도 못하는 상황이다. 도시 시골 구분 없이 많은 가족들이 더 작은 규모의 가족을 선호할 뿐 아니라 희망하는 성별, 출산 순서 그리고 아들 둘과 딸 하나라는 자녀 구성에 대한 분명한 선호가 있었다(Sudha and Rajan, 1999). 가족계획과 복지라는 이름으로 실시한 강제적인 인구조절 정책 때문에 합계출산율(TFR)은 각 주와 도시, 농촌지역의 편차에도 불구하고 2013년에 2.5명으로 감소되었다. 1990년대 말과 2000년대에 몇몇 주에서 두 자녀 이하를 가진 이들만 지방의회에 출마할 자격을 주는 법을 제정하자 이는 성 비율에 심각한 영향을 주었다.

사회운동가 사부 조지(Sabu George)는 "소가족은 여아의 희생으로 이루어진다"라고 말한다(Darnton, 2010).

대부분의 의사들과 의료종사자들은 인도에서 성별 선택 기술이 가족계획에 효과적이며 인구조절에 효과적인 도구라고 여겼다. 심지어 북반구 몇몇 나라에서도 성별 선택은 한 명의 자녀나 같은 성별의 자녀를 두 명 이상 둔 가족이 다른 성별의 아이를 원할 때 바람직한 '가족 구성' 또는 '균형 잡힌 가족'을 만드는 방법으로 옹호되고 있다. 소위 '균형 잡힌 가족'을 이루기 위해서 여성들은 낙태할 가능성이 더 많다. 인도인들의 경우, 이것은 의료적이나 사회적인 이유 때문이라기보다는 확실한 성차별적 성향 때문이다.

다양한 자료와 증거를 바탕으로 이루어진 많은 연구들이 인도에서 경제 발전이 이루어지고 출산률과 사망률이 감소했는데도 소녀들에 대한 차별이 증가하고 있다고 보고하고 있다. 수다와 라잔(Sudha and Rajan, 1999)은 인도의 사회·경제 발전이 여성의 상황을 악화시켰고 남아 선호를 강화시켰다고 주장했다. 기계화된 농업으로 시작된 녹색혁명은 여성 노동을 주변화시켰다. 녹색혁명은 펀자브와 하리아나 지역을 번영시키고 교육의 수준을 높였지만 여성의 지위를 눈에 띄게 향상시키지는 못했다. 이 사실은 펀자브, 델리, 하리아나, 라자스탄, 히마찰프라데시의 농촌지역에서 출생성비에서의 남성 증가에 잘 반영되고 있다. 이는 성별 선택 낙태가 꾸준히 행해지고 여아 살해가 다시 유행하며, 0~6세 사이의 여아 사망률이 증가하고 있음을 보여주는 것이다.

인도에서는 딸에 대한 젠더 편견의 주된 이유로 빈곤과 문맹이 지적되곤 한다. 사람들은 경제발전과 교육이 이런 유해한 사고방식들을 변화시킬 거라 여긴다. 그러나 경제적으로 잘살고 교육수준이 높은 부모들이 딸을 낳지 않기 위해서 이러한 기술에 더욱 관심 보이고 기꺼이 사용한다는 것을 보여주는 연구들은 이런 인식과 모순된다(Shah andTaneja, 1991). 이 부모들은 여유가 되는 한 자신들이 원하는 서비스를 받을 수 있는 소비자임을 자처한다. 이미 한 명 이상의 딸이 있는 여성들은 검사를 받고 그 결과에 따라 낙태를 하고자 했다. 이것은 종교나 주와는 상관없이 도시와 시골에서 공통적으로 나타난 현상이다(Jha et al., 2006). 영국과 미국에 살고 있는 인도인들 역시, 특히 전문직 종사자들도 성별 선택 검사를 받는다. 미국에서는 "이런 기술을 쉽게 사용할 수 있으며 합법적이기도 하기 때문에 이 기술을 사용하라는 압력이 증가하고 있으며 심지어 당연시되고 있다."

인도에서 재생산 결정 과정에서의 가족 역할은 그다지 주목받지 못하고 있다. 전통사회에서, 특히 결혼한 남녀 모두에게 자녀와 아들의 중요성은 과소평가되어서는 안 된다. 자녀는 부부관계와 가족관계를 강화시키고 만족스러운 정체성과 지위 획득 그리고 현재와 미래의 정서적, 경제적 안정과 사회적 신분 상승에 필수적이다. 특히 가부장적인 가족 구조에서 여성들의 지위는 남편의 혈통을 이을 아들을 낳을 수 있는 능력에 의해 결정된다. 결혼한 여성이 아들을 가지면 지위가 보장된다. 딸만 가진 여성들은 버려지거나 남편이 재혼하기도 한다.

전통적으로 남아시아와 동남아시아의 대부분 사회에서는 경제적·사회적 그리고 문화적인 이유로 남아 선호가 있다. 딸이 부채처럼 여겨지는 반면에 아들은 재산으로 여겨진다. 인도처럼 가부장적이며 부계적인 사회에서 아들은 성(姓)뿐만 아니라 가업도 계승한다. 아들은 가족의 재산을 지키고, 부모가 연로해지면 경제적으로 부양하고 돌볼 것으로 기대된다. 반대로 딸은 신부지참금을 내야 하고 평생 결혼한 딸과 그 시댁에 시시때때로 선물해야 하기 때문에 돈이 많이 든다고 여긴다. 아들 결혼식에는 전혀 돈이 들지 않으며 오히려 신부지참금을 받는다.[4] 경제적으로 풍요로워지면서 나타난 소비주의적 생활방식이 더 많은 지참금을 초래했다(Agnihotri, 2003; Patel, 2007).

딸을 원치 않는 또 다른 사회적·문화적인 이유로 딸의 순결과 가족의 명예가 직결되었다는 점과 '노처녀'가 되기 전에 결혼시켜야 한다는 걱정을 들 수 있다. 힌두교 상위계층의 특정 종교 행사는 남성들만 거행할 수 있다. 힌두 경전에 의하면 아들이 부모를 화장시킬 장작더미에 불을 붙여 부모의 영혼이 이승의 속박에서 벗어나 천국에 들어갈 수 있게 해야 한다. 아들이 태어나면 그 아버지는 조상에 대한 빚을 면하게 되는 것이다. 게다가 '아들을 갖는 것이 남성성의 상징'으로 여겨지기도 한다(Williamson, 1976).

남아 선호는 단지 인도에만 국한된 것은 아니다. 사회과학자들의 비교문화연구는 아들에 대한 뚜렷한 편향성을 보여준다(Parikh, 1989: 8). 딸이

4 지참금을 주고받는 것은 국회의 지참금 금지법에 의해서 1961년에 금지되었다. 1984년과 1986년에 각각 개정되었지만 지참금 관행은 더욱 번성하여 규모가 커졌고, 부모가 선물로 주는 선한 의도라기보다 경제적인 거래로 변질되어서 신랑과 그의 가족 측에서는 당연하게 요구하는 것으로 간주되고 있다.

태어날 때보다 아들이 태어날 때 (특히 첫 자녀인 경우) 훨씬 더 기뻐하고 더 많은 축하를 받는다. 여러 나라의 민담과 속담에서도 남아 선호를 발견할 수 있다. 대부분의 사회가 가부장적이라 이러한 사실은 놀라운 것도 아니다. 현대 과학은 이런 편향성을 그대로 반영할 뿐만 아니라 이를 영속시킬 과학적인 도구를 제공한다. 중국과 인도와 같이 영아살해가 있는 몇몇 국가들에서 성별 감식과 성별 선택과 같은 현대 기술의 사용은 이러한 상황을 더욱 부추기고 있으며 여아들은 더욱 평가절하되고 있다.

인도에서는 1994년 이후로 1000만 명의 여아 태아가 낙태되어 인구학적으로, 사회학적으로 엄청난 결과를 초래했다(Jha et al., 2006). 이것은 편향된 남녀 성비, 특히 출생아동 성비에서 잘 드러난다. 1998년에 110만 가구를 대상으로 한 '출산율과 사망률 특별조사'에서 얻은 자료 분석에 의하면, 1년에 50만 명의 여아들이 태어나지 못하고 있는 것으로 밝혀졌다. 이것이 아마르티아 센(Amartya Sen, 1990)이 '사라지는 여성들'이라고 부르는 현상이다. 2001년도 한 해만 해도 전 세계적으로 1억 명의 여성들이 사라졌다. 중국과 인도에서 8000만 명이 사라졌고 인도에서 3500만 명 이상이 사라졌다.

대부분의 선진국과 대조적으로 인도는 남성 대 여성 성비가 낮다. 남성 1000명 당 여성이 1901년에 972명이었는데, 1981년에 933명, 1991년에 927명에 불과했고, 2001년에는 미미하게 증가해서 933명, 2011년에는 940명이 되었다(Registrar General of India). 더욱 염려스러운 것은 6세 이하에서 확연히 보이는 성비의 감소다. 1961년 0~6세 아동의 성비는 남아 1000명당 여아 976명이었는데 2001년에는 927명으로 감소했다. 2011년 인도 인구조사에 의하면 2001년에 남아 1000명당 여아 927명이던 아동 성비가 914명으로 감소했다. 성비의 지역 차는 남아 선호를 보여주는 추가적인 증거이다.[5] 이런 편향은 펀자브, 하리아나, 히마칼 프라데시, 델리와 같이 여성 문맹률이 높은 특정한 주(Agnihotri, 1999, 2000; Sudha and Rajan, 1999)에서 특히 더 두드러진다.[6]

1980년대 ≪이코노믹 앤드 폴리티컬 위클리(Economic and Political Weekly)≫에서 인도의 성비 하락이 초래할 수 있는 결과에 대한 논쟁이 있었다(Kumar 1983a, 1983b; Dube, 1983a, 1983b; Jeffery and Jeffery, 1984). 어떤 이들은 수요 공급에 따른 시장원칙에 의해 여성들의 가치가 높아질 것이라고 주장한 반면, 다른 이들은 이런 현상이 여성들의 가치를 더욱 하락시킬 것이라고 주장했다. 최근의 수치는 특히 결혼 적령기의 남성은 많고 여성은 부족하다는 것을 보여준다. 남아 선호로 인해 성비가 크게 기울어진 델리, 펀자브, 하리아나 같은 주에서는 이미 남성들이 배우자를 찾는 데 어려움을 겪고 있다.

산전 성별 선택의 인구학적인 결과는 사회에 지대한 영향을 미친다. 산전 성별 선택은 남성 과잉현상과 장기적으로는 결혼 적령기 여성 부족을 초래한다. 2015년에서 2030년 사이 중국에서는 2500만 명의 남성들이 배우자를 구하지 못할 것이다. '혼인적령인구의 성비 불균형(Marriage squeeze)'은 이미 중국과 인도에서 진행되고 있다(World Bank, 2012). 인도의 펀자브와 하리아나 주에서는 신부 부족 현상이 이미 나타났다. 점점 더 많은 소녀들이 학교를 그만두고 어린 나이에 결혼을 하며 미성숙한 자궁으로 한 임신으로 치사율이 높아진다. 소녀와 여성들에 대한 강간과 폭력, 주 경계를 넘나드는 납치와 인신매매, 지역 간 밀거래, 아들을 원하는 이들에게 팔

5 "Missing: Mapping the adverse child sex ratio in India," Office of the Registrar-General and Census Commissioner, India, Ministry of Health and Family Welfare and United Nations Population Fund(New Delhi, November 2003).

6 "Female foeticide rampant in Delhi," *The Times of India*(New Delhi, 15 July 2005).

기 위한 남아 유괴가 증가하고 있다. 또한 강제적인 일처다부제 형태로 형제가 한 명의 아내를 공유하는 현상도 보고되었다.

결혼은 모든 사람이 해야만 하는 보편적인 것이고, 결혼했는지 혹은 새로운 가족을 꾸렸는지 그 여부에 따라 사회적 신분이 결정되는 사회에 살면서도 실질적으로 결혼할 가능성이 없는 남성들은 점점 더 늘어가고 있다. 어떤 이들은 이것이 엄청난 반사회적인 행동을 야기해 사회 안전을 위협할 것이라고 예상한다(Hesketh and Xing, 2006). 여성의 수가 부족하면 부자에 기술 있고 교육받은 남성은 결혼할 것이고 가난한데다 기술도 없고 문맹인 남성은 결혼하지 못할 것이다. 사회적·경제적으로 가장 낮은 계층에서 헐벗은 가지(bare branch)라는 하위계층이 생겨났다. 인도에서 헐벗은 가지가 된 젊은이들의 수는 적게 잡아도 약 2800만 명으로 이는 젊은 남성 인구의 12~15%에 해당한다. 일반적으로 이것은 공격성과 조직화된 범죄를 증가시키고 마약과 알콜중독으로 이어질 가능성이 농후하다(Hudson and Den Boer, 2004). 어떤 연구는 한발 더 나가서, 가족의 대를 잇지 못하기 때문에 열매를 맺지 못하는 '헐벗은 가지'라 불리는 미혼 남성들의 과잉은 지정학적인 불안정을 야기하고, 국가 안보에 영향을 미칠 것이라고 주장한다(Hvistendahl, 2011). 내가 보기에 이런 주장들은 다소 억지스러운 면이 강하다.

6. 페미니스트 담론과 윤리적인 원칙들의 도전들

여성들/부모들은 자녀의 성별을 고를 수 있는 권한을 갖게 되었다. 그러나 이들의 바램을 이루어주는 기술이 문제가 되기도 한다. 현대 과학은 여성들에 대한 문화적인 편견을 반영할 뿐 아니라 그것을 영구화하는 과학적인 도구를 제공하기도 한다. 성별 선택에 대한 관심이 새로운 것은 아닐지라도, 성별 감식과 산전 성별 선택에 이용된 현대 기술은 개입을 더 정확하게 만들었다. 이로써 태어날 여아들의 권리가 더욱 위협당하게 되었고, 여성들에 대한 평가절하는 더욱 깊어져갔다(Gupta, 2000). 인도에서 남아 선호를 위한 임신 전과 산전 성별 선택, 여아 태아 낙태, 여아 영아살해는 다양한 형태로 지속되고 있으며 여성들의 수를 줄어들게 한다.

젠더 관계가 심하게 불평등하고 여성들을 취약하게 만드는 사회에서, 가부장적 가족 구조와 가치들이 가하는 직간접적인 압력들을 해결하는 것은 쉬운 일이 아니다. 그러나 여성들은 친정뿐만 아니라 남편과 시집 식구와의 관계에서 협상력이 거의 없는 것으로 드러났다. 여성들은 취약한 자녀와 자신을 보호하고 자율성이나 행위주체성을 행사하는 것이라 믿으며, 이러한 관행을 지속시키는 데 동참할는지도 모른다. 그러나 딸 대신 아들을 선택하라는 압력을 포함해 재생산에 대한 의사결정은 어려운 환경 속에서 이루어지며 여성들의 선택권이 끼어들 자리는 거의 없다. 이러한 맥락에서 기술은 사회관계를 변화시키기보다는 가부장적인 편견을 강화시킨다.

성별 선택은 전 세계 대부분의 나라에서 합법이고, 서구 국가에서도 행해지고 있다. 성별 선택 검사를 위해 영국에서 미국으로 가는 여행을 임신관광(fertility tourism)이라고 한다. 성별을 선택하기 위한 착상 전 유전자검사가 영국에서는 유전적 질병 검사 외에는 금지되어 있기 때문이다. 반면 미국 법은 이 문제에 더 관대하다(Fishburn, 2009).

산전 성별 선택 기술은 페미니스트들 사이에 상반된 반응을 끌어냈고 심지어 그들을 갈라놓았다. 어떤 이들은 성별 선택이 잘못되었다는 걸 알지만 인도의 사회구조에서는 불가피하다고 본다. 대다수의 성별 선택 기술 제공자들은 더 이상 딸을 원하지 않는 여성들에게 인도적인 서비스를 제공함으로써 이른바 여성들의 선택권을 확장시키기고 있다고 주장한다

(Malpani, 1998, and personal communication, 2001). 그들의 의견에 의하면, 이것은 여성들이 원해서 시작되고 지속되는 재생산 권리의 발현이다. 그리고 커플들이 필요한 정보를 갖고 가족계획을 결정할 수 있도록 하며, 원치 않은 임신과 낙태가 생기지 않게 하고, 친밀한 파트너에 의한 폭력과 아동 방치를 최소화시킨다는 점에서 여성들의 역량 강화의 상징이기도 하다. 또한 성별 선택에 의한 낙태는 여아 영아 살해보다는 덜 끔찍한 것으로 여겨지기도 한다(Macklin, 1999). 낙태가 합법이면 민주국가는 여아 태아를 낙태하려는 여성이나 커플의 결정에 간섭하지 말아야 한다는 주장도 있다. 반면 여성 건강과 권리를 옹호하는 활동가들은 의료지침 없이 이루어지는 성별 선택은 무분별한 의료개입을 초래한다고 주장한다. 이들은 과연 여성들이 가족과 공동체의 압력 속에서 진정으로 자유로운 선택을 할 수 있는지에 대해서 의문을 제기한다. "여기서 주목해야 할 흥미로운 점은 가족, 공동체, 사회의 맥락에서 분리된 독립적인 도덕가치와 의사결정권이 개개인(특히 여성들)에게 있다고 하는, 출산의 자유와 연결된 주장들이 어떻게 점점 더 의료 담론에 스며들게 되었는가이다"(Mallik, 1999).

산전 성별 선택은 규모가 큰 사업이다. 인도에서는 개인 의료 기관에서만 이 기술을 제공한다. 불법이긴 하지만 의료서비스 제공자들의 주 수입원이며 이는 성별 선택 기술 확산의 원동력이 되고 있다. 국가가 제시한 법적 조치[7]는 그런 실행들을 막기에는 전혀 효과적이지 못하다. 또한 앞으로 등장할 또 다른 검사 기술의 위험성을 과소평가해서도 안 된다. 어떤 정부에서는 초음파 기계를 통한 성별 감식을 금지하고 있어 사람들은 중국과

---

7 산전 성별 선택은 1994년에 발효된 악용 방지와 규제법 PNDP(Regulation and Prevention of Misuse)에 의하면 불법이다. 2002년 개정된 법에 의해 임신 전 성별 선택과 산전 성별 선택은 모두 불법이다.

미국에서 성별 감식 세트를 온라인으로 구매하고 있다. 임신 초기에 산모 혈액 속 태아 세포(FCMB)와 DNA를 감식하는 비침습성[8] 산전 검사(NIPD)가 시행되고 있다. 이런 새로운 기술은 딸보다 아들을 더 소중히 여기는 고리타분한 문화 태도 그리고 강제적인 인구정책과 결합되어 성별 선택 낙태를 더욱 증가시킨다.

요약하자면 성별 감식과 성별 선택을 옹호하는 사람들은 이 기술들이 인도 인구문제의 해결책이 될 수 있다고 주장한다. 이러한 맥락에서 낙태는 여성의 권리이고 자녀의 성별을 고르는 것은 개인의 혹은 커플의 권리라고 본다. 이에 반대하면서 국가가 법을 만들어 시행할 것을 요구하는 이들은 이러한 재생산 기술 관행이 성차별로 이어지고 여성의 건강을 해치며 여성들의 존엄성과 인권을 침해한다고 주장한다. 그 이유는 생물학적 성을 결정하는 X염색체에 있는 것이 아니라 생물학적 성에 주어진 문화적 의미, 즉 젠더에 있는 것이다(Gupta, 2011). 불평등, 배제, 차별의 사회적·정치적·경제적 맥락에서 적용되는 재생산 기술은 기존의 불평등을 되풀이하거나 악화시키며 더 나아가 새로운 형태의 불평등을 만들어낸다. 이렇게 재생산 기술은 극소수 여성들의 개인적 이해를 충족시키는 반면 페미니스트 윤리 원칙들 특히 재생산 정의와 젠더 정의를 훼손하고 있다. 이는 모든 여성들의 전략적인 젠더 이해에 반하는 것이며, 페미니스트 연대와 집단적인 페미니스트 목적 성취에 장애물이 되고 있다.

8 옮긴이 주 | 비침습적 산전 검사: 자궁에 직접 주사나 관을 삽입하지 않고 산모의 혈액을 이용한 산전 검사.

참고문헌

Agnihotri, Indu. 2003. "The expanding dimensions of dowry." *Indian Journal of Gender Studies*, 10(2), pp.307~319.

Agnihotri, Satish B. 1999. "Inferring gender bias from mortality data: a discussion note." *Journal of Development Studies*. 35(4), pp.175~200.

_____. 2000. *Sex Ratio Patterns in the Indian Population: a fresh exploration*. New Delhi: Sage.

Darnovsky, Marcy. 2011. "Selecting for sons: Indian women in the US." *Biopolitical Times*, 27 April 2011.

Darnton, Kate. 2010. "A gender deficit that could haunt us for decades." *The Deccan Herald,* 4 September 2010.

Gupta, Monica Das, Leela Visaria, and Mohanmad Nizamuddin. 1996. "Son Preference and Excess Female Mortality in India's Demographic Transition." in Sex Preference for Children and Gender discrimination in Asia. Research Monograph 96.02, Seoul: Korean Institute for Health and Social Affairs and United Nations Population Fund, January.

Dube, Leela. 1983a. "Misadventures in amniocentesis." *Economic and Political Weekly*, 18(8), pp.279~280.

_____. 1983b. "Amniocentesis debate continued." *Economic and Political Weekly*, 18(38), pp.1663~1665.

Fishburn, Alice. 2009. "US clinic offers British couples the chance to choose the sex of their child." *The Times*, 22 August 2009.

George, Sabu. 2009. "Sex selection as genocide." In FORCES(Forum for Crèche and Child Care Services)(2009) *Undoing our future. A report on the status of the young child in India*. New Delhi: Forum for Crècheand Child Care Services, pp.41~59.

George, Sabu M., and Ranbir S. Dahiya. 1998. "Female foeticide in rural Haryana." *Economic and Political Weekly*. 33(32), pp.2191~2198.

Gupta, Jyotsna Agnihotri. 2000. *New Reproductive Technologies, Women's Health and Autonomy: Freedom or Dependency?*. New Delhi: Sage.

_____. 2010. "Exploring Indian women's reproductive decision-making regarding prenatal testing." *Culture, Health and Sexuality*, 12(2), pp.191~204.

_____. 2011. "Unwanted daughters: discrimination and elimination of the girl child in India." *Tijdschrift voor Genderstudies*, 14(3), pp.42~57.

_____. 2012a. "Reproductive biocrossings: Indian egg donors and surrogates in the globalized fertility market." *International Journal of Feminist Approaches to Bioethics*, 5(1), pp.25~51.

_____. 2012b. "Parenthood in the era of Reproductive Outsourcing and Global Assemblages." *Asian Journal of Women's Studies*, 18(1), pp.7~29.

Hesketh, Therese and Zhu Wei Xing. 2006. "Abnormal sex ratios in human populations: Causes and consequences." *Proceedings of the National Academy of Sciences of the United States of America*, 103(36), pp.13271~13275.

Hudson, Valerie M. and Andrea M. Den Boer. 2004. *Bare Branches: The security implications of Asia's surplus male population*. BCSIA Studies in International Security. John F. Kennedy School of Government, Cambridge, Mass.: Harvard University.

Hvistendahl, Mara. 2011. *Unnatural selection: Choosing boys over girls, and the consequences of a world full of men*. PublicAffairs.

Jeffery, Roger, Patricia Jeffery, and Andrew Lyon. 1984. "Female Infanticide and Amniocentesis." *Social Science and Medicine*, 19(11), pp.1207~1212.

Jha, Prabhat, et al. 2006. "Low male-to-female sex ratio of children born in India: national survey of 1.1 million households." *The Lancet*, January 9, 2006, published online.

Kumar, Dharma. 1983a. "Male utopias or nightmares?." *Economic and Political Weekly*, 18(3), pp.61~64.

_____. 1983b. "Amniocentesis again." *Economic and Political Weekly*, 18(24),

pp.1075~1076.
Macklin, Ruth. 1999. *Against relativism: cultural diversity and the search for ethical universals in medicine*. Oxford: Oxford University Press.
Mallik, Rupsa. 1999. "Pre-Natal Victimisation of the Female Lifeworld: Analysis of Discourses on Sex Determination Test and Sex Selective Abortion in India." M. A. Thesis, The Hague: Institute of Social Studies.
Malpani, Anniruddha. 1998. "Sex selection by IVF: the freedom to choose." *Issues in Medical Ethics*, 6(2), p.54.
Mazumdar, Vina. 1994. "Amniocentesis and Sex Selection." Occasional Paper 21. New Delhi: Centre for Women's Development Studies.
Nussbaum, Martha C. 1999. *Sex and Social Justice*. Oxford: OUP.
Patel, Tulsi(ed.). 2007. *Sex-selective abortion in India: gender, society and new reproductive technologies*. New Delhi: Sage.
Parikh, Manju. 1989. "The challenge of sex selection: controversy over amniocentesis tests in India." *Women and Politics*. Women's Studies Department, University of Arizona: Tempe.
Ravindran, T. K. Sundari. 1997. *Health Implications of Sex Discrimination in Childhood: Unravelling the Complexities*. Geneva: World Health Organization.
Sen, Amartya. 1990. "More Than 100 Million Women Are Missing." *The New York Review of Books*, 37(20), 20 December 1990.
Shah, Anupama and Sarita Taneja. 1991. "What do males and females of Delhi City think about female foeticide?" *The Journal of Family Welfare*, 37(2), pp.28~39.
Silliman, Jael, Marlene Gerber, Loretta J. Ross, and Elena R. Gutiérrez. 2004. *Undivided Rights: Women of Color Organize for Reproductive Justice*. Boston: South End Press.
Sinha, Kounteya. 2011. "Govt gives more teeth to law against sex tests." *The Times of India*, 3 June 2011.

Sudha, Shreeniwas and S. Irudaya Rajan. 1999. "Female demographic disadvantage in India 1981~1991: Sex selective abortions and female infanticide." *Development and Change*, 30(3). pp.585~618.

Williamson, Nancy E. 1976. *Sons or Daughters? A Cross-Cultural Survey of Parental Preferences*. Beverley Hills, CA: Sage Publications.

World Bank. 2011. *World Development Report 2012. 'Gender Equality and Development'*. Washington D.C.: World Bank.

제9장

아시아 지역 여성 NGO의 역할

말라 쿨라

시민사회의 개인들이나 집단들이 폭넓은 공공의 이익을 향상시키기 위해서 함께 노력할 때, 그리고 그들이 향상시킨 공공의 이익이 사회가 나갈 방향을 결정하는 데 커다란 힘으로 작동하게 될 때, 그 과정의 결과들을 우리는 사회운동이라고 부른다. 이것은 특정한 이슈, 동향 혹은 중요한 일들을 중심으로 조직되는 폭넓은 사회적 기획이라고 볼 수 있다. 일반적으로 시민사회 단체들과 학술기관들이 그런 기획에 참여하며, 이들은 종종 그 안에서 지도자로 여겨진다. 반면 국가와 사회는 사회운동이 바꾸려 하는 대상, 즉 소위 기성 체제에 속한다.

학계를 포함해서 시민사회 집단들이 진정으로 정치적이라기보다는 비정치적인 것처럼 보일 때도 있지만 실상 그들은 사회 변화를 이끌어내고 시민들의 목소리가 분명하게 들리도록 하는 데 초석이 된다. 평등, 민주주의 원칙, 그리고 진정한 정치참여는 시민사회들의 여러 목표들 중 일부이며 운영방식이기도 하다. 그런 단체들이 있다는 것은 여러 맥락에서 중요하게 여겨져 왔으며, 그들은 다양한 방식으로 일을 한다. 나는 여기서 그런 단체들을 하나하나 열거하지는 않을 것이다. 그러나 모든 운동에서, 특히 여성운동에서 시민사회의 참여가 반드시 필요하다는 점을 이야기하려 한다. 시민사회 집단은 사람들의 목소리를 대변하는 집단이다. 풀뿌리 계층 사람들의 의견과 관점을 명확하게 말하기 시작하면서 자연스럽게 등장했을 것이다. 시간이 흐르면서 이런 모임들이 성장하고 뭉쳐서 더 큰 운동이 되고 연합을 구성하고 특정한 의제를 다루거나 국가와 시민 사이를 중재하는 전문가 집단으로까지 성장해갔다. 그러나 그런 운동의 추동력이 외부인이나 비토착 세력 등 밖에서 온다고 여겨져 왔는데, 주어진 상황에 맞는, 지속 가능한 운동이 되기 위해서는 그 지역 사람들의 요구나 인식과 연결되는 것이 필요하다.

19세기와 20세기 초에 아시아와 아프리카 여러 지역에서 다양한 이슈들을 다루는 데 공통적으로 나타나는 특성이 있었다. 이는 제국주의와 민족주의가 싹트는 과정 속에서 이루어지는 발전이 어떤 것인지 잘 보여준다. 민족주의운동 진영은 외부의 제국주의 세력 또는 식민 지배 세력을 물리치는 것에 대해 이야기하는 한편, 내부의 봉건적 지배 구조와 종교, 전통에 대해서도 비판했다. 그 가운데 일부인 개혁적 민족주의자들은 자기 나라의 문화적 정체성을 강화할 것을 호소했는데, 그것이 독립적이고 자율적인 정부를 구성하는 데 중요하다고 보았다. 그리고 그들은 선진적인 교육과 학문을 통해 전통적 사회구조를 개혁하는 데 도움이 될 것이라 여겼다. 여성문제와 관련해서는, 터키·스리랑카·인도 등지에서 여성을 위한 정규교육이 도입되었는데, 그것은 19세기와 20세기 초에 교육받은 아내, 어머니가 점점 더 많이 필요해졌다는 것을 보여준다. 터키에서 "그 시대 사람들은 딸이 서양식 교육과 동양식 교육을 함께 받아 높은 지위의 남성에게 적합한 신붓감이 되기를 원했다"(Minai, 1981: 49). 한편, 인도에서는 "교육을 받았다고 여성이 가정 일에서 벗어날 수는 없었다. 그러나 교육은 아내와 어머니로서 해야 할 일들을 효율적으로 더 잘하게 한다(Mazumdar, 1976: 49~50)"고 여겨졌다.

1. 여성주의운동

아시아 지역의 여성운동들은 다양한 경험을 보여준다. 그들의 정치적 활동은 새롭고 풍요로운 경험과 정보를 생산하고 있으며, 또한 여성들에 대한 새로운 관점과 지식들이 구성되고 있다. 이 운동들은 무엇인가? 외부의 후원을 통해 이루어진 것인가? 아니면 사람들, 특히 여성들의 모임이나 여성단체로부터 자발적으로 나타난 토착 운동인가? 무엇이 이 운동들의 추동력인가? 여러 사례에서 단체나 모임 같은 시민사회 단체가 여성운동의 목적을 수행하는 데 중요한 역할을 했다는 것을 보여준다. 그런 집단들은 아마도 특정한 이슈를 중심으로 자발적으로 형성된 NGO나 모임일 것이다. 민중운동을 벌이거나 참가하는 단체, 정치조직도 이에 포함된다. 이들은 때로는 여성주의 이념을 표현하거나 실현하기 위해 국가기관과 밀접한 관계를 유지하기도 하지만 국가기구나 사회 안의 다른 조직들과 충돌하기도 한다.

여성운동사를 살펴보면 종종 세대별 접근(wave approach)이 사용되는 것을 볼 수 있다. 인도의 예를 들면, 간디와 샤(Gandhi and Shah, 1992)는 여성운동의 등장을 단계(phases)나 세대(waves)로 구분했다. 한국의 김승경·김경희(Kim Kyounghee and Seung-kyung Kim, 2011)도 세대 형성(wave formulation)이라는 표현을 쓰고 있다. 유럽과 미국 등 서구에서는 여성운동을 크게 3세대로 나누어 접근한다(Humm, 1992). 여성운동의 성장과 발전에 국가가 어떤 역할을 했는지, 국가기구가 아닌 주체들이 어떤 역할을 했는지를 살펴본 연구자들도 있다. 예를 들어서, 중국에서 여성주의의 등장은 NGO가 앞장서서 이끌어냈다기보다는 국가에 의해서 촉진되었다고 알려져 있다. 여성을 위한 평등 의제는 국가가 책임지는 만인 평등, 그리고 문화혁명이라는 큰 의제 안에 포함되어 있었다. 최근 들어서야 하향식의 공적인 여성주의 대신 풀뿌리 운동이 자리를 잡기 시작했다. 지역의 사정과는 거리가 먼 맥락에서 만들어진 하향식 의제보다는 아래서부터 자발적으로 나오는 목소리를 분명하게 표현해주는 시민사회의 필요성을 인정하면서 등장하게 된 것이다. 다른 말로 하면, 운동은 지역에서 필요한 목적을 달성하기 위해 자신들만의 공간을 필요로 한다. 중국의 여성주의는 여전히 이 문제를 해결하려고 분투하고 있다. 중국 전국부련(ACWF)은 사실상 1940년대 이후로 중국 여성과 관련된 모든 문제를 다루고 있는 상부단체인데, 최근에는 지역 맥락을 염두에 둔 통찰력 있는 분석을 모색하고 있다 (Liu, 2011; Cai 2013).

2. 의제 만들기

아시아 여러 지역에서는 여성주의가 지역 환경을 고려하지 않고 단지 서구를 모방하고 외국 정치나 사회적 유행을 따르는 것이라고 흔히 주장되었다. 따라서 전통주의자들은 여성주의를 외부의 것 혹은 외국에서 들여온 것으로 여겨져 거부해왔다. 그러나 세계 각 지역에서 나타난 여성주의 이념에 대한 연구는 이런 주장이 틀렸다는 것을 보여준다. 예를 들어서 쿠마리 자야와데나(Kumari Jayawardena, 1982)는 여성주의가 서구인들에 의해 개도국들이나 제3세계 국가들에 확산된 것이 아니라고 주장한다. 그의 책『제3세계 여성주의와 민족주의(Feminism and Nationalism in the Third World)』에서 일본, 중국, 이집트와 인도의 사례를 소개하고 있다. 아시아나 그 밖의 지역에 나타난 여성해방운동과 여성주의 투쟁들은 제국주의와 외국의 지배에 저항하는 동시에 지역의 봉건 구조, 전통적 종교, 가부장제에 저항하는 것이었다. 이런 사례들은 아시아 여러 곳에서 다양하게 나타나고 있다. 게다가 서구나 유럽이 아시아에 영향을 미치기 전에 이미 여성주의적인 생각이 표현된 글들이 발견되었는데 이것을 강조할 필요가 있다. 이 시대에 여러 곳에서 초기 여성주의 사상을 표현한 여성들의 글에는 흥미로운 공통점이 있다. 한 예로, 20세기 초 인도의 로케야 호사인(Rokeya S. Hossain)이 쓴『왕비의 꿈(Sultana's Dream)』이 있다. 이 글에서는 여성들은 권력을 장악하고 공개석상에 자유롭게 나갈 수 있지만, 남성들은 갇혀 있거나 고립되어 있는 것으로 역할이 뒤바뀐 세상을 상상했다(Tharu and Lalitha, 1991 Vol. 1).

1925년 중국의 리루전(Li Ruzhen)은 이것과 유사한 작품인『거울 속의 꽃들(Flowers in the Mirror)』이라는 소설을 썼다. 이 소설에서는 여성과 남성의 성 역할이 바뀌어 있다. 예를 들어, 남성들이 옷을 차려 입고, 발을 꽁꽁 싸매지만 여성들은 남성과 달리 공부에 전념하며 공직에서 일을 한다. 또한 남성들이 교육받은 여성들에게 지배를 받는다. 이 소설은 여성권리를 선언한 최초의 책으로 받아들여진다(Croll, 1980: 38).

몇몇 학자들은 '토착화된 여성주의(indigenizing feminism)'나 새로운 여성주의 만들기라는 표현을 사용하여 글로벌, 초국가적 시나리오 안에 지역 경험을 위치시키려고 시도했다(Mazumdar, 2001; Roces, 2010). 아시아에서 어떤 학자들은 여성주의가 아시아의 여러 국가, 지역에서 자리잡아가는 것을 '토착화'라는 용어를 사용하여 설명한다. 예를 들어, 미나 로세스(Mina Roces, 2010)는 여성주의가 서구의 철학이나 정치적인 논의에 뿌리를 둔 개념이며 이것이 아시아 국가들로 전달된 것이지만, "사실, 아시아 여성주의 이론은 서구 여성주의를 아시아 지역 맥락에 적용할 수 있는가를 재고함으로써 발전한 것이기 때문에, 결국 초국적으로 생산된 것으로 볼 수 있다"고 주장한다(2010: 6). 그는 또한 "토착화는 서구적인 개념을 재고한 것과 관련이 있다"(2010: 8)라고도 주장했다. 로세스의 이런 주장은 지나친 단순화인 듯 보일 수도 있다. 그러나 한편 그는 '서구 여성주의는 고유한 방식으로 만들어졌는가?' 혹은 '어느 곳에서든 여성주의가 외부의 영향이나 '비토착 지식'의 유입 없이 순수하게 자기 지역에서만 만들어진 적이 있는가?' 같은 질문을 하게 한다. 더 나아가서, 아시아여성주의가 수입품이라는 주장은 각각 자신의 지역에서 평등을 이루기 위해서 여성들이 벌여온 다양하고 풍성한 투쟁을 무시하는 것이다. 이것은 아시아나 서구뿐 아니라 전 세계에 걸쳐 나타나는 젠더 인식 부족(gender blindness) 때문에 학계와 정치 전문가들에게 알려지지 않아서 나타나는 것이다. '토착화'라는 용어를 살펴보면, 어떤 사상이 외부에서 들어왔으며, 그것이 지역적으로 수용됨으로써 그곳에 맞는 것으로 변해야 한다는, 즉 그 근원과 발전 방향에 대한 일정한 관찰이 그 말 속에 포함되어 있다는 것을 알 수 있다.

그러나 대부분의 맥락에서 여성의 지위 향상을 위해 노력하는 자연발생적인 지역 여성주의단체나 개인들이 항상 있었다. 그들은 외부에서 들어온 세력이나 사건에 영향을 받은 것도 아니며 외부의 지시를 따른 것도 아니었다. 예를 들어서 여성들은 자기 삶과 권리를 침해하는 전통과 싸우면서 일할 권리와 교육받을 권리를 찾기 위해 노력했다. 어떤 의미에서 이런 사례들이 다양한 맥락에서 등장함으로써 여성운동과 여성학에 지속적으로 추동력을 제공했다. 여성 개인이 또는 여성 집단이 교육을 받기 위해 사회와 가족의 압력에 저항해야 했던 이야기(한국의 이화에서부터 아시아 전역에 걸쳐 많이 나타난다), 그리고 투쟁을 위해 자기 지역에서, 그리고 전 세계 차원에서 동맹 세력을 찾아냈던 이야기들이 많이 있다. 예를 들어서 중국에서 여성운동 초기에 여성주의 원칙이 국가주의 다음에 오는 이차적 이슈로 여겨졌지만 여성이 전쟁에 기여한 바가 컸기 때문에 공산당과 국민당에서 모두 여성에 대한 의식이 집단적으로 향상되었다. 이때 여성주의적인 목소리도 함께 등장했다. 예를 들어 1938년 8월, 푸젠(Fujian)성 지방정부가 비용 절감을 내세워 모든 여성 노동자들을 해고했을 때, 여성들은 평등한 노동 기회를 요구하는 시위를 조직했다. 1920년대 이후로 중국에서는 여성의 역할에 관한 논쟁이 있었다. 여성들이 좋은 아내이며 어머니여야 하는지, 아니면 전쟁에 더 많은 기여를 해야 하는지, 개인으로서 권리를 획득하기 위해서 노동시장에 들어가야 하는지가 논쟁거리였다(Pan, 1997).

지역 지식과 외부의 관점 간의 상호작용은 중요하게 생각할 문제이다. 그리고 여러 곳에서 이것은 지속적으로 토론되고 있다. 아시아·아프리카에 대한 분석에서 종종 여성운동이 서구의 개입과 영향권 아래서 나온 결과물이라는 주장이 제기된다. 즉, 이것은 여성주의적 생각들이 소위 비서구 지역으로 확산되는 방식을 하향식 접근이라고 이해하는 것이다. 아시아 지역 여성주의가 '초국가적 여성주의'에 영향을 미쳤다는 것을 약간은 인정하지만 초국가적 여성주의는 일방적으로 확산되기보다는 주로 서구 여성주의와 융합된 것으로 보는 경우가 더 많다.

이와 대조적으로, 인도여성지위향상위원회(CSWI)의 비나 마줌다(Vina Mazumdar)와 그의 동료들은 1974년에 여러 지역의 다양한 단체에서 온 여성들을 대상으로 한 연구에 대해 기술했는데 마줌다 역시 '토착화'라는 용어를 썼지만 다소 다른 방식으로 사용했다. 그 연구를 위해 인도여성지위향상위원회는 1년 동안 인도의 시골, 도시 등 다양한 지역, 그리고 다양한 계급 계층 집단에서 온 만 명이 넘는 여성들의 이야기를 들었다. 이 과정을 통해, 그들은 많은 여성들이 당연한 권리도 행사하지 못하고 과도한 노동과 생활의 짐을 지고 살아가고 있다는 것을 알게 되었다. 그는 "배웠다고 하는 우리의 오만함을 산산이 부숴버렸다(2001: 141)"고 이 경험을 표현했다. 이 경험은 새로운 관점을 가져왔고, 기존의 사회과학 분석 틀에 대한 중요한 문제제기를 하게 했다. 그렇게 함으로써, '토착화'나 지역 현실에 영향을 받은 새로운 관점들이 사회과학에서 나타났다. 메이트레이 차우드리(Maitreyee Chaudhuri) 역시 토착화 개념을 사용하여 인도 여성주의와 이것이 서구 영향의 산물이라는 비난 사이의 불편한 관계를 이야기했다. 그러나 다른 이론들도 마찬가지지만, 여성주의 이론에서 로컬과 글로벌의 연결은 국가주의(nationalism) 수사법에 묶여 있는 어려운 주제이다. 서구를 '타자'로 규정하는 것은 여성학을 포함해서 사회과학 분과학문들과 관점을 곤란하게 만든다. 예를 들면, 김은실은 "한국 여성주의 담론은 한국 여성들이 서구, 특히 미국의 문화 주체와 구별될 수 있는 다른 문화 외양과 가치를 가졌다는 개념을 만들어냈다"고 언급한다(Kim Eunshil, 2005: 30). 그는 여성의 본질적이고 문화적인 독특성이 종종 국가주의 의제의 일부라고 주장하며 자연적이고 본질적인 것으로 여겨지는 것에 의문을 제기한다. 그런데 이런 관점은 몇몇 페미니스트들에게도 발견된다. 근대라는 것은 서구적이라는 것과 동일하게 여겨졌으며, 여성학과 그 밖의 많은 토론에서 관심과 성찰의 대상이 되었다. 따라서 김은실(Kim Eunshil, 2004: 50)은 한국의 여성학 발전 사례에서 "한국 대학에 여성학이 소개될 때, 이것은 근대적이고 서구적인 것으로 여겨졌다"고 언급한다. 그러나 지금은 젠더 평등이라는 근대 민주주의 원칙의 초국가적인 영향을 이해하는 데 있어서, 외부에서 온 서구의 추동력보다는 글로벌한 영향이라는 말이 더 적절하다. 그 영향은 여성주의라는 용어가 사용되기 전부터 지역 여성주의들과 상호 교류했기 때문이다.

그에 따라 아시아나 그 밖의 장소에서 여성주의의 부상은 1920년대에서

2000년대 사이에 간헐적으로 여러 해에 걸쳐서 일어났다. 또한 여러 곳에서 다소 비슷한 이슈를 다루었다. 시민사회 단체의 일환인 여성단체들의 의제는 여성들이 보통 관심 갖는다고 여겨지는 가족, 자선과 같은 '소프트'한 이슈였다. 그런 문제에서 출발해서 점차 정치적인 주장을 하는 방향으로 나아갔고, 반드시 여성 이슈가 아니더라도 점점 더 개혁에 관심을 나타냈다. 참정권 운동, 민족해방운동, 조혼 반대, 여성 건강, 여성 성기 절제, 전족, 어려움에 처한 과부 돕기, 여성 교육, 유급 고용/노동 등이 그들이 쉽게 관심을 기울이는 이슈들이다. 정부기관이나 국제단체와 함께 시민 단체들은 국가의 전통적 정치제도의 권력이나 영향력에 점차 거세게 도전해왔다. 그들은 젠더 평등과 동등의 기준에 맞추어 발전정책을 해석하기 위해서 국내외 기관에 로비를 펼쳤다. 시민사회는 여러 아시아 국가로 확산되고 있지만 여전히 그들은 다른 사람들에게 중요한 영향력을 끼칠 수 있는 역량을 획득해야 한다는 과제를 안고 있다. 그러나 그런 발전의 추세와 함께, 시민단체들은 실질적으로 시민들의 참여 무대가 되고 있다. 이것은 또한 사람들 내면에서 성 평등의 민주적인 가치를 만들어내고 길러내는 공간을 제공해왔다. 아시아에서 여성운동, 여성학 혹은 젠더학은 지난 30~40년 동안에 일어났다. 어떤 국가에서는 1970년대 후반에 시작되었고 어떤 국가에서는 1990년대 후반이나 2000년대에 일어나기도 했다.

3. 인도의 경험

이 장에서는 내가 가장 잘 알고 있는 인도의 사례를 좀 더 자세하게 보면서 이것이 다른 나라와 비교하여 어떤 통찰을 줄 수 있는지 살펴볼 것이다. 인도 사회개혁의 첫 번째 단계는 근대화 제1세대인 1850년에서 1940년까지 약 1세기 동안 진행되었다. 당시 남성들은 식민 지배에 대항해서 자신의 정체성을 주장할 길을 찾고 있었다. 당시에 사람들의 주된 관심은 인도 사회 전반을 변화시키는 것이었다. 이때 젠더 불평등을 포함해서 다양한 불평등과 카스트 차별 등에 대한 인식 등이 폭넓게 퍼져갔다. 이 기간 동안 사회개혁 캠페인이 펼쳐졌고 사회 변화를 위한 여성 관련 이슈들이 좀 더 넓은 아젠다 안에서 다루어졌다. 다른 한편 인도 남성들은 서구적인 생각에 사로잡혀서 서구적 사고를 모방하고 그에 동화되려 하거나 또는 거부하려 했다. 한편으로 남성들은 민족주의 의제의 일환으로 영국 통치자들의 정체성과 구별되는 문화 정체성을 확고히 강화하려는 복고적인 요소들을 포함시키고 싶어 했다. 어떤 의미에서 이것은 또한 변화가 진행되는 근대화 상황에서 외부의 개입에 대한 반응을 나타낸다. 이와 함께 남성 엘리트 토착민들은 당시 진행되던 사회적·경제적 변화로 새롭게 등장한 기회 덕분에 부와 기술을 획득할 수 있었다.

사회개혁운동에 의해서 변화가 폭넓게 일어났고 이와 함께 서구화된 남성 엘리트들이 등장했다. 그들은 영국인을 모방하려 했고, 영국인들과 사회적으로 동등해지려고 했다. 그러나 시간이 지나면서 같은 계급 남성과 여성 간의 격차가 심각하게 벌어졌다. 여성들은 남성과 같은 방식으로 발전하지 못하고 뒤처졌던 것이다. 결국 이런 차이가 좁혀져야 한다는 것이 분명해졌고 그것을 해결하기 위해서 여성 교육이 중요한 도구가 되었다. 교육은 단지 여성을 현대화하는 수단일 뿐만 아니라 인도의 이미지를 현대화되고 문명화된 사회로서 향상시키는 수단이었다. 또한 여성들은 식민지 사회에 등장한 새로운 인도 부르주아지 남성에게 걸맞은 짝이 되어야만 했다. 이것은 여성 교육을 위한 중요한 추동력으로 작동했다. 교육은 새롭게 서구화된 엘리트 계급 남성들에게 알맞은 아내를 만들어내는 방식으로 가시화되었다.

많은 여성들의 수준을 향상시키는 것이 중요한 목적이었기에, 사회운동가들은 법제화나 법 개정을 통한 개혁을 추구했다. 이런 법제화를 쉽게 이루기 위해 사회 환경을 조성하는 일들이 선행되었다. 다양한 조직들로부터 카스트제도, 여성 배제 그리고 사티(sati)등 다양한 전통적 관례에 반대하는 주장들이 모아졌다. 식민지 상황에서 나타난 개혁운동 과정이 항상 여성들의 삶을 향상시키는 진보적인 것만은 아니었다. 사실, 교육의 결과는 여성들에게 빅토리아 시대의 여성성에 기반을 둔 새로운 규범을 만들어서 중산층의 여성들에게 불평등한 사회화를 강화시켰다. 예를 들어서 다우리(결혼 지참금), 계급, 공동체, 종교에 기반을 둔 규범들이 오히려 증가했다. 인도여성지위향상위원회는 1970년대에 “대부분의 여성들이 여전히 헌법에 의해 보장된 권리와 기회를 누리지 못하고 있다”(CSWI, 1974: 101)고 지적했다. 그러나 여성들은 개혁 기간 동안 식민정부와 초기 개혁가들이 이룬 사회개혁과 복지의 수혜자로 여겨졌는데 그 여성들 대다수는 중상위 계층 여성이었다. 그렇게 된 것은 아마도 부분적으로는 여성들의 분리를 받아들였기 때문이고, 실제이든 추정된 것이든, 과거에서 가져온 교훈을 기반으로 여성들을 단체에 들어오게 했기 때문일 것이다. 특히 사로지니 나이두[Sarojini Naidu(1879~1949), 인도의 정치가, 페미니스트]는 고대 인도에서 여성들이 정치적인 역할을 했다는 주장을 활용하여 퍼다(purdah)나 베일 쓰기가 여성들이 시민의 의무를 수행하는 것을 막지 않는다고 주장했다. 이 단체들은 우선 그들이 자선단체이며 가난하고 뒤처진 집단의 많은 여성들의 삶을 향상시킨다는 목적을 가졌다고 소개했고, 근대화를 위한 폭넓은 의제를 제기했다. 그러나 이러한 많은 여성단체들은 정치적인 특성을 가지고 있었으며 영국 식민 지배에 대항하는 독립투쟁에 참여했다. 예를 들면 인도전국여성연합회(All India Women’s Conference)는 독립투쟁에 참여하는 여성들을 배출하는 대표적인 기관이 되어갔다. 그들은 여성들에게 남성들과 구분되는 다른 교육을 시켜야 한다고 주장했다. 예를 들어서 여성들이 특별한 소명처럼 여기는 사회사업을 교육에 포함시키는 것이었다. 그러면 여성들은 전통과 단절되지 않으면서, "민 옛날 빛나는 우리 역사" 속에서 살았던 사람들의 발자취를 따라갈 수 있다는 주장이다. 정확하게 말하면, 여성단체들은 전통적으로 주어진 '분리된 세계', '규범에 순응하기', '격리와 같은 관습'을 지지했기 때문에 지원을 얻을 수 있었다(Basu and Ray, 1990; Papanek and Minault, 1982)

1947년 독립 이후 25~30년 동안에, 인도 여성들의 지위 향상을 위한 시도가 이루어졌다. 이 가운데 중요한 것이 평등을 헌법으로 보장하는 것이었다. 그러나 독립운동 기간 동안에 물려받고 발전한 성 평등에 대한 약속은 지켜지지 않았고 "독립운동 기간 동안 발전된 준거들은 퇴보했다"(CSWI, 1974: 101). 독립투쟁 동안에 훈련된 여성들의 날카로운 비판의식과 그것 때문에 가능했던 여성들의 정치 참여가 크게 축소되었다. 여성단체들을 포함해서 국가기관 및 다른 조직들에 의해 이루어진 여성 프로그램은 주로 여성들의 복지와 모성 역할에 초점이 맞추어졌다. 이런 노력들은 1953년에 설립된 중앙사회복지위원회(Central Social Welfare Board)와 같은 정부기관에 의해서 조직되었다. 그들은 사회복지 분야에서 일하는 자발적인 단체 활동에 자금을 지원했으며 젠더 이슈를 그 아래 포함시켰다. 따라서 여성과 관련된 중요한 의제 등은 무시되거나 경제성장, 빈곤 퇴치 등의 넓은 의제 안에 포함되었다(Government of India, 1985, 1995; Desai et al., 2003).

1970~1980년대에는 이르러 여성 지위에 대한 관심이 새로이 등장했다. 인도와 아시아 다른 지역에서 여성 이슈가 국가, 정책 입안자, 운동가, 학자 등 폭넓은 행위자들에게 중요한 것이 되었다. 왜냐하면 UN의 권한으로 모든 회원 국가들에게 자국 여성들의 지위를 비판적으로 측정할 것을 요구

한 일도 있었고, 운동가, 학자, 국회의원들로 구성된 인도여성지위향상위원회가 구성되어 활동 연구가 수행되기도 했기 때문이다.

지난 30~40년간 현대 인도 여성운동이 제기한 주요 의제 가운데 하나는 국가, 공동체, 가족 그리고 사회 안에서 나타나는 여성들에 대한 폭력이다. 운동가들은 강간, 다우리, 양수 검사를 통한 성 감별, 인구통제 정책, 정치적 폭력 등에 반대하는 캠페인과 대중 시위를 이끌었고 법적 처벌을 위한 캠페인을 벌였다. 이를 진행하는 동안에 여성폭력 문제들은 눈에 띄게 가시화되었다. 운동을 이끄는 단체와 조직 들은 당면한 상황에 따라서 다양한 접근법을 사용했다. 이들은 민주적 공간에서 다른 사회운동과 자주 손을 잡았다. 시간이 지나면서 약간의 성과가 눈에 띄기 시작했다. 예를 들어 강간에 관한 법이 약간 바뀌었다. 1980년대에 인도에서 다우리 반대 캠페인을 할 때 특히 언론이 크게 다루었기에 이 이슈에 대한 의식이 향상되었다. 인도 여러 지역에 있는 여성 단체들은 성 선별 낙태와 의료 남용에 주목했다. 이때 어떤 캠페인이 국가로부터 호의적인 반응을 얻었는지 아닌지는 상당한 토론과 분석의 문제가 되고 있고 여전히 토론되어야 할 문제로 남아 있다(Kumar, 1993; Agnihotri and Mazumdar, 1995).

여성운동이 주로 도시적인 현상이라는 비판을 받았음에도 불구하고, 성공적인 결실 중 하나는 농촌 여성들의 문제를 이해하고 관심을 가지는 방향으로 발전했다는 것이다. 인도 여러 지방에 있는 풀뿌리단체들은 생계, 문맹 퇴치, 알코올 중독, 환경, 지방정부의 여성 쿼터제 등의 이슈를 제기하는 운동과 캠페인에 앞장섰다. 그들은 이를 통해 지방에도 대규모의 동원 능력과 행동 능력이 있다는 것을 증명했다. 그러나 한편으로, 여성운동은 인도에서의 우파 정치세력의 성장, 젠더 규범의 온존, 공동체 폭력, 카스트 정치와 종교 이데올로기 및 관행의 강화 등이 연결된 큰 장애물을 만났다(Agnihotri and Mazumdar, 1995). 가부장적 자본주의의 성장과 세계화,

그리고 여성들에게 불리하게 영향을 주는 시장 구조가 이러한 경향을 더욱 악화시켰다. 발전의 방향에 대한 명료한 비판은 여성들을 포함해서 다양한 계층의 사람들이 치르는 대가나 그들이 받는 혜택이 불평등하다는 사실을 보여준다(Krishnaraj, 2000).

최근 몇 년간 인도 정부는 다양한 반응을 보이고 있다. 국가가 후원하는 사업들은 운동가와 정부 간 협업의 전형적인 예를 보여준다. 하지만 이 둘의 관계는 상반되는 두 가지 측면을 보여주는 경향이 있다. 국가는 여성들을 범죄와 정치 폭력으로부터 지켜주지 않은 데 대한 포괄적인 책임이 있다. 여성단체들은 이것에 대한 활동을 포함시키고 적절한 정책, 법적인 변화 지원 등 장·단기적 목적을 이루기 위한 국가의 개입을 요구할 수밖에 없다. 반대의 일도 일어난다. 즉, 정부기관은 프로그램을 실행할 때 여성단체, NGO 그리고 싱크 탱크의 지지를 구한다. 교육, 농촌 개발, 건강 등의 분야에서 그 예를 많이 볼 수 있다.

여성운동에 의해서 만들어진 운동가(activist) 정신은 학계에도 중요한 영향을 미쳤다. 인도에서 고등교육을 지원하는 정책과 재정을 결정하는 상위 국가기관인 '대학지원위원회(The University Grants Commission)'는 1985년 처음으로 여성학을 국가 교육정책에 포함시키려 했다. 대학지원위원회는 케랄라, 펀자브, 델리, 바라나시에 있는 4개 대학에 여성학센터 설립을 시작으로 1986년에는 22개로 늘렸다. 이제는 사회과학과 정책에서 여성학의 목표, 즉 여성의 불가시성을 제거하고 특히 여성에게 나타나는 문제를 강조하는 것이 많은 관심을 받는다고 할 수 있다. 하지만 불평등과 부당함과 억압은 아직도 깊이 자리 잡고 있다(Krishnaraj, 1988; Desai and Patel, 1989).

여성학의 목적은 단순히 여성에 대한 지식을 생성하고 분석하는 것이 아니다. 변화를 추동하고, 현재의 학문체계를 재정의하고, 복잡한 여성의 경험을 드러낼 수 있는 새로운 담론을 발전시키는 것이다. 대학지원위원회는 '여성 의제'를 대학 교과과정에 도입해야 한다는 점을 받아들였다. 위원회는 또한 세미나, 워크숍, 연구 등의 활동을 후원하고 대학의 학과 수준에서 여성학 센터를 설립하기도 했다(Jain and Rajput, 2003). 게다가 니라 데사이(Neera Desai) 등 여러 학자들이 관찰했듯, 대학 시스템 내에 여성학을 포함시킨다는 목표는 학문적인 면과 사회적인 면을 둘 다 가지고 있었다(Desai, 1986; Desai et al., 2003; Krishnaraj, 1988). 최종 목적은 사회에 만연한 성차별적 태도를 바꾸고, 여성의 잠재력을 최대한으로 이용하는 것이 필요하다는 의식을 증진하고, 반대자들의 압력을 저지하고, 대학 교육에 새로운 활력소를 불어넣고, 교원들의 성차별적 태도에 비판적 의식을 갖게 하고, 새로운 관점과 연구를 소개하여 대학 교과과정을 개발하고, 학문 간의 협업을 촉진하고, 현장연구를 통해 새롭고 유기적인 지식을 생성하고, 실천과 연구를 통해 인도 사람들의 체험에 기여하는 것이었다.

그러므로 여성학이 담론과 운동 두 분야에서 이중적인 역할을 해야 한다는 것이 지배적인 견해였다. 여성학은 운동과 연구에서 출발해야 하며, 따라서 새로운 관점을 제공하여 다양한 학문을 풍성하게 하고 여성들의 현실에 변화를 주어야 한다는 것이다. 여성학은 현실을 이해하고 변화에 영향을 미치는 과정에서 지식에 맥락을 제공한다고 이해되었다(Krishnaraj, 1988; Desai et al., 2003). 예전에 유명한 법률가이며 학자인 우펜드라 박시(Upendra Baxi)는 여성학이 인도에서 '지배적(master)' 사회과학이 되어서는 안 된다고 경고하고, 여성학이 행동을 통해 지식을 창조하기 위한 '해방적 인문과학'으로 남는 것이 중요하다고 강조했다. 그는 여성학이 이데올로기 싸움에 의해 만들어지는 '반란의 학문'이며 여성 착취와 관련된 지식의 생산, 축적 그리고 지속적인 투쟁을 연결시킨다고 보았다(Baxi, 1987). 다른 학자들은 여성학의 역할을 여성의 역량 강화(empowerment)를 위한 리더십에서 찾았고, 여성학의 등장이 사회과학의 성숙의 지표이며 그것은 곧 교육, 연구, 운동에서 혁신적인 발전으로 이어질 것이라고 보았다(IAWS, 1995). 인도 여성운동의 흐름에서 운동가와 학자들의 협업이 흥미롭지만 그것이 항상 화기애애한 것은 아니라는 점 역시 중요한 특징이다. 그러나 이것은 운동가들이 특히 여성단체 안에서 민주주의적인 정치적 공간을 차지하고 있음을 보여주는 것이기도 하다.

4. 여성주의적 국가냐 국가 여성주의냐

넓게 말하자면, 인도를 비롯한 아시아 여러 나라의 경험에서 여성주의 정치의 의제를 다룰 때, 시민단체에 속한 여성단체들의 역할이 중요하게 되었다고 할 수 있다. 공식적인 여성주의 의제는 오래전부터 제시되어 있었지만 다시 중요한 것으로 떠올랐다. 어떤 경우에는 여성단체가 국가가 후원하는 여성주의에서 출발해서 NGO 의제 만들기를 통해 시민사회 중심적인 성향으로 나아갔다. 예를 들면, 응과 응(Ng and Ng, 2002)은 홍콩의 사례를 들어 '국가 페미니즘'에 관해서 이야기하면서 스테트슨과 마주르(Stetson and Mazur, 1995)가 제시한 국가 페미니즘의 정의와 그것을 평가하기 위한 도구들을 사용했다. 홍콩에서 정부 조직들은 여성의 지위와 권리 향상을 위한 일을 했고 그러한 노력의 결과 중 하나인 반차별법과 기회평등위원회(EOC)을 통해 젠더 평등을 평가했다. 그러나 그들은 홍콩이 모든 조건을 충족하지는 못하며 '반 정도의 여성주의 국가'에도 이르지 못한다고 결론을 냈다. 레노어 라이온스(Lenore Lyons, 2004) 또한 싱가포르 여성운동의 대명사라 할 수 있는 여성운동단체 어웨어(AWARE)의 페미니스트들이 보여준 모호한 측면(ambivalence)을 지적하는 한편, 항상 어디에나 관여하는 국가의 과도한 '결정주의적 역할'에 관해 논의했다(Lyons, 2004: 173).

한국의 '젠더화된 근대화 프로젝트'는 여성의 지위를 여러 방식으로 약화시킨 것으로 보인다. 예를 들어 여성은 농촌이나 도시에서 정부 지원을 받거나 대출을 받기 어려웠다. 조옥라(Cho Oakla, 2005)의 주장에 의하면, 일부 여성들은 그런 국가 정책에 반발하여 가족을 떠나 밖으로 나가 저항했고, 결국 농촌 남성들이 신붓감을 찾기 어려워지는 상황에 이르렀다. 한국의 여성주의운동은 19세기 말 근대화 과정의 일부로 발전했다고 알려졌으며 민족주의운동, 노동 운동, 기독교 여성운동 등과 같은 폭넓은 시대적 흐름 속에서 그 일부로서 전개되었다. 1980년대에는 여성주의운동이 사회변혁운동의 한 부분이 되었는데, 그 시기부터 '진보적' 여성운동이라는 것이 만들어지기 시작했고 다양한 관점과 목적을 가진 여성운동이 나타났다(Cho Joo-hyun, 2005).

젠더 평등을 위해 국가나 정부가 만들 수 있는 변화의 방향과 정도는 교착상태에 빠지기 쉽다. 왜냐하면 정부는 너무 다양한 의제를 수행해야 하기 때문이다. 이때 정부는 보다 광범위한 사회단체에 개입과 지지를 요청한다. 이것은 변화의 추동이 국가 주도로 생기거나 하향식으로 이루어지지 않는다는 것을 다시 한 번 보여준다. 이것은 어떤 차원에서는 자명한 것이지만, 때로는 국가가 전능한 힘을 가진 듯 보이고 국가만이 우리가 노력을 기울여야 할 유일한 대상인 듯 여겨지는 현재 상황을 감안하면 이 점은 되풀이해서 강조할 필요가 있다.

5. 여성주의 연구와 출판

여성주의 학자이자 운동가로서 우리는 다양한 통로를 통해 학문을 지속하고 있다. 이 가운데 중요한 것이 여성주의 연구와 출판이다. 세계 각 지역에서 여성운동과 여성학이 등장하면서, 아시아 페미니스트들의 글은 지난 40여 년간 많은 관심을 받아왔다. 그 시간 동안 여성주의 출판에 관한 우려, 여성학 출판이 극복해야 했던 어려움은 사실상 여성주의 출판을 하는 여러 다양한 곳에서 공통적으로 겪는 것이다. 그것은 당시 여성들이 글을 쓰지 않았기 때문이 아니라 초기의 환경이 여성 이슈의 출판에 우호적이지 않았기 때문이다. 여성학 저술의 증가와 함께 사회 환경이 바뀌어서, 여성학 연구자들이 연구물을 출판할 수 있게 되었으며 심지어 오늘날에는 여성학 연구물 출판이 제법 높은 수익을 내기도 한다. 예를 들어서 우르바시 부탈리아(Urvashi Butalia, 1998)는 1980~1990년대에 인도 여성들이 쓴 글이 그렇게 많이 '갑자기' 등장한 것 때문에 사람들이 깜짝 놀랐다고 언급했다.

그와 유사하게 1990년대까지 우간다의 문학계에서는 여성의 목소리가 전혀 들리지 않았다고 고레티 교무헨도(Goretti Kyomuhendo, 2003)는 지적한다. 정확하게 표현하면 1996년 여성작가 연맹인 펨라이트(FEMRITE)가 세워지기 전까지는 그러했다. 여성운동, 젠더학 교육, 정치 분야의 여성과 젠더 이슈, 정책 만들기와 NGO의 활동 등의 발전과 함께, 시민사회에서 공적인 논의가 증가하는 상황에서 문학에서 여성의 목소리가 나오기 시작한 것이다.

여성주의 출판사들은 출판문화를 바꾸고 여성주의 이슈에 관해 이야기할 수 있는 공간을 구축하는 데 크게 기여했다. 예를 들어 1970년대에 미국과 영국에서 각각 페미니스트프레스(The Feminist Press)와 비라고(Virago)가 설립되었다. 설립 목적은 여성주의 작가들의 작품을 받아들이지 않던 이전의 주류(남성) 출판사들이 통제하는 출판문화 속에서 여성 작가들이 가시화될 수 있게 하는 것이었다(Howe, 1995; Wilkinson, n.d.).

1980년대 중반에는 인도에서 그와 유사한 출판사 '여성을 위한 칼리(Kali for Women)'가 시작되었다. 그들은 여성 이슈에 관심이 없었던 주류 출판 분야에서 페미니스트들이 목소리를 낼 수 있도록 했다. 게다가 그들은 스스로를 운동의 기록자로 인식했으며, 지식의 흐름이 남반구에서 북반구로, 동양에서 서양으로 방향을 바꾸도록 하기 위해 노력했다(Butalia, 1998; Menon, 2000).

도로시 스미스(Dorothy Smith, 1978)가 지적했듯이 학술출판에는 항상 게이트키퍼(gatekeepers)가 있다. 학문적으로 수용될 수 있는지와 수익성이 있는지가 출판 가치의 기준인데, 학술지 편집장들도 기준을 정하는 게이트키퍼 역할을 해왔다. 즉, 무엇을 출판하고 무엇을 거절할 것인가를 결정하므로 '인쇄된 말의 정치학'에서 중요한 역할을 하는 것이다(Spender, 1981). 따라서 데일 스펜더는 세계 학술출판계에서 '학문적으로 탁월함'의 기준을 결정하는 학자들 중 페미니스트 학자의 수가 적다는 것에 주목했다. 그는 게이트키퍼 역할을 하는 전문가 집단에 페미니스트들을 더 많이 포함시켜야 한다고 주장했다. 최근에 와서 여성주의 출판은 안정된 자리를 차지했을 뿐 아니라 더 잘 수용되고 있는데, 이것이 오히려 여성 이슈에 대한 적대감을 증가시키고 있다. 여성주의 의제를 전유하고 조종하려는 언론과 기업의 상업적 이익 앞에서 여성주의 출판도 미래가 불투명하다(Chaudhuri, 2000; Lee Young-ja, 2000). 한편으로 이화여자대학의 *Asian Journal of Women's Studies* 역시, 때로는 내키지 않지만, 우리로 하여금 여성주의 학문 분야와 더 구체적으로는 아시아여성학과 아시아 관점에서 어떠한 지식이 보급되는 것이 적절한지를 결정하는 게이트키퍼 역할을 하게 한다(Khullar, 2005).

6. 아시아여성주의의 전망

여러 지역에서 여성주의가 걸어온 다양한 길을 제대로 이해하기 위해서는 지역 단체나 활동가들과 함께 기폭제 역할을 한 외부의 초국가 여성주의를 이해하는 것이 중요하다. 여성주의는 국가적인 의제뿐 아니라 진정으로 세계적인 의제들과 연결되어 있기 때문이다.

우리가 여성운동과 연구, 출판을 계속할 때, 만약 지역에서나 글로벌 차원에서 또는 두 가지 맥락 모두에서 젠더 이슈를 제기하려고 한다면, 여성학에서 운동의 정신을 잃지 않는 것이 중요한 것 같다. 아시아에서는 여성들을 위한 사회 변화를 이루기 위해서 국가나 사회기관에 호소하는 것이 여전히 중요하다. 오늘날 국가나 시장 그리고 전국적, 지역적 혹은 글로벌 정치세력에게 여성주의 의제를 강탈당하는 일이 종종 벌어진다. 동시에 우리는 여성학이 연구와 운동을 모두 중요하게 여길 수 있도록 긴장을 유지할 필요가 있다. 정치적 요구, 직업상의 필요, 시장의 요구 앞에서 긴장을 유지하기란 어려운 일이어서 여전히 도전해야 할 과제로 남아 있다.

그 추동력이 국가 내부에서 왔든 외부에서 왔든, 우리가 오늘날 아시아 전역에서 보게 되는 것은 평등을 추구하는 여성주의 연구, 정책 계획 그리고 실천이 무척이나 활발하게 일어나고 있다는 것이다. 그러나 여성주의 이론에서 지역과 글로벌의 대조는 여러 경우에서 보여주듯이 어려운 주제이다. 이것은 1980년대 이후로 등장한 '아시아 개념(idea of Asia)'과도 연결되어 있다(John, 2005). 다른 한편, 아시아 여성들과 그들의 투쟁이 함께 직면한 공통의 문제에 초점을 맞추는 것이 중요하다. 서구적 '타자'라는 표현은 아시아의 여성학 담론을 형성을 어렵게 하기도 했고 아시아여성학 담론을 결집하게 하기도 했다. 그러나 우리가 여성학을 글로벌한 것, 보편적인 것으로 본다면, 또는 적어도 아시아 전체라고 본다면, 결국 서구적 타자라는 표현은 부적절한 것이 된다. 그러므로 젠더 평등이라는 근대적 민주주의 원칙이 지역 여성주의, 아시아여성주의와 상호작용하면서 초국가적 영향을 미친 것을 정의하려면, 서구의 영향이라고 말하기보다는 글로벌한 추동력이라고 하는 편이 더 적절하다.

참고문헌

Agnihotri, Indu and Vina Mazumdar. 1995. "Changing Terms of Political Discourse: Women's Movement in India, 1970s~1990s." *Economic and Political Weekly*, July 22, pp.1869~1878.

Banerjee, Narayan. 1985. "Women, Participation and Development: A Case Study from West Bengal." Occasional Paper No.5, New Delhi: Centre for Women's Development Studies.

Basu, Aparna and Bharati Ray. 1990. *Women's Struggle a History of the All India Women's Conference, 1927-1990*. New Delhi: Manohar.

Baxi, Upendra. 1987. "Towards the Liberation of Women's Studies." *ICSSR Newsletter*, 18(5), October -December.

Butalia, Urvashi. 1998. "Miles Covered, Miles To Go." in Shanta Sarbjeet Singh and Jyoti Sabharwal(eds.). *The Fiftieth Milestone: A Feminine Critique*. New Delhi: Sterling, pp.225~238.

Cai, Yiping. 2013. "Re-vitalize, Re-strategize and Re-politicize the Chinese Women's Movement in the New Era." *Asian Journal of Women's Studies*, 19(1).

Chanana, Karuna. 1988. "Social Change or Social Reform: The Education of Women in Pre-independence India." in Karuna Chanana(ed). *Socialisation, Education and Women: Explorations in Gender Identity*. New Delhi: Nehru Memorial Museum and Library and Orient Longman.

Chaudhuri, Maitrayee. 2000. "'Feminism' in Print Media." *Indian Journal of Gender Studies*, 7(2), pp.263~287.

Cho, Oakla. 2005. "Modernization Experiences of Urban and Rural Low-income Korean Women." in Chang Pilwha and Kim Eunshil(eds.). *Women's Experiences and Feminist Practices in South Korea*. Seoul: Ewha Womans University Press.

Cho, Joo-hyun. 2005. "The Politics of Gender Identity: The Women's Movement in Korea in the 1980s and 1990s." in Chang Pilwha and Kim Eunshil (eds.). *Women's Experiences and Feminist Practices in South Korea*. Seoul: Ewha Womans University Press.

Committee for the Status of Women in India(CSWI). 1974. *Towards Equality, Report of the CSWI*. New Delhi: Government of India.

Croll, Elisabeth. 1978. *Feminism and Socialism in China*. London: Routledge.

Desai, Neera, Vina Mazumdar, and Kamalini Bhansali. 2003. "From Women's Education to Women's Studies: The Long Struggle for Legitimacy." in Devaki Jain and Pam Rajput(eds.). *Narratives from the Women's Studies Family*, New Delhi: Sage Publications, pp.44~80.

Forbes, Geraldine. 1979. "The Women's Movement in India: Traditional Symbols and New Roles." M. S. A. Rao(ed.). *Social Movements in India*. Columbia: South Asia Books, pp.149~165.

_____. 1982. "From Purdah to Politics: the Social Feminism of the All-India Women's Organizations." Hanna Papanek and Gail Minault(eds.). *Separate Worlds: Studies of Purdah in South Asia*. New Delhi: Chanakya Publications.

Gandhi, Nandita and Nandita Shah. 1992. *Issues at Stake*. New Delhi: Kali for Women.

Government of India. 1985. *Women in India — A Country Paper*. Delhi: Department of Women and Child Development, Ministry of Social Welfare.

_____. 1995. *Country Report, Fourth World Conference on Women*. Beijing:

Department of Women and Child Development, Ministry of Human Resource Development.

Howe, Florence. 1995. "Feminist Publishing." *International Book Publishing: An Encyclopedia*. Fitzroy Dearborn.

Humm, Maggie(ed.). 1992. *Modern Feminisms*. New York: Columbia University Press.

Indian Association of Women's Studies(IAWS). 1995. "Looking Forward, Looking Back." Report of the IAWS Conference, Jaipur.

John, Mary. 2005. "Women's Studies in India and the Question of Asia: Some Reflections." *Asian Journal of Women's Studies*, 11(2), pp.41~66.

Kasturi, Leela. 1998. "Greater Political Representation for Women: the Case of India." *Asian Journal of Women's Studies*, 4(1), pp.9~38.

Khullar, Mala. 1997. "Emergence of the Women's Movement in India." *Asian Journal of Women's Studies*, 3(2), pp.94~129.

_____. 2005. "Asian Journal of Women's Studies: Ten Years and Beyond." *Asian Journal of Women's Studies*, 11(4), pp.7~31.

_____(ed.). 2006. *Writing the Women's Movement*. New Delhi and Seoul: Zubaan and Asian Center for Women's Studies.

Kim, Eunshil. 2005. "Republic of Korea." UNESCO, Regional Unit for Social and Human Sciences in Asia and the Pacific, Bangkok, *Women's/Gender Studies in Asia-Pacific*, pp.49~77.

_____. 2005. "Women and Discourses of Nationalism: Critical Readings of Culture, Power and Subject." in Chang Pilwha and Kim Eunshil(eds.). *Women's Experiences and Feminist Practices in South Korea*. Seoul: Ewha Womans University Press.

Kim, Kyounghee and Seung-kyung Kim. 2011. "Gender Mainstreaming and the Institutionalization of the Women's Movement in South Korea." *Women's Studies International Forum*, 34(5), September-October 2011, pp.390~400.

Kumar, Radha. 1993. *The History of Doing: An Illustrated Account of Movements for Women's Rights and Feminism in India*. New Delhi: Kali for Women.

Kyomuhendo, Goretti. 2003. "FEMRITE and the Politics of Literature in Uganda." *Feminist Africa*, 2.

Liu Xiaoqing. 2011. "From Larva to Butterfly: Sophia in Ding Ling's Miss Sophia's Diary and Coco in Wei Hui's Shanghai Baby." *Asian Journal of Women's Studies*, 17(4), pp.69~98.

Lyons, Lenore. 2004. *A State of Ambivalence: The Feminist Movement in Singapore*. Leiden and Boston: Brill.

Mazumdar, Vina. 1972. *Education and Social Change: Three Studies in Nineteenth Century Bengal*. Shimla: Indian Institute of Advanced Studies.

______. 1990. "The Social Reform Movement in India — from Ranade to Nehru." in Bal Ram Nanda(ed.). *From Purdah to Modernity*. New Delhi: Radiant, pp.41~66.

______. 1982. "From Purdah to Politics: The Social Feminism of the All India Women's Organizations." in Hanna Papanek and Gail Minault(eds.). *Separate Worlds: Studies of Purdah in South Asia*, Delhi: Chanakya Publications, pp.219~245.

______. 2001. "Whose Past, Whose History, Whose Tradition? Indigenizing Women's Studies in India." *Asian Journal of Women's Studies*, 7(1), pp.133~153.

Minai, Naila. 1981. *Women in Islam: Tradition and Transition in the Middle East*. New York: Seaview Books.

Menon, Ritu. 2000. "Dismantling the Master's House." *Indian Journal of Gender Studies*, 7(2), pp.289~301.

Ng, Catherine W. and Evelyn G. H. Ng. 2002. "The Concept of State Feminism and the Case for Hong Kong." *Asian Journal of Women's Studies* 8(1), pp.7~37.

Pan, Yihong. 1997. "Feminism and Nationalism in China's War of Resistance against Japan." *The International History Review*, 19(1), February, pp.115~130.

Papanek, Hanna and Gail Minault(eds.). 1982. *Separate Worlds: Studies of Purdah in South Asia*. New Delhi: Chanakya Publications.

Rose, Kalima. 1992. *Where Women are Leaders: The SEWA Movement in India*. New Delhi: Vistaar Publications.

Smith, Dorothy. 1978. "A Peculiar Eclipsing: Women's Exclusion from Man's Culture." *Women's Studies International Quarterly*, 1(4), pp.281~296.

Spender, Dale. 1981. "The Gatekeepers: A Feminist Critique of Academic Publishing." in Helen Roberts(ed.). *Doing Feminist Research*. London: Routledge.

Stetson, Dorothy McBride and Amy Mazur(eds.). 1995. *Comparative state feminism*. Sage Publications.

Yaziji, Michael Jonathan Doh. 2009. *Understanding NGOs*. Cambridge University Press(www.cambridge.org).

제10장

한국 여성 NGO의 여성 역량 강화와 사회 변화 전략

반성폭력운동을 중심으로

이미경

1. 서론

최근 한국의 정부, 학교, 기업 등에서 여성의 지위와 역할은 매우 급격한 진전을 해오고 있다. 이러한 변화는 정부의 노력뿐만 아니라 '사회의 맥박'이라 할 수 있는 NGO의 활동이 큰 영향을 미쳐왔다. 1980년대 사회적·정치적으로 군사정권과 독재정권에 대항하는 민주화운동, 학생운동, 노동운동 등의 과정을 거친 시민사회의 성장과 페미니스트들의 사회 변화에 대한 열정이 있었기에 가능했다. 특히 진보적 여성 NGO들은 한국 사회의 성 평

* 이 글은 일본 아오야마가쿠인대학 국제평화와문화센터의 ≪평화와 문화≫에 실렸던 글[Lee, Mee Kyoung, "Korean Feminist NGO's Strategies for the Empowerment of Women and Social Change: Focusing on the Anti-sexual Violence Movement," *Peace and Culture*. 5(1)(2013), pp.85~106]이며, 동 대학에서 2013년 1월 26일에 열린 국제 심포지엄 '세계화 속의 아시아 여성의 역량 강화'에서 발표한 내용이다.

등, 인권, 환경, 건강, 평화통일 등을 위한 다양한 활동들을 펼쳐왔다. 그 결과 여성발전기본법(1985)이 제정되고, 남녀고용평등법(1987), 여성폭력방지 관련법(1994, 1997, 2004), 호주제 폐지(2005) 등 법·제도가 마련되었다. 오랫동안 헌법에 보장된 '참정권' 이외의 모든 부분에서 여성에 대해 봉건적이었던 한국 사회의 법과 제도가 바뀌고 있는 것이다. 한편에서는 이제 여성문제는 어느 정도 해결된 것 아니냐는 인식이 사회 전반으로 퍼져나가 보수적 반격도 일어나고 있다.[1]

여성에 대한 폭력 문제는 지난 30여 년 동안 여성운동, 법·정책 영역에서 매우 활발하게 다뤄온 주제 중 하나이다. 특히 여성인권운동단체의 피해자 지원활동에서 시작된 반여성폭력운동은 성폭력특별법과 가정폭력방지법 등 관련 법·제도 마련의 기반이 되었다. 현재 전국에 500여 개소의 성·가정폭력상담소 및 보호시설, 해바라기센터 등에서 피해자를 지원하고 성문화를 바꿔가는 다양한 활동들을 하고 있다. 또한 정부와 국회에서는 온 국민이 공분하는 특정 어린이 성폭력 사건 등이 발생할 때마다 앞 다퉈 새로운 법·정책을 내놓고 있다.

그럼에도 최근 전국의 여성 1000명에게 설문조사한 결과를 보면, 여성들이 살아가면서 느끼는 가장 큰 불안감으로 '일자리와 고용불안'과 '여성폭력과 안전'이 꼽히고 있다.[2] 이러한 현실은 여성폭력 문제에 대해 지금까

1 이명박 정부는 2008년에 집권하자마자 여성가족부를 폐지하려고 시도하다 여성운동과 시민운동의 강력한 반발에 부딪쳐 중지했다. 또한 여성 고용할당제가 초등학교 교사의 경우 양성 고용할당제로 바뀌고, 유명무실했던 낙태 금지법을 저출산 대책의 일환으로 강화하면서 낙태에 대한 단속과 처벌이 갑작스럽게 시행되는 등 다양한 역행(backlash) 현상이 일어나고 있다.

2 한국여성단체연합, 「2012 불안해소 프로젝트: 여성유권자, 대한민국의 불안을 말한다」(2012).

지 여성단체들이 요구하고 기대하던 내용이 상당 부분 법제화되기는 했지만, 여성폭력의 근원이 되는 가부장적 질서를 바꿔내지 못했음을 말해준다. 더욱이 여성폭력 피해자 지원 서비스가 제도화되는 과정에서 정부의 지나친 '지도·감독'과 상담일지와 회계장부의 전산화 및 중앙집적화 요구 등 예기치 못한 복병을 만나고 있다. 한편, 여성폭력 피해자들도 변화하고 있다. 예전에는 고정된 '피해자상'에 머물러 있던 피해자였다면 지금은 매우 다양한 유형의 피해자들의 목소리가 나오고 있다. 또한 사회적·경제적 환경과 가족의 유형 및 가족관이 급격하게 변화되면서 피해의 양상이나 치유 과정도 달라지고 있다. 이제 20~30년과는 매우 다른 지형에서 여성폭력이 새롭게 논의되어야 할 시점이다.

이 연구에서는 여성의 역량 강화와 사회 변화를 위한 여성 NGO의 전략을 반성폭력운동을 중심으로 살펴보고자 한다. 이 연구의 방법은 1990년도에서 2010년까지 20여 년 동안의 관련 통계자료와 연구보고서를 참조했다. 사회 변화를 위한 구체적인 NGO의 전략은 한국성폭력상담소의 활동 사례를 분석했는데, 이는 본 연구자의 지난 25년간의 NGO 활동 경험에 기반하고 있다. 이 연구는 다음과 같은 물음에서 출발한다. 첫째, 한국여성의 사회적, 문화적, 경제적, 법적 지위는 어떠한가? 둘째, 한국 여성 NGO들, 특히 반성폭력운동에서 채택해온 여성의 역량 강화와 사회 변화를 위한 전략은 무엇인가? 셋째, 이들 전략들은 어떻게 여성의 피해 회복 및 권리 보장에 영향을 주었는가? 그리고 남은 과제와 전망은 무엇인가?

2. 반성폭력 관련 법·제도의 개요

한국에서 연간 몇 건의 성폭력이 발생하는지는 정확히 알 수 없다. 왜냐

〈표 10-1〉 성폭력 범죄 신고 현황* (단위: 건)

	1992년	2001년	2002년	2004년	2006년	2008년	2010년
계	3,919	10,446	9,435	11,105	13,573	15,094	19,939

자료: 법무연수원(2012), 『2011 범죄백서』

주: * 원 자료에는 표의 제목이 '성폭력 범죄 발생 현황'으로 되어 있다. 그러나 엄밀히 이야기하면 발생 현황은 누구도 알 수 없고, 이 통계자료는 경찰에 신고된 성폭력 건수를 나타내므로 이 글에서는 '성폭력 범죄 신고 현황'으로 수정했음을 밝힌다.

하면, 대부분의 피해자들이 피해 사실을 드러내지 않고 있기 때문이다. 1990년에 한국에서 최초로 성폭력 실태조사를 실시한 한국형사정책연구원에서는 성폭력 신고율이 전체 발생 건수의 2.2%에 불과하다고 밝혔다. 한편 2010년 여성가족부 연구결과에서는 전체 성폭력 신고율이 7.6%, 강간과 강간미수의 경우는 12.3%로 나타나고 있다.

경찰에 신고된 성폭력 사건은 〈표 10-1〉에서와 같이 1992년 3919건이고, 2010년에는 1만 9393건이다. 이 통계에 의하면 지난 20여년 사이에 성폭력 사건의 발생 건수가 5배 정도 늘어난 것처럼 보이지만, 실제 발생 건수가 늘어났다는 구체적인 연구결과는 없다.

요즘 하루도 거르지 않고 성폭력 사건이 보도되는 것을 보며 특별히 성범죄가 늘어났다는 우려도 많다. 그러나 이러한 현상은 그동안 보이지 않고 들리지 않았던 성폭력 사건들이 수면 위로 올라오는 것이라고 보는 것이 타당하다. 특히 피해자들의 인식의 변화 등으로 적극적으로 신고하고 대처하는 변화가 있는 것이다. 반면에 전국 159여 개 성폭력상담소에 접수된 상담통계(여성가족부, 2015)를 보면, 매년 9만여 건의 성폭력 상담이 이루어짐을 알 수 있다. 대부분의 성폭력 피해자들이 상담을 하기까지도 많은 용기를 필요로 함을 볼 때, 실제 피해 발생률은 훨씬 더 높으리라는 것을 예상할 수 있다.

반면, 성폭력 기소율을 보면 2014년 기준 50.1%(검찰청, 2015) 선에 머물고 있다. 이처럼 기소율이 낮은 것은 성폭력 피해의 판단기준에서 피해자의 경험이 제대로 고려되지 못하는 데 기인한다. 특히 법이 추구하는 '정의로움'과 '객관성'의 실체가 성편향적이라는 사실은 수많은 여성폭력 피해 사례와 관련 연구에서 증명된다.[3] 대표적인 사례는 담당자의 인권 감수성과 전문성 부족으로 인해 발생하는 형사사법절차에서의 2차 피해를 들 수 있다.

1) 반성폭력법과 피해자의 권리

한국에서 성폭력을 규제하는 법은 형법 제32장 '강간과 추행의 죄'가 기본이고, 이외에도 성폭력특별법이나 아동·청소년성보호법 등 다양한 법들이 규정되어 있다. 이러한 성폭력 관련법의 유형은 형사처벌 및 형사절차에 관한 법률, 가해자의 처벌·감시·통제 관련 법률, 피해자 보호, 배상에 관한 법률, 기타 등으로 나누어 살펴볼 수 있다.

1991년에 여성인권운동단체들은 성폭력이 형법 제32장 "정조에 관한 죄"로 규정되어 있어 성폭력범죄를 예방하고 대처하는 데 한계가 많음을 지적하고, '성폭력특별법 제정위원회'를 통해 본격적으로 입법추진운동을 벌였다. 여성단체에서 초안을 마련하여 국회에 입법청원을 했고, 때마침 대선과 총선 시기를 맞아 각 정당에서 적극적으로 성폭력특별법안을 발의했다. 1994년 1월에 제정된 성폭력특별법은 이후 15차례 개정하여 2010

3 조국, 『형사법의 성편향』(박영사, 2003); 장다혜, "단순강간의 형사사법상 판단기준에 관한 연구: 법 적용 및 해석에서 합리성(resonableness)을 중심으로"(이화여자대학교 대학원 여성학과 석사학위 논문, 2004); 이미경, "성폭력 2차 피해를 통해 본 피해자 권리"(이화여자대학교 대학원 여성학과 박사학위 논문, 2012).

년에는 각각 처벌법과 보호법으로 나뉘어졌다. 2013년부터는 친고죄 폐지, 공소시효 폐지 및 연장, 피해자 변호인 제도 도입 등 대폭 개정된 법안이 시행 중이다. 성폭력특별법은 크게 총칙, 성폭력 범죄의 처벌 및 절차에 관한 특례, 성폭력상담소 규정, 벌칙 등으로 구성되었다. 구체적으로는 범죄 예방과 피해자 보호 등에 관한 국가와 지방자치단체의 책무, 성폭력 범죄의 범주와 처벌, 성폭력 범죄의 고소에 관한 특례, 수사·재판 과정에서 성폭력 범죄 사건의 처리 관련 규정, 상담소와 보호시설과 의료기관을 통한 피해자 보호 제도를 주요 내용으로 하고 있다.

1999년에는 직장 내 성희롱을 규제한 '남녀 차별 금지 및 구제에 관한 법률'과 '남녀 고용평등법'의 제·개정이 있었다.[4] 2000년에는 아동과 청소년을 대상으로 한 성범죄자들의 신상공개 및 취업제한 등을 규정하는 '청소년 성보호에 관한 법률'이 마련되고 '아동복지법' 등이 제정되었다. 이 외에도 2007년에 '특정 범죄자에 대한 위치추적 전자장치 부착 등에 관한 법률'(일명 '전자발찌법')과 2010년에 '성폭력범죄자의 성충동 약물치료에 관한법률'(일명 '화학적거세법') 등 가해자의 처벌과 감시, 통제하는 법률도 마련되어 있다. 더불어 피해자 보호, 배상 관련 법률로는 '소송촉진 등에 관한 특례법'(배상명령제도), '범죄 피해자 보호법', '범죄 피해자 보호기금법' 등이 있다.

성폭력 피해자의 법적 권리는 크게 다음 세 가지로 살펴볼 수 있다. 첫째, 현행법은 피해자의 보호받을 권리를 보장하고 있다. 우선 '범죄 피해자 보호법'에 의해 범죄 피해자의 명예와 사생활의 평온에 대한 보호(제2조)가 규정되어 있으며, 이러한 범죄 피해자의 보호를 국가와 지방자치단체의

---

4 성희롱 관련법은 추후 '국가인권위원회법'과 '남녀고용평등과 일·가정 양립 지원에 관한 법률'에서 규정하는 것으로 바뀌었다.

책무(제4조, 제5조)로 규정하고 있다. 특히 성폭력 피해자의 경우, 공개재판이 아닌 비공개심리(성폭력특례법 제31조)를 신청할 수 있는 권리가 있으며, 신뢰관계자의 동석(제34조), 피해자 신원과 사생활 비밀누설금지(24조), 피해자 변호인 선임특례(제27조), 전담조사제·전담재판부(제26조, 제28조) 등의 권리를 보장하고 있다.

둘째, 피해자의 절차참여권으로 가장 핵심적인 권리는 헌법 제27조 제5항과 형사소송법 제294의 2에 규정된 피해자 진술권이다. 2007년 형사소송법개정을 통해 헌법상 보장되던 피해자 진술권은 피해자가 자신을 증인으로 신문할 것을 신청할 수 있도록 했다. 이로써 피해자는 법원의 직권이나 검사의 신청, 피고인 및 피고인 변호인의 증거부인에 의해서만이 아니라 스스로 법정에서 진술할 수 있는 권리를 확보하게 되었다. 피해자는 피해자 진술권을 행사하여 자신에게 발생한 피해의 정도, 피고인의 처벌에 대한 의견, 그 밖에 당해사건에 관한 의견을 제시할 수 있다. 그러나 이러한 피해자 진술권은 증인으로서의 지위에서 단지 범죄행위로 인한 피해와 관련된 내용으로 진술범위가 한정되어 있으며, 피해자가 형사소송절차로 인해 경험한 2차 피해의 내용, 가해자의 석방이나 양형, 가석방심사에 대한 의견을 진술할 수 있는 권리로 확대되지는 않고 있다.[5] 또한 절차적 참여권의 일환으로, 현행법은 피해자에게 형사소송절차에 대한 정보를 제공받을 권리에 대해 규정하고 있다. 형사소송법은 피해자의 신청이 있는 경우 자신이 고소한 사건 관련 정보에 대해 검사가 통지하도록 규정하고 있으며(제259조의 2), 고소인이 사건의 처리결과에 대해 서면통지 받도록 규정하고 있다(제258조, 259조). 또한 피해자의 소송기록의 열람·등사권(제

5 이미경, "성폭력 2차 피해를 통해 본 피해자 권리"(이화여자대학교 대학원 박사학위 논문, 2012), 43쪽.

294조의 4)을 인정하고 있다.

셋째, 피해에 대한 보상권으로서 성폭력 피해자는 성폭력 피해자 보호법에 의거한 의료비 지원을 받을 수 있다. 성폭력 피해자가 범죄로 인해 법에서 규정하는 정도의 장해나 중상해를 입은 경우 범죄 피해자 보호법에 의해 구조금을 받을 수 있다. 또한 형사소송절차 내에서 피고인에 대해 배상명령을 신청할 수 있다. 그러나 이러한 보상권은 단지 의료비 지원에 한정되어 있다. 비록 배상명령제도가 있긴 하지만, 법원은 형사소송절차의 지연이나 방해를 이유로 배상명령을 통한 피해자의 보상권을 제한할 수 있고 이에 대해 피해자가 불복신청을 할 수 없어(소송촉진에 관한 특례법 제32조), 피해자의 보상권은 매우 제한적으로만 보장되고 있음을 알 수 있다. 이러한 상황에서 피해자가 가해자의 처벌을 원한다 하더라도 피해 회복을 위한 비용이 필요한 경우 어쩔 수 없이 가해자와 합의하고 고소를 취하하기도 한다.

이와 같은 법정책 운동은 사회적으로 보이지 않던 문제에 대해 성폭력이란 명명(naming)을 함으로써 우리 사회에 성폭력 문제를 이슈화했다. 또한 '객관적'이고 '중립적'으로 여겨져왔던 기존의 법체계가 얼마나 남성 중심적이었고, 여성의 경험과 목소리를 배제해왔는지를 드러내면서 그러한 여성의 경험과 목소리를 반영하려고 노력했다는 점에서 의의가 있다.

2) 피해자 지원체계

1994년 1개소였던 성폭력상담소는 2016년 현재 전국적으로 159개소[6]이고 보호시설은 30개소가 있다. 그뿐만 아니라 상담, 수사, 치료를 한 자리에서 진행하는 해바라기센터 34개소가 정부 위탁으로 운영되고 있고, 1

6 이 중 정부재정을 지원받고 있는 상담소는 104개소이다.

년 365일 24시간 운영되는 여성긴급전화가 17개소 있다.

2001년부터는 폭력 피해자들을 위한 의료지원비가 마련되어 전국의 상담소와 연계하여 지원하고 있다. 대부분 여성폭력 피해는 후유증으로 장기적인 치료가 필요한 경우가 많다. 따라서 현행 피해자 의료비 지원 시(1인당 500만 원 이하), 후유증 치료비 지원과 필요 서류의 최소화 등의 효율적 운용으로 많은 피해자들이 지원을 받을 수 있도록 해야 한다. 가정폭력 피해자의 경우, 치료비의 구상권 면제 범위를 확대하고 현실화시켜야 한다.

법률지원은 여성가족부에서 몇 개 기관과 협약을 맺어 성폭력 피해자에게 법률지원을 하고 있다. 피해자는 성폭력특별법에 의해 설치된 상담소 및 보호시설에서 발급한 상담사실 확인서와 성폭력에 의한 상해임을 증명할 수 있는 2주 이상 진단서, 그리고 고소장 사본 및 고소장 접수증을 구비하면 민·형사사건의 지원을 받을 수 있다. 법률구조비는 1건 당 100만 원 이하이다.

3. 사회 변화를 위한 지원(advocacy) 전략: 한국성폭력상담소 사례를 중심으로

이 장에서는 한국의 반성폭력운동이 어떤 전략으로 어떤 활동을 통해 사회를 변화시켜왔는지, 그 요인이 무엇인지를 살펴보겠다.

1) 상담을 넘어 역량 강화를 위한 피해자 지원 전략

대부분 상담소에서는 피해자들을 전화나 면접, 온라인상으로 상담을 한다. 연간 전국적으로 159개 상담소에서 8만~9만여 회 성폭력 상담을 하고 있다. 상담을 통해 주로 심리적 지원과 법적, 의료적 지원, 쉼터지원 등을 한다. 때로는 그룹상담이나 가족상담 등을 실시하기도 하고, 미술치료, 음악치료, 원예치료 등이 병행되기도 한다. 이러한 전통적인 상담을 넘어서 최근에는 다양한 피해 생존자[7] 역량 강화 활동들을 하고 있다. 여성단체에서는 2003년부터 생존자 말하기대회(speaking out day)를 진행해오고 있다. 200~300명이 모인 곳에서 10~20여 명의 생존자들이 피해사실을 이야기하고, 모인 사람들이 함께 응원과 지지를 하는 자리이다. 이 행사 초기에는 생존자 프라이버시권 보호 등을 우려해 참가자를 사전등록을 한 여성들로만 한정하는 등 매우 폐쇄적으로 진행했다. 그러나 몇 년 전부터는 대학교 운동장을 빌려 작은 음악회 형식으로 하거나, 팝콘서트나 불만 합창대회 등 다양한 형태로 연 1회 진행하고 있다.

그뿐만 아니라 매월 마지막 주 수요일 저녁에는 정기적으로 20명 내외의 생존자들이 상담소 근처 카페에서 만나 피해의 고통과 극복의 경험을 함께 나누는 치유의 장이 열리고 있다. 생존자를 대상으로 하는 자기방어 훈련도 주요한 역량 강화의 하나이다. 이제 많은 피해자들이 성폭력 경험으로 자신의 순결을 상실했거나, 이로 인해 자신이 평생 고통을 당할 것이라는 생각들을 더 이상 하지 않게 변화하고 있다. 이러한 변화는 성폭력은 자신의 성적 자기 결정권을 침해당한 것이므로 피해자로서 권리를 당당하게 찾겠다라는 의식의 성장이 주요 요인이라고 본다.

---

7 Dunn, Jennifer, "survivor Movements Then and Now," *Judging Victims: Why We Stigmatize Survivors, and How They Reclaim Respect*(Boulder, Colo.: Lynne Rienner Pub, 2010).

2) 새로운 성문화를 지향하는 교육, 연구, 캠페인 전략

여성단체의 반성폭력운동은 크게 상담과 성문화 운동의 두 축으로 이뤄져왔다. 특히 최근 들어 성문화운동에 더 강조점을 두고 있다. 왜냐하면 성문화운동은 예방의 차원의 접근이며, 근본적인 문제해결의 요인이기 때문이다. 성문화운동은 활동가들의 창의적인 운동 전략이 나오는 부분이기도 하다. 주요 사안이 발생할 때마다 지하철 성추행 추방을 위한 플래쉬몹을 하거나, 주요 사건의 판결이 내려지는 법원 앞에서 기자회견을 겸한 퍼포먼스, 온라인 토론 및 캠페인을 하기도 한다. 요즘은 SNS를 이용해 그때그때 네티즌과 소통하는 전략으로 많이 바뀌고 있다.

특히 2004년부터 매년 7월 첫 주 금요일 밤에 전국적으로 진행하는 안전한 밤길 되찾기 행사(Take back the night)는 여성들이 자유롭게 밤길을 다닐 당연한 권리를 주장하는 것이다. 한번은 전복적인 의미를 담아 일부러 노출이 심한 옷차림으로 시내행진을 하는데, 길가에서 "그러니까 너희들이 성폭력당하지"라고 말하는 할아버지, 아주머니들과 논쟁이 벌어지기도 했다. 이러한 행사는 안전한 밤길을 보장하라는 대정부 시위이기도 하면서 한편으로는 밤길을 노니는 여성들의 축제이기도 하다. 또한 "성폭력의 피해자가 되지 않으려면 여성은 헤픈 여자(Slut) 같은 옷차림을 피해야 한다"는 캐나다 경찰의 발언으로 촉발된 여성들의 '슬럿워크(Slut Walk)' 시위가 한국에서도 2011년부터 매년 진행되고 있다.

또한 반성폭력운동의 일환으로 대형 콘서트를 하기도 한다. 이러한 행사는 기금 모금을 위한 것일 뿐만 아니라, 대중과의 소통을 위한 주요 전략이다. 연구는 반성폭력운동의 또 다른 주요한 축이다. 무엇보다 성폭력의 개념이 무엇인지, 문제의 현황은 어떠한지, 개선방향은 무엇인지 등은 주요 연구주제이다. 특히 청소년성문화와의 성폭력의 관련성, 군대 내 성폭력 실태, 판사, 검사, 변호사 등 법조인들의 성 평등 의식 및 성폭력에 대한 태도조사 등은 매우 중요한 성과를 낸 부분이기도 하다.

성폭력 예방교육은 법에 의해 학교와 직장에 의무적으로 실시하게 되어 있다. 전국의 상담소들에서 각 지역사회의 학교나 직장에 많은 교육을 실시하고 있다.

3) 다양한 자원활동과 회원활동을 통한 학생과 시민의 참여전략

반성폭력운동에 다양한 유형의 자원활동가들이 참여하고 있다. 기본적으로 상담활동은 훈련받은 자원봉사자들에 의해 진행된다. 주로 주부들이 중심이 되어 주 1회 반나절씩 상담봉사활동을 하고 있다. 사무를 보조해주는 대학생 자원봉사자, 행사 기획단 등의 활동이 이어지고 있다.

대학생들의 경우, 이러한 자원활동 경험은 이후 아예 본격적으로 여성운동가로 성장하게 하기도 한다. 또한 회사에 취직해서도 후원회원을 모으거나 상담소의 매 행사에 지속적인 참여를 해오고 있다. 특히 가정주부로 있다가 상담원이 되어 활동하는 많은 주부들은 상담소 활동을 통해 자율적 여성으로서 자신을 인식하게 된 계기가 되었다고 말한다. 이 점은 모든 일에는 적당한 보수가 전제되어야 한다는 철학을 갖고 자원활동가를 배제하는 호주의 성폭력상담소와는 대조적인 부분이라고 본다.

4) 법 제·개정 요구 및 정책 모니터링 비판, 제언, 로비 전략

여성단체 활동에서 눈에 보이는 성과는 법제도적 측면에서의 역할이라고 본다. 거의 황무지였던 법·정책이 지난 25년 사이에 놀라울 정도로 정착되고 있다는 점에서 그렇다. 1993년 성폭력특별법이 제정되었고, 1997

년 가정폭력방지법, 1999년 성희롱 관련법,[8] 2000년 청소년성보호법, 2004년 성매매방지법 등의 법안이 마련되었다. 현재 정부에서는 여성부와 법무부, 보건복지부 등에 관련 부서가 있어 이를 관장하고 있다.

한국의 성폭력 관련법에서는 강간 피해는 폭행과 협박이 있어야만 진정한 강간으로 인정받는다. 이러한 판례에 대항해 한국성폭력상담소에서 '대법원 판례 바꾸기운동'으로 기존의 대법원 판결을 비평하여 전국의 판·검사에게 매월 보내는 프로젝트를 1년 동안 진행하기도 했다. 최근 다시 '성평등 사회를 위한 대법원 판례 뒤집기 운동'으로 이어지고 있다.

또한 반성폭력운동단체들이 법안을 제안하거나, 국회법사위에서 진술을 하고, 국정감사 때 의원들의 요청으로 출석하여 진술하고, 방송에 출연해 의견을 피력하고, 거리 캠페인, 토론회 개최, 기자회견 등의 다양한 전략을 사용해오고 있다. 각종 정부 위원회에 위원으로 참여하여 각 정책에 대한 의견을 제시하기도 한다. 그러나 이러한 위원회는 자칫 상징적인 역할에 그치는 경우가 많아 회의적이기도 하다. 왜냐하면 최근 한국정부에서는 모든 위원회에 의무적으로 여성을 30% 이상 두어야 하고, NGO도 거의 '양념'처럼 두는 경향이 있다. 또한 모든 위원회 속성상 이미 정부가 마련한 안건을 검토하는 정도여서 회의에서의 문제제기가 그리 큰 영향력이 없다는 한계가 있다. 그러나 이러한 과정을 통해 최신 정보를 알 수 있을 뿐만 아니라, 끊임없이 피해자의 목소리, 단체의 입장을 전달하는 역할을 한다는 점에서는 결코 좌시할 수 없는 분야이기도 하다.

---

8 서울대조교 성희롱사건 공동대책위원회, 『서울대조교 성희롱사건 백서, 上』(2001).

5) 여성인권운동, 시민운동과의 네트워킹, 연대 확장 전략

먼저 반성폭력운동단체 간의 협력을 살펴보면, 총 124개소 상담소가 연대한 전국성폭력상담소협의회에서 정부 정책의 모니터링, 비판, 제언하는 활동을 한다. 여기에는 '성폭력수사·재판시민감시단'이 설치되어 경찰이나 법조인들에 의한 2차 피해를 감시한다. 이 감시단에서는 매년 협의회 총회에서 올해의 여성인권 걸림돌, 디딤돌 상을 발표하여 시상하기도 한다. 그러나 모든 상담소가 여성주의적 시각에서 출발한 것은 아니고 규모도 각기 달라서 때로는 시각의 차이로 갈등을 겪기도 한다. 이 부분은 갈수록 심화될 전망이어서 앞으로 반성폭력운동의 뜨거운 감자라고 본다.

국제적 네트워킹은 언어 장벽으로 인해 비교적 활발하게 진행하고 있지 못하다. 그러나 최근에는 전국성폭력상담소협의회 차원에서 미국과 일본, 대만의 단체들을 방문하고 전문가를 초청해 강의를 듣는 등의 노력이 일고 있다. 또한 2005년 세계여성학대회에서는 '세계의 반성폭력운동' 세션을 마련해 호주, 영국, 미얀마 등의 활동가과 정보와 운동 전략을 공유하기도 하고, 주요 사안에 대해서는 온라인상으로 서명운동을 함께 하기도 한다. 최근에는 한국국제협력단(KOICA)에 참여하는 아시아, 아프리카, 중·남미 공무원들이나 국제행사에 참여한 NGO 활동가들이 상담소를 방문해 교류를 하고 있다. 앞으로는 좀 더 적극적으로 온·오프라인상의 네트워킹을 추진할 필요가 있다.

6) 미디어 비판 및 활용전략

미디어는 반성폭력운동과 따로 또 같이 약간의 긴장관계를 유지해왔다. 반성폭력운동 초기에 21년 전 자신을 강간했던 범인을 살해한 여성이 법정에서 "나는 사람을 죽인 게 아니라 짐승을 죽였어요"라고 절규했던 사건, 13년간 의붓아버지에게 강간 피해를 입은 대학생이 남자친구와 함께 아버지를 살해한 사건은 당시 언론들의 대대적인 보도로 전국적으로 대중에게 잘 알려질 수 있었다. 이러한 언론의 적극적인 태도는 이 문제를 제기하는 데 커다란 기폭제가 되었다. 이 사건은 56개 단체가 공동대책위를 꾸려 활동했다. 매 공판마다 300여 명 이상의 학생과 시민이 몰려왔고, 수만 명이 이들의 무죄석방을 위한 서명운동을 했으며, 신문들에서는 이를 1면에 보도했다.

반면 언론의 태도는 논란의 여지가 있는 데이트 성폭력보다는 누구나 분노할 만한 어린이성폭력이나, 매우 자극적인 연쇄성폭력이나 강도 강간 등에 관심의 초점을 맞추는 등 한계가 있다. 더욱이 강도가 가족이 보는 앞에서 주부를 강간하는 것을 '가정파괴범'이라고 하거나, 연쇄성폭력범을 '발발이 사건' 등으로 희화화하는 문제, 피해자의 프라이버시 침해 등의 고질적인 황색 저널리즘 보도 관행 문제들이 있다. 이럴 때마다 여성단체들은 연대해서 적극적인 문제제기를 해오고 있다. 또 때로는 TV의 메인 뉴스나 토론프로그램에 활동가들이 출연하여 성폭력 문제점을 적극적으로 알려내는 역할도 함께 하고 있다.

4. 반성폭력 법·정책·운동의 쟁점, 남은 과제

1) 법적 규정과 이행 간의 격차 좁혀가기

이제 성폭력 피해자들은 수사와 재판 과정에서 신뢰관계인을 동석하여, 성폭력 전담조사관 및 전담재판부에 의해 비공개 또는 중계 장치에 의한 증인신문을 받을 수 있다. 또한 피해자 신원 및 사생활 비밀누설은 법으로 엄격히 금지되어 있다. 그리고 성폭력피해상담소 설치 및 법률 및 의료지원도 무료로 받을 수 있다. 그럼에도 피해자들이 형사사법절차에서 2차 피해를 호소하는 사례는 고소사건의 25%[9]에 달한다. 이는 피해자 권리를 규정한 법이 제대로 운용되고 있지 못함을 반증하는 것이며, 구체적으로 다음 두 가지의 예는 그 문제점을 잘 보여주고 있다.

(1) 성폭력전담제의 허와 실: 담당자의 전문성과 인권감수성 확보

성폭력 사건은 전담수사관, 전담검사, 전담재판부에 의해 진행하도록 성폭력특별법에 규정하고 있다. 그러나 성폭력 사건 전담자들은 순환보직제에 의해 대부분 1, 2년이 지나면 바뀐다. 이러한 시스템 안에서는 절대로 전문가로서 노하우를 쌓을 수 없다. 실제 경찰, 검사, 판사는 순환보직제로 인해 담당자들이 2년 이하의 기간만 성폭력 업무를 전담한 뒤 다른 팀으로 이동하기 때문에 새로운 후임자가 들어오면 제도 도입 취지 같은 전문적인 지식과 노하우를 새로 배워야 하는 구조이다. 따라서 가장 이상적인 것은 전문성 있는 성폭력 전담자가 될 수 있도록 10년 이상 한 분야에 전념할 수 있는 제도를 도입하는 것이다. 형사사법절차상 담당자들의 전문성이 보장되는 사회라면, 처벌 가능성은 훨씬 높아질 수 있을 것이다.

(2) 성폭력 피해로 인한 인공유산의 어려움

한국에서 성폭력 피해로 인한 임신의 인공유산은 법적으로 보장된 권리

---

9 한국성폭력상담소의 2008~2009년 상담 통계에 의하면 고소한 사건의 25%가 형사사법절차상 2차 피해의 부당함과 고통을 호소한 것으로 나타난다. 한국성폭력상담소, 『성폭력 뒤집기』(이매진, 2011), 177쪽.

이다.[10] 그럼에도 실제 피해자들은 신속하고 안전하게 시술을 받는 데 어려움을 호소하고 있다.[11] 심지어 적절한 시술 시기를 놓쳐서 원치 않는 출산을 해야 하는 경우도 있다. 따라서 성폭력 피해의 결과로 임신을 한 여성들은 성폭력 사건으로 겪는 분노와 혼란, 고통을 넘어 신체적, 정신적으로 또 다른 심각한 피해에 직면해 있는 실정이다.

현재 한국 사회에서는 성폭력 피해로 인한 임신이 연간 몇 건 발생하는지, 그리고 피해자들의 인공유산 과정에 어떠한 문제가 발생하고 있는지 등에 관한 구체적인 조사연구나 통계도 없다. 더욱이 이러한 문제의 근본적인 요인이 되는 '강간 입증'의 문제는 거의 논의조차 제대로 안 되고 있다. 관련한 구체적인 정책 또한 마련되지 못하고 있는 실정이다. 단지, 피해자를 상담하고 지원하는 전국의 성폭력상담소나 해바라기센터 등에서 접하는 안타까운 상담 사례들로 남아 있을 뿐이다.

더욱이 그동안은 형법의 낙태죄가 거의 사문화된 조항이었지만 최근 한국의 출산율 저하로 정부가 강력한 출산 장려 정책을 시행하면서 변화가 있었다. 2010년 정부는 '불법 인공임신중절 예방 종합대책'을 발표하고 낙태 단속 강화로 입장을 선회했다. 나아가 낙태를 위해 강간 피해를 위장한다는 의심[12]까지 겹쳐지면서 이러한 현실은 앞으로 피해자가 합법적으로 임신 중단을 선택하는 것이 더 어려워질 것임을 예고한다.

---

10 형법(제269조)에서 낙태를 금지하고 있지만, 모자보건법(제14조)에 의해 우생학적, 유전학적 사유 및 모체 건강을 해칠 우려 등과 함께 강간 또는 준강간에 의해 임신한 경우 낙태를 허용하고 있다.

11 전국성폭력상담소협의회·한국성폭력상담소, "성폭력피해로 인한 인공임신중절수술 지원실태 및 개선방안 연구"(여성·아동폭력피해중앙지원단, 2012).

12 "낙태 단속 우려해 '강간'사유 적고 합법화 위장?" ≪국민일보≫(2011년 9월 24일 자).

2) 사회적 인식의 더딘 변화 뛰어넘기

성폭력에 대한 사회적 인식을 살펴보면, 오랫동안 성폭력의 보호법익은 '정조'였다. 정조란 가부장제 사회에서 대를 이을 아들의 정통성 확보를 위해서 여성의 성적 정절을 강요하고 통제하는 것이다.[13] 실제 1995년 이전까지 한국에서 성폭력 범죄를 다루는 형법 제32장의 제목은 '정조에 관한 죄'였다. 이는 성폭력을 "여성의 성적 위엄이나 고결함을 해치는 것이라기보다는 여성에 대한 일부일처주의를(한 남자에 의한 독점적 접근을) 위반한 범죄"[14]로 보았다는 것이다. 여성의 정조는 개인의 인권이 아니라 가부장제 사회에서 남성의 명예와 재산으로 간주된 것이다.[15]

따라서 성폭력 가해자 처벌도 가부장제도의 주요 유지기제인 정조침해라는 틀 안에서 이루어져왔고, 이러한 사회구조에서 피해자가 고소를 한다는 것은 본인 스스로 여성으로서 결격사유가 있음을 공식화하는 격이 된다. 다행히 1995년에 형법 제32장의 제목이었던 '정조에 관한 죄'는 성차별적이고 인권 침해적이라는 여성계의 강한 비판으로 '강간과 추행의 죄'로 개정되었지만, 아직도 사회 전반적으로 정조에 대한 인식은 뿌리 깊게 남아 있음이 많은 연구들에서 지적되고 있다.

또한 '성폭력 유발론'에 의한 피해자 의심과 비난은 성폭력 2차적인 피해를 일으켜 때로는 1차적인 피해보다 더한 고통을 주기도 한다. 나아가 성폭력을 '영혼의 살인' 등으로 명명하거나 피해자를 '평생 고통에 시달릴 불쌍한 사람'으로 보는 시선도 피해자들의 치유에 오히려 걸림돌이 된다.

---

13 장(윤)필화, 『여성 몸 성』(서울: 도서출판 또하나의 문화, 1999), 247쪽.

14 매키넌, "강간: 강요와 동의에 대하여", 『여성의 몸, 어떻게 읽을 것인가: 성의 상품화 그리고 저항의 가능성』, 조애리외 편역(서울: 한울, 2001[1989]), 58쪽.

15 거다 러너, 『가부장제의 창조』, 강세영 옮김(서울: 당대, 2004[1986]), 199쪽.

이처럼 한국 사회가 성폭력에 관한 법과 제도를 비교적 짧은 기간 내에 마련했지만, 사회구성원들의 인식은 매우 더디게 변화하는 현실은 한국 사회의 가장 큰 문제이자 과제이다.

3) 처벌 강화론의 허상을 넘어 처벌 가능성 높이기

최근 성폭력 가해자에 대한 양형기준이 높아지고, 전자발찌, 유전자 정보은행, 성충동 약물치료, 성폭력범의 신상정보공개 강화 등의 제도들이 쏟아져 나오고 있다. 언뜻 보면 이러한 강경대책들이 성폭력 재범을 막아, 사회가 좀 더 안전해질 수 있겠다는 생각이 들 수 있다. 그러나 전자발찌의 경우, 100명의 가해자 중에 몇 명이나 전자발찌를 채울 수 있을까? 성폭력 피해자 중 10% 미만이 고소해서 그중 50%만 기소되고, 그중에서도 반절 정도만 유죄판결을 받는다. 그렇다면 100명의 가해자 중에 1~2명에 지나지 않는 사람들한테만 전자발찌를 채우게 되는 것인데, 마치 이 제도가 엄청나게 많은 재범을 막을 수 있는 것처럼 과대 포장되는 것이 문제이다. 이 제도는 단지 문제가 발생했을 때 가해자가 그 자리에 있었는지의 여부만 입증할 수 있는 자료이다. 그리고 전자발찌가 성범죄자들에게 구체적으로 얼마나 성범죄 억제효과가 있는지를 입증한 자료는 아직 외국에서도 연구 결과가 제대로 나오지 않은 상태이다. 또 성범죄는 가해자의 집이나 피해자의 집에서 많이 발생한다는 점에서 보면, 전자발찌를 채운다고 해결될 수 없는 문제이다.

이와 같은 처벌 위주의 법정책은 성폭력이 가능한 사회문화구조는 그대로 둔 채 단지 '괴물'인 범죄자를 사회적으로 고립, 배제시킴으로써 성폭력 문제를 해결할 수 있을 것이라는 환상에 기대고 있다. 이는 가해자 개인에게 모든 책임을 전가해, 제도상의 문제나 관련 법 실무가들의 인식상의 문제는 간과하게 해 성폭력 문제를 전체 지형에서 바라보고 해결할 수 없게 만든다.

4) 피해자 보호 논리 속에 갇힌 피해자 권리 보장하기

한국 사회에서 피해자는 통상 보호의 대상으로 간주된다. 단적으로 '성폭력 방지 및 피해자 보호 등에 관한 법률' 등 피해자 권리를 다루는 법과 규정의 제목들도 하나같이 '피해자 보호'로 표기되어 있다. 피해자 보호는 피해자에게 제공되어야 할 주요한 권리의 한 부분이지만, 피해자의 포괄적이고 주체적인 위치 및 입장을 담기에는 매우 소극적이고 제한적이다. 피해자의 입장에서 '보호를 받는다'는 것은 자신의 당연한 권리의 행사라기보다는 시혜적인 배려의 의미가 담긴 말이라는 점에서, 범죄피해자로서 당연히 존중받아야 하는 다양한 권리를 담지 못한다.

또한 성폭력 피해자는 사회에서 일반적으로 이미지화된 무력하고 슬픈 존재, 나아가 평생 고통 속에서 살아가는 존재가 아니다. 일단, 자신의 피해와 고통을 언어화하여 이야기하고 지원을 요청하고, 사법기관의 부당한 처우에 대해 분노하며 문제제기를 하는 적극적이고 주체적인 피해자이다. 그럼에도 성폭력 관련 보도를 보면, '평생 상처', '치유되기 어려운 깊은 상처', '영혼의 살인' 등 피해자를 수동적이고 무기력한 존재로 고정시키고 있다. 이러한 현상은 피해자가 그 피해로 인하여 완전히 무기력하고 자신의 경험을 인식하는 데 어려움이 있어 누군가 그 피해의 경험을 대신 해석할 수밖에 없다고 보는 '피해자화의 정치'이다.

5) 만성적으로 부족한 피해자 지원 예산을 안정적으로 확보하기

여성폭력 관련 법·정책 수행의 기본이 되는 예산에 주목할 필요가 있는데, 한국의 전체 예산에서 성폭력에 대한 예산이 어느 정도인지를 파악하는 것이 필요하다. 이는 여성가족부 사업에만 국한해서가 아니라 비슷한 업무를 하고 있는 법무부, 보건복지부, 경찰청 등 부처를 초월해 수집·분석하고 대안을 마련해야 할 것이다. 예산의 흐름을 파악하는 것은 사업의 규모 및 전망을 세우는 데 필수적인 요소임에도 아직까지 이에 대한 연구와 논의가 미흡하다.

6) 아동 성폭력 위주 정책의 폭을 넓히기

누구나 공분하고 '성폭력'임을 의심하지 않는 아동 성폭력에만 관심과 법·정책 개선이 몰리는 현상은 논란이 될 수 있는 데이트 성폭력, 아내 강간 등은 소외, 성폭력의 본질을 직면하려고 하지 않는다. 2011년 여성가족부의 성폭력상담소 상담 실적을 보면 전체 상담 건수 3만 3749건 중 19세 이상 60세 미만의 성인 성폭력은 47.2%로 가장 많은 경우를 차지하고 있다. 19개소의 성폭력 피해자 보호시설의 통계에서도 전체 266명의 이용자 중 48.2%가 20세 이상으로 나타나 역시 이용자의 가장 많은 경우를 차지하고 있다. 그러나 아동 성폭력 문제에 온 사회가 들끓는 것에 비해 성인 성폭력 피해자들은 끊임없이 피해자인지를 의심받고 있다. 성폭력 사건의 피해자를 무고나 명예훼손 가해자로 처벌하는 경우가 그 대표적인 경우이다. 따라서 아동 피해자만이 아니라 성폭력 피해자 전반으로 관심과 정책, 예산을 넓히는 것이 필요하다.

7) 피해자 지원을 넘어 역량 강화하기

모든 반성폭력운동, 법과 제도는 피해자를 비난하는 잘못된 사회통념에 맞선 피해자들의 특별한 용기와 분투가 기반이 되었다. 피해자가 죽거나 가해자를 죽이는 극단적인 형태의 말하기부터 경찰에 고소를 하거나, 친구나 가족·직장·상담기관에 피해사실을 드러내 부당한 피해에 대한 분노와 이로 인한 고통의 심각성을 알려낸 수많은 피해자들의 말하기가 있었다. 여성단체에서 주최하는 "성폭력 피해자 말하기대회"는 피해자들이 대중들 앞에서 피해의 고통과 극복의 경험을 함께 나누고 세상을 향해 소리를 내며 치유와 운동의 장으로 자리 잡아가고 있다. 이를 통해 피해자들은 자신의 경험을 새롭게 해석하고, 성폭력 피해가 자신의 잘못이 아니라는 것을 재인식하며 새롭게 세상과 대면할 수 있는 힘을 얻는다. 그리고 호신술 등 자기방어 훈련도 주요한 역량 강화의 하나이다.

특히 세계적으로 널리 열리고 있는 안전한 '밤길 되찾기' 행사는 여성들이 자유롭게 밤길을 다닐 당연한 권리를 주장하는 것이다. 이 행사는 안전한 밤길을 보장하라는 대정부 시위이기도 하면서 한편으로는 달빛 아래 밤길을 노니는 여성들의 축제이기도 하다. 더불어 성의 상품화를 조장하는 미인대회 중계 반대운동을 성공적으로 이끌기도 했고, 성매매 반대를 위한 범국민캠페인 등을 해오고 있다. 그리고 이 분야의 연구활동은 반여성폭력운동을 성찰적으로 돌아보고 미래를 전망케 하는 또 다른 주요한 축이다.

8) 정부의 NGO 지도·감독에서 민·관 협력체계 구축하기

여성폭력은 그 역사와 뿌리가 깊어 이를 근절하기 위해서는 사회구성원 모두의 노력과 헌신이 요구된다. 특별히 여성폭력 근절을 위한 민간단체와 정부의 평등하고 일상적인 협력체계가 만들어져야 한다. 정부와 여성폭력 피해자를 지원하는 모든 기관이 각자의 기능과 역할을 충분히 이해하고 수행하며 유기적으로 연결되어야 한다.

여성폭력 근절을 위해 정부는 반여성폭력운동에 재정을 지원하고, 전국민을 대상으로 하는 전국적 캠페인을 진행하는 등 전 국가적 차원의 사업들을 진행해야 한다. 민간단체의 경우 NGO의 자발성과 창의성 독립성에 입각해 내담자를 지원하고, 정부정책을 모니터링해야 한다.

특히 법과 제도가 만들어지면서 정부가 NGO와 건강한 파트너십을 형성해가는 것이 아니라, 단체의 자율성을 훼손하는 것에 대한 우려가 나오고 있다.[16] 성폭력 피해자 지원을 시작하고 이슈를 제기한 것은 정부가 아닌 여성운동단체들이었다. 이는 세계적인 흐름이기도 하다. 법제화 운동의 결과로 일부 상담소들은 정부로부터 연간 약 6000만 원 정도의 보조금을 지급받는데, 정부는 보조금을 지급하는 단체에 지도·감독이라는 행정적 용어를 사용한다. 이처럼 제도화의 두 얼굴에서 정부와 민간이 어떻게 상호 협력해갈지는 지난한 토론과 성찰이 요구되는 지점이다.

16 김현정, "여성운동과 국가의 관계에 관한 연구: 성폭력특별법과 가정폭력방지법 제정운동을 중심으로"(이화여자대학교 대학원 여성학과 석사학위 논문, 2000); 신상숙, "한국 반성폭력운동의 제도화와 자율성에 관한 연구"(서울대학교 대학원 사회학과 박사학위 논문, 2007); Jung, Kyungja, "Constitution and Maintenance of Feminist Practice: A Comparative Case Study of Sexual Assault Centers In Australia and Korea"(Ph. D thesis, Sydney: University of New South Wales, 2002) 등 참조.

5. 결론

이제 어느 정도 틀을 갖춘 여성폭력 관련 법·제도의 외적 성장뿐만 아니라 실제 여성들의 안전하고 자유로운 삶을 보장하는 실효성 있는 정책으로 실현해가는 노력이 요구된다. 새로운 법의 제정이나 개정보다 더 시급한 것은 지난한 논의 과정을 통해 어렵게 마련된 법·정책의 이행이다. 무엇보다 해당 법과 제도가 실제 피해자의 권리를 제대로 보장하고 있는지, 이로 인해 일상에서 성폭력 예방이 되고 있는지, 그리고 법제정의 원래 목적을 달성하고 있는지 등을 평가할 수 있는 구체적인 척도들이 개발되어야 한다. 그리고 정책 하나하나의 이행 과정을 담당자의 인식점검에서부터 시작해 예산집행에 이르기까지 꼼꼼하게 짚어보아야 할 것이다.

그리고 반여성폭력법과 정책의 지향점을 다시 세워야 한다. 이를 위해서는 결국 반성폭력 법제화에서 '성폭력'이 무엇을 의미하는지, 우리가 왜 성폭력을 반대하는지 등의 근본적인 물음들에 다시 답해야 한다. 성폭력이 개인의 문제가 아니라, 가부장제 사회에서 구조적으로 발생한다는 인식은 한국 사회가 피해생존자를 '보호할 대상'으로 보거나 '의심과 비난'하는 양극단으로 위치 짓는 것에 대응할 근거를 열어주었다. 또한 대부분의 성폭력 피해자가 여성이라는 현실은 젠더 관점으로 이 문제를 바라보고 진단할 수 있게 했다. 나아가 성폭력이 성충동에 의한 우발적 행동이 아니라 좀 더 힘(권력)있는 사람이 그 힘을 이용하여 저지르는 인권침해라는 점은 성폭력문제의 심각성과 특징을 좀 더 명확하게 볼 수 있게 하고, 소수이기는 하지만 남자 어린이나 남성 피해자들의 문제를 이해하게 했다.

이와 같은 인식들이 지금까지 법·정책에서 성폭력 문제해결에 커다란 변화를 가져왔음에도, 아직 대중과 호흡을 통한 일상의 실천을 끌어내지는 못한 이유를 찾아내야 할 것이다. 대중들이 인식하는 성폭력이 과연 인권 존중 차원에서 접근하고 있는 것이지, 혹은 무력하고 불쌍한 피해자에 대한 시혜적 차원에서의 접근인지를 살펴보면 오히려 후자에 가깝다고 볼 수 있다. 이는 그동안의 처벌강화 위주의 법·정책이 성폭력에 대한 올바른 인식의 대중적 확산을 위해 노력하지 못했음을 반증해준다. 결론적으로 기존의 법·정책이 성폭력 피해자의 보호와 지원 중심이었다면, 이제는 성폭력 피해자의 권리보장과 역량 강화, 사회문화적 인식의 변화로 그 초점을 이동해야 할 시점이다.

한국의 반성폭력운동 현장에는 항상 가슴 뛰는 감동이 있다. 생존자들의 아주 특별한 용기와 지혜가 있고, 시민들의 참여, 법과 정책의 변화, 사람들의 일상적 실천들이 그것이다. 특히 20여 년 전과 비교해 지금은 성폭력에 대해 참 많은 발전적 변화가 있었다. 따라서 앞으로 10년 후, 20년 후에는 또 새로운 운동 전략이 나올 것이고, 그만큼 인권이 존중되고 성폭력으로부터 자유로운 세상으로 한 걸음 더 나아가리라 기대한다.

제11장

한국과 호주의 보수 정부하 여성운동 비교

정경자

1970년대 호주 여성운동과 유사하게, 1980년대 중반부터 한국 여성운동도 활기를 띠기 시작했다. 신문, 잡지, 문화단체, 성폭력과 가정폭력 지원 서비스 그리고 소규모 생활협동조합 같은 여성에게 초점을 맞춘 다양한 활동들이 우후죽순처럼 생겨났다. 15년이란 시간 차에도 불구하고, 호주와 한국 여성운동은 여성학과 졸업생들과 여성주의 학자들이 새로운 여성단체, 여성주의 담론의 생산과 유통, 여성정책기구의 초기 개발, 페모크라트(여성주의 관료)의 출현에 주도적인 역할을 했다는 공통점이 있다. 두 나라 모두 여성친화적인 정부와의 긴밀한 관계를 통해 선진적이고 성공적인 여성정책을 개발하고 시행해왔다. 이를 통해, 정부의 정책입안 과정에 여성주의 시각을 부분적으로 제도화시켰고, 법과 다양한 프로그램들을 비롯해 양성평등을 이루는 데 상당한 진전이 있었다. 그러나 호주 여성운동은 보수적인 하워드 정권(1996~2007년)이 들어서면서 그 동안 이루어놓았던 정책적인 성과도 여성운동의 에너지도 크게 상실했다. 한국 여성운동도 보수적인 이명박 정부(2008~2013) 시절 유사한 경험을 했다. 두 나라 여성운동가들의 경험[1]을 토대로, 이 글은 여성주의에 우호적이지 않은 정치 상황 속에서 여성운동이 직면한 도전들을 살펴보고 여성운동에 새로운 활기를 불어넣을 방법을 모색하고자 한다. 이와 함께, 여성운동의 구성요소를 재검토하고 여성운동의 성패 여부를 평가하는 방법은 무엇일까 논의한다. 또한 새로운 정치적 상황에서 여성운동을 비판적으로 성찰하고 여성운동이 무엇인지 재구성하고 여성운동의 지속성을 고민하는 데 있어 여성운동가들이 얼마나 중요한지도 살펴본다. 이 글은 지금까지 거의 연구되지 않은, 정치적 기회가 줄어드는 풍토에서의 여성운동 대처방안을 호주와 한국의 여성운동의 사례를 통해 비교함으로써 여성운동의 이론화에 기여하고자 한다.

1. 하워드 정권하의 호주 여성운동

1996년 하워드 정권이 들어선 이후, 여성운동은 앞서 이루어 놓았던 많은 것들을 상실했다. 하워드 정부는 여성주의자들의 포부에 대한 적대감을 숨기지 않았다. 호주의 페미니스트 학자인 루스 필립스(Ruth Phillips)는 이를 신자유주의와 신보수주의에 의해 여성주의가 부정되었다고 보고, 이를 '이중의 거부'라고 명명했다(2006: 205). 하워드 정권은 여성운동을 비롯해, 사회운동에 많은 기회를 주었던 참여 거버넌스를 반대했다. 이 정부의

1 호주 여성운동가와 전직 페모크라트(국가관료 조직에서 일하는 여성주의자)들과의 인터뷰는 1999, 2000, 20004년에 수차례 했으며 한국 여성운동가들과는 2009년도에 했다.

강한 보수성은 특히 여성주의와 여성운동의 목적에 대한 뚜렷한 적대감에서 여실히 드러난다(Phillips, 2006). 보수주의자로 정평이 난 하워드 수상은 기회가 있을 때마다 여성이 있을 자리는 가정임을 강조하며 일하는 여성보다 가정에서 아이를 키우는 여성들에게 수혜가 돌아가는 정책을 폈다. 1996년부터 2000년 사이에 8억 5000만 달러의 탁아·보육 예산이 삭감되었고 그 결과 많은 탁아·보육 시설이 문을 닫거나 탁아·보육비를 인상해야만 했다. 이 결과 호주 여성들의 노동 참여율은 남성과 비교해 더욱 저조하게 되었다(정경자, 2011).

여성주의자들의 영향력과 가시성의 감소는 더 폭넓은 정치적·경제적 요인에서도 그 원인을 찾을 수 있다. 호주는 1980년대 말부터 경제를 재건하기 위해 정치적 초점을 사회정의 실현에서 신자유주의, 시장주도형 개인주의로 옮겼고 복지 정부로부터 후퇴했다(Bacchi, 1999). 1991년부터 1994년까지 여성주의 강간위기센터에서 일했던 한 운동가는 그 당시 호주 여성운동의 변화를 다음과 같이 회상했다.

> 우리는 정부가 우리를 평가하기 위해 마련한 규정에 따라 일했어요. 건강결과와 성과지표도 있구요. 정부는 우리 업무에 대한 명확한 기대치를 갖고 있어 센터가 재정적 지원을 받으려면 정부 지침서를 잘 따라야만 했어요. 이 말을 쓰고 싶지는 않지만 우리는 좋든 싫든 간에 지금은 프로페셔널이죠. 우리는 특정 분야의 학위가 필요하고, 건강 관련이나 교육 분야에 자격증도 따야 하고, 이로 인해 우리와 이 서비스를 시작했던 여성운동가와는 많은 거리가 생겨버렸죠(Hay, 1996:126~127 재인용).

여성운동단체들은 비정부기구란 딱지가 붙었고, 점차 신자유주의의 지배를 받게 된 정부에서는 이들을 '특정 이해집단'으로 규정하기 시작했다.

이는 다음의 여성운동가의 생각에서 잘 드러난다.

> 우리는 지나치게 특화될 위험성에 빠지곤 하죠. 이 강간위기센터만 해도 다른 단체들과 많이 다르고, 더욱 잘났고 대단한 일을 한다고 생각하잖아요. 그건 위험하다고 봐요. 그래서 나는 그렇게 되지 않도록 정말 조심해야겠다고 생각합니다. 그러니까 우리는 우리가 좋은 일을 하는 것을 아니까 자신감을 가지게 되잖아요. 하지만 우리는 인도주의 입장을 취해야 하고 수많은 이해 당사자들과 함께 수많은 전문가들이 우리 외에도 많다는 것을 알아야 합니다(인터뷰).

여성운동단체들은 더 서비스 중심으로, 탈정치적으로 변했고 여성주의자들의 목소리와 충고를 듣도록 정부에 가했던 압력도 줄어들게 되었다. 정부를 개혁하고 규모를 축소하려는 새로운 공공관리제도(New Public Management)로 젠더 분석 전문가를 포함한 '내부 정책 전문가'의 감원이 시작되었다(Sawer, 2007). 정부의 '페모크라트' 자리는 여성운동 출신이 아닌 소위 전문지식을 가진 여성들로 채워졌다(Sawer, 1990). 그동안 정부에 남아 있는 여성주의자들은 정부 안에서의 압력과 점점 다양해지는 여성운동에 대한 이중의 책임감과 계속 씨름해야만 했다. 시간이 갈수록, 그리고 필요에 의해, 여성주의자들은 자신들이 이룬 성과를 유지하고 여성주의 그 자체에 대한 신자유주의의 맹공격과 신보수주의의 반발에 맞서기 위해 애써야 했다. 하지만 결국 하워드 정부 내 여성주의자들은 거의 사라져버리고 말았다(Maddison and Jung, 2008).

하워드 정권은 여성국가기구(Women's National Machinery)와 여성청(Women's Bureau)처럼 연방정부 곳곳에 있는 여성부서들(Women's Units)을 해체하거나 강등시켰다. 하워드 정권 첫해에 여성지위국(Office for the

Status of Women)의 예산은 40%나 삭감되었다. 2004년, 여성지위국은 수상 직속에서 가족 및 지역사회부 산하로 좌천되었다(Sawer, 2007: 30). 그러나 호주 연방정부의 여성정책 구조와 과정에서의 이 같은 축소에 여성운동에 몸담고 있는 여성주의자들은 어떤 저항도 하지 못했다. 여성운동은 이미 정부의 정책에 맞설 만한 힘을 갖고 있지 않았다. 한때 국가정책에서 '늘 우선적'으로 고려되었던, 젠더 평등을 위한 투쟁은 후퇴하기 시작한 것이다(Maddison and Jung, 2008).

하워드 정권은 UN의 여성차별철폐협약(Convention to Eliminate All Forms of Discrimination Against Women) 선택의정서 조인을 거부했다. 또한 비주류 여성들, 즉 비영어권 이민·난민 여성, 무슬림 여성, 레즈비언을 위한 단체 등의 기금을 삭감 혹은 중지했다. 또한 재정 지원에 대한 규제조항을 강화함으로써 정부의 정책에 대한 비판적인 견해를 정부의 공식적인 승인 없이 발표하는 것을 금지하는 조치가 취해졌다. 한 고위 관료는 여성 단체에 대한 재정지원의 기준이 바뀌었음을 공개적으로 인정하며 종교단체인 구세군(Salvation Army)과 미션 호주(Mission Australia)가 현재 호주의 여성 관련 사회정책에 가장 강력하게 영향을 미치는 단체라고까지 언급했다(Donaghy, 2003). 2003년 호주에는 92개의 전국조직을 두고 있는 여성단체들이 있었는데 정부는 3개의 보수적 단체를 대표 단체로 지목했고 이들을 통해 여성계의 의견을 수렴했다. 여성단체에 재정지원을 할 때는 운영이 아니라 주로 프로젝트를 지원했으며 그것도 '대의활동이나 정치적인 활동을 전혀 하지 않는 서비스 제공을 위한 경쟁 입찰'에 참여해야만 재정 지원의 기회가 주어졌다(Sawer, 2007: 25).

하워드 정부는 여성운동을 과거지사, 즉 '포스트-페미니즘'이라고 보는 인식을 확산시켰다(Andrew and Maddison, 2010: 175). 하워드 전 수상은 여성운동을 포함한 전반적인 사회운동을 "구식에다 '소수 엘리트'만 대변하는" 것으로 보았다(Sawer & Hindess, 2004; Andrew and Maddison, 2010: 175에서 재인용). 심지어 1990년대 중반에는 남성권익운동이 등장하여 하워드 정권의 적극적인 지지를 받았다(Sawer, 2007). 그 이후로 여성운동은 침체기에 들어갔고, 이전에 쌓아놓은 많은 성과들을 잃게 되었다.

2. 제도화되고 분열되고 NGO화된 여성운동

앞서 언급했듯이 이러한 하워드 정부의 여성정책을 주변화시키고 여성정치기구들을 해체하거나 축소했던 일련의 조치에 대해 왜 여성운동은 어떤 저항도 하지 못하고 침묵했을까? 일부 학자들은 하워드가 정권을 잡았을 때, 호주 여성운동은 이미 황금기를 지나 분열되고 힘을 잃어가고 있었다고 지적한다(Andrew and Maddison, 2010: 175). 정부의 재정적 지원에 지나치게 의존하게 되면서부터 여성운동은 일정 정도 자기무덤을 자기가 판 꼴이 되었다. 많은 학자들이 지적했듯이, 정부가 수많은 여성주의 단체들의 주요 자금원이 되고, 이 같은 재정적 지원에 대한 의존도가 커질수록 여성주의 단체들은 정치적인 활동보다 서비스 제공에 치우쳤고 자율성을 잃어갔고, 정부의 정책에 대한 비판을 제공하는 역할을 거의 하지 못하게 되었다(Alvarez 1999, 2009; Maddison and Jung, 2008; Jung, 2013).

1970년대 여성친화적인 정부에서조차, 당시 상대적으로 미숙했던 여성운동이 단체 운영과 프로그램 진행을 위해 정부의 돈을 성급히 받아들이면 여성단체의 본질이 변질될 수 있다는 우려가 있었다. 또한 정부 내에서 일하게 된 새로 임명된 페모크라트들도 여성문제 해결에 핵심적인 근본적·구조적 변화를 지양하는 '구제불능의 가부장적' 정부에 흡수되고, 이 정부를 정당화하는 데 복무할 거라는 두려움도 있었다(Maddison and Jung,

2008). 페모크라트들의 정부로의 진입은 타협과 절충 과정을 통해, 여성주의의, 특히 급진적인 여성주의의 '희석'을 초래했다고 본다(Sawer, 1990: 252). 정부에의 지나친 의존과 정부와의 긴밀한 관계는 결과적으로 호주 여성운동의 역량과 영향력에 부정적인 결과를 미쳤다. 특히 대부분의 호주 여성운동단체들이 단체의 운영과 생존을 정부 자금에만 크게 의존하게 되면서 호주 여성운동은 정부와 교섭할 수 있는 협상력과 정부의 정책에 제언할 비판력도 상실했다. 이는 다음 여성운동가와의 인터뷰에서 잘 드러난다.

> 뉴사우스웨일스 주 보건부가 이 센터의 유일한 자금원이에요. 이게 약점이죠. 우리에게 이 걸 하라, 단체를 이렇게 운영하라 참견하고 싶어 하니……. 그런데 우리는 정말 자율성을 갖고 싶어요.…… 우리는 협상력이 거의 없죠(인터뷰).

인터뷰한 호주 여성운동가들은 다양한 여성단체들과 네트워크를 만들거나 연대활동을 하는 데 실패한 것에 대해 스스로를 비판했다. 여성운동가들은 불리한 정치 풍토에서 여성운동이 정부에 맞서거나, 정부나 다른 재정 단체와 협상하려면 여성주의 단체들 간의 연합이 필요함을 깨달았지만, 여성단체들은 이미 아주 전문화/특화되고 그에 따라 여성운동은 분열되었다. 어떤 단체의 경우는 그 단체가 여성운동에 의해 여성운동의 일원으로 만들어졌다는 뿌리조차 잊고 단지 여성서비스단체로 자신들을 자리매김하고 있다. 여성단체는 전문화되면서 고립되었고 함께 협력하기보다는 정부의 재정 지원을 받기 위해 경쟁하는 지경에 이르게 되었다. 따라서 다른 여성단체들과 연합하는 데 충분한 노력을 기울이지 않게 되었고, 그 결과 분열되고 전문화된 여성운동의 정부 안에서 협상력과 영향력은 그만큼 줄어들게 되었다.

> 이 센터(강간위기센터)는 여성운동에서 중요한 역할을 했다고 봐요. 그러니까 내 말은 이 센터는 여성운동에 뿌리를 두고 있고, 우리는 그 뿌리를 절대 잊어서는 안 된다는 거죠.⋯⋯ 그런데 중요한 역할을 계속 하려면, 주류가 되거나 편협지지 않도록 끊임없이 경계해야 합니다. 계속해서 우리 자신을 넓히고, 무슨 일이 벌어지는지, 그곳에서 벌어지는 일들을 어떻게 하는지 알아야 하죠. 그러다가 이 서비스는 스스로를 고립시키는 단계에 들어갔지요. 봐요, 전문가입네, 다른 이들에게는 말도 걸지도 않고 우리가 최고려니 생각하고⋯⋯. 그래서 우리는 계속해서 뿌리로 돌아가야 하고, 서로 연결되어야 하죠. 게다가 정치 풍토는 지나치게 반여성, 반이민, 반복지적인 반면, 경제는 너무 신자유주의적이고. 우리가 이러한 것들과 싸울 수 있는 유일한 방법은 백인 여성운동, 호주 원주민 여성운동, 이주 여성운동, 장애 여성운동이 각각 따로 있는 것이 아니라 서로 연합하고 협력하는 것이죠. 그래서 여성운동이 그 경계를 넓혀가고 서비스도 마찬가지로 넓혀가도록 계속 노력해야죠(인터뷰).

이와 더불어 호주 여성운동은 '집단적이고도 힘 있는 여성주의운동의 지속을 보장할' 젊은 여성들을 운동에 끌어모으는 데도 실패했다(Bielski, 2005: 9). 또한 여성운동 내에서 운동에서 세대 간 갈등이 있다는 지적도 있다. 선배 여성활동가들은 자신들이 원하는 방식대로 젊은 여성들이 '손을 뻗어 횃불을 잡으려 하지 않았다'고 지적하기도 한다. 운동의 목표는 유사할 수 있으나 그것을 어떻게 성취할 것인지에 대해 젊은 여성주의자들은 다른 생각을 갖고 있다는 주장이다(Summers, 1994: 197; Maddison and Jung, 2008에서 재인용). 호주에서 여전히 많은 수의 젊은 여성들은 대학 캠퍼스, 지역 공동체, 다른 운동과 연합하는 여성주의 운동에는 참여하고 있다. 하지만 이 젊은 여성들이 왜 여성운동에 더 많이 적극적으로 참여하지 않는지는 좀 더 철저한 연구가 필요한 문제이다.

3. 이명박 정권하의 한국 여성운동

2008년 2월 이명박이 선거에서 승리하자, 10년 동안 유지되었던 진보의 시대가 사실상 막을 내리고 여성운동에 위기를 초래한, 한국 정치의 새로운 보수 시대가 열렸다. 2001년 김대중 정부 때 여성부가 생겼고 2004년 노무현 정부 때 보육 업무를 통합하면서 여성가족부로 확대되었다. 여성부의 설립과 여성가족부로의 확대는 일부 여성운동 지도자들과 활동가들에게 정부로 진입할 수 있는 문을 제공했다. 이명박 대통령은 취임하기 전부터 여성가족부를 축소하거나 보건복지부와 합칠 것이라는 계획을 발표했다. 하지만 여성운동과 여성단체들이 강력히 반대하자, 이명박 정부가 계획했던 합병은 무산되었다. 그러나 여성가족부는 축소되었고, 예산은 반으로 삭감되었으며, 보육업무는 보건복지부로 다시 돌아갔다. 여성주의 단체들이 활동하는 환경은 악화되었고 여성주의 의제를 추구하기 위한 정치적 기회는 줄어들었다. 정부의 강압적 권력이 커지자 여성주의 서비스와 여성운동은 침체되었다.

2008년, 광우병 때문에 일어난 미국산 쇠고기 수입 반대시위는 여성운동과 정부의 관계를 더욱 악화시켰다. 한국은 미국산 쇠고기의 큰 시장이었으나 2003년 광우병이 발병하자 수입을 중단했다. 정부가 미국산 쇠고기를 다시 수입하기로 결정하자, 수십만 명의 사람들이 수 주 동안 촛불시위를 벌였다. 건강에 대한 두려움은 정부에 대한 불만으로 이어졌고 시위자들은 이명박 대통령의 퇴진을 요구했다. 이 시위는 한국 민주주의 20년 역사에서 가장 큰 반정부 시위로 기록되었다. 그러나 이명박 정권은 시위자들의 요구를 무시하고 이들을 무력으로 진압했다. 정부는 광우병에 대한 공포는 과장되었으며 이 시위의 실질적 배후는 정치적 급진주의자들과 친북 좌파들이라고 주장했다. 그럼에도, 시위는 대규모 반정부 운동으로 확대되었다.

이명박 정부는 미국산 쇠고기 수입 반대운동에 참여한 진보적인 여성운동 단체들과 NGO들을 통제하고 감시하기 위해 적대적인 조치를 취했다. 이 조치에는 정부 재정지원의 삭감 또는 철회, 서비스의 무단 중단, 단체에 대한 공무원들의 더욱 엄격하고 빈번한 감시가 있었다. 많은 여성주의 단체들은 생존이 시급한 문제가 되었다(Kwon, 2011). 일부 단체는 계속 일하고 싶어 하는 상근 유급 활동가들을 자원봉사로 전환하거나 감원해야 했다. 진보적인 여성운동의 상부 단체인 한국여성연합의 경우, 재정 지원은 크게 줄어들었고 긴밀했던 정부와의 관계는 소원해졌다.

새로운 보수정권의 출범은 여성주의 의제, 페모크라트, 여성주의 체제를 주변화, 비합법화함으로써 여성주의자들에게 열린 정치적 공간을 봉쇄하거나 축소시켰다. 진보적인 주요 여성주의 단체들은 정치적 영향권의 주변으로 내몰렸다. 정부 자문위원회는 진보적인 여성운동 단체들을 거의 초대하지 않았다. 그 대신, 정부는 정책결정 과정의 파트너로 사회복지단체와 서비스 제공자들을 택했다. 그 예로 정부는 성폭력 문제를 위해 전국성폭력상담소 협의회와 전국 성폭력피해자 보호시설 협의회를 초대했다. 마찬가지로 정부부처, 정부출연기관, 여성센터에서 일했던 많은 여성주의 활동가나 학자들은 퇴임했으며 여성부 장관을 포함한 요직들은 여성주의 관점을 갖지 않거나 여성운동과는 거의 관련이 없는 여성 정치인이나 여성 학자들로 대치되었다.

이명박 정권은 여성주의 활동을 강하게 규제하고 통제함으로써 이들의 목소리를 실질적으로 잠재우거나 주변화시켰다. 크게 논란을 불러일으킨 예를 들어보면 전자정부 프로그램의 일환으로, 전자행정시스템과 전국사회복지정보시스템의 도입이 있다. 여성 서비스는 이 시스템에 상담자들의 신상정보를 모두 입력하라는 요구를 받았고 몇몇 지방정부는 이를 따르지 않는 여성 단체들에게는 재정지원을 끊겠다고 협박했다. 많은 단체들 특히 가정폭력과 성폭력 피해자, 성매매업 종사자들에게 여성주의 서비스를 제공하는 단체들은 이 정책을 강력히 비판했다. 이들은 피해자들의 개인 신상정보를 전산화할 경우, 비밀 보장이 되지 않아 피해 여성의 신원이 노출되어 여러 가지 위험에 빠뜨리게 될 수도 있음을 크게 우려했다.

앞에서 언급한 여성주의 단체들에 대한 재정 지원 삭감과 단체 운영에 대한 정부의 지나친 간섭과 통제만 한국 여성운동계의 반발을 산 것은 아니다. 정부는 더 이상 여성문제들을 여성주의 시각에서나 젠더화된 틀로 이해하려고 하지 않았다. 그 예로, 성폭력 문제를 위한 재정의 대부분은 아동 성폭력 사례를 다루며 병원에서의 의료적 처우와 심리치료에만 집중하는 성폭력 센터로 할당되었다. 즉, 이명박 정부는 성폭력을 젠더 문제가 아닌 개인적인 문제로 재정의했고 탈젠더화, 개인화된 틀 안에서 성폭력에 접근했다. 성폭력은 양성의 불평등한 구조에서 기인한다는 구조적 분석을 지우려고 했다. 또한 성폭력에 대한 정부 지원이 아동성폭력에 집중되는 현상에도 여성운동가들은 우려를 표명했다. 분명 아동보호는 중요하지만 여성주의자들은 이러한 집중이 정부가 성폭력 문제를 여성, 아동, 일반 국민을 통제하고 규제하는 수단으로 이용할 위험이 있다고 우려했다(KSVRC, 2011: 153).

4. 여성운동의 재활성화 모색

한국과 호주 사례는 여성운동이 특정한 역사적, 정치적, 사회적 맥락에 의해 구성된다는 것을 보여준다. 사회민주주의를 따르는 호주 복지국가제도는 모든 사회 서비스가 국가의 지원으로 제공되는 것을 특징으로 한다. 최대 다수에게 최대 행복을 보장하는 것이 정부의 의무이다. 그러다보니 여성주의 단체들은 정부의 재정적 지원이 당연히 계속 지속될 거라 여겼고 정부에만 거의 전적으로 의지하게 되었다. 1990년대 말부터 한국의 여성운동가들과 학자들은 제도화의 부정적 결과에 관심을 갖기 시작했다. 그러나 대부분의 한국 여성운동단체들은 여성친화적인 김대중과 노무현 정부로부터 전폭적인 지원을 받은 덕택에, 여성운동은 르네상스를 맞았고 비약적인 성장과 활약을 하게 된다. 여성 단체들은 확보된 기금으로 관련 여성들에게 서비스와 다양한 프로그램을 기획·제공하느라 바빴고 정부와의 긴밀한 관계 속에서 정부가 여성정책을 마련하도록 영향을 미쳤으며 정책들이 여성주의에 입각해서 세워질 수 있도록 각종 정부 정부위원회에 전문적 조언을 아끼지 않는 상황이 되었다.

하지만 한편에서는 여성운동이 여성단체가 과연 올바른 방향으로 나가고 있는지 점검이 필요하다는 자성의 목소리도 높아졌다. 여성운동이 수행해온 업무를 반성하고 재검토할 필요가 있다는 지적이 많았지만 모처럼 호시절을 맞아 성장과 확장을 거듭하고 있는 상황에서 여성운동이 타성화된 일상의 분주한 활동을 멈추고 점검을 할 기회를 만드는 것이 쉽지 않았다. 한국 여성운동가와의 인터뷰에서 드러나듯이, 여성운동이 그 목적, 전략, 정부와 풀뿌리 여성과의 관계를 돌아보고 새로운 정치 풍토에서 그 동안의 활동을 반성하고 재구성해야 했지만 당시로서는 거의 불가능했다.

더 큰 그림, 그러니까 여성운동의 시각에서 우리의 활동을 돌아볼 필요가 있다는 강력한 의견이 있었지만 지난 몇 년간 시간에 쫓겼죠. 우리는 늘 긴급 사안과 그날그날의 활동에 치여 이런 심각한 문제는 논의할 수 없었어요(인터뷰).

5. 여성운동 안에서 본 여성운동

2011년, 전국 각지에서 180명의 여성운동가, 여성주의 학자, 예술가들이 여성운동을 다시 일으키기 위해 그리고 여성운동의 미래에 대해 논의하기 위해 모였다. 다양한 분야의 그리고 지방과 중앙의 여성활동가들이 한자리에 모인 것은 한국 여성운동사상 이 회의가 처음이었다. 참가자들의 연령대는 20대에서 80대로, '나이 든 여성주의자'와 '젊은 여성주의자'가 서로의 입장과 차이를 이해할 수 있는 장이 되었다. 참가자들 대다수가 수십 년 동안 여성운동을 한 활동가들이었다. 토론은 여성운동의 지속 가능성에 집중되었다. 구체적으로, ① 여성운동의 방향과 전망, ② 연령, 계급, 성적 취향, 혼인 여부, 경험 그리고 여성운동에서 성매매 같은 특정 주제에 대한 의견 차이를 어떻게 아우를 것인가, ③ 여성운동은 어떻게 활동가들을 유지할 수 있으며 어떻게 하면 더 많은 여성과 회원의 참여를 가능하게 할 것인가를 논의했다.

이 회의에서 활동가들은 먼저 여성활동가의 충원과 일반 여성들의 여성운동에 대한 관심이 줄어들었음을 문제로 지적했다. 한국여성단체연합의 권미혁 대표는 지난 몇 년 동안 운동을 이끌어 갈 새로운 활동가들을 모으기가 얼마나 힘든지 회의 참가자들에게 말하면서 이 문제를 확인해주었다. 여성주의와 여성운동에 대한 젊은 여성들의 열정과 관심 부족으로 진보적인 여성운동 단체조차 운동에 헌신할 여성운동가들을 확보하고 키워내는 것이 쉽지 않았다고 한다. 이와 같은 맥락에서, 대학의 여성학 과정에 대한 관심도 줄어들고 있다. 학부와 대학원 여성학 과정에서 새로운 여성주의활동가들이 나왔던 것을 고려해볼 때, 여성학과 학생 수의 감소와 젠더 문제에 대한 대학생들의 냉담은 여성운동의 지속 가능성을 위협한다.

대부분의 여성운동 단체들은 비슷한 도전을 직면하고 있다. 젊은 활동가의 발언을 통해, 신규 모집 문제는 더욱 열악해진 한국 젊은이들의 생활 조건과도 관련되어 있음도 드러난다.

> 운동이나 단체에 들어가 일하는 활동가들은 물질적 보상 때문이 아니라 사회적, 정치적 신념 때문에 헌신하는 겁니다. 활동가들이 받는 임금은 여전히 너무 적어 그것으로 경제적 자립을 할 수는 없죠. 여성운동단체에서 일하려면, 생활하기 위해 세컨드 잡을 구해야만 합니다. 이런 희생에도 불구하고, 과거의 활동가들은 이것이 자신들에게 더 의미가 있기 때문에 활동가로 사는 길을 기꺼이 택했죠. 사회는 신념을 위한 이들의 헌신과 희생을 존경하고 인정해 주었고요.

대학에서 여성주의 잡지 출판을 담당하는 한 젊은 활동가는 이 회의에서 다음과 같이 말했다.

> [여성주의 관련 행사를 주관할 때 마다] 참여하는 학생 수가 점점 줄어들어요. 그렇다고 그들을 비난할 수는 없어요. 실업률이 높은 한국에서 살아남기 위해, 파트타임 알바와 공부를 병행해야 하는 여대생들의 상황을 충분히 이해할 수 있거든요.

그녀는 청중들에게 본인조차 과연 얼마나 여성운동을 지속할 수 있을지 확신할 수 없다고 말했다. 일과 학업, 그리고 여성운동을 병행하는 젊은 여성주의자와 생계를 책임지기엔 턱없이 모자란 활동비에도 자신이 추구하는 신념을 위해 여성운동에 오랫동안 몸 바쳐온 여성주의자들 또한 회의를 느끼고 있음을 토로했다. 자신의 생존과 자신의 이데올로기와 신념 추구 사이에서 딜레마를 느끼고 있었다. 사회적 대의명분과 정치적 성격을 잃어가는 여성운동을 위해 희생과 가난을 감내하는 일이 점차 힘겹게 느껴진다고 토로했다.

이 회의에서는 젊은 여성주의자들이 왜 여성운동에서 돌아서고 있는지도 검토했다. 젊은 여성운동가들 사이에는, 기존의 여성운동 단체들이 제도화의 여파로 정부를 위한 싸구려 사회복지단체로 전락하거나 정부에 영합하고 있다는 통념이 있다. '한국 여성운동의 제3의 물결' 또는 '새로운 페미니스트 그룹(Hur, 2011)'이라 이름 붙여진 젊은 여성주의자들은 제도화된 운동이 다양한 여성들의 목소리와 요구를 담는 데 실패했다고 보고 또한 제도화된 운동의 위계적이고 관료적이 된 구조와 운동 방식으로부터 거리를 두고 싶어 한다. 그 결과 2000년대부터 많은 젊은 활동가들이 직접 단체나 조직을 만들기 시작했다. 이 조직이나 단체들은 주로 웹 또는 회원 중심으로 1990년대 후반 사회운동단체나 노동운동에 참여했던 여성활동가들이 서울에 있는 대학을 중심으로 만든 것이었다(Hur, 2011). 출신대학의 여성학 프로그램의 영향을 받은 이 활동가들의 여성주의 시각은 포스트-모더니즘, 포스트-마르크스주의, 포스트-식민주의에서 온 것이었다. 기존의 여성운동과는 반대로, 이들은 소규모로 조직된 활동을 선호했다. 이 새로운 조직들은 여성주의 담론의 생산과 유통의 새 장이 된, 여성주의 사이버 스페이스를 만들고 확대하는 데 기여했으며(Hur, 2011: 190~191), 어떻게 여성운동을 전개하고 또 어떻게 대중 소통을 하는지에 대안적인 방법을 제공했다고 평가할 수 있다.

2010년 4월, 호주 페미니스트 대회가 15년 만에 시드니에서 성대하게 열렸다. 12세에서 84세에 이르는 약 400명의 참가자들과 페미니스트 남성 3명이 참석했다(Horin, 2010). 어떻게 하면 꺼져가는 호주 여성운동의 불씨를 되살려 활기를 띠울 수 있는지 논의하기 위해 다양한 여성 단체들과 여성들이 모여 이틀간의 대회를 마련했다. 뉴사우스웨일스 여성선거로비(Women's Electoral Lobby New South Wales), 국제사면위원회(Amnesty International), 여성주의 책방, 뉴사우스웨일스 AIDS위원회(ACON), 시드니대학 학생대표위원회, 호주서비스협회를 포함한 다양한 단체 대표들과 활동가들이 이 대회를 주관했다. 이 대회는 원주민 여성들의 지식에서 여성주의는 무엇을 배울 수 있는가, 왜 우리 모두에게 여성주의는 중요한가, 이 대회에서 우리 페미니스트들은 어떤 미래를 만들 수 있는가와 같은 다양한 주제들을 논의하고 검토했다. 여성과 교육, 돌봄과 모성행위, 미디어에서의 성차별주의와 섹슈얼리티, 포르노그래피에 대한 여성주의 시각, 여성과 빈곤, 여성성기 절제, 가정폭력, 여성 수감자, 여성과 장애 등 다양한 주제로 30개가 넘는 워크숍이 진행되었다.

이 대회에서도 호주 여성운동의 세대차는 초미의 관심사였다. 젊은 여성들은 구세대 여성주의자들이 가르치려 들고 통제하려 하는 것을 불쾌해했다. 대회 주관자들 중 젊은 세대에 속한 로자 캠벨(Rosa Cambell)은 여성주의자 간의 세대 차를 인정했다.

> 우리는 포르노그래피에나 나올 법한 선정적인 섹스를 하고, 폭음하고, 폴댄스나 추었지 열성적인 여성주의자는 아니라는 소릴 늘 들었죠. 우리는 1970년대 여성주의자들이 쟁취한 모든 선택권을 모두 누렸고 그걸 다시 우리 자신을 억압하는 데 썼다는 거예요. 한 마디로, 우리는 배은망덕하고 무례하다

는 거죠(Horin, 2010에서 인용).

또 다른 대회 주관자인 젊은 여성주의자 게이브 카바나(Gabe Kavanagh)는 여성주의는 그 대다수가 이미 자신을 페미니스트라 여기는 젊은 여성들에게 다가가기 더 쉬워져야 하지만, 기성 여성주의자들은 젊은 여성활동가들의 일이나 정치적 견해를 좀처럼 인정하지 않으며, 여러모로 보이지 않는 존재처럼 무시하는 경향이 있다고 주장한다. 그녀는 구세대 여성들이 추구했던 '여성주의의 이상은 시간이 지나도 일정 정도 일관되게 남아 있지만 우리의 방법은 상당히 변했고 이것이 세대 간 단절을 초래했다'고 덧붙였다(Funnell, 2010에서 인용). 덧붙여 카바나는 호주 여성운동이 계속 발전하려면, 다양한 세대의 여성주의자들의 상호 이해와 존중을 증진시키고 강화시킬 수 있는 새로운 대화 채널을 만들어야 한다고 제안했다(Funnell 2010). 두 세대 페미니스트에게서 확실하게 보이는 차이점은 1970년대와 1980년대 여성운동이 사회적·정치적 변화를 위해 싸웠다면, 오늘날의 젊은 여성들은 여성주의란 문화를 변화시키는 것이라고 생각한다는 점이다(Horin, 2010).

6. 여성운동의 재정립

위에서 살펴보았듯이, 한국과 호주 여성운동은 여성운동이 도대체 무엇이며 또 어떻게 해야 하는 것인지를 재고할 시점에 이르렀다(Sawer 2010). 여성운동은 여러 가지로 정의할 수 있다. 카렌 백위드(Karen Beckwith)는 여성운동을 '여성들이 여성이란 집단 정체성을 중심으로 모이고, 여성 중심의 담론을 개발하고, 젠더화된 주장을 하는 데 참여하는 것(Greay and

Sawer, 2008: 5에서 인용)'으로 규정했다. 호주 학자인 앤드류(Andrew)와 매디슨(Maddison)은 여성운동을 집단행동과 개별행동을 포함해, 여성조직과 여성정책기구를 비롯한 광범위한 여성들의 활동으로 보았다(Andrew and Maddison, 2010). 이 정의에 따르면 페모크라트를 포함해, 여성정책기구나 다른 여성 정치구조도 여성운동의 일부로 볼 수 있다. 호주의 여성운동의 현재의 모습을 보여주는 정의이기는 하지만 여성 정치기구나 페모크라트는 여성운동이 활발한 캠페인을 통해 성취한 결과물이라 할 수 있다. 즉, 여성운동 때문에 정부 내 여성정책기구나 페모크라트가 가능할 수 있었던 것이다. 여성정책기구를 포함한 여성운동의 광범위한 정의는 여성운동의 변화무쌍한 본질, 즉 급진적이고 혁신적이며 여성주의적인 본질을 간과할 위험이 있다.

먼저 여성운동은 급진성을 잃지 않아야 한다. 급진성은 여성운동의 핵심 목표 중 하나로 여겨져왔다. 라이언(Ryan)은 '급진성'을 설명하기 위해 "진정한 여성주의 원칙을 적용하는" 이데올로기적 순수성이란 용어를 사용했다(1992: 157). 뷰켈러(Buecheler)는 '급진성'이란 "권력관계의 특정 시스템에 근본적인 도전을 제기하는 이데올로기, 목적, 프로그램"이라고 했다(Staggenborg 1995: 343에서 인용). 달럽(Dahlerup)은 '급진성'을 제도권 밖에 있는 것으로 설명하며(1986), 모든 사회운동은 "주변적이어야 하며 판에 박힌 정치에도, 지배적인 이데올로기에도 속하지 말아야 하는 것"이라 주장한다.

덧붙여, 여성운동의 핵심은 집단성에 있다. 여성운동이 영향력 있고 효과적이려면, 많은 이들이 참여하며 함께하는 대중적인 지지가 필수적이다. 여성운동의 목적은 사회적·정치적·문화적 변화를 이루는 것이다. 이러한 변화는 탁월한 몇몇 여성들의 활동과 투쟁으로는 이룰 수 없다. 세계 여성운동사는 여성들의 삶과 지위를 크게 변화시킨 것은 바로 집단적인 여성운동을 통해서 성취한 것임을 보여준다. 이러한 맥락에서, 여성운동이 "급진적, 여성주의적, 혁신적 실천"(Reinelt, 1995: 91)으로서의 정체성을 유지해 나가는 것은 매우 중요하고도 필요한 일이다.

호주 운동의 사례를 보면, 보수정권 하에서 여성정책기구가 좌천되고 해체되었을 뿐만 아니라 여성운동도 다양한 방식으로도 변화했다. 여성운동의 네트워크와 공동체 조직이 수면 밑으로 가라앉아 겨우 명맥만 유지하고 있지만 그래도 여성운동은 존재한다는 주장에도 불구하고, "여성운동"이라는 용어는 이제 학계 담론이나 미디어에서 거의 찾아볼 수 없다. 호주에서는 여성운동이라는 용어 대신, '여성 서비스', '여성조직', '여성 NGO'라는 용어를 더 많이 사용하는 추세이다. 여성선거로비 같은 전국적인 지부를 갖고 있는 굵직한 여성운동단체들은 정부의 재정지원이 중단되자 유급 상근 활동가도 없이 미미한 활동으로 명맥만 유지해 나가고 있다. 마찬가지로 '여성활동가'나 '여성운동가'라는 말도 '여성주의'와 '여성운동'이란 말처럼 거의 쓰지 않게 되었다. 일부 여성주의 학자들과 운동가들은 이 용어에 새 생명을 불어넣고 싶어 했지만 새로운 계기를 마련하기에는 역부족이었고 이 용어들은 과거 유물처럼 되어버렸다.

1970년대 호주의 급진적 여성주의자들의 예견은 정확했다. 정부와 지나치게 가까워지고 정부의 재정적 지원에 크게 의존하게 되면, 여성운동은 정부를 위해 헐값에 서비스만 제공하는 여성 서비스 단체로 전락할 것이라고 예견했다. 이런 상황에서, 여성운동의 중요한 원동력이라 할 수 있는 풀뿌리 여성들은 고객 또는 서비스 이용자로 전락해 버렸다. 여성운동의 주체인 대중 여성들의 여성운동에 대한 지지와 참여는 저조하다. 여성주의 행사나 시위 등에 여성들의 참여는 줄어들고 있다. 일례로 한때는 시드니의 시내 중심 대로변을 가득 채웠던 세계 여성의 날과 밤길 되찾기 행진 같은 대중시위가 1990년대 말부터 참가인원이 점차 줄어들어 미디어조차 관심을 갖지 않는 조촐한 행사가 되었다. 여성 일반의 지지가 줄어드는 것은 여성운동이 그 영향력을 상실했음을 뜻한다. 여성운동의 힘은 대중의 지지에서 나오기 때문이다. 여성운동이 미디어에서 얼마나 다뤄지고 있는지 또한 시위나 캠페인에 얼마나 많은 인원들이 참여하고 지지를 보내는지와 같은 공적 영역에서의 가시성은 여성운동의 성패를 가르는 한 방법이다(Outshoorn, 2012).

여성운동의 성공과 실패에 대한 논쟁에서 빠진 것은 정작 여성운동가들 자신이 운동에 대해 어떻게 느끼고 평가하는가이다. 학계 연구는 이들 여성활동가들의 목소리를 충분히 반영하지 못했다. 맥카이(Mackay, 2008: 18)는 여성운동에 대한 연구가 대개 여성운동가가 쓴 '개인의 증언, 역사 기록, 규범적 분석에 기초했기 때문에 여성운동의 이론화에는 큰 기여를 할 수 없었다고 주장한다. 맥카이(2008: 18)에 따르면, 이 같은 기록의 목적은 여성운동에 대한 체계적 평가를 위한 것이 아니라 무슨 일이 일어났는지 증언하고 미래 전략을 알려주는 것'에 그치기 때문이다. 나는 학자들뿐만 아니라 여성운동가들이 여성운동에 대한 더 많은 연구를 해야 하며 여성운동의 성패 여부를 평가할 때 이들의 의견이 반드시 반영되어야 한다고 생각한다(Andrew, 2010를 보라). 여성운동가들이 운동에 참여하면서 느꼈던 열정, 보람, 성취감, 실망, 좌절을 통해 운동의 성패를 생각해볼 수 있다. 그 예로, 1990년대 중반부터 2000년대 중반까지 여성친화적인 정부 아래서의 한국 여성운동은 여성운동가들의 이야기를 들어보지 않았다면 매우 성공적으로 보였을 것이다. 주요 정책이 만들어지고 여성운동은 공적 영역에서 큰 자리를 차지했고 영향력을 갖추었지만, 역설적이게도 일부 여성운동가들은 운동이 올바른 방향으로 가고 있는지, 자신들이 이른바 '운동'을 하고 있는 것인지 의문을 제기하며 회의하기 시작했다(Jung, 2013). 어떤 여성활동가들은 여성단체에서 일하는 것이 행복하지 않다고도 토로했다.

한국과 호주 사례를 보면, 여성운동의 변화를 이끌 수 있는 원동력은 또한 여성운동가들에게서 나온다. 변화하는 정치적·사회적 상황 속에서 여성운동을 재구성해야 하는 사람들도 역시 여성운동 현장에 참여하고 있는 여성운동가들이다. 여성운동가들은 지속적인 논의를 통해 활동의 모양을 갖추어 나가는 데 없어서는 안 될 역할을 한다. 운영자금 공급원과 정치적 상황 같은 외부 환경이 변화할 때, 여성주의 가치관을 타협할 위험에 처하기도 한다. 때로는 이러한 외부 압력들이 여성운동가들에게 여성주의를 향한 의지와 헌신을 요구하기도 할 것이다(Alter 1998). 그뿐만 아니라, 여성운동가들은 여성운동이 직면한 내적·외적 환경 변화에 맞춰 상황을 이해하고 여성주의 활동들을 재구성하고 혁신적으로 만들어 나가는 데 핵심적 역할을 담당한다.

7. 변화를 희망하며

두 나라에서, 정치 상황의 변화는 여성운동으로 하여금 정부 자금에 대한 의존성을 재고하고, 정부와의 친밀한 관계 같은 특혜 전략을 다시 논의하게 만들었다. 두 나라 여성운동은 이제 정부로부터 벗어나 여성운동단체 간의 네트워크와 연합 그리고 문화적 변화를 만드는 데 새롭게 집중해야 함을 깨달았다. 두 나라 여성운동가들은 적대적인 정부가 가져온 위기를 기회로, '새로운 활동방식을 열어준 것'으로 보았다.

> 지금 우리가 있는 이곳이 그러니까, 이 조직의 완전 새로운 장이 시작되는 지점인 거죠. 지난 몇 달 동안 우리 조직이 붕괴되는 것을, 그 끝을 봤어요.

…… 앞으로 12개월 동안 어떻게 해야 할지 우리에게 질문해 봐야겠죠.…… 그래도 나는 우리가 무진장 신나는 새로운 장, 무진장 신나는 새로운 활동방식, 마찬가지로 신나는 새로운 구조로 들어가고 있다는 걸 알아요.…… 자유가 없을 것 같진 않아요.(호주 여성운동가와의 인터뷰에서)

한국 여성운동은 운동성, 즉 정치적인 활동은 유지하되 서비스에 지나치게 특화되는 것은 경계하면서, 포괄적인 여성 인권 문제들을 다룸으로써 운동의 본질을 되살리기 시작했다. 자율성과 운동 단체로서의 정체감을 지키기 위해, 한국 여성운동은 이데올로기적 타당성을 토대로 더욱 조심스레 정부와 그 밖의 지원금을 선택하기 시작했으며 스스로 재정적으로 자립할 수 있는 길을 모색하고 있다.

호주의 경우도, 여성운동이 그 역할을 제대로 하기 위해서는 정부 의존도를 지양하고 재정지원의 대안을 빨리 모색해야 한다는 견해도 있다. 호주의 활동가는 아래의 인터뷰에서 정권이 복지정부 모델에서 신자유주의 정부 모델로 바뀌었기 때문에, 여성운동이 살아남기 위해서는 처음으로 돌아가서 여성운동의 활동을 전폭적으로 재검토해야 하는 지점에 다다랐다고 보았다.

나는 여성운동이 자유를 지키려면 더 이상 정부의 재정지원에만 의존해서는 안 되고 민간 자금을 모색해야 하는 지점에 도달했다고 봐요. 우리가 정부자금에만 의존하게 되면, 정부는 지금처럼 그리고 지역사회를 개발할 때 [운동성을 띤 활동] 그랬던 것처럼 이래라 저래라 할 수 있죠. 그런데 정부 말고는 돈 나올 데가 없기 때문에 자립할 수 없어요. 그래서 나는 모든 운동을 다 그만두고 당장 민간자금을 구하거나 기금 모금을 해야 한다고 생각해요. 이게 다 20년 전, 아니 15년 전, 여성주의자들이 철학적으로 반대했던 거라고요.

> 그들은 정부가 사회문제에 책임을 져야 한다는 입장이었죠. 복지국가니까 사람들은 당연히 필요한 서비스를 받을 권리가 있고. 우리는 그 서비스를 도와주기만 하면 되었죠.…… 성폭행 피해 생존 여성들에게 나가서 자기에게 필요한 돈을 구하길 기대하는 것은 완전 말도 안 되는 일이었죠.…… 그러나 지금 우리는 거기서 앞으로 나아가지 않으면 안 되는 지점에 왔다고 생각해요. 그러지 않고서는 우리가 하고 싶은 것을 할 수 없기 때문이죠(호주 여성운동가와의 인터뷰).

호주, 한국 모두 어떻게 하면 강하고 자율적인 여성운동을 다시 살려내고 지켜나갈 수 있을까? 수많은 연구들이, 여성정책개발과 그 효과적인 시행에 여성운동의 내구력과 독립성이 매우 중요함을 보여주고 있다(Kantola and Squires, 2012; Weldon and Htun, 2013). 웰던(Weldon, 2002: 1161)은 '영향력 있는 정책을 성공시키는 데, 여성조직들의 존재 여부뿐만 아니라 그 자율성도 중요하다'고 주장한다. 자율적인 여성운동은 정책결정 과정에 여성들을 '실질적으로' 대변하면서, 정부 정책을 비판하는 데도 중요한 목소리를 낸다. 무엇보다 중요한 것은, 페모크라트 전략의 성공은 강하고 자율적인 여성운동이 함께하는 것에 달렸다는 것을 잊지 말아야 한다는 것이다(Grey and Sawer, 2008).

새로운 여성운동은 적절한 정부 대응을 요구하기 위해 더욱 조직된 국민 반응을 이끌어내는 것보다는 다양한 배경과 다양한 문제를 지닌 여성들을 포함한, 풀뿌리 대중여성의 문제에 초점을 두어야 할 것이다. 여성과 여성운동이 연대했을 때 나오는 힘에 대한 믿음을 되찾아야 한다. 여성운동은 연령, 계급, 섹슈얼리티, 직업, 문화적 배경, 장애 여부에 상관없이, 모든 여성에게 필요한 운동이 되어야 하며 여성들에게 더 다가가도록 노력해야 한다.

이 글은 다음과 같은 문제를 제기하면서 끝맺고자 한다. '여성운동은 왜 여전히 중요한가?' 현 상황에서 여성운동의 의미는 무엇인가? 과연 여성운동은 일상생활에서 여성들이 접하는 문제를 '새롭게 보고, 신선하게 반성하고 평가할 수 있는 방식(Narayan, 1997: 33)'을 제공하고 있는가? 지역적으로 그리고 세계적으로 급변하는 사회는 비판적인 시각이 필요하며, 새로운 여성주의적 이해와 새로운 운동이 요구된다. 여성운동은 여성주의적 관점을 통해 다양한 주요 사회제도와 관습에 도전할 필요가 있다. 마지막으로 이런 비판적인 일을 하기 위해서는, 여성운동은 스스로 비판하고, 스스로 반성하고, 다른 이들의 비판도 받아들여야 한다. 2010년 페미니스트 대회에서 다시 한 번 확인했듯이, '페미니즘은 다양성과 복잡성이 특징인 운동이지만, 이를 탄탄하게 만드는 것은 페미니즘 내 주장의 모순과 뉘앙스를 검토하려는 태도이다(Funnell, 2010).'

참고문헌

정경자. 2011. "호주, 과연 여성 천국인가?: 여성문제의 제도화와 주변화." 이희진·문경희 외 엮음. 『현대 호주 사회의 이해』. 연세대학교 동서문제 연구원 호주연구센터, 한국학술정보, 239~264쪽.

Alter Catherine. 1998. "Bureaucracy and Democracy in Organizations: Revisiting Feminist Organisations." in Walter W. Powell and Elisabeth S. Clemens (ed.). *Private Action and the Public Good*. New Haven & London: Yale University Press, pp.258~271.

Alvarez, Sonia, E. 2009. "Beyond NGO-ization? Reflections from Latin America." *Development*, 52(2), pp.175~184.

Alvarez, Sonia E. 1999. "Advocating feminism: the Latin American Feminist NGO 'Boom'." *International Feminist Journal of Politics*, 1(2), pp.181~209.

Andrew, Merrindahl. 2010. "Women's Movement Institutionalization: The Need for New Approaches." *Politics & Gender*, 6(4), pp.609~616.

Andrew, M & S. Maddison. 2010. "Damaged but Determined: The Australian Women's Movement, 1996-2007." *Social Movement Studies*, 9(2) pp.171~185.

Bacchi, Carol. 1999. "Rolling back the state? Feminism, theory and policy." in Linda Hancock(ed.). *Women, Public Policy and the State*. Melbourne: Macmillan Education.

Bielski, Joan. 2005. "Australian Feminism 2004:Gains, Losses, Countervailing Forces, Some Failure and Sobering Thoughts." *Social Alternatives*, 24(2), pp.6~10.

Dahlerup, Drude. 1986. *The New Women's Movement: Feminism and political power and the USA*. London: Sage

Donaghy, B. Tahnya. 2003. "Gender and Public Policy Making in Australia: The Howard Government's Big Fat Lie." Australian Political Studies Association Conference, 29th September-1 Ocotber 2003.

Funnell, Nina. 2010. "Who says that feminism is dead?." *Sydney Morning Herald*, April 12, http://www.smh.com.au/federal-politics/political-opinion/who-says-feminism-is-dead-20100412-s3ei.html(accessed on September 5 2013).

Gray, Sandra & Marian Sawer(eds.). 2008. *Women's Movements: flourishing or in abeyance*. New York: Routledge.

Hay, Ashley. 1996. "Rape Crisis: From collectives to bureaucracy." in Bail, Kathy(ed.). *DIY Feminism*. St Leonard: Allen & Unwin.

Horin, Adele. 2010. "Women gather for burning issues." *Sydney Morning Herald*, April 10, http://www.smh.com.au/national/women-gather-for-burning-issues-not-bras-20100409-ryu7.html(accessed on September 5 2013).

Hur, Song-Woo. 2011. "Mapping South Korean Women's Movements During and After Democratization: Shifting Identities."' in J. Broadbent, V. Brockman(eds.). *East Asian Social Movements: Power, Protest, and Change in a Dynamic Region, Nonprofit and Civil Society Studies*, Springer, pp.181~203.

Jung, Kyungja. 2014. *Practicing Feminism in South Korea: The women's movement against sexual violence*. London: Routledge.

Katonla J & J. Squires. 2012. "From state feminism to market feminism." *International Political Science Review*, 33(4)(September 2012), pp.382~400.

Kwon, Mi-hyuk. 2011. "In 2011, KWAU is not well." in Gender Network(ed.). 2011 Women's Conference: Exploring New Ways of Women's Movements. Seoul: Gender Network, pp.14~21(in Korean).

KSVRC(ed.). 2011. *Rethinking Sexual Violence: Reflections on 20 years of KSVRC and its Vision*. Seoul: Imagine(in Korean).

Mackay, Fiona. 2008. "The state of women's movement/s in Britain: Ambiguity, complexity and challenges from the periphery." in Sandra Grey and Marian Sawer(eds.). *Women's movements: flourishing or in abeyance?* Routledge, Oxon; New York, pp.17~32.

Maddison, Sarah & K. Jung. 2008. "Autonomy and engagement: women's movements in Australia and South Korea." in Sandra Grey and Marian Sawer(eds.). *Women's movements: flourishing or in abeyance?* Routledge, Oxon; New York, pp.33~48.

Narayan, Uma. 1997. *Dislocating Cultures: Identities, Traditions, and Third-World Feminism*. New York and London: Routledge.

Outshoorn, J. 2012. "Assessing the impact of women's movements." *Women's Studies International Forum*, 35, pp.147~149.

Phillips, Ruth. 2006. "Undoing an activist response: feminism and the Australian government's domestic violence policy." *Critical Social Policy*, 26(1), pp.192~219.

Reinelt, Claire. 1995. "Moving onto the Terrain of the State: The Battered Women's Movement and the Politics of Engagement." in Ferree and Martin(ed.). *Feminist Organisations: Harvest of the New Women's Movement.* Temple University Press.

Ryan, Barbara. 1992. *Feminism and the Women's Movement: Dynamics of change in social movement, ideology and activism.* New York: Routledge.

Sawer, Marian. 2010. "Premature Obituaries: How Can We Tell If the Women's Movement is over?" *Politics & Gender* 6(4), pp.602~609.

Sawer, Marian. 2007. "The Australia: The fall of the femocrat." in Joyce Outshoorn and Johanna Kantola(eds.). *Changing State Feminism.* Houndmills, UK: Palgrave Macmillan.

Sawer, Marian. 1990. *Sisters in Suits: Women and Public Policy in Australia*, Sydney: Allen & Unwin.

Staggenborg, Suzanne. 1995. "Can Feminist Organizations be effective." in M. Marx Ferree and P. Yancey Martin(eds.). *Feminist organisations: Harvest of the new women's movement.* Philadelphia: Temple University Press.

Weldon, Laurel. 2002. "Beyond bodies: Institutional sources of representation for women in democratic policymaking." *Journal of Politics*, 64(4). pp.1153~1174.

Weldon. S. Laurel and Mala Htun. 2013. "Feminist mobilisation and progressive policy change: why governments take action to combat violence against women." *Gender and Development*, 21(2), pp.231~247.

제12장

'위안부' 문제를 둘러싼 글로컬 여성운동*

안연선

1. 서론: 국경을 넘어

1992년 '위안부' 생존자들과의 첫 만남은 연구자이자 활동가로서 위안부 문제에 참여하는 계기가 되었다. 당시 그들은 길거리 행상, 주차장 관리, 식당 종업원, 공원 청소 등 육체노동으로 돈을 벌어 어렵게 생계를 꾸려 나가고 있었다. 이후 위안부 생존자들을 여러 명 더 찾아다녔고, 이 가운데 몇몇은 제2차 세계대전의 잊혀진 사건인 이 위안부 문제를 세상에 알리는 데 매우 적극적이었다. 이 문제에 대한 관심이 커지면서, 만남의 범위를 넓혀 위안부 생존자, 활동가, 참전했던 옛 일본 군인과 장교, 학자, 언론

---

* 애초에 영어로 제출한 원고를 꼼꼼하게 한글로 번역해주신 아시아여성학센터에 감사한다. 이 글은 "Together and Apart: Transnational Women's Activism and Solidarity in the Comfort Women Redress Campaign in South Korea and Japan," *Comparative Korean Studies*, Vol.23 No.1(2015), pp.93~116 논문을 번역 및 부분적으로 수정 보완한 것이다.

인, 전후 한국과 일본에서 활동했던 외교관을 만나 인터뷰했다. 위안부 생존자, 활동가, 일본 군인과의 만남을 통해 나는 관찰자이자 '내부자'의 위치에서 이 운동을 더욱 총체적이고 비판적으로 검토할 수 있었다. 이 글은 국내외에서 위안부 문제에 직간접적으로 참여한, 민족국가의 국경을 초월한 나의 경험을 토대로 했다. 구체적으로는 위안부 문제 해결을 위한 운동에 기반을 둔 한국과 일본의 초국가주의적이고 글로컬한 여성운동과 연대의 문제를 다루고자 한다.

글로벌 시대에 들어서면서 인적자원, 상품, 서비스, 자본, 문화, 지식의 초국가적 교류와 유통이 빈번해졌다. 이렇게 국경을 넘나드는 교류는 국경을 사이에 둔 양국 참여자들과 공동체들 간의 직접적인 대면접촉, 사회적·정치적 네트워크를 형성하게 하고 또한 기존에 존재하는 연결망을 강화시킨다. 이러한 글로벌시대 교류와 네트워크는 지역에서의 여성운동과 정부의 양성평등 정책 입안에도 영향을 주었다. 공통적인 여성문제에 대한 공동의 대처 필요성과 상호 이해는 특히 인신매매, 성폭력, 여성 건강 등을 다루는 초국가주의적인 여성운동에 녹아들었으며 운동의 확산에도 기여했다. 이런 문제에 대처해야 하는 개별 지역의 활동가와 지역민들은 이러한 문제들을 다루는 구체적인 경험을 공유하면서 상호 연대가 구축되었다. 특히 여성의 인신 매매 등을 둘러싸고 국경을 초월해 협력하면서 이 문제들을 더 효율적으로 다룰 수 있게 되었다.

파멜라 토마(Pamela Thoma)의 정의에 따르면, "초국가주의적 페미니즘은 페미니스트 활동과 연대에서 비교가 가능한 다양한 형태를 갖는다. 이는 경제적·문화적 헤게모니의 특수성이나 전 지구적 설명을 거부하고 서로 다른 위치에 있는 여성들의 사회적 변화를 추구한다(Thoma, 2000: 30)." 국경을 초월한 운동을 통해 구축된 초국가적 연대는 선진국과 개발도상국 간의 엘리트 중심의 하향식 협력에 이의를 제기한다. 상호적 네트워크를 추구하는 초국가적 연대는 국내 활동가들과 해외 지지자들을 연결하는 수직적 네트워크에도 문제를 제기한다. 더 나아가, 초국가적인 여성 네트워크와 연대의 범위는 일정 지역과 국가의 경계에 국한될 필요는 없다.

많은 어려움이 따르기는 하지만 재정적 자립은 초국가주의적 운동에서 대두하는 중요한 문제이다. 이는 한 단체가 주도하는 경제적·문화적 헤게모니에 도전할 수 있게 하며 초국가주의적 운동 참여자들이 자율성을 유지할 수 있게 하기 때문이다. 자율적인 지역 여성운동은 운동을 이끄는 원동력의 핵심 원천으로 고려되어야 한다. 물론 기금을 받는 단체들과 지역 공동체의 이해관계에 갈등이 생길 수도 있다. 한국과 일본의 위안부운동 사례를 보면, 초기부터 한국의 위안부 운동에서 재정적 자립의 중요성이 논의되었다. 한국 활동가들은 일본 기부자들의 돈을 받아야 하는가에 대해 때로는 우려를 제기하기도 했다. 재정적 자립에 대한 압박은 한국과 일본 운동단체 사이의 균형을 유지하는 하나의 방식이 되었다고 할 수 있다.

이 글은 먼저, 2000년 동경에서 열린 여성국제전범법정(the Women's International War Crimes Tribunal)과 위안부 문제 해결을 위한 초국가주의적 연대시위를 전반적으로 살펴본 다음, 위안부 생존자, 활동가, 지지자들의 글로컬한 차원에서의 초국가적인 협력을 구체적으로 다룰 것이다. 그 다음, 운동 속에서 싹튼 초국가적 연대가 새로운 네트워크를 만들고 기존의 네트워크를 강화하는 현상을 검토하고자 한다. 위안부운동에서 초국가주의를 다룬 이 연구는 기존의 초국가적 운동과 국내 운동의 상호작용을 통해 글로컬 여성운동을 향한 새롭고도 실증적인 정보를 제공할 것이다. 초국가적 협력이 지역 여성운동에 끼친 영향으로 인해 위안부 운동을 민족주의화하려는 논리와 초국가주의적 위안부 운동을 탈민족주의화하려는 논리 사이에서 긴장관계가 초래된다. 이는 국가적/지역적 공간과 초국가적 공간 간의 조정과 중재 문제와 연관된다. 끝으로, 국경을 초월한 여성운동 경험을 토대로 초국가주의적 페미니즘의 문제와 한계를 검토할 것이다. 더불어 상이점과 공유점 사이에 존재하는 복합성을 고려하는, 지속 가능한 초국가주의적인 글로컬 여성운동의 개념을 제안하고자 한다.

2. 초국가주의적 연대

1960년대 말부터 시작해 1970년대 상당수의 일본 남성들이 대만과 한국으로 기생 관광을 갔다. 이 기생 관광은 마침내 동남아시아로, 특히 필리핀과 태국으로 확대되었다.[1] 1970년대 초, 한국과 일본의 여성활동가들은 한국에서 일본 남성들의 기생 관광 반대운동을 시작했다. 기생 관광은 일본의 한국 식민 지배에 그 역사적 뿌리를 두고 있다는 인식을 토대로 한 기생 관광 반대운동은 이후 위안부운동으로 이어졌다. 1990년대에 위안부운동을 시작할 때까지, 전후 한일 두 사회는 반세기가 넘도록 위안부 문제에 대해 침묵으로 일관했다. 일본 정부는 이 문제를 결코 들추고 싶어 하지 않았다. 1990년대 초 한국과 일본에서 여성단체가 이 문제를 공론화시킬 때까지, 한국을 비롯해 일본군으로부터 자국 여성들이 가혹행위를 당했던 아시아의 다른 나라 정부들도 이 문제에 관심조차 갖지 않았다. 전후 한국과 일본은 과거사를 언급하지 않고 망각하는 정책을 유지했다. 위안부 문제를 포함해, 일본의 식민 지배와 전쟁은 '과거사'로 치부되었다. 1990년 이전 친일적 경향을 띤 한국의 군사정부는 이 문제를 제기하기를 꺼려했다.[2]

1990년대에 한국과 일본에서 활기를 띠기 시작한 위안부운동은 곧 위안

1 무라타(Murata, 1996)와 마쓰이(Matsui, 1987) 참조.

2 1993년 한국의 군사정부는 문민정부로 교체되었다.

부 생존자 대부분이 살고 있는 필리핀, 대만, 중국, 태국, 북한 그리고 아시아태평양 지역의 다른 나라로 확대되었다. 위안부 생존자들의 증언은 젊은 세대의 지지를 끌어내었다. 여러 나라의 운동단체들이 긴밀하게 함께 일하며 연대를 결성했다. 이는 한국정신대문제대책협의회(1990년 설립), 종군위안부문제 우리여성 네트워크(1991), 전시 여성폭력 일본 네트워크(Violence Against Women in War-Network Japan, 1998), 필리핀 위안부 대책위원회(Task Force on Filipino Comfort Women, 1992), 릴라-필리피나(Lila-Pilipina, 1994), 타이페이 부녀구원기금회(Taipei Women's Rescue Foundation), '위안부' 문제를 위한 워싱턴 연합(Washington Coalition for "Comfort Women" Issues, 1992)을 포함한다.

위안부운동이 시작되고 나서도 한국과 일본 정부가 반세기 동안 위안부 문제를 무시하고 침묵으로 일관하며 적절한 반응조차 보이지 않았을 때, 한국 활동가들은 초국가적 연대를 결성하고 UN을 비롯한 국제사회의 지지를 얻는 데 주력했다. 위안부 문제를 둘러싼 국경을 초월한 연대는 아시아를 넘어 미국, 유럽, 호주로까지 확산되었다. 이러한 초국가적 네트워크를 통해, 비정부활동가(non-state actor)[3]들은 위안부 문제를 한국과 일본 정부뿐만 아니라 국제사회의 안건으로 상정하기 위해 정치적 압력을 행사했다. 이는 한국 정부와 UN에 상당한 영향을 주었다. 국내 활동가들과 초국가주의적 활동가들은 초국가적 연대를 공고히 다질 수 있었으며 정기적으로 한국과 일본 정부에 문제해결을 촉구했다. 한국과 일본 활동가들이 사용한 가장 효과적이었던 전략은 UN에 이 문제를 제기해, 한국과 일본 정부가 이 문제를 해결하도록 압력을 넣은 것이었다. 1992년에 위안부 문제가 'UN 인권위원회 현대판 노예 분과'에서 처음으로 제기되었다. 초국가

---

3 옮긴이 주 | 정부나 국가 기관에 소속되지 않았지만 국제관계에서 활동하는 이들.

주의적 여성운동 덕택에 네덜란드(2007), 캐나다(2007), 유럽연합(2007), 필리핀(2008) 의회에서 위안부 결의안을 통과시켰다(이석태, 2009: 255~265). 특히 1990년대 이후로 무력 분쟁 시 성폭력에 대한 국제 사회의 인식이 증가하면서 초국가주의적 연대가 늘어났다.

한국정신대문제대책협의회(이하 정대협)는 1990년부터 한국에서 위안부운동을 주도해왔다. 정대협은 국내뿐만 아니라 해외에서도 활동해왔다. 국내에서 정대협 활동가들은 국내외 대중과 해외 한인들의 위안부 문제에 대한 관심을 끌어 모으기 위해 민족주의적 정서에 호소했다. 다른 한편 해외에서는 전략적으로 국경을 초월한 여성들 간의 연대를 결성했다.[4] 그러나 정대협 활동가들은 국내의 가부장적 억압에는 많은 관심을 두지 않았고, 성적 잔혹행위를 저지른 일본 가해자에게 더욱 치중하는 경향이 있었다. 이 운동에서 위안부 문제는 한국 피해자화의 상징으로 해석되었다. 한국인의 집단 피해자화 대 일본인의 집단 죄의식은 이 운동을 구성하는 두 개의 중심축이다. 1990년대에 위안부 문제의 민족주의화가 일어났다. 한국에서 처음 이 문제는 일본의 식민 지배 유산이라는 맥락 속에서 등장했다. 게다가 이 운동 과정에서 일본에 대항해 한국의 보수와 진보가 하나로 뭉칠 수 있을 뿐만 아니라 남북 활동가들이 이 문제를 놓고 협력하기 시작하면서 남북한 화해의 근거로 여겨졌다. 1990년대에 한국에서 위안부 운동을 시작한 이효재 전 교수는 위안부 문제를 놓고 남북한이 서로 협력하여 민족화합을 이루는 데 한국여성이 주체로 등장했음을 강조했다. 그녀는 남북한 여성 연대는 국란의 시기에 상처 입고 고통 받은 여성들의 공통된 경험에서 나온 것이라 보았다(이효재, 1999: 218).

'전시 여성폭력 일본 네트워크(VAWW-NET)'가 주도하는 일본의 위안부

4 1995년 8월 신혜수와의 인터뷰. 신혜수(1994) 참조.

운동은 여성을 대상으로 한 폭력 문제와 젠더 문제에 기초한 국내외 연대 형성에 초점을 맞추어왔다. 전시 위안부 문제는 일상적인 여성차별 그리고 평화 시 성폭력의 연속선상에 놓인 것으로 보았다(Ueno, 1988; Yamazaki, 1995; Ôgoshi, 1997). 특히 가부장적 섹슈얼리티 규범 속에서 여성 억압의 공통된 경험이 이 운동의 추진력이 되었기에 일본 여성단체들은 젠더 문제에 관해서는 문화적·지리적 경계를 초월한다고 보았다. 야마자키(Yamazaki, 1995: 540)는 "국가 경계를 넘어, 여성은 서로의 역사에 대해 이해를 같이할 필요가 있다"고 말했다. 2000년 여성국제전범법정 이후로는 일본인 위안부와 아시아 전역의 다른 국가 출신 위안부들 간의 공통된 경험이 강조되었다.

한국에서 위안부운동 단체들은 국내 민족주의 시민단체들의 지지를 받아 연대해온 반면, 일본 내 위안부운동 단체들은 위안부운동을 반대하는 일본의 정치적 우익을 비롯한 민족주의 단체들의 공격을 받아왔다. 일본 내 후지오카 노부카쓰(Nobukatsu, 1997: 78)와 다른 신민족주의자들은 위안부 문제를 제기하는 것은 "해외 세력들과 결탁해 일본을 파괴하려는 거대 음모"라 주장한다. 이들 우익 신민족주의자들은 위안부 문제를 위한 일본 시민단체 활동가들의 초국가적 연대는 일본의 국익을 저해하는 것이라고 비난해왔다. 즉, 일본 여성운동 단체들은 초국가적 연대에 반대하는 일본 자국 내 신민족주의적 우파들의 비난과 위협에 맞서야 했다.

초국가주의적 여성운동은 한-일간의 연대로 진화했다. 예를 들어, 전시 여성폭력 일본 네트워크를 포함한 일본여성단체들은 일본 정부를 상대로 한 전직 위안부 여성들의 피해보상 소송을 적극 지원했다(Kim, 2001: 620). 이 소송은 한국, 중국, 대만, 필리핀, 인도네시아, 네덜란드 위안부 여성들이 제기한 것이다. 위안부 운동에 참여해온 한국, 일본, 재일교포 여성단체와 시민단체 활동가들 사이의 긴밀한 인적 네트워크는 시간이 갈수록 더욱 공고해져갔고 연대행동을 통해 위안부 문제를 국제 여론화하는 데 많은 기여를 했다. 초국가적 정체성을 지닌 재일교포 활동가들은 일본에서 위안부 운동을 주도하고 또한 중재하는 데 중요한 역할을 해왔다. 이들에게 위안부 문제는 일본에 사는 소수집단으로서의 한국인 문제와 연관이 있는 것으로 보인다. 운동단체들이 만든 초국가주의적 네트워크와 연대는 괄목할 만한 성장을 이루었다. 위안부 문제로 국제적 연대를 이룬 덕택에, 2000년 도쿄에서 여성국제전범법정을 열어 과거 책임을 회피하는 일본에 세계적 이목을 집중시킬 수 있었다.[5] 여성국제전범법정은 아시아 전역의 다양한 여성 NGO들이 위안부 여성들을 대신해 시민재판을 개최한 것이다. 아시아 태평양 지역 9개 나라에서 온 64명의 위안부 생존자들이 재판에 참가했다. 한국, 북한, 중국, 대만, 필리핀, 인도네시아, 네덜란드, 말레이시아, 동티모르를 비롯해 세계 곳곳에서 수백 명의 법률 전문가, 학자, 인권운동가, 언론인, 정치인들도 참석했다. 이 재판은 처벌되지 않은 전시 성폭력에 문제를 제기함으로써 젠더 정의 추구에 국제적으로 큰 반향을 일으킨 초국가적 프로젝트였다.

1992년 1월 이후 매주 수요일마다 서울에 있는 일본 대사관 앞에서 일본 정부에 항의하는 '수요집회'가 열리고 있고 2016년 6월 18일 1231차 수요시위가 열렸다. 학생들을 비롯해 위안부 생존자, 활동가, 지지자들이 결속을 보이고 정의를 요구하고자 이 시위에 참여하고 있다. 집회 참가자들은 가해자 처벌뿐만 아니라 생존 피해자들에 대한 일본정부의 공식적인 사죄와 배상도 요구하고 있다. 이들은 일본 대중에게 과거 식민정부의 범법

---

5 2000년 도쿄 여성국제전범법정에 대해서는 크리스틴 M. 친킨(Christine M. Chinkin, 2001), "Women's International Tribunal on Japanese Military Sexual Slavery", *The American Journal of International Law*, Vol.95, No.2(Apr., 2001), pp.335~341을 참조.

행위를 알리는 캠페인도 펼쳤다. 국경을 초월한 연대는 초국가주의적 시위에서 두드러졌는데 수요집회 참가자들을 보면 연령, 국적, 성별, 종교가 매우 다양했다. 여성단체들은 여러 지역에서 세계적인 연대시위를 여러 차례 벌였다. 2006년 3월 15일, 700회 수요집회는 서울, 부산, 마산, 도쿄, 교토, 오사카, 나고야, 후쿠오카, 고베, 오키나와, 타이베이, 베를린, 뉴욕, 런던, 헤이그, 캔버라, 바젤, 총 17개 도시에서 열렸다. 수요집회는 2011년 12월 14일, 1000회를 맞이했다. 이 1000번째 집회에서 "평화의 소녀상"이라는 이름의 위안부 여성 조각상이 서울에 있는 일본 대사관 앞에 세워졌다. 최근 정대협은 전 세계에 소녀상을 세우는 프로젝트를 진행하고 있으며 두 번째 조각상은 2013년 미국 글렌데일에 세워졌다. 싱가포르에도 평화의 소녀상을 세울 계획이다.[6] 또한 2015년 일본 정부는 이 평화의 소녀상 철거를 요구해왔다. 전 세계적으로 20개 국가, 60개 도시에서 1000회 수요집회를 기념하는 연대시위를 벌였다. 이 세계적 연대시위는 일본 정부로부터 사죄와 배상 요구뿐만 아니라 여성에 대한 폭력 철폐, 평화와 여성 인권 증진을 국제적으로 여론화하는 데 기여했다.

시민운동을 통한 초국가주의적 연대는 언론, 예술계, 문화계, 종교기관을 통해 확대·강화되었다. 위안부 여성을 다룬 소설, 연극, 사진전, 다큐멘터리 영화가 나와 국제 무대에 선보였고 이 또한 위안부 문제를 국내외에 이슈화하는 데 기여해왔다. 이는 상호적이며 초국가적인 연결망의 확대, 국경을 초월한 다양한 활동가, 지지자, 생존자 들의 연대, 폭넓은 지지 확보를 가능하게 했다. 위안부 운동을 하는 한일 시민·여성단체 간의 초국가

6 정대협 주간지, No. 2013-02, 7~13 January 2013, https://www.womenandwar.net/board/normal/normal/View.nx?page_str_menu=2301&action_flag=&search_field=&search_word=&page_no=1&bbs_seq+1199&passwd

주의적 연대에는, 위계적인 관계나 한 단체가 일방적으로 주도하는 헤게모니보다는, 포괄적이고 참여적이며 수평적 관계가 추구된다.

3. 갈등

물론 한국과 일본 운동단체들이 항상 같은 관심사를 가지고 일치 속에 연대를 해온 것은 아니었다. 생존자들과 활동가들 사이의 차이와 갈등 역시 시간이 지나면서 운동 과정에서 드러났다. 아시아 위안부 생존자들에게 재정적 보상을 하기 위해 1995년도에 설립된, 아시아여성기금(Asian Women's Fund: AWF)[7]에 대한 의견의 불일치로 1990년대 말, 한국 단체와 일본 단체 사이에 갈등이 싹텄다. 일본 내 여성단체들 사이에서도 아시아여성기금의 수혜자를 둘러싸고 논란이 크게 일었다. 이 기금은 생존자들에게 의료지원뿐만 아니라 미화 약 2만 달러를 일시불로 지급하고 일본 총리의 사과편지를 전달하기 위해 1995년 일본 국민들의 성금을 모아 만든 것이다. 대다수의 한국 생존자들과 활동가들은 아시아여성기금을 거부하고 생존자 개개인에게 일본 정부가 직접 사죄하고 민간 기금이 아닌 국가배상을 하라고 요구했다. 1997년 정대협 활동가들, 그리고 이들과 뜻을 같이한 다른 생존자들은 아시아여성기금을 받은 생존자들을 비난하고 배척했다. 정대협 활동가들과 지지자들은 이 기금이 주로 일본 국민 모금으로 마련되었기 때문에 공식적인 일본 정부의 보상이라 볼 수 없으며(정현백

7 "아시아여성기금"에 대한 자세한 것은 와다 하루키(Wada Haruki)가 쓴 "The Comfort Women, the Asian Women's Fund and the Digital Museum", *The Asia-Pacific Journal: Japan Focus*, 1 February, 2008, http://sss.japanfocus.org/-Wada-Haruki/2653 참조.

2008: 73~76), 아시아여성기금은 "기만적인 정책"이라고 비난했다(Soh, 2003: 228). 기금을 수령한 한국 내 생존자들은 한국 정부가 재정적 지원을 하는 수혜자 명단에서 제외되었다. 이는 한국의 아시아여성기금 수혜자들과 활동가들 사이뿐만 아니라 한국과 일본 단체, 심지어 일본 단체들 간의 분열과 갈등을 초래했다. 일부 일본 활동가들은 한국의 정대협이 아시아여성기금을 거부하는 것이 금전적 지원이 시급한 연로하고, 병들고, 궁핍한 생존자들의 이해와 복지를 충분히 고려한 것인지 한국 활동가들에게 문제를 제기하기도 했다. 이 모든 갈등과 논란을 통해, 위안부 운동은 일본 정부에 맞선 정치적인 해결뿐만 아니라, 생존자들의 이익과 안녕을 더욱 더 고려하게 되었다.

2000년 도쿄 여성국제전범법정을 준비하면서도 미묘한 긴장관계가 관찰되었다. '가해자'(특히 일본 천황)를 고소해야 하는지, 재판을 어디서 열어야 할지, 재판의 중점은 무엇이 되어야 할지, 그리고 판결서를 어디서 보관해야 할 것인지를 두고 한일 주최 측 간에 서로 다른 의견이 표명되었다. 한국 민족주의 학자와 활동가들은 이 재판이 식민지 한국의 독특한 역사적 배경과 일본 황군의 특성을 고려하지 않은 점에 이의를 제기했다(Yang, 2002; 한국정신대문제대책협의회, 2001; Shim, 2001). 이는 위안부 운동의 민족주의 논리와 초국가주의적 위안부 운동을 탈민족주의화할 필요성 사이의 긴장감으로 표출되었다. 한국 측이 계속 이런 민족주의적 접근을 고수한 것은 아시아 여성들과 이 문제를 둘러싼 연대를 위한 초국가주의적 여성운동에 있어서는 잠재적 갈등의 원인이 되었다.

위안부 운동의 초국가주의적 연대 형성의 걸림돌은 이 운동의 초기 일부 한국 위안부 생존자들과 활동가들이 보여준 피해자의 서열화에서 비롯됐다. 위안부에서 가장 많은 수를 차지하는 한국 피해자들은 일본인 위안부보다 더 혹독한 고통을 겪었고, 아시아 다른 지역 출신 피해자들에 비해 더 오랜 기간 위안소에서 성적, 육체적 착취를 당한 것이 피해자들의 증언을 통해 알려졌다. 특히 일본 활동가들과 비교해볼 때, 정대협의 활동가들과 한국 생존자들은 일본인 위안부를 다소 다른 시각에서 보고 이들을 아시아의 다른 나라 출신 위안부들과 구별했다. 특히 일본인 위안부들이 식민지 통치 국가였던 조국을 위해 자신을 바치겠다는 애국심 어린 동기와 전직 매춘부였다는 사실을 주목하여 아시아 내 다른 위안부들과 차별성을 두었다. 반면, 일본 활동가들은 한국인 위안부와 일본인 위안부 사이의 피해자 서열화에 문제를 제기했다. 이러한 피해자의 서열화는 다른 나라로까지 번지지는 않았지만 초국가주의적 연대 형성에는 당연히 방해물이 되었다. 그렇지만 민족주의적 관계를 넘어 전시 일본군에 의한 성폭력 피해자로서의 공통된 경험은 초국가주의적 운동의 기반을 구축하는 촉매제 역할을 했다. 즉, 성폭력 피해자라는 생존자들의 공통된 과거 경험은 운동의 이런 갈등을 해소시키는 데 기여했다.

4. '글로컬' 공간: 지역적인 공간과 초국가적인 공간

이 장에서는 위안부 운동에서 '글로컬' 공간을 구성하는 초국가적인 공간과 국가 내 지역적인 공간과의 상호작용에 대해서 살펴보고자 한다. 협력과 긴장관계를 포함하는 초국가주의적 상호작용이 위안부 운동을 주도해온 활동가들, 국가 정부들, 현지 생존자들, 지지자들 사이에서 일어났다. 여러 국가에서 여성단체들은 상호적인 초국가적 연대를 통해 대외적으로는 여성에 대한 폭력과 싸운다는 목표를 함께했다. 이들은 위안부운동을 위해 대중을 움직이고, 지지를 얻기 위해 국민 국가 안에 공간을 마련하고자 단일화된 주체를 강조했고 국내 의견을 통합하려 노력했다. 그 사례로 한국과 일본의 위안부 운동을 들 수 있다. 한국 활동가들은 전후 일본에 대한 민족주의적 반감을 수용, 동원했다. 이들은 강제노동과 부역 같은 해결되지 않은 식민지 유산을 다루는 다른 민족주의 운동과 같은 입장을 취해, 위안부 문제를 나라의 수치이자 고통으로 보았다. 이들은 한국 내 다른 시민단체들과 연대하고 시민들의 지지를 끌어내기 위해, 일본 정부를 상대로 한 민족의 '수치 전략'을 택했다. 이 전략은 한국의 내부 공간을 조직해내는 데 성공적이었다. 그러나 다른 한편 일본 측 활동가들에게는 이러한 '수치 전략과 도덕적 설득'(Schmitz, 2010: 7198)만으로는 일본 내에서 지지를 모으기에 충분하지 않았다. 일본 활동가들은 위안부 운동의 위상을 일본에 주둔한 미군기지 주변 성폭력을 포함해서 여성에 대한 폭력문제와 반전평화운동의 일환으로 대중에게 다가갔다.

초국가적 연대를 토대로 한 2000년 도쿄 여성국제전범법정을 둘러싸고 치열했던 협력과 갈등의 논의들은 한국과 일본의 활동가들 모두에게 국민국가 내 공간과 초국가적인 공간 사이를 중재하는 노력의 필요성을 이끌어냈다. 자국 내 연합세력을 창출하기 위해서 국내 활동가들은 아시아의 초국가적 활동가들과 공유할 수 있는 논의에 맞추어 자신들의 전략을 조정해갔다. 여기에 전략적 협상과 설득이(Schmitz, 2006: 7) 적용되었다. 국경을 초월한 대외적 연대 관계를 유지하기 위해서 국내 활동가들은 한편으로는 해외 연대 지지자들과의 관계를 의식하면서 지역적인 요구와 주장을 대변했고, 다른 한편으로는 협력하고 있는 국가와 공유할 수 있는 여성문제를 수용하기 위해 노력했다. 위안부 생존자들에게 사죄와 배상을 요구해온 한국 시민단체는 지역의 공간에서 표출되는 국내 생존자들의 요구와 이익을 대변한다. 이와 동시에, 초국가적인 공간에서는 젠더에 기초한 폭력, 인권, 반전 평화 운동의 맥락에서 위안부 문제를 다룸으로서, 초국가적으로 공유된 문제를 수용해왔다. 이러한 방식으로 지역적인 공간과 초국가적 공간이 서로 연결되고, 그러면서도 각자의 자율성을 유지할 수 있는 것이다. 예를 들어, 여성국제전범법정 이후, 2001년 여성에 대한 폭력에 맞서기 위해 정대협은 '전쟁과 여성인권센터(War and Women's Human Rights Center)'를 설립했다.

국경을 초월한 지속적인 연대를 통해 국내 지역적인 공간과 초국가적인 공간을 연결하여 글로컬한 공간을 이루어내는 과정에서, 활동가들과 생존자들의 관계 역시 심사숙고했다. 이를 통해 위안부 운동의 내용을 규정하는 데 생존자들의 이해를 더욱 더 고려하게 되었다. 이들 활동가들의 주장은 당연히 정치적인 문제뿐만 아니라 생존자들의 재정적, 신체적, 심리적 건강과 복지와 관련된 지원에도 주력해야 한다는 것이었다. 위안부운동의 전략은 이러한 관계들을 성찰함으로써 이 운동을 주도하는 활동가와 생존자들의 이해관계를 잘 통합시켜야 한다.

이그나티프(Ignatieff, 2001: 10)가 통찰력 있게 지적하듯이, 활동가들은 대중운동에서 지역주민들이 더 많이 목소리를 낼 수 있게끔 운동의 내용을 잘 정의하고, 장기적인 사회 변화를 위한 전략을 개발할 때, 실질적으로 인권을 보호하고 증진시키기 위한 국가의 역량을 재조정하고 강화할 수 있는 방법을 터득해야 한다. 지역 여성들의 목소리를 담아내려면, 여성들을 억압적인 가부장제의 무기력한 피해자보다는 변화를 가져올 능동적인 주체로 보아야 한다. 국경을 초월한 초국가적인 운동을 위해서는 "온 세상의 권리와 자유의 확대를 위한 공동의 투쟁에서 동등한 파트너로서"(Schmitz, 2006: 3) 활동가와 생존자 사이의 상호적이고 수평적인 파트너십을 추구해야 한다. 여기에 기반할 때 진정한 글로컬 여성운동을 이루어낼 수 있을 것이다.

5. 지속 가능한 초국가주의적 글로컬 여성운동을 향해

앞에서 논의한 바와 같이, 초국가적 연대 경험은 국경을 초월한 상호 영향과 존중을 통해 위안부 운동의 초국가적 공간과 지역적 공간 모두에 영향을 주었고, 또한 이 두 공간을 중재하기도 했다. 이러한 상호작용을 통해 초국가적 위안부운동은 국경을 초월한 네트워크를 확장시켰을 뿐만 아니라 운동 과정에서 중요시하는 문제의 폭도 넓혀갔다. 여전히 청산되지 않은 일본 식민지 유산과 보수적인 일본 정부에 반대하는 문제뿐만 아니라, 정대협 활동가들은 여성에 대한 폭력과 가부장제 사회의 관습과 같은 젠더 문제 그리고 반전 평화 문제들도 다루었다. 이런 맥락에서 한국전쟁 때 주둔한 미군이 한국 여성에게 저지른 성폭력 문제뿐만 아니라, 베트남전 당시 베트남 여성들을 대상으로 저지른 한국군의 성폭력 문제도 제기되었다. 한국 민족주의의 논리는 이러한 베트남에서 일어난 한국군의 성폭력 문제 제기에 저항한다.

한국의 민족주의적 기억의 정치학 속에서 위안부 문제는 민족의 수치로 기억되어왔으나 위안부 문제의 초국가적 기억은 이를 젠더에 기초한 폭력의 경험으로 확대 규정한다. 초국가주의적 위안부 운동 프로젝트는 다양하면서도 중첩되는 여성 억압뿐만 아니라 가부장적인 민족주의에 대한 저항을 유발시키는 데도 기여했다. 이렇게 초국가적인 노력은 위안부 여성에 대한 민족주의적 서술에 대한 성찰과 한국의 민족주의적 서술에 담겨 있는 부정적인 젠더 서열화 패러다임에 대한 인식을 증진하여 글로컬 여성운동에 기여한다.

지역 차원의 위안부 운동은 초국가주의적 운동을 실천함으로써 젠더 문제를 강화할 수 있었고, 또한 국내 생존자들의 목소리에 더 귀를 기울이고 그들의 복지 문제에 더욱 관심을 갖고 지원하게 되었다. 2000년 여성국제전범법정 이후, 여성 인권, 폭력, 전쟁과 같은 폭넓은 젠더 문제에 더 많은 관심을 두게 되었다. 평화, 인권, 전시와 평화 시의 젠더에 기초한 폭력, 여성차별 문제를 둘러싼 지속적인 초국가적 협력이 이루어지고 있다. 아시아 내 여러 미군기지 주변에서 벌어지고 있는 지역 여성에 대한 미군 성폭력과 관련된 문제들도 제기되었다. 위안부 문제를 통해 국경을 초월한 초국가적 운동은 문제 발생 사후에 대응을 하는 차원에서 사전 방지를 위한 초국가주의적 전략으로 발전했다. 즉, 처음 위안부 운동은 1990년대에 책임을 회피하는 일본 정부에 대한 반발과 항의로 시작되었으나 점차 그 운동의 규모와 영역은 여성에 대한 폭력과 여성 인권 그리고 반전 평화라는 더 넓은 영역으로 확장되어가고 있다.

2012년 정대협은 분쟁 지역에서 발생하는 여성에 대한 폭력의 피해자들을 돕기 위해 '나비기금'을 설립하여 국민모금을 하고 있다. 위안부 생존자인 김복동 할머니와 길원옥 할머니 두 분은 자신들과 마찬가지로 전시에 성폭력을 당한 이들을 돕기 위해 일본 정부로부터 배상을 받으면 그 돈을 '나비기금'에 기부하겠다고 밝혔다. 2012년 이들은 콩고 민주주의 공화국의 성폭력 생존자들을 지원하고자 편지를 보냈다. 콩고의 이 성폭력 생존자들은 '피해자 발전 연합회(Association des Personnes Desherites Unies pour le Development)'가 운영하는 '경청의 집(Listening House)' 보호소에서 살고 있으며, 2012년부터 나비기금의 지원을 받고 있다.[8] 이 외에도 2013년부터 나비기금은 베트남전 당시 한국군이 저지른 베트남 성폭력 생존자들에게도 재정적인 지원을 하고 있다.[9] 2015년 3월 16일에서 20일 사

8 "7월 24일(목요일), 나비기금 콩고방문 보고회를 갖습니다". http://cafe.daum.net/hopenabi/5S8W/24

9 "나비기금 베트남 한국국성폭력 피해 할머니들께 생활지원금 전달". http://cafe.daum.net/hopenabi/5S8W/22

이 정대협 활동가들은 한국군에 의한 성폭력 피해자들을 만나고 실상을 조사하기 위해 베트남을 방문하여 그 피해 실상을 여론화해왔다. 초국가주의적 운동을 통해 한국 활동가들과 지지자들은 한국 위안부 생존자뿐만 아니라 세계 곳곳의 여성들에게 가해진 폭력 문제 해결을 촉구하는 데 참여하고 있으며 일본군뿐만 아니라 전쟁 중 한국군이 행한 성폭력 문제를 제기하고 여론화하기 시작했다. 베트남전 당시 한국군이 저지른 폭력 문제를 해결하기 위한 정대협 활동가들의 초국가적인 노력은 한국 국내에서 베트남 생존자들의 증언을 공개하려 할 때 베트남 참전용사 단체의 반대에 부딪히고 있다. 그러나 '나비기금' 활동을 통해, 전시 폭력의 생존자들과 활동가들 사이의 국경과 민족주의의 논리를 초월한 젠더에 기초한 초국가적 연대와 네트워크는 강화되고 확대되고 있다.

나아가 위안부 생존자들을 기념하고 상징적으로 보상하는 기억의 정치학 역시 운동 의제로 등장했다. 이는 전시 폭력을 한 지역 내의 문제로 혹은 민족주의적인 관점으로 판단하는 것을 넘어서 젠더에 기초한 광범위한 폭력의 맥락에서 봄으로써, 전시 폭력에 대한 대중의 의식을 넓히고, 피해자의 관점에서 보상과 지원 프로그램을 고안할 수 있게 한다. 한국과 일본의 운동단체들은 전쟁과여성인권박물관을 건설하기 위한 기금을 조성하여 2005년에는 도쿄에 여성전쟁평화박물관(the Women's Active Museum on War and Peace)을, 2012년에는 서울에 전쟁과여성인권박물관을 건립했다. 위안부 여성들을 기억하는 장인 이들 박물관의 설립은 한일 현대 기억의 정치학과 젠더 정의(gender justice) 속에 이들 생존자들의 위치를 자리 매김하는 것이다. 반세기 동안 침묵해왔던 망각의 정치가 막을 내린 것이다.

상호적인 초국가적 네트워크를 유지하는 것은 국경을 초월한 운동을 지속하고 글로컬 여성운동으로 발전시키는 데 필수적이다. 그래서 이 글의 결론으로 '지속 가능한 초국가적 운동'이라는 개념을 제시하고자 한다. 이 개념은 '지속 가능한 발전'의 개념에서 영향을 받은 것이다. '지속 가능한 발전'은 자연환경의 파괴나 훼손 없이 인간의 기본적인 욕구를 충족시키고자 하는 지역적 노력과 세계적 노력 간의 균형을 이루는 개념(Kates, 2005)이다. '지속 가능한 초국가적 여성운동'은 지역의 공간과 초국가적인 공간에서 나오는 상이한 요구 사이의 균형과 협상, 전략적인 유연성을 가지고 운동 단체들 간의 상이점과 공유점에 사이에 존재하는 복합성을 인정하며, 의사결정 과정에서 이를 고려함으로서 이루어질 수 있다. 이렇게 하면 초국가적 운동 네트워크는 지속 가능한 공동 작업에 의해 유지될 것이다.

위안부 문제를 다루는 국경을 초월한 협력과 연대를 통해 활동가 개개인이 쌓은 경험과 의제가 많이 축적되어왔고, 이 과정에서 국가와의 관계 속에서 여성 간에 다양성이 존재할 뿐만 아니라 일개 국가 내에서도 젠더 내에 추가적인 복합성이 존재할 수 있음이 드러났다. 한국의 남성 지배적인 민족주의 시민운동 단체들은 위안부 문제를 젠더의 관점에서라기보다는, 해결되지 않은 일본 식민지 유산의 일부로 보고, 반일 전략에 집중한다. 위안부 문제를 다루는 한일의 여성단체들은 2000년 도쿄 여성국제전범법정 이후 위안부 문제를 보는 시각을 확대하여 인권과 평화의 문제로 연관 지으려 노력해왔다. 이 과정에서 국민 국가 내 민족주의적인 인식에 기반을 둔 문제제기는 여성단체들의 초국가주의적 연대를 위한 공동의 토대를 약화시킬 수 있음이 지적되었다. 또한, 젠더 차원의 문제제기는 국민 국가 내 가부장제적인 성향을 띤 시민단체들과의 연대 관계에서 긴장관계를 초래한다는 우려가 제기되고 있다. 이렇게 복잡한 상황에서의 초국가적인 글로컬 여성운동은 전 지구적인 여성 공통의 문제뿐만 아니라, 성차별적인 개개 국가와 지역의 공간에서 나타나는 젠더화된 문화적 특성을 고려해야 할 것이다. 지속 가능한 초국가주의적 여성운동을 발전시키기 위해서는 활동가들 사이의 차별화된 권력을 성찰하는 과정이 필요하다. 지역의 공간에서 제기되는 문제를 간과하고 일치를 향한 초국가적인 연대만을 강조하기보다는, 서로의 상이성을 관찰하여 협력하는 당사자들이 처한 문화와 사회정치적 특성, 그로 인해 운동의 방향 속에 내재하는 상이점과 공유점, 다층적 복합성의 존재를 인정하고 이를 바탕으로 상호 협력과 연대를 이루어 나가야 할 것이다.

지역의 여성운동과 초국가적 여성운동을 연결하는 네트워크는 전 지구적인 헤게모니에 반대할 뿐만 아니라, 국민 국가 공간 내 민족주의적 헤게모니를 극복하기 위한 이의를 제기하기도 한다. 초국가주의적 글로컬 여성운동을 실천하는 과정에서 초국가적인 관점은 지역적 맥락과 조화를 이루게 조절될 필요가 있고, 지역의 상황을 반영하는 관점은 편협한 것으로 격하시키기보다는 지역의 논리를 초국가적인 맥락에서 재해석할 필요가 있다. 이 과정을 통해 지역의 관점과 초국가적인 관점은 일치와 차이를 보이면서 서로를 보완하며 지속될 수 있다. 초국가주의적인 여성운동을 지속해 나가려면, 국경을 초월한 연대를 지속적으로 성찰하는 노력이 있어야 한다. 이러한 기반 위에 이루어진 국경을 초월한 공동 작업을 통해 지역적인 공간과 초국가적인 공간 사이의 균형이 이루어질 때 초국가적 글로컬 여성운동이 지속될 수 있을 것이다.

참고문헌

신혜수. 1994.「여성인권운동의 국제화와 한국화: 일본군 위안부문제 해결운동을 중심으로」. 이화사회학연구회 편.『일상의 삶 그리고 복지의 사회학』. 사회문화연구소출판부.

심영희. 2001.「참관기: 2000년 법정은 아직도 끝나지 않았다.」. ≪여성과 사회≫, 제13집, 145~162쪽.

양미강. 2002.「2000년 일본군 성노예전범 국제법정은 우리에게 무엇을 남겼는가?: 여성의 역사를 만들어 가는 일본군 위안부 문제 해결운동과 2000년 법정」. ≪시대와 민중≫, 제7집, 310~340쪽.

이석태. 2009.「일본군 위안부 관련 각국 결의를 비롯한 최근의 동향」. 이석태 외.『일본군 위안부 문제: 법적 쟁점의 정리와 최근 동향의 분석』. 서울: 민연, 251~278쪽

이효재. 1999.「일본군 위안부 문제 해결을 위한 운동의 전개과정」. 한국여성의전화 엮음.『한국여성인권운동사』. 서울: 한울.

정현백. 2008.「국민기금과 피해자의 목소리」. 나카노 도시오·김부자 편저.『역사와 책임: '위안부' 문제와 1990년대』. 서울: 선인, 65~78쪽.

한국정신대문제대책협의회 2000년 일본군 성노예전범 여성국제법정 한국위원회. 2001.『2000년 일본군 성노예전범 여성국제법정 보고서』. 서울: 한국정신대문제대책협의회.

Chinkin, Christine M. 2001. "Women's International Tribunal on Japanese Military Sexual Slavery." *The American Journal of International Law*, 95(2)(Apr. 2001), pp.335~341.

Fujioka, Nobukatsu. 1997. *Jigyaku shikan no byôri*. Tokyo: Bungei Shunjû.

Haruki, Wada. 2008. "The Comfort Women, the Asian Women's Fund and the Digital Museum." *The Asia-Pacific Journal: Japan Focus*, February 1, 2008, accessed on 8 October 2014. http://www.japanfocus.org/-Wada-Haruki/2653

Ignatieff, M. 2001. *Human Rights as Politics and Idolatry*. Princeton: Princeton University Press.

Robert, Kates, Thomas M. Parris, & Anthony A. Leiserowitz. 2005. "What is Sustainable Development? Goals, Indicators, Values, and Practice." *Environment: Science and Policy for Sustainable Development*, 47(3), pp.8~21.

Kim, Puja. "Global Civil Society Remakes History: The Women's International war Crimes Tribunal 2000." *Positions: East Asia Cultures Critique*, 9(3) (Winter 2001), pp.611~620.

Korean Council Weekly News Letter, No.2013-02, 7~13 January 2013. Accessed on 25 January 2015, https://www.womenandwar.net/contents/board/normal/normalView.nx?page_str_menu=2301&action_flag=&search_field=&search_word=&page_no=1&bbs_seq=11991&passwd

Matsui, Yayori. 1987. *Women's Asia*. London: Zed.

Murata, Noriko. 1996. "The Trafficking of Women." In AMPO-Japan Asia Quarterly Review(ed.). *Voices From the Japanese Women's Movement*. New York and London: M.E.Sharpe.

Ôgoshi, Aiko. 1997. "Feminismu no tachiba kara seidorei wo kankaeru." in Ajia Taihen chiikino sensǒ giseisha ni omoi wo hase kokoroni kizamu shukai gikkǒuiinkai(eds.). *Wadashiwa ianfu dewanai: Nihon no shiryaku to seidorei*. Osaka: Toho shuppan.

Schmitz, Hans Peter. 2006. *Transnational Mobilization and Domestic Regime Change: Africa in Comparative Perspective*. Basingstoke: Palgrave Macmillan.

Schmitz, Hans Peter. 2010. "Transnational Human Rights Networks: Significance and Challenges." in Robert A. Denmark & Wiley-Blackwell(eds.). *The International Studies Encyclopaedia*, Volume XI, pp.7189~7208.

Soh, C. Sarah. 2003. "Japan's National/Asian Women's Fund for 'Comfort Women'." *Pacific Affairs*, 76(2), pp.209~233.

Thoma, Pamela. 2000. "Cultural Autobiography, Testimonial, and Asian American Transnational Feminist Coalition in the 'Comfort Women of World War II' Conference." in *Frontiers: A Journal of Women Studies*, 21(1/2), Asian American Women 2000, pp.29~54.

Ueno, Chizuko. 1998. *Nationalisumu to Genda: Engendering Nationalisumu*.

Tokyo: Seidosha.

Yamazaki, Hiromi. 1995. "Military Sexual Slavery and the Women's Movement." In *AMPO Japan-Asia Quarterly Review*, 25(4)/26(1), pp. 49~54.

지은이 소개

아시아여성학센터 Asian Center for Women's Studies

이화여자대학교 아시아여성학센터는 이화의 130년 여성교육의 역사와 30여 년의 여성학 교육을 바탕으로 1995년 설립되었다. 지난 20여 년간 아시아의 여성학 발전과 제도화를 목적으로 아시아여성학 커리큘럼 개발 및 교재 발간, *Asian Journal of Women's Studies* 영문학술지 발간, 국제 여성학자 학술 교류 및 차세대 여성학자 교육 등 다양한 사업을 수행해왔다. 2012년부터는 아시아-아프리카 여성활동가 역량강화 및 차세대 여성 리더 양성을 목적으로 이화 글로벌 임파워먼트 프로그램(EGEP)을 주관하고 있으며, 이를 통해 여성학 이론과 실천, 연구와 현장, 네트워크와 연대를 통합하는 새로운 여성학 지식 생산 공동체를 만들어가고 있다.

장필화

이화여자대학교 여성학과 교수이며 아시아여성학센터 소장을 맡고 있다. 한국여성연구원 원장, 이화 리더십개발원 원장, 이화여자대학교 대학원장, 그리고 한국여성학회장과 아시아여성학회장을 역임한 바 있다. 저서로는 『나의 페미니즘 레시피』(공저, 2015), 『우리들의 목소리: 아시아 페미니즘과 여성운동의 현장』(엮음, 2016), Women's Experiences and Feminist Practices in South Korea(공저, 2005), 『여성 몸 성』(1999)이 있다.

이상화

이화여자대학교 철학과 명예교수이다. 독일 튀빙겐대학교에서 사회 철학으로 박사학위를 받았다. 주요 연구 분야는 여성주의철학, 문화철학, 사회철학이며, 최근에는 여성주의와 글로벌라이제이션, 아시아여성학, 에코페미니즘, 차이와 생성의 철학에 관심을 두고 있다. 한국여성연구원 원장, 한국여성학회 회장, 한국여성환경연대 공동대표를 역임하였다. 「지구화 시대의 지역 공동체와 여성주의적 가치」, 「철학에서의 페미니즘 수용과 그에 따른 철학 체계의 변화」, 「페미니즘과 차이의 정치학」 등 다수의 논문이 있다.

김은실

이화여자대학교 여성학과 교수이며 한국여성연구원 원장이다. 다년간 *Asian Journal of Women's Studies* 공동 편집위원을 맡았으며 1995년 이래 아시아의 여성학 연구자들과의 지적 공동체 확대에 힘쓰고 있다. 아시아여성학센터 원장으로 일하며 2005년 세계여성학대회를 개최하였다. 여성의 몸, 섹슈얼리티, 민족주의, 글로벌라이제이션, 이민, 여성주의 지식 생산, 포스트-개발에 관해 연구해왔으며, 「민족 담론과 여성: 문화, 권력, 주체에 관한 비판적 읽기를 위하여」 외 다수의 논문과 『여성의 몸, 몸의 문화 정치학』(2001), 『우리 안의 파시즘』(공저, 2000), 『변화하는 여성문화 움직이는 지구촌』(공저, 2004), 『노무현 정부의 실험: 미완의 개혁』(공저, 2011)을 발표하였다.

하라 히로코 Hara Hiroko

일본 조사이국제대학 교수이며 오차노미즈대학 명예교수이다. 일본 여성감시단(Japan Women's Watch)과 아시아 태평양 여성감시단(Asia Pacific Women's Watch)의 자문이며 일본과학위원회의 회원이다. 아시아 태평양 지역의 여성들로 구성된 아시아 태평양 여성감시단의 일원으로서 인신매매의 희생자가 된 여성들의 지원 활동, 젠더 관점에서 여성의 평생 건강을 생각하는 활동, 그리고 여성 연구자의 환경 개선에 관한 활동을 하고 있다.

두팡친 Du Fangqin

중국 톈진사범대학 젠더와사회발전학센터 교수이자 중국여성연구회의 부회장이자 이사로서 고대 중국여성사, 여성 역량 강화, 여성학/젠더학을 연구해왔다. 농촌 여성 개발 및 교육을 위한 연구(1997~1999), 중국 여성 개발과 젠더 연구(2000) 등을 하였으며, 아시아 여성 연구의 설립을 위한 프로젝트를 정신롱(Zheng Xinrong)과 공동 주관하여 진행(1998~2000)하였다.

이명선

이화여대 아시아여성학센터 특임교수이며, 아시아-아프리카 여성활동가들을 위한 2주 교육프로그램인 이화 글로벌 임파워먼트 프로그램(Ewha Global Empowerment Program)을 맡고 있다. 이화여대 여성학과에서 박사학위를 받은 뒤(2003년) 한국의 섹슈얼리티 구성, 성폭력, 섹슈얼리티 교육, 여성 정책 등을 연구해왔다. 2003년부터

2005년까지 서울시 늘푸른여성지원센터 소장을 맡았으며, 한국성폭력상담소와 아하성문화센터 자문위원, 아시아위민브릿지 두런두런과 아시아여성학회 이사로도 활동 중이다. 주요 저서로 『섹슈얼리티 강의』(공저, 2006) 등이 있다.

사스키아 위어링가 Saskia E. Wieringa

네덜란드 암스테르담대학교 명예교수. 2005년부터 2012까지 암스테르담의 여성사학회인 Aletta의 회장을 역임하였으며, 카르티니 아시아 네트워크(Kartini Asia Network)의 공동 창립자이자 현 대표이다. 여성 운동 및 제3세계 연대운동에 오랫동안 참여해왔으며, 1970년대 말부터 여성 연구, 성 정치학, 세계 여러 지역의 동성관계에 대한 연구를 진행하였다. *Women's Sexualities and Masculinities in a Globalizing Asia*(2007), *The Future of Asian Feminisms*(2012), *Sexual Politics in the Global South*(2013) 등 30여 권의 저서와 200여 편의 논문을 발표하였다. 현재 1965년 인도네시아 집단학살 국제민중법정(The International People's Tribunal on the 1965 massacre)의 의장으로서 1965년 인도네시아 대학살의 진실 규명을 위해 노력하고 있다.

조스나 아그니호트리 굽타 Jyotsna Agnihotri Gupta

위트레흐트대학교 인문대학의 젠더와 다양성 학과 명예 조교수이자 선임연구원. 델리대학교와 레이던대학교 등 여러 대학에서 가르쳤으며 유럽과 아시아의 다수 대학에서 방문학자로서 강의하였다. 왕립 열대 대학(Royal Tropical Institute KIT)의 젠더 자문으로도 일해 왔으며, 여성주의 생명윤리학회 등 여러 학회 및 위원회의 회원 또는 전문가 패널을 맡았다. 저서로는 *New Reproductive Technologies, Women's Health and Autonomy: Freedom or Dependency?*(2000)이 있으며 다수의 논문과 선집을 발표하였다.

말라 쿨라 Mala Khullar

프리랜서 컨설턴트이며 1996년부터 이화여자대학교 아시아여성학센터와 함께 여러 프로젝트를 수행하고 있다. *Asian Journal of Women's Studies*의 공동 편집자이며 교육, 개발, 젠더학에 관한 연구, 출판, 공동 프로젝트에 참여해왔다. 아시아여성학센터(서울), UNICEFM 아시아개발은행, 아가칸재단, 여성개발학센터(뉴델리), Bernard Van Leer Foundation(헤이그), 벤카테스와라(Venkateswara)대학교(뉴델리) 등에서 컨설턴트로 일했다.

이미경

한국성폭력상담소 소장. 이화여자대학교에서 「성폭력 2차 피해를 통해 본 피해자 권리」라는 제목의 논문으로 박사학위를 받았다. 한국성폭력상담소 창립 멤버로서 24년간 반(反)성폭력 운동 현장에서 호흡해왔다. 전국성폭력상담소 피해자보호시설협의회 상임대표, 성폭력 수사·재판 시민감시단장, 법무부 정책위원, 경찰위원, 이화여대 리더십개발원 특임교수 등을 역임했다. 주요 저서로 『성폭력, 법정에 서다』(공저, 2007), 『성폭력에 맞서다』(공저, 2009), 『성폭력 뒤집기』(공저, 2011), 『우리들의 삶은 동사다』(공저, 2014) 등이 있다.

정경자

호주 시드니 공과대학교 교수. 호주와 한국의 여성주의 실천 경험에 특별한 관심을 가져왔으며, 젠더의 상호교차성에 관한 여성주의 이론에 기반하여 문화 간, 학제 간 연구를 통한 사회 발전의 젠더적 측면을 연구해왔다. 저서로는 *Sex Trafficking Or Shadow Tourism?: The Lives of Foreign Sex Workers in Australia*(공저, 2010), *Practicing Feminism in South Korea: the women's movement against sexual violence*(2014)가 있다.

안연선 Yonson Ahn

독일 프랑크푸르트대학교 한국학과 교수이며 그 전에는 라이프치히대학교와 이화여자대학교, 창원대학교에서 가르쳤으며 도쿄대학과 와세다대학에서 방문학자로 있었다. 영국 워릭대학교에서 젠더학으로 박사학위를 받았으며(2000년) 제2차 세계대전 중 조선 '위안부'와 일본 군인에 관한 연구를 진행해왔다. 한국성폭력상담소 발기인으로 참여했고 성폭력 피해자를 상담했으며, 1992년 한국정신대연구회에 참여했다.

한울아카데미 1907

글로컬 시대 아시아여성학과 여성운동의 쟁점

지은이 **장필화 외**
기획 **이화여자대학교 아시아여성학센터**
펴낸이 **김종수**
펴낸곳 **한울엠플러스(주)**
편집 **조수임**

초판 1쇄 인쇄 **2016년 6월 27일**
초판 1쇄 발행 **2016년 7월 13일**

주소 **10881 경기도 파주시 광인사길 153 한울시소빌딩 3층**
전화 **031-955-0655**
팩스 **031-955-0656**
홈페이지 **www.hanulmplus.kr**
등록번호 **제406-2015-000143호**

Printed in Korea
ISBN 978-89-460-5907-8 93330(양장)
978-89-460-6189-7 93330(반양장)

* 책값은 겉표지에 표시되어 있습니다.